Bernhard Schneider

Die Simulation menschlichen Panikverhaltens

Bernhard Schneider

Die Simulation menschlichen Panikverhaltens

Bernhard Schneider

Die Simulation menschlichen Panikverhaltens

Ein Agenten-basierter Ansatz

Mit einem Geleitwort von Prof. Dr. Bernd Schmidt

VIEWEG+TEUBNER RESEARCH

Bibliografische Information der Deutschen Nationalbibliothek
Die Deutsche Nationalbibliothek verzeichnet diese Publikation in der
Deutschen Nationalbibliografie; detaillierte bibliografische Daten sind im Internet über
<http://dnb.d-nb.de> abrufbar.

Dissertation Universität der Bundeswehr München, Fakultät für Informatik, 2010, u.d.T.:
Schneider, Bernhard: SimPan – Ein Referenzmodell zur Agenten- basierten Simulation
menschlichen Verhaltens in Paniksituationen

1. Auflage 2011

Umschlaggestaltung: KünkelLopka Medienentwicklung, Heidelberg
Gedruckt auf säurefreiem und chlorfrei gebleichtem Papier
Printed in Germany

ISBN 978-3-8348-1544-6

Geleitwort

Die vorliegende Arbeit befasst sich mit der Modellierung menschlichen Verhaltens in der Extremsituation der Panik. Es wird der Anspruch erhoben, die Modellierung so genau zu gestalten, dass das Modell in realen Situationen zur Entscheidungsunterstützung herangezogen werden kann. Denkbar sind z.B. vorbeugende Maßnahmen zur Vermeidung von Massenpanik.

In diesem Zusammenhang stellt sich die Frage, ob menschliches Verhalten nicht insgesamt zu komplex und zu vielschichtig ist, um es verstehen zu können. Ist es überhaupt modellierbar? Oder ist nicht viel eher Zurückhaltung und Bescheidenheit angebracht? Muss man nicht Pascal recht geben, wenn er sagt:

> *„Was für eine Chimäre ist der Mensch! Wunder, Wirrnis, Widerspruch! Richter über alle Dinge, ohnmächtiger Erdenwurm, Dunkelkammer der Ungewissheit, Glorie und Schmach des Weltalls. Solange will ich ihm widersprechen, bis er begreift, dass er unbegreiflich ist."*

Nun kann man in der Tat davon ausgehen, dass menschliches Verhalten sehr komplex und vielschichtig ist. Dennoch scheint es wert, einen Versuch zu wagen. In Teildisziplinen wurden bereits beachtliche Erfolge erzielt. Die Medizin, die Psychologie, die Soziologie und die Kognitionswissenschaften haben jeweils sehr leistungsfähige Modelle entwickelt, die auf ihrem jeweiligen Gebiet ein weitgehendes Verständnis der Prozesse liefern, die sich im Menschen abspielen und die sein Handeln bestimmen.

Es ist ein vielversprechendes Forschungsprogramm, diese einzelnen Ergebnisse zusammenzufassen und in einem einheitlichen, umfassenden Modell zu integrieren. Aus den Voraussetzungen ergibt sich, dass ein derartiges Forschungsprogramm im wahren Sinn nur interfakultativ und fachübergreifend gestaltet werden kann. Neben den bereits genannten empirischen Disziplinen der Humanwissenschaften muss z.B. auch die Informatik mit ihren Bereichen Künstliche Intelligenz, Systemmodellierung und Softwaretechnologie miteinbezogen werden.

Bei der Modellierung menschlichen Verhaltens lassen sich grob gesehen drei Typen unterscheiden, die sich sukzessive im Laufe der Evolution entwickelt haben und die zu einer jeweils verbesserten Lebensbewältigung geführt haben: reaktives, deliberatives und reflektives Verhalten.

Im Fall des reaktiven Verhaltens laufen automatisierte Prozesse ohne Beteiligung des Verstandes und des Willens ab. Deliberatives Verhalten dagegen richtet sich

bewusst und zielgerichtet auf einen als wertvoll und erstrebenswert gerichteten Zustand. Rationales Zweckdenken ist hier von besonderer Bedeutung. Reflektives Verhalten spiegelt wieder, dass der Mensch offensichtlich als einziges Lebewesen in der Lage ist, sich selbst als Objekt wahrzunehmen und sich selbst bewusst zu steuern. Er verfügt über ein Bewusstsein seiner selbst.
Paniksituationen zeichnen sich dadurch aus, dass reflektives und deliberatives Verhalten ausgeschalten werden und nur noch reaktives Verhalten dominant ist. Das Modell **SimPan** muss sich daher primär auf die Einflussfaktoren konzentrieren, die reaktives Verhalten bestimmen. Hierzu gehören Gegebenheiten der menschlichen Physis, Emotionen, erlernte Verhaltensweisen und Sozialverhalten. Dem Modell **SimPan** ist es mit beachtlichem Erfolg gelungen, diese Einflussfaktoren in einem Modell zusammenzufassen und damit ein vertieftes Verständnis menschlichen Verhaltens in einer Extremsituation zu gewinnen.
Mit dieser Arbeit wird ein Forschungsprogramm eröffnet, dass sehr anspruchsvoll aber auch sehr erfolgversprechend ist. Es bedeutet einen weiteren Schritt in eine Richtung, die zeigt, dass die skeptischen Vorstellungen Pascals offensichtlich nicht zutreffend sind.

Bernd Schmidt

Danksagung

Im Umfeld des, in diesem Buch beschriebenen, Forschungsprojekts wurde mir die Unterstützung vieler Menschen zuteil. An dieser Stelle möchte ich daher jenen meinen besonderen Dank aussprechen, deren großes Engagement und stetige Unterstützung die Durchführung der Forschungsarbeit überhaupt erst ermöglichten.

An erster Stelle richte ich meinen Dank an Prof. Dr. Bernd Schmidt von der Universität Passau. Bereits in seinen Vorlesungen und Seminaren weckte er mein Interesse am Fachgebiet der Modellbildung und Simulation. Die Einbindung in Projekte seines Lehrstuhls weckten meine Begeisterung für die Disziplin der Modellierung menschlichen Verhaltens und ließen den Wunsch in mir erwachsen, in eben jenem Fachgebiet Forschungsarbeit auf hohem Niveau zu betreiben. Prof. Schmidt stand mir stets in aufopfernder Weise zu Seite, unabhängig davon, ob es galt, administrative Unwegsamkeiten zu überwinden, fachliche Probleme kontrovers zu erörtern oder auch Fragestellungen persönlicher Natur zu diskutieren. Er ließ mich an seinem Expertenwissen und seiner Erfahrung im Bereich der Modellbildung im Allgemeinen sowie der Simulation menschlichen Verhaltens im Besonderen teilhaben und von seinem fachlich-sozialen Netzwerk profitieren. Ohne seine Unterstützung wäre die Durchführung einer derart fachübergreifenden Forschungsarbeit nicht denkbar gewesen.

Einen weiteren Dank richte ich an Prof. Dr. Axel Lehmann von der Universität der Bundeswehr München. Durch sein großes Interesse am Forschungsgebiet und sein Engagement vor allem auch im Rahmen der Weichenstellung um das Projekt an der Fakultät für Informatik der Universität der Bundeswehr München beheimaten zu können, entstanden ein Umfeld und Netzwerk in dem das Forschungsprojekt in allerbester Weise gefördert wurde und behutsam gedeihen konnte.

Des Weiteren danke ich Prof. Dr. Berthold Färber von der Universität der Bundeswehr München als in der Psychologie verankerten Teil dieses Netzwerks. Er stand den systemtheoretisch geprägten Modellierungsansätzen offen und unvoreingenommen, jedoch auch wachsam und konstruktiv kritisch vom Standpunkt aktueller psychologischer Theorien aus betrachtet gegenüber. Er trug wesentlich dazu bei, den interfakultativen Charakter der Forschungsarbeit zu untermauern.

Für die Anregungen hinsichtlich möglicher Validierungsverfahren für Modelle zur Simulation menschlichen Verhaltens, sowie die zahlreichen Diskussionen über Massenphänomene und die Unterstützung bei der Erlangung eines Verständnisses für den Begriff *Panik,* danke ich Prof. Dr. Hans-Joachim Mosler und insbesondere auch Daniela Oswald von der Universität Zürich.

Prof. Dr. Arndt Balzer von der Fachhochschule Würzburg-Schweinfurt gilt mein Dank vor allem für einen, durch ihn eröffneten, nüchternen Blickwinkel auf das Wesen wissenschaftlicher Arbeit, deren Reinheit und Glaubwürdigkeit auf den stabilen Säulen formaler Prozesse, strenger Qualitätskontrolle und unvoreingenommener Kooperation fußen muss. Unsere Diskussionen regten mich stets an, aufmerksam und kritisch über meine wissenschaftlichen Ziele und die darauf ausgerichtete Arbeitsweise zu wachen.

Unter den an der Universität Passau ausgebildeten Informatikern, die im Umfeld des Forschungsprojektes tätig waren, danke ich Christian Becker und insbesondere Nicole Ruhland für die Unterstützung beim Aufbau eines prototypischen Simulationsmodells und die energische Hinterfragung der Modellierungskonzepte, vor allem auch im Hinblick auf deren Umsetzbarkeit.

Aus meinem privaten Umfeld richte ich meinen herzlichen Dank an meine Eltern für ihr Vertrauen und ihre geduldige Unterstützung in vielen Bereichen, die sie mir stets bedingungslos zukommen ließen. Abschließend möchte Dir, liebe Anett, danken. Mit Deiner vielseitigen Unterstützung und Deiner immerwährenden Zuversicht gabst Du mir Kraft und Motivation, viele Projekte in der Vergangenheit, wie auch dieses, zielgerichtet zum Abschluss zu bringen.

Inhaltsverzeichnis

> *"What a piece of work is man, how noble in reason, how infinite in faculties, in form and moving how express and admirable, in action how like an angel, in apprehension how like a god: the beauty of the world, the paragon of animals; and yet to me, what is this quintessence of dust?[...]"*
>
> William Shakespeare, "Hamlet"

1 Einleitung, Überblick und Grundlagen

Dieses Kapitel gibt einen Überblick über Motivation, Zielsetzung und fachliche Einordnung der vorliegenden Arbeit. Im Anschluss daran werden relevante Grundlagen und Methoden aus dem Bereich der Modellbildung und Simulation kurz umrissen. In diesen Rahmen fügt sich abschließend die Beschreibung der Vorgehensweise im Forschungsprojekt.

1.1 Motivation: Die Modellierung menschlichen Verhaltens

Die Disziplin der Modellierung und Simulation menschlichen Verhaltens erschloss sich im Laufe des vergangenen Jahrzehnts ein breites Anwendungsspektrum. Gerade in Simulationsmodellen, die zur Lösung von Problemstellungen mit psychosozialem, sicherheitspolitischem oder auch militärischem Hintergrund herangezogen werden, bilden sie häufig einen Kernbestandteil.

Es bieten sich viele Möglichkeiten, den Menschen als Zusammenschau seiner Fähigkeiten und Kapazitäten in Modellierungsansätzen zur Untersuchung spezieller Fragestellungen mittels Simulation zu berücksichtigen. Von zentraler Bedeutung ist es oftmals, die rationale Seite des Menschen in Form seiner kognitiven Fähigkeiten abzubilden. Durch Verwendung von Methoden aus dem Fachgebiet der Künstlichen Intelligenz (KI) ist es möglich, einem Mensch-Repräsentanten im Modell den Anschein von Intelligenz zu verleihen und ihn denkend und planend erscheinen zu lassen. In militärisch genutzten Modellen finden derartige KI-Methoden beispielsweise in der Abbildung von Feindintelligenz Verwendung. Der Mensch wird hierbei als rationaler Entscheider gesehen und erfährt eine idealtypische Darstellung im Modell. Dies geht oft einher mit der Modellierung kognitiver Prozesse, die auf globalem Wissen operieren und den abgebildeten Menschen in seinen Entscheidungen und Handlungen nahezu unfehlbar machen.

Diese Sichtweise wurde in den 1990er Jahren zunehmend in Frage gestellt und bereitete den Weg für neue Ansätze zur Abbildung menschlichen Verhaltens, die sich von der Methodologie der klassischen KI lösten. Eine in den letzten Jahren vor allem im militärischen Bereich erstarkende Strömung, die unter dem Begriff *Human Factors Modelling* bekannt ist, sieht die Notwendigkeit, auch Unzulänglichkeiten in den kognitiven Abläufen eines Menschen abzubilden. Modellierungsansätze, die diesem Anspruch genügen, müssen die Entscheidungen und das Verhalten eines modellierten Menschen weniger idealtypisch darstellen und der menschlichen Eigenschaft Rechung tragen, unter bestimmten Umständen körperlicher oder kognitiver Beeinträchtigung zu Fehlern zu neigen. Derartige Fehler können sich in den Prozessen der Wahrnehmung, der internen Repräsentation von Informationen, in Planungsprozessen und in der Ausführung geplanter Aktionen manifestieren. Diese neue Anforderung setzt zum einen die Entwicklung von Modellierungsmethoden zur Repräsentation kognitiver Fähigkeiten voraus, die für Fragestellungen im Simulationsverlauf nicht die beste Lösung ermitteln sondern diejenige, zu der ein Mensch in der gegebenen Situation in der realen Welt am wahrscheinlichsten gelangen würde. Zum anderen ist es erforderlich, interne wie auch externe Faktoren in der Modellierung zu berücksichtigen, welche die menschliche Leistungsfähigkeit beeinflussen. Zu diesen können beispielhaft Ermüdung durch Schlafdeprivation, Arbeiten unter unzureichenden Lichtverhältnissen oder störenden Geräuschkulissen, ebenso wie Überforderung aufgrund von Zeitdruck gezählt werden. Die Bandbreite dieser Faktoren ist enorm, die Bestimmung ihrer Auswirkungen auf Wahrnehmung, Denken und Handeln des Menschen ist seit geraumer Zeit Gegenstand einer schwer überschaubaren Menge an Forschungsprojekten.

Entscheidungen und Verhaltenweisen eines Menschen sind jedoch nicht ausschließlich durch den Intellekt und damit vernunftgeprägt, sondern ergeben sich vielmehr aus einem Zusammenspiel seiner kognitiven Kapazitäten mit emotionalen Zuständen, seiner physischen Konstitution und sozialen Gegebenheiten. Es empfiehlt sich daher, den Menschen in einer gesamtheitlichen Sichtweise als autonomes, psychosomatisches System mit kognitiven und emotionalen Fähigkeiten zu betrachten, das in einen sozialen Kontext eingebettet ist. Um den internen Zustand dieses Systems in fundierter Art abzubilden werden Theorien und Erkenntnisse aus der Psychologie, insbesondere der Sozial- und Kognitionspsychologie herangezogen und in einen Modellierungsansatz integriert.

Es gibt zahlreiche Anwendungsgebiete für die Modellierung menschlichen Verhaltens, in denen diese Aspekte von größter Bedeutung sind. Ein Anwendungsgebiet, in dem gerade die auf den ersten Blick nicht rational erscheinenden Verhaltenweisen und der zugrunde liegende emotional dominierte interne Zustand des Menschen im Vordergrund stehen, ist die Abbildung menschlichen Verhaltens in Paniksituationen. Hierbei gilt es, den Menschen als zuweilen auch fehlerhaft agierendes, beeinflussendes und vielseitig beeinflussbares Wesen darzustellen, das sich gerade in Extremsituationen in erster Linie von Instinkt und grundlegenden Emotionen leiten lässt. Derart können in der Realität wie auch im Modell Verhaltensweisen zutage treten, die ohne Kenntnis des internen Zustands eines realen oder modellierten Individuums jeder rationalen Grundlage zu entbehren scheinen. Gerade diese Verhaltensaspekte, die in völligem Gegensatz zu Shakespeares Beschreibung des menschlichen Wesenskerns durch Hamlets Worte stehen, sind für die vorliegende Arbeit von zentraler Bedeutung.

Wie in Kapitel 4.2 dargelegt wird, existieren bisher keine Modellierungsansätze zur Abbildung menschlichen Verhaltens in Paniksituationen auf Basis einer Individuen-basierten, detaillierten und psychologisch fundierten Umsetzung mentaler Prozesse. Artverwandte, bestehende Konzeptionen stellen den Menschen als Partikel ohne komplexes Innenleben oder als parametrisierbare Zelle auf einem Umweltraster dar. Der Anwendungsbereich entsprechender Modelle ist mit dem Schwerpunkt dieser Forschungsarbeit nicht deckungsgleich, da deren Fokus auf der Nachbildung der Bewegung geordneter oder ungeordneter Personenströme liegt. Das Auftreten seltener Massenpaniken wird in derartigen Modellen lediglich als Spezialfall der Modellierung einer gewöhnlichen, unkritischen Menschenbewegung betrachtet.

Diesem neuen Anwendungsgebiet und Anforderungsprofil für die Modellierung menschlichen Verhaltens ist die Forschungsarbeit gewidmet, deren Ergebnisse im Folgenden dargelegt werden.

1.2 Zielsetzung und mögliche Anwendungsgebiete

Ziel der, in diesem Buch beschriebenen, Forschungsarbeit ist die Entwicklung eines Referenzmodells zur Agenten-basierten Simulation menschlichen Verhaltens in Paniksituationen. Als zentraler Bestandteil des Referenzmodells soll eine fundierte Definition für den Begriff *Panik* auf Basis von Erkenntnissen aus der Panikforschung mit sozialpsychologischem Hintergrund erarbeitet werden.

Mögliche Einsatzgebiete für ein derartiges Referenzmodell sind in den Bereichen Analyse, Entscheidungsunterstützung im Vorfeld von Großveranstaltungen und Schulung im Kontext von Großveranstaltungen mit Panikpotenzial angesiedelt. Besondere Bedeutung kommt dabei Aspekten wie Aufdeckung situationsspezifischer Entstehungsgründe für eine Panik oder frühzeitige Identifikation potentiell kritischer Situationen zu. Ebenso ist es denkbar, Versuche zur Vermeidung von Massenpaniken durch Änderung operativer Abläufe während Evakuierungen oder durch Änderungen an der Infrastruktur mittels geschlossener Simulation zu unternehmen. Für die Schulung von Ordnungskräften für angemessenes Verhalten in kritischen Situationen sind auch offene Simulationen denkbar, deren Grundlage das vorzustellende Referenzmodell darstellt.

Als denkbare Szenarien für die Anwendung des Modells sind Massenveranstaltungen religiöser, politischer oder auch sportlicher Art, Brände in geschlossenen Räumen oder Terrorakte an öffentlichen Orten angedacht. Den Berührungspunkt der genannten Szenarien stellt die Notwendigkeit zur Entwicklung von Strategien zur geordneten und systematischen Evakuierung von Menschen aus Gefahrenzonen dar, ohne dabei eine Massenpanik auszulösen.

1.3 Einordnung: interfakultativer Ansatz

Die Forschungsarbeit befasst sich mit der psychologisch fundierten Nachbildung und Simulation menschlicher Verhaltensweisen. Demnach vollzieht die Arbeit einen Brückenschlag zwischen zwei verschiedenen, aber gleichberechtigten Wissenschaftsgebieten. Wesentliche Einflüsse für die Modellierung und Basis für deren Fundierung stellen wissenschaftliche Theorien und Erkenntnisse dar, die dem Bereich der Sozialpsychologie entstammen. Die grundlegende Methodologie des vorzustellenden Referenzmodells und seiner Modellierungsvorschläge basiert auf der Systemtheorie. So wird der dynamische, interne Zustand des Menschen im Modell durch ein Gefüge von Zustandsvariablen und abhängigen Größen beschrieben, das ihn auf Veränderungen in seiner Umwelt reagieren lässt. Zu Abbildung höherer kognitiver Funktionen des modellierten Menschen werden Methoden aus der KI herangezogen. Zur konkreten Umsetzung der Modellierung in Form eines Simulationsmodells werden Methoden aus der Disziplin der Modellbildung und Simulation bzw. des Operations Research sowie etablierte Vorgehensweisen aus der Softwaretechnik eingesetzt. In der Gesamtheit betrachtet liegt der Schwerpunkt der Forschungsarbeit demnach in der Informatik.

1.4 Grundlagen und Begriffsdefinitionen

In der vorliegenden Arbeit werden Begriffe verwendet für die keine, in den jeweiligen Fachbereichen und über deren Grenzen hinaus, einheitlich verwendete Definition existiert. Ihre Bedeutung für die vorliegende Arbeit muss daher zunächst geklärt werden. Hierzu werden bestehende Definitionen bzw. Kombinationen von Aspekten verschiedener Definitionen als im Rahmen dieser Arbeit gültig festgelegt.

1.4.1 Verhalten

Der Begriff *Verhalten* ist in der vorliegenden Arbeit von zentraler Bedeutung. Nach Strube (1996) werden darunter allgemein *"alle inneren (verdecktes V.) und äußeren (offenes V.) Aktivitäten eines Organismus betrachtet, durch die ein Organismus mit seiner physischen und sozialen Welt interagiert."* ([Strube 1996], S. 762) verstanden. Inneres Verhalten wird dabei auch als *verdecktes Verhalten* bezeichnet und auf Prozesse der Informationsübertragung auf biochemischer und elektrischer Ebene bezogen.

In dieser Arbeit sind äußere Aktivitäten, also Verhaltensweisen auf einer Makroebene von Interesse, unter denen *"alle beobachtbaren und registrierbaren Verhaltensäußerungen"* ([Strube 1996], S. 762) verstanden werden. Prozesse der Handlungsmotivation und bewusster Intentionen sind nach Strube weitere, gültige Aspekte einer Definition des Begriffes Verhalten aus psychologischer Sicht und werden daher eingeschlossen.

Verhaltensweisen setzen sich aus molaren Verhaltenseinheiten zusammen. Als Verhaltenseinheit wird nach Häcker *"[...] jeder aus dem Zusammenhang des Gesamtverhaltens aufgrund <<natürlicher>> Abgrenzungen herauslösbare Verhaltensanteil"* ([Häcker & Stapf 1998], S. 923) verstanden. Das Adjektiv *molar* bezieht sich auf übergeordnete Verhaltensweisen, die stets auf ein bestimmtes Ziel ausgerichtet sind [Häcker & Stapf 1998].

/D1/ Verhalten, Verhaltensweise: Der Begriff *Verhalten* (auch: *Verhaltensspektrum, Verhaltensrepertoire*) umschreibt die Gesamtheit aller beobachtbaren Verhaltensweisen eines Organismus. Der Begriff *Verhaltensweise* (auch: *Verhaltensform, Verhaltensreaktion*) beschreibt eine geordnete Menge von Verhaltenseinheiten (auch: *Verhaltensaspekte*), deren Ausführung auf die Erreichung eines bestimmten, gemeinsamen Ziels ausgerichtet sind und damit einer bestimmten Handlungsmotivation folgen.

1.4.2 Modell und Simulation

In VDI-Richtlinie 3633, Blatt 1, definiert der *Verein Deutscher Ingenieure* den Begriff *Modell* wie folgt:

> **/D2/ Modell:** "Ein Modell ist eine vereinfachte Nachbildung eines geplanten oder real existierenden Systems mit seinen Prozessen in einem anderen begrifflichen oder gegenständlichen System. Es unterscheidet sich hinsichtlich der untersuchungsrelevanten Eigenschaften nur innerhalb eines vom Untersuchungsziel abhängigen Toleranzrahmens vom Vorbild." ([VDI 2000], S. 3)

Völlige Übereinstimmung des Verhaltens zwischen Modell und real existierendem System kann daher nicht vorausgesetzt oder erwartet werden. Es gilt vielmehr, anwendungsspezifische Toleranzgrenzen zu definieren, innerhalb derer das Modellverhalten als Näherung an das reale Verhalten akzeptiert werden kann. Damit ergibt sich im eigentlichen Sinn statt Verhaltensgleichheit eine im besten Fall starke Verhaltensähnlichkeit. Schmidt definiert den Begriff Simulation als *"[...] das Auffinden eines zweiten Systems das im Bezug auf die Fragestellung annähernd das gleiche Verhalten besitzt wie das ursprüngliche System, jedoch einfacher zu handhaben ist."* (Prof. Dr. Bernd Schmidt, Universität Passau, Vorlesung Operations Research I, 2003). In VDI-Richtlinie 3633 findet sich eine sehr ähnliche Definition des Begriffes, welche die Aspekte Modelldynamik und Anwendbarkeit einfließen lässt:

> **/D3/ Simulation:** "Simulation ist das Nachbilden eines Systems mit seinen dynamischen Prozessen in einem experimentierbaren Modell, um zu Erkenntnissen zu gelangen, die auf die Wirklichkeit übertragbar sind. Insbesondere werden die Prozesse über die Zeit entwickelt." ([VDI 2000], S. 2)

Die Simulation kann kontinuierlich oder diskret betrieben werden. Kontinuierliche Simulation basiert auf einem Geflecht von verkoppelten Differentialgleichungen, durch die der Zustand des Modells zu einem Zeitpunkt aus dem (Start-) Zustand zu einem Anfangszeitpunkt berechnet wird. Im Gegensatz dazu ändert sich der Zustand des Modells bei der diskreten Simulation zwischen zwei Simulationszeitpunkten nicht. Zustandsänderungen erfolgen ausschließlich zu diskreten Zeitpunkten, die entweder äquidistant zueinander sind oder ereignisorientiert festgelegt werden (vgl. [Wenzel 2000], S. 8).

Basierend auf /D{2,3}/ soll unter dem Begriff *Simulationsmodell* folgendes verstanden werden:

> **/D4/ Simulationsmodell:** Ein Simulationsmodell ist eine vereinfachte Abbildung von Struktur und Dynamik eines realen Systems in Form eines ablauffähigen Computerprogramms, mit dem durch Simulationsexperimente das Verhalten des realen Systems innerhalb tolerierbarer Grenzen nachgespielt oder auch vorhergesagt werden kann.

1.4.3 Das Paradigma der Agenten-basierten Modellierung

Der Begriff *Agent* (lat. *agens*: der/die Handelnde) lässt eine präzise und durchgängig in der internationalen Simulationsgemeinschaft verwendete Definition missen. Uhrmacher (2000) führt an, dass der Begriff als Metapher zur Beschreibung dynamischer Systeme dient, ebenso aber zur Beschreibung des Prinzips der Programmierung von Simulationssystemen genützt wird. In der verteilten künstlichen Intelligenz und den neueren Kognitionswissenschaften wird er nach Strube (1996) als allgemeiner Sammelbegriff für künstliche Wesen verwendet, die über die Fähigkeit verfügen, Informationen aus ihrer Umwelt zu akquirieren, diese Informationen durch Kognitionen zu interpretieren und durch Ausführung angemessener Aktionen auf ihre Umwelt einzuwirken.

In der vorliegenden Arbeit wird der Begriff *Agent* synonym zu *Software-Agent* verwendet, worunter nach Maes (1995) in ganz ähnlicher Weise Softwaresysteme verstanden werden, die über Sensorik und Effektorik verfügen, um in ihrer Umwelt einer Menge definierter Aufgaben nachzugehen. Maes bringt den Agentenbegriff mit einer Menge von elementaren Eigenschaften in Verbindung, die in Tabelle 1 zusammengefasst werden. Dieser Ansicht schließt sich Uhrmacher an, mit dem Einwand jedoch, dass für diese Eigenschaften wiederum keine einheitlichen Definitionen existieren. Tabelle 1 verbindet daher Agenteneigenschaften mit Bedeutungen, die ihnen im Rahmen der vorliegenden Arbeit zukommen sollen.

Wooldridge & Jennings (1995) sowie Sundermayer (1993) klassifizieren Agentenarchitekturen in Anlehnung an die internen Kontrollmechanismen, also die Verhaltenssteuerung der Agenten. Dabei wird eine klassische Differenzierung in reaktive, deliberative und hybride Architekturen vorgenommen.

Tabelle 1: Allgemeine Eigenschaften von Agenten

Eigenschaft		Beschreibung
/EA1/	Autonomie	Agenten sind adaptive Systeme mit Eigendynamik und individuellem Verhaltenspotenzial, die sie dazu befähigen, Ziele auch eigeninitiativ zu bestimmen und selbstständig zu verfolgen.
/EA2/	Individuelle Weltsicht	Agenten verfügen über ein internes Weltbild, das ihre Umwelt so repräsentiert, wie sie der Agent subjektiv wahrnimmt. Dies schließt Wissenslücken oder fehlerhafte Wahrnehmungen ein.
/EA3/	Intelligentes und rationales Verhalten	Agenten sind lernfähige Nutzenmaximierer, die versuchen, aus einer Menge möglicher Handlungsalternativen diejenige auszuwählen und umzusetzen, die den höchsten Nutzen im Hinblick auf das aktuelle Ziel verspricht.
/EA4/	Soziale Kompetenzen	Agenten können Gemeinziele berücksichtigen und sind Teil einer sozialen Struktur, die ihnen Kommunikations- und Kooperationsfähigkeiten abverlangen.
/EA5/	Mobilität	Agenten können sich in ihrer Umwelt bewegen und so die Reichweite ihrer Effektoren und Sensoren erweitern.

In reaktiven Architekturen werden Handlungen durch Reiz-Antwort-Schemata gesteuert und stellen schnelle adaptive Reaktionen auf Veränderungen der Umwelt dar. Agenten, denen eine deliberative[1] Architektur zugrunde liegt, haben das Potenzial, initiatives, zielorientiertes und planbasiertes Handeln zu zeigen, ohne dafür zwingend einen externen Stimulus zu benötigen. In Einklang mit Strube werden hybride Mischformen als dritte Kategorie von Architekturen angeführt, die reaktive und deliberative Kapazitäten in sich vereinen. Ein detaillierter Überblick über Architekturtypen wurde von Urban (2007) dargelegt[2].

Die Agenten-basierte Modellierung, ein Filterungsprozess, der auf den Prinzipien der Abstraktion und Idealisierung als Mechanismen zur Vereinfachung fußt, sieht die Abbildung von Menschen auf Agenten vor. Abstraktion umschreibt dabei den Prozess der Reduktion des abzubildenden Originalobjekts auf seine wesentlichen Eigenschaften und Verhaltensweisen. Idealisierung dagegen bedeu-

---

[1] Strube (1996) attributiert Architekturen mit deliberativem Charakter mit dem Adjektiv *proaktiv*.
[2] Vgl. [Urban 2007], S. 331ff.

tet die Abbildung komplexer Eigenschaften und Verhaltensweisen in idealisierter, handhabbarer Form.

Agenten-basierte Simulation bezeichnet die Verwendung von Simulationsmodellen, die dem Paradigma der Agenten-basierten Modellierung folgen. Beinhaltet die Simulation mindestens zwei interagierenden Agenten, so wird das Simulationsmodell als Multiagentensystem bezeichnet [Strube 1996].

Im Rahmen der vorliegenden Arbeit wird der Begriff *Agent* auf Basis der vorangegangenen Zusammenfassung wie folgt definiert:

> **/D5/ Agent:** Ein Agent ist ein Repräsentant für einen realen Menschen im Simulationsmodell, welcher die grundlegenden Eigenschaften /EA1/ - /EA5/ aus Tabelle 1 erfüllt und eine hybride Architektur aufweist.

1.4.4 Referenzmodelle und Humanagenten

Für den Begriff *Referenzmodell* existiert, wie auch für den Begriff *Agent*, keine einheitlich verwendete Definition[3]. Aus diesem Grund muss auch die Bedeutung dieses Begriffes im Rahmen der vorliegenden Arbeit geklärt werden.

Nach Wenzel (2000) schlägt der *Arbeitskreis Referenzmodelle* der Fachgruppe *Simulation in Produktion und Logistik* in der *Arbeitsgemeinschaft Simulation* (ASIM) folgende Definition für den Begriff *Referenzmodell* vor:

> **/D6/ Referenzmodell:** "Ein Referenzmodell umfasst eine systematische und allgemeingültige Beschreibung eines definierten Bereiches der Realität mit den für eine vorgegebene Aufgabenstellung relevanten charakteristischen Eigenschaften und legt das zugehörige Modellierungskonzept fest. Im Bereich der Simulation dienen Referenzmodelle als Konstruktionsschemata für den Entwurf von aufgabenbezogenen Simulationsmodellen." ([Wenzel 2000], S. 13)

Der Begriff *Modellierungskonzept* kann dabei als Zusammenführung struktureller wie auch inhaltlicher, theoretischer Konzepte aufgefasst werden, wie in [Wenzel 2000] beschrieben. Einen weiteren Aspekt führen Fettke und Loos ins Feld, wonach Referenzmodelle von Menschen *"zur inhaltlichen Unterstützung bei der Erstellung von Anwendungsmodellen entwickelt oder genutzt [werden]"*

---

[3] Vgl. [Fettke & Loos 2004], S. 8ff.

([Fettke & Loos 2004], S. 9). Schütte präzisiert diesen Sachverhalt: *"Ein Referenzmodell [...] betrachtet vorrangig die Semantik und nicht die Syntax, so daß von der Syntax abstrahiert wird."* ([Schütte 1998], S. 72). Durch diese letzte Eigenschaft wird ein Referenzmodell klar von einem Metamodell abgegrenzt, das als Modell eines Modells gesehen wird. Sein Zweck ist es nach Wenzel, die Syntax eines Modellsystems zu beschreiben und von der Semantik des Modells zu abstrahieren.

Wenzel führt weitere recherchierte Anforderungen an Referenzmodelle auf, die aufgrund ihrer allgemeinen Formulierung auch auf Referenzmodelle für die Abbildung menschlichen Verhaltens bezogen werden können. Demnach besitzen Referenzmodelle Vorlagencharakter und dienen damit als Empfehlung und Mustermodelle zur Durchführung von Modellierungsaufgaben. Sie werden weiterhin durch einen gewissen Grad an Allgemeingültigkeit charakterisiert und müssen den Aufbau mehrerer Modelle im spezifizierten Anwendungsgebiet ermöglichen. Zudem sind sie verständlich, anpassbar, also offen für Veränderungen, unabhängig von der Implementierungsform und weisen einen modularen Aufbau aus funktionalen Teilmodellen auf. Zuletzt kann ein Demonstratormodell im Umfang eines Referenzmodells enthalten sein, mit dessen Hilfe die Anwendbarkeit des Referenzmodells belegt werden soll. An das zu entwickelnde Referenzmodell zur Agenten-basierten Simulation menschlichen Verhaltens in Paniksituationen werden die in Tabelle 2 festgehaltenen, allgemeinen Anforderungen gestellt.

Tabelle 2: Merkmale von Referenzmodellen

Eigenschaft	
/ER1/	Definition eines Anwendungsbereiches
/ER2/	Semantikbezogenheit
/ER3/	Vorlagencharakter
/ER4/	Allgemeingültigkeit
/ER5/	Verständlichkeit
/ER6/	Anpassbarkeit
/ER7/	Strukturiertheit und Modularität
/ER8/	Demonstratormodell

Das Referenzmodell **SimPan** soll die in Tabelle 2 festgehaltenen Eigenschaften /ER1/ - /ER8/ berücksichtigen und wie folgt definiert werden:

> **/D7/ Referenzmodell SimPan:** Das Referenzmodell **SimPan** ist auf die Abbildung menschlichen Verhaltens in Paniksituationen zugeschnitten und dient als Muster auf semantischer Ebene zum Aufbau Agenten-basierter Simulationsmodelle für den definierten Anwendungsbereich. Es definiert nachvollziehbare Modellierungsvorschläge für Ereignisse und Verhaltensreaktionen in Paniksituationen und liefert Lösungsansätze zur strukturierten Beschreibung der Systemdynamik, die sich aus Interaktionen zwischen Mensch und Umwelt ergibt. Diese beinhalten Darstellungsmöglichkeiten für relevante Einflussfaktoren für menschliches Verhalten im definierten Kontext sowie von Mechanismen zur Abbildung komplexer interner Zustände und Zustandsübergänge von Agenten in Übereinstimmung mit den zugrunde liegenden psychologischen Theorien und Erkenntnissen, daraus resultierende beobachtbare Verhaltensweisen und deren Effekte auf Infrastruktur und soziale Umwelt.
>
> Das Referenzmodell ist nicht szenariogebunden, daher allgemeingültig und universell einsetzbar innerhalb der Grenzen seines definierten Anwendungsbereiches. Es verfügt über Leerstellen zur Erweiterung und Anpassung an die jeweiligen speziellen Erfordernisse konkreter Anwendungssituationen. Für das Referenzmodell existiert eine exemplarische Umsetzung in Form eines Agenten-basierten Simulationsmodells.

In der vorliegenden Arbeit soll zwischen den Begriffen *Agentenarchitektur* und *Referenzmodell* differenziert werden. Nach Sundermayer (1993) konzentriert sich eine Agentenarchitektur ausschließlich auf das Innenleben von Agenten, ein Referenzmodell dagegen stellt ein funktionales, dynamisches Gefüge aus Agenten und ihrer Umwelt her. Eine Agentenarchitektur soll damit als Bestandteil eines Referenzmodells aufgefasst werden.

1.5 Der wissenschaftliche Erkenntnisprozess

Die Vorgehensweise im Rahmen der Forschungsarbeit richtet sich nach dem
wissenschaftlichen Erkenntnisprozess, der ausführlich in [Schmidt 2001] beschrieben und in Bild 1 visualisiert wird.

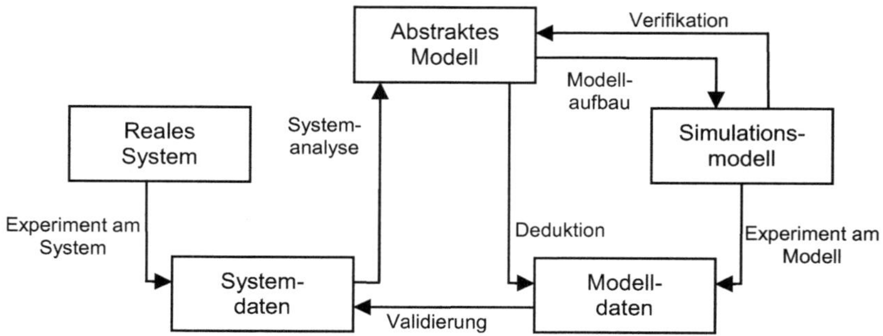

Bild 1: Der wissenschaftliche Erkenntnisprozess

1.5.1 Der Mensch als reales System

Aus der bunten Vielgestaltigkeit der realen Lebenswelt wird der Mensch mit
seinen Verhaltensreaktionen bei Ausbruch und Verlauf von Paniksituationen als
abzubildendes, reales und offenes System betrachtet. Das Adjektiv offen spiegelt
die Tatsache wider, dass Einflussfaktoren für das gewählte System existieren,
deren Ursprung außerhalb dieses Systems liegen. Die Menge abzubildender
Verhaltensreaktionen des realen Systems soll als Gesamtheit beobachtbarer Interaktionen zwischen einem Menschen und seiner sozialen wie auch rein gegen-
ständlichen Umgebung in Paniksituationen definiert werden.
Das reale System muss zum Zweck der Analyse gedanklich vom Modellierer aus
dem übergeordneten Gesamtkontext herausgelöst werden. Dieser Prozess trennt
die reale Welt in ein reales System und sein Komplement, die Systemumgebung.
Der Gesamtkontext wird durch das gesamte Verhaltensspektrum definiert, welches ein Mensch im Laufe seines Lebens erwirbt und zum Ausdruck bringen
kann.
Das gewählte reale System *Mensch* präsentiert sich, wie in Bild 2 dargestellt, als
Black Box. Interne Wirkmechanismen, die dynamische Zustandsübergänge des
Systems erst ermöglichen, werden nicht offenbart und sind nicht bekannt.
Aus diesem Grund müssen Einflussgrößen für das Verhalten des Systems ermit-
telt werden, die bestimmte Verhaltensreaktionen nach sich ziehen. Zu diesen
Einflussgrößen zählen interne Faktoren wie Persönlichkeitsmerkmale, aber auch

externe Faktoren wie Umweltereignisse oder soziale Umstände. Derartige Informationen verkörpern das empirisch ermittelte Verhalten des Menschen als Reaktion auf bestimmte Einflüsse und werden in ihrer Gesamtheit *Beobachtungsdaten* oder *Systemdaten* genannt.

Auf der Basis dieser Beobachtungsdaten sowie durch Einbeziehung psychologischer Theorien, die das Verhalten des Menschen unter bestimmten Bedingungen erklären und als fundierter Unterbau für weitere Schritte im wissenschaftlichen Erkenntnisprozess dienen, müssen Annahmen über die interne Funktionsweise des Systems Mensch getroffen werden.

Diese Verfahrensweise entspricht dem Wesen der Modellierung menschlichen Verhaltens, die im Grunde immer den Versuch unternimmt, das Systemverhalten, also die Reaktionen des Menschen auf spezielle Eingaben oder in speziellen Situationen, abzubilden, ohne damit auch seine genaue Funktionsweise detailgetreu nachbilden zu müssen.

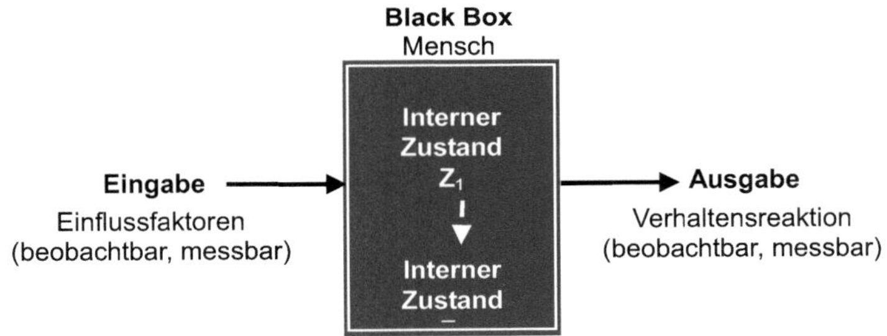

Bild 2: Der Mensch als reales System

Durch sein Verhalten wirkt das System *Mensch* auf seine Umwelt und ihre Elemente ein, also Gegebenheiten der Infrastruktur wie auch gleichermaßen Mitmenschen. Dadurch wird die Umwelt ihrerseits einer Zustandsänderung unterworfen, die ebenfalls im Modellierungsansatz zu berücksichtigen ist.

1.5.2 Die Analysephase

Die beschriebenen Grundlagen wurden in einer dreigliedrigen Analysephase erarbeitet. In dieser erfolgte die Untersuchung von Paniksituationen hinsichtlich gemeinsamer Merkmale, die Erarbeitung einer Definition für den Begriff *Panik* auf Basis sozialpsychologischer Erkenntnisse sowie die Analyse bestehender Ansätze zur Abbildung und Simulation menschlichen Verhaltens in Paniksituationen.

Vorrangige Aufgaben der Analysephase waren durch die Notwendigkeit der Erlangung eines Verständnisses für den Begriff *Panik*, die Formulierung einer entsprechenden Definition und die Untersuchung menschlicher Verhaltensweisen in Paniksituationen gegeben. Aus ethischen Gründen wäre es im gegebenen Kontext nur mit großen Einschränkungen möglich, reale Experimente[4] am gewählten realen System durchzuführen, um echte, beobachtbare Reaktionen von realen Probanden zu erzwingen. Als reales Experiment soll dabei in Anlehnung an Schmidt (2001) die Anregung eines realen Systems verstanden werden, bei der eine Eingabe zu einer Veränderung des internen Systemzustands führt, der sich in einer beobachtbaren Ausgabe manifestiert[5]. Die genannte Einschränkung besteht im Wesentlichen darin, dass der Mensch nur bedingt in die Lage versetzt werden kann und darf, das eigene Leben massiv bedroht zu sehen, was den wesentlichen Faktor bei Ausbruch und Verlauf von Paniken darstellt. Unter Beachtung dieser Einschränkung lassen sich in realen Experimenten zwar Verhaltensweisen fördern, die als realitätsnah angesehen werden können, sich aber nicht vollständig mit der Realität decken.

Im ersten Schritt der Analysephase wurde eine Definition für den Begriff *Panik* erarbeitet, die einem etablierten sozial- und humanwissenschaftlichen Ansatz folgt und gemeinsame Aspekte verschiedener Sichtweisen auf den Begriff beinhaltet. Diese Definition wurde im Rahmen der späteren Modellierung als gültig betrachtet.

Weitere Untersuchungen im Rahmen der Analysephase erfolgten anhand der Auswertung verfügbarer Aufzeichnungen über reale Katastrophen. Die erarbeitete Definition für den Begriff *Panik* bildete die Grundlage, geeignete Katastrophen ausfindig zu machen. Der Fokus der Untersuchungen lag dabei auf der Ermittlung gemeinsamer Merkmale bezüglich infrastruktureller Voraussetzungen zum Auftreten von Paniksituationen wie auch menschlicher Verhaltensweisen, die Ausbruch und Verlauf von Massenpaniken bestimmen.

Der letzte Abschnitt der Analysephase diente dazu, bestehende Modellierungs- und Simulationsansätze zu untersuchen, die zur Abbildung von Paniksituationen eingesetzt wurden und werden. Von primärer Bedeutung war dabei die Philosophie und Methodologie hinter den Ansätzen, deren prinzipielle Funktionsweise sowie der jeweils von den Entwicklern definierte ursprüngliche Anwendungsbereich. Weitere Beachtung fand die Feststellung des Umfangs, in dem die untersuchten Ansätze die im Rahmen der vorliegenden Forschungsarbeit ermittelten Phänomene in Paniksituationen berücksichtigen. Zudem wurden untersuchte

---

[4] Experimente können durch Verwendung von Simulationsmodellen oder direkt am realen System durchgeführt werden. Daher werden in dieser Arbeit die Begriffe *Simulationsexperiment* und *reales Experiment* entsprechend verwendet.

[5] Vgl. [Schmidt 2001], S. 2-2.

Fragestellungen und zugehörige Ergebnisse beleuchtet, die durch Simulations-experimente unter Verwendung dieser Ansätze erzielt wurden.

1.5.3 Die Modellierungsphase

Das Ziel der Modellierungsphase war der Aufbau eines abstrakten Modells vom gewählten realen System, das nach Wenzel *"so abstrakt wie möglich und so detailliert wie nötig sein [muss]."* ([Wenzel 2000], S. 6). Falls die zur Verfügung stehenden Beobachtungsdaten stellenweise durch Erfahrungen und Schätzungen des Modellierers ergänzt werden müssten, so empfiehlt Wenzel die Wahl einer höheren Abstraktionsebene anstatt *"durch spekulative Daten Unsicherheiten in die Studie einzubringen"* ([Wenzel 2000], S. 10).

Das abstrakte Modell ist als begrenztes, reduziertes Abbild der Wirklichkeit und anschauliche Vorstellung des gewählten realen Systems im menschlichen Bewusstsein zu sehen. Das abstrakte Modell setzt sich aus Modellkomponenten zusammen, deren Anordnung in strukturierter Weise erfolgt. Interaktion zwischen Modellkomponenten erfolgt mittels Informationsflüssen und kausalen Abhängigkeiten. Durch diese Interaktionen wird der interne Zustand des realen Systems Mensch im Modell ausgedrückt. Zustandsübergänge werden nach einem systemtheoretischen Ansatz, wie von Urban (2007)[6] angeführt, beschrieben. Den Kernbestandteil des abstrakten Modells bildet eine Menge von Zustandsvariablen, die ihren Wert auf der Basis einer gewissen Eigendynamik oder bedingt durch äußere Einflüsse ändern können. Entsprechende Übergänge werden durch Zustandsübergangsfunktionen ausgedrückt.

Da es sich beim abstrakten Modell im Gegensatz zum realen System um ein geschlossenes Konstrukt handelt, müssen äußere Einflüsse durch Ersatzdarstellungen repräsentiert werden. Derartige Einflüsse können beispielsweise Erfahrungen eines Menschen sein, die durch Erziehung oder frühere Beobachtungen herrühren und durchaus kulturelle Unterschiede aufweisen können. Diese Einflüsse müssen im abstrakten Modell berücksichtigt werden, z. B. in Form von Persönlichkeitskonstanten, durch die individuelle Neigungen und Empfänglichkeiten ausgedrückt werden können.

Die, in der Analysephase erarbeitete, Definition für den Begriff *Panik* bildete das Fundament für die Modellierungsphase, in der durch Beratung und Zusammenarbeit mit (Sozial-) Psychologen zulässige Abstraktionen und Idealisierungen für die Darstellung der erarbeiteten Merkmale und Verhaltensphänomene in Paniksituationen ermittelt wurden.

Analysephase und Modellierungsphase bilden damit gemeinsam die beiden Säulen der Systemanalyse. Die Systemanalyse wird nach Schmidt (2001) als Metho-

---

[6] Vgl. [Urban 2007], S. 59ff.

de der Systemtheorie verstanden, in der ein abstraktes Modell eines realen Systems konstruiert und schrittweise verfeinert wird. Nach Bischof (1998) zielt die Systemanalyse durch den Aspekt der Nachkonstruktion eines Originalsystems darauf ab, ein Verständnis von diesem in Struktur und Wirkungsweise zu erzielen. Dies ist nach Bischof nur dann möglich, wenn die Nachkonstruktion unter Verwendung derselben Mittel wie im realen System dasselbe leistet, also qualitativ nicht besser ist, sondern dieselben Fehler wie das Originalsystem produziert[7]. Diese Forderung muss insbesondere auch auf die Untersuchung und Abbildung menschlichen Verhaltens übertragen werden.

Das im Zuge der Systemanalyse entwickelte abstrakte Modell wird als Referenzmodell zur Abbildung menschlichen Verhaltens in Paniksituationen gesehen, das alle als relevant erarbeiteten Phänomene und Verhaltensweisen in Paniksituationen psychologisch fundiert repräsentiert. Diesem Referenzmodell wurde der Name **SimPan**[8] verliehen.

1.5.4 Die Phase der Konkretisierung

Die Phase der Konkretisierung verlieh dem, durch das abstrakte Modell definierten, Inhalt in Form des Referenzmodells SimPan einen wohlstrukturierten Rahmen, der durch ein Referenzmodell zur Erzeugung von Humanagenten gegeben wird. Diese Konkretisierung stellt einen Spezialisierungsprozess dar: Aus einer Menge möglicher Referenzmodelle wird das Element ausgewählt, welches die Anforderungen des abstrakten Modells bestmöglich erfüllt. Alle weiteren Arbeitsschritte bauen auf dieser Spezialisierung auf.

Im Rahmen dieser Arbeit wurde das Referenzmodell *PECS* für eine exemplarische Konkretisierung herangezogen. *PECS* stellt ein Netzwerk aus Modellkomponenten zur Abbildung physischer, emotionaler, kognitiver und sozialer Aspekte menschlichen Verhaltens anhand von Software-Agenten bereit und wird in Kapitel 6 näher beschrieben.

1.5.5 Die Implementierungsphase

In der Implementierungsphase wurde die Konkretisierung des abstrakten Modells mit einer formalen Sprache beschrieben. Diese Phase sollte ein lauffähiges und verifiziertes Simulationsmodell hervorbringen, das alle Modellierungsvorgaben des konkretisierten abstrakten Modells in sich trägt.

Durch die Wahl einer Beschreibungssprache und damit einhergehend eines Simulations-Frameworks erfolgte in der Implementierungsphase eine erneute Spezialisierung. So erfolgte der Aufbau eines Agenten-basierten Simulationsmodells

---

[7] Vgl. [Bischof 1998], S. 366.

[8] Der Name des Referenzmodells ergibt sich als Kurzform für *"Simulation of Panic Situations"*.

in der vorliegenden Arbeit unter Verwendung des Simulationssystems *Simplex3* mit der darin enthaltenen formalen Sprache *Simplex-MDL*.
Dieses Simulationsmodell wurde in einem Verifikationsprozess daraufhin untersucht, ob es sich den erarbeiteten Modellierungskonzepten entsprechend verhält.

1.5.6 Experimente und Plausibilitätsbetrachtungen

Das Verhalten des abstrakten Modells wurde durch Simulation untersucht. Dabei wurden Simulationsexperimente durchgeführt, in denen Paniksituationen nachgestellt wurden. Die Ergebnisse der Simulationen stellten die Grundlage für Plausibilitätsbetrachtungen dar, worunter die vergleichende Gegenüberstellung von Beobachtungsdaten, soweit verfügbar, und Daten aus Simulationsergebnissen verstanden wird. Dadurch wird der zentralen Fragestellung nachgegangen, ob das Modell tatsächlich das Verhalten des realen Systems innerhalb seiner Zielsetzung und Toleranz zeigt.
Aufgabe dieses letzten Arbeitsschrittes war es, das abstrakte Modell durch Plausibilitätsbetrachtungen zu überprüfen und damit die Brauchbarkeit des Referenzmodells **SimPan** zu belegen. Die vorangehend aufgeführten Arbeitsschritte sowie die Ergebnisse der einzelnen Phasen werden in Bild 3 dargestellt.

1.6 Anmerkungen

Die Übereinstimmung von Untersuchungsergebnissen zwischen Modell und realem System kann immer nur innerhalb tolerierbarer Grenzen erreicht werden. Als Gründe für Abweichungen zwischen Beobachtungsdaten und Simulationsdaten sind in erster Instanz die Prozesse der Abstraktion und Idealisierung als ständige Begleiter des Modellbildungsprozesses zu nennen. Als weitere Fehlerquellen müssen Ungenauigkeiten in Berechnungen der Simulation, beispielsweise durch Rundungsfehler, aufgeführt werden. Der durch die Modellbildung angestrebte Zustand ist stets dadurch bestimmt, das reale System durch das abstrakte Modell ausreichend genau nachspielen zu können. Ist dies der Fall, so *"[...] können die Modelldaten auf das reale System übertragen werden. Das kann zum Zweck der Erklärung oder Vorhersage erfolgen."* ([Schmidt 2001], S. 2-5). Genau darin bestehen Anforderung und Zielsetzung der vorliegenden Arbeit.
In Demut gegenüber der Vielfalt und Komplexität menschlichen Verhaltens soll an dieser Stelle erwähnt werden, dass der Mensch im Allgemeinen und menschliches Verhalten insbesondere nicht in seiner Gesamtheit abgebildet werden können. Ein derartiges Unterfangen ist auf absehbare Zeit aussichtslos: *"It appears to be impossible, at least for the foreseeable future, to produce an artificial replica of a human being."* ([Schmidt 2005], S. 4). Schmidt beschreibt das Ziel der Modellierung menschlichen Verhaltens dementsprechend: *"It is hoped that*

by this means we can approximate to a deeper understanding of human behaviour and make human behaviour comprehensible." ([Schmidt 2000], S. 19). Daher geht es auch in dieser Arbeit vielmehr darum, einen weiteren wichtigen Ausschnitt des menschlichen Verhaltensspektrums modellhaft zum Zweck der Simulation aufzubereiten, um ihn zu untersuchen und besser zu verstehen.

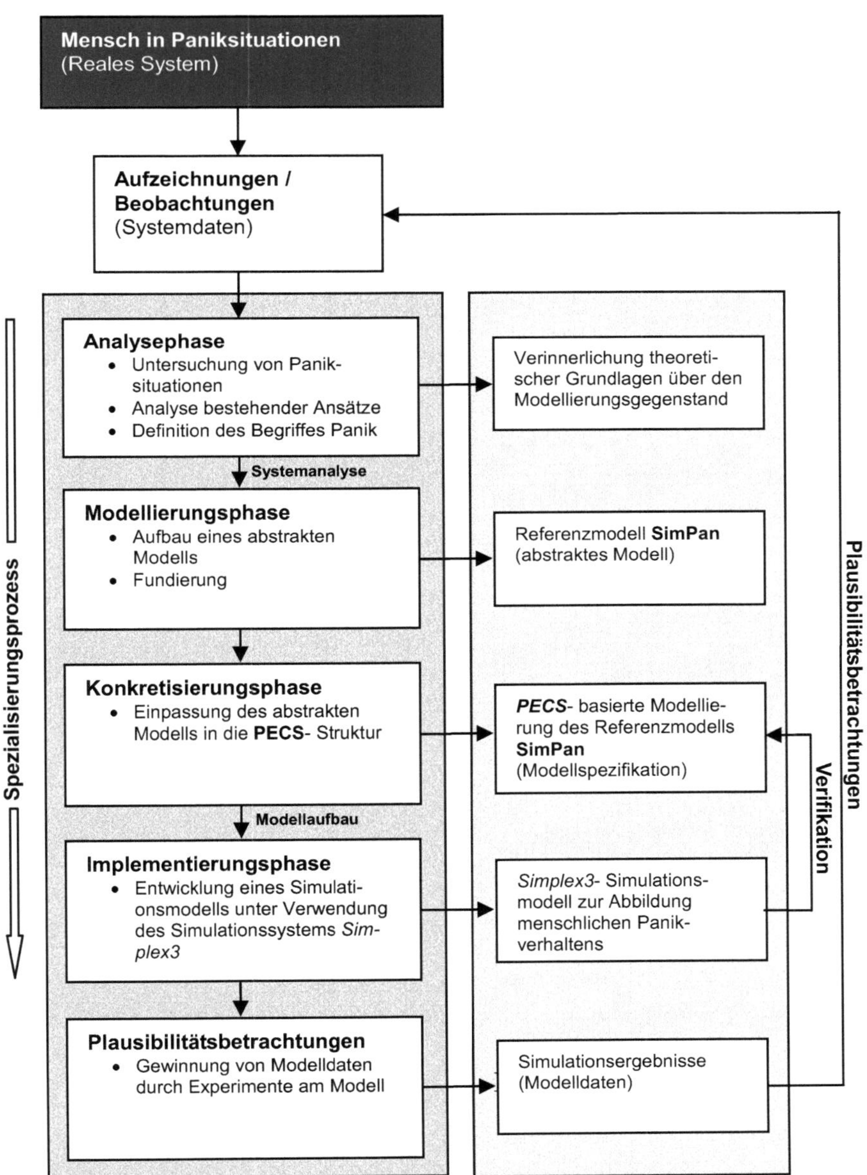

Bild 3: Vorgehensweise in der Forschungsarbeit

1.7 Inhalt und Aufbau des Forschungsprojekts

In den folgenden Kapiteln werden die erzielten Ergebnisse von der Analysephase bis hin zur Phase der Plausibilitätsbetrachtungen aufgegriffen und dokumentiert. Bild 4 vermittelt einen Überblick über den Aufbau des vorliegenden Projekts.

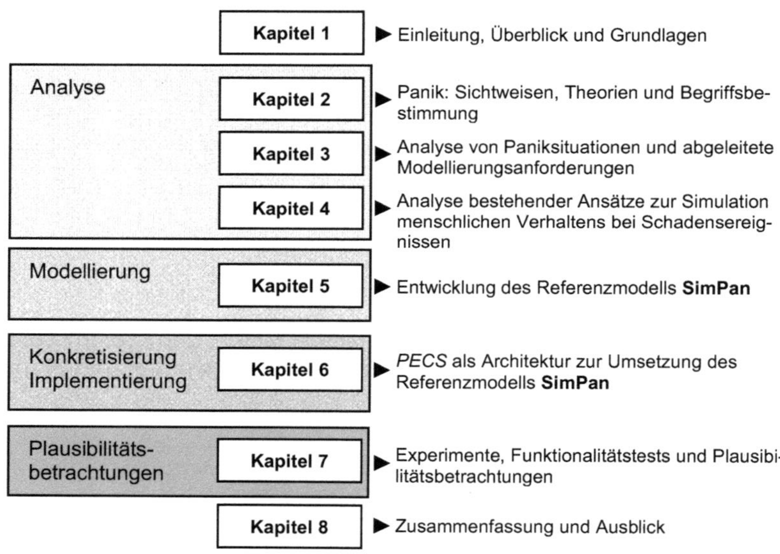

Bild 4: Strukturierung der vorliegenden Arbeit

In Kapitel 1 werden Motivation, Zielsetzung, Vorgehensweise und relevante Grundlagen für die vorliegende Arbeit zusammengestellt. Die Kapitel 2,3 und 4 sind der Analysephase gewidmet. Kapitel 2 beschäftigt sich mit der Erarbeitung einer Definition des Begriffes *Panik*, die im Rahmen der vorliegenden Arbeit als gültig betrachtet wird und im Zentrum des Modellierungsansatzes steht. Hierzu werden verschiedene Standpunkte der Panikforschung zur Begriffsdefinition widergespiegelt und vom Standpunkt aktueller Theorien aus der Sozialpsychologie bewertet. Kapitel 3 umreißt die Analyse verschiedener realer Paniksituationen mit dem Ziel, gemeinsame Phänomene in derartigen Situationen aufzuzeigen und diese in Form von Modellierungsanforderungen festzuhalten. In Kapitel 4 werden Ergebnisse von Untersuchungen bestehender makroskopischer und mikroskopischer Ansätze zur Simulation von Panik in Menschenmengen dargelegt.

Dabei werden Aussagen über den Umfang gemacht, in dem diese Ansätze die in Kapitel 3 festgestellten Modellierungsanforderungen berücksichtigen. Kapitel 5 bezieht sich auf die Modellierungsphase und gibt zunächst einen Überblick über die Methodik der systemtheoretischen Beschreibung dynamischer Systeme. Im Anschluss werden die entwickelten Modellierungskonzepte zur Umsetzung der ermittelten Anforderungen vorgestellt und ihre Integration in einen gesamtheitlichen Modellierungsansatz dargelegt. Zuletzt wird in Kapitel 5 die Frage aufgegriffen und beantwortet, ob **SimPan** ein Referenzmodell im Sinne der Definition des Begriffes aus Kapitel 1 darstellt.

In Kapitel 6 werden die Ergebnisse aus der Konkretisierungsphase beschrieben. Dazu erfolgt in einem ersten Schritt eine Einführung in die Grundlagen des Referenzmodells *PECS*, das für die Konkretisierung herangezogen wurde. In einem zweiten Schritt wird die Einbettung des **SimPan**-Modellierungsansatzes in die *PECS*-Struktur beschrieben.

Die Phase der Plausibilitätsbetrachtungen kommt in Kapitel 7 zur Darstellung. Diese wird mittels Durchführung von Experimenten am Simulationsmodell gestützt. Experimente dienen der Demonstration der korrekten Umsetzung der erarbeiteten Modellierungskonzepte des Referenzmodells **SimPan** und deren korrektem Zusammenspiel. Weiterhin wird die Plausibilität der Modelldynamik an sich durch vergleichende Beurteilung von Modelldaten im Hinblick auf dokumentierte Beobachtungen aus dem realen System belegt.

Die vorliegende Arbeit schließt in Kapitel 8 mit einer Zusammenfassung der erzielten Ergebnisse und Ausblicken auf denkbare Anwendungsgebiete und Perspektiven für weiterführende Forschungsmöglichkeiten auf Basis des Referenzmodells **SimPan**.

2 Panik: Sichtweisen, Theorien und Begriffsbestimmung

Um den Begriff *Panik* herrscht nach Quarantelli (1957) seit jeher eine Begriffsverwirrung, die von der Beschreibung der unrealistischen Ängste des Einzelnen bis zum Fehlverhalten einer Gruppe reicht. Von dieser Verwirrung mitunter gefördert, erfreut sich der Begriff bis heute in Medien und der Alltagssprache unbestreitbar großer Beliebtheit. Im Rahmen der vorliegenden Arbeit war es daher zwingend geboten, ein Grundverständnis für den Begriff *Panik* zu erarbeiten, um den Modellierungsgegenstand der Arbeit präzise beschreiben zu können. Hierzu werden im Folgenden Ursprung und Anwendungsdomänen des Begriffes *Panik* beleuchtet, in der Literatur verankerte Sichtweisen und ausgewählte Konzeptionen des Begriffes dargelegt und Gemeinsamkeiten zwischen den Konzeptionen herausgearbeitet. Darauf basierend wird eine Definition für den Begriff *Panik* angegeben, die im Rahmen der vorliegenden Arbeit als gültig betrachtet werden soll. Die präsentierte Auswahl von Theorien über Panik erhebt keinen Anspruch auf Vollständigkeit, sondern zielt darauf ab, ein möglichst breites Spektrum verschiedenartiger Sichtweisen zu repräsentieren.

2.1 Der Ursprung des Begriffes Panik

Der Begriff *Panik* hat seinen Ursprung in der griechischen Mythologie. Er wird auf den zum Teil wohltätigen aber auch furchterregenden arkadischen Hirten- und Waldgott *Pan* zurückgeführt[9], eine halbtierische Gestalt mit Hörnern und spitzen Ohren, dessen Unterleib dem eines Ziegenbockes ähnelt. Sein Name leitet sich aus dem hebräischen Wort *phan* ab, dessen Bedeutung gleichzusetzen ist mit *erschrockener Mensch*. Pan erzeugte mit Hilfe einer Muscheltrompete grauenvolle Töne, mit denen er selbst die Titanen erschreckte und in seiner Obhut befindliche Tierherden in Todesangst versetzte, so dass sie in wilder Flucht davon stürmten und sich kopflos Felsabgründe hinabstürzten. An diesem Anblick belustigte sich Pan.

Auch wird der Begriff *Panik* auf den, unter Dionysios dienenden griechischen Heerführer Pan zurückgeführt, der die Phalanx, eine kompakte Schlachtordnung, erfunden haben soll, die er den aufgelockerten Verbänden seiner Feinde entgegenstellte. Seine Soldaten wurden dabei neben- und hintereinander aufgestellt und marschierten im Gleichschritt auf feindliche Stellungen zu, wodurch sich

---

[9] Vgl. [Brickenstein 1993].

das Bild einer unaufhaltsam vorrückenden Mauer ergab. Legenden zufolge erstarrten einige der Feinde des Pan vor Schreck, die Mehrzahl wurde von Furcht vor dem Tode ergriffen und gab sich einer wilden Flucht hin[10].
Der Begriff *Panik* setzt sich letztlich aus dem Namen der mythischen Figur und dem von ihr errungenen Sieg, im direkten oder übertragenen Sinn, zu griechisch *nike*, zusammen.

2.2 Die Verwendung des Begriffes in den Medien

Nach Keating (1982) stimmen viele der Panikforscher darin überein, dass der Terminus *Panik* zu oft verwendet wird, vor allem auch unberechtigter Weise um das Verhalten von Menschen in Situationen zu beschreiben, welche die menschliche Physis und Psyche überdurchschnittlich fordern. Der Begriff *Panik* kommt nicht selten auch anscheinend gezielt zur dramatischen Untermalung von Berichterstattungen über den Verlauf kritischer Situationen[11] zum Einsatz. Dabei werden meist diejenigen unter den beobachtbaren menschlichen Verhaltensweisen in Krisensituationen mit dem Begriff *Panik* assoziiert, welche für einen an der Situation unbeteiligten, emotionslosen Betrachter als nicht der Norm entsprechend, unerwartet, schwer nachvollziehbar und unlogisch erscheinen. Keating weist auf eine Diskrepanz zwischen Medienberichten und sorgsam recherchierten Folgerungen aus Untersuchungen von Katastrophenereignissen hin, für die er folgende Gründe anführt:

> *"First, 'panic' is an easily understood shorthand term that also creates good headlines to attract readers. Second, objective observers tend to minimize situational factors affecting behavior, and emphasize personal responsibility for the behavior of others. Finally there is the problem of defining the word 'panic'."* ([Keating 1982], S. 58)

Auch Dombrowski und Pajonk (2005) merken an, dass die Medien den Übergang von verantwortlichem Denken zu fremdgesteuerter Impulsivität oftmals falsch illustrieren, da sie Panik oft als häufigste, fast schon zu erwartende kollektive Reaktion auf extreme Belastungssituationen erscheinen lassen.
Das Anwendungsspektrum des Begriffes *Panik* durch Medien und Wissenschaft reicht nach Quarantelli (1957, 2001) vom Synonym für die unrealistischen, grundlosen und oft extremen Ängste eines Einzelnen bis zur Charakterisierung

---

[10] Vgl. [Sime 1980] und [AfNZBfZ 2000].
[11] Dies verdeutlichen Schlagzeilen wie beispielsweise *"Panic kills 300"* (The Sun) oder *"A Killer called Panic"* (Daily Express), zitiert in [Sime 1980].

des Fehlverhaltens einer gesamten Menschengruppe in bestimmten, nicht jedoch notwendigerweise vergleichbaren Situationen. Daraus lässt sich ableiten, dass der Begriff einerseits zur Beschreibung eines ganz speziellen internen Zustands eines Individuums verwendet wird, andererseits zum weitaus unpräziseren Ausdruck der Manifestation eines unbekannten internen Zustands von Individuen im beobachtbaren Verhalten der sie umfassenden Menschenmenge. Auch wird der Begriff *Panik* in der Alltagssprache nach Quarantelli (2001) oft mit Furcht vor einem zu erwartenden oder gewiss eintretenden Ereignis wie etwa einer Prüfung gleich gesetzt, wobei er den lebensbedrohlichen Charakter gänzlich verliert, der ihm im Zuge der Beschreibung menschlichen Verhaltens während Großschadensereignissen zugeschrieben wird.

Neben den Verhaltensweisen von Menschen, die den Ruf haben, Panik zu kennzeichnen, besteht nach Quarantelli (1954) ebenso Uneinigkeit unter Forschern über die Faktoren, die Panik auslösen und begünstigen. Nach Dombrowski und Pajonk (2005) ist eine gemeinsame Annahme unter allen Forschern, dass der Einzelne, der in Panik gerät, keine Kontrolle mehr über die Lage hat, in der er sich befindet:

> *"Einig ist man sich, neben allem Schulen- und Disziplinenstreit, nur darin, dass der Einzelne nicht mehr Herr seiner selbst und nicht mehr Herr der Situation ist. Das Rationale wird von den Affekten des evolutionär Früheren (gemeinhin: Stammhirn vs. Kortex) und des zwanghaft Kollektiven (gemeinhin: der Masse, der Straße) hinweggefegt."* ([Dombrowski & Pajonk 2005], S. 250).

Dies unterstreicht die Notwendigkeit zur Erarbeitung eines Verständnisses für den Begriff *Panik*, welches in einer Definition münden soll, die im Rahmen der vorliegenden Arbeit als gültig betrachtet werden soll.

2.3 Verschiedene Sichten auf den Begriff Panik

Foreman (1953) skizziert zwei grundlegende Sichtweisen auf den Begriff *Panik*, die in den Sozialwissenschaften vertreten sind. Eine Sichtweise basiert auf einer ökonomischen Interpretation des Begriffes und versteht ihn als Massenantwort auf einen realen oder imaginären Marktzusammenbruch wie beispielsweise auch von Mann et al. (1976) oder Johnson (1987a) beschrieben. Diese Massenantwort, die sich beispielsweise in *Panikverkäufen* äußern kann, ergibt sich aus dem gemeinschaftlichen Versuch von Investoren, einem Kapitalverlust zu entrinnen. Weiterhin existiert nach Foreman eine weitere, soziologische Sichtweise auf Panik, die maßgeblich durch Schriften von Cantril (1943) und Janis (1951) geprägt ist. Foreman differenziert diese Sichtweise in einen Blickwinkel, in dessen Zentrum das Individuum steht und einen weiteren Blickwinkel, dessen Fokus auf dem Kollektiv in Form eines Mobs ruht. Als gemeinsamer zentraler Aspekt beider Perspektiven der soziologischen Sichtweise wird der emotionale Zustand des Menschen und sein daraus resultierendes, offensichtliches Verhalten als Reaktion auf eine reale oder imaginäre unmittelbare Bedrohung des eigenen Lebens herausgestellt. Panik wird darauf basierend als ein interner Zustand verstanden, der durch Demoralisierung, Verwirrtheit und Angst, Furcht oder Sorge bestimmt wird. Dieser Zustand kann sich neben anderen möglichen Reaktionen in überstürzter Flucht artikulieren, woraus die Bezeichnung *Fluchtpanik* ableitet wird. Nach Cantril und Janis kann eine Gruppe von Menschen als panisch bezeichnet werden, wenn ihre Mitglieder intensiv ängstlich sind, ohne dass sie Fluchtverhalten zeigen müssen. Quarantelli (1954) versteht Panik ebenfalls als akute Angstreaktion, sieht dagegen Fluchtverhalten als nötige Voraussetzung für eine Panik.

In [Brittanica 2006] wird der Auflösungsgrad, Individuum oder Kollektiv, bei der Betrachtung menschlicher Verhaltensreaktionen in Krisensituationen ins Zentrum der Betrachtungen gestellt, um eine Differenzierung des Begriffes *Panik* zu erzielen. *Individuelle Panik* wird als individuelle Antwort eines Menschen auf einen bestimmten Reiz verstanden, die nicht notwendigerweise gleiches Verhalten bei anderen Menschen in der gleichen Situation auslösen muss. *Kollektive Panik* basiert nach [Brittanica 2006] dagegen auf der simultanen Erfahrung von Angst durch mehrere Menschen mit sozialem Kontakt zueinander. Die individuelle Bewertung von Gefahr, Intensität der Angst und Verhaltensreaktion, Flucht oder Starre, wird von den Signalen anderer Individuen beeinflusst. Als weiterer Faktor zur Begünstigung kollektiver Panik nennt [Brittanica 2006] das Bewusstsein für die Existenz einer begrenzten Anzahl an Fluchtrouten und einhergehend begrenzter Zeit zur Flucht. Die gewöhnlichen Regeln, nach denen Individuen ihr Verhalten richten, sind annulliert. Diese Sichtweise basiert auf Schriften von Lanham (1943), LaPiere (1938) und weiteren und fasst Panik als eine sehr kurzlebige Form kollektiven Verhaltens auf, die bei Gruppen auftritt, in denen Individuen in engem Kontakt stehen, sich beobachten oder miteinander kommunizieren können. Kollektive Panik kann als Erweiterung des Begriffes der individuellen Panik um die gegenseitige Beeinflussung der Verhaltensreaktionen in einer Menschenmenge verstanden werden.

Da die psychologische Ursache von individueller Panik und kollektiver Panik identisch ist, soll in der vorliegenden Arbeit nicht zwischen beiden Ausprägungen unterschieden werden.

Die soziologische Sichtweise, insbesondere darunter der Begriff der Fluchtpanik, trifft vom Sinngehalt das Verständnis von Panik, welches in der vorliegenden Arbeit behandelt werden soll.

2.4 Theoretische Ansätze zur Erklärung von Panik

Nach Dombrowski & Pajonk (2005) existieren zwei unterschiedliche theoretische Ansätze für die Erklärung des Auftretens und der Manifestation von Panik. Ein Ansatz basiert auf der klassischen Massenpsychologie, die Ende des neunzehnten Jahrhunderts aufkam. Ihr bekanntester Vertreter war Gustave LeBon mit seinem Werk *Die Psychologie der Massen* [LeBon 1973]. Dieser Ansatz vermutet, dass emotionale Interaktion zwischen Mitgliedern einer Gruppe zur Entwicklung eines Gruppencharakters führt.

Daneben besteht ein zweiter, empirischer, natur- und humanwissenschaftlicher Ansatz, der Mitte des zwanzigsten Jahrhunderts maßgeblich durch Enrico Quarantelli geprägt wurde. Dieser Ansatz stellt den internen Zustand und die darauf basierenden Verhaltensweisen des Individuums in das Zentrum der Betrachtungen. Beide Ansätze sollen im Folgenden beleuchtet werden.

2.4.1 Massenpsychologischer Ansatz

Nach Johnson (1987b) basieren viele Erklärungen für Panik die durch die Medien verbreitet wurden, auf klassischen Massentheorien, die bis LeBon zurückreichen:

> *"When many people get together, they become subject to what is called 'crowd behavior'. They do all kinds of behavior which, if they'd think they would not do. The group itself develops some sort of amorphous personality and individual thinking ceases."* (Karen Garloch[12], zitiert in [Johnson 1987a], S. 173.)

Das Hauptpostulat der Massenpsychologie besagt, dass der Einzelne in der Masse einem Einfluss durch das Kollektiv unterworfen ist[13]. Kruse (1986) präzisiert den Begriff der Masse als Verschmelzung von Individuen zu einem gemeinsamen Geist, der Unterschiede zwischen Individuen nivelliert und intellektuelle Fähigkeiten des Einzelnen entkräftet. Dieser Zustandsübergang äußert sich im Verlust von Verantwortungsgefühl[14] und einer Tendenz hin zu impulsiven, Norm-verletzenden und irrationalen Verhaltensweisen[15]. Ein Verhalten kann nach Turner und Killian (1957) als irrational bezeichnet werden, wenn das Individuum nicht alle möglichen Handlungsalternativen zum Zeitpunkt der Hand-

---

[12] Garloch, K.: Crowds capable of developing own personalities, expert says. Cincinnati Enquirer, 06.12.1979.
[13] Vgl. [Heinz & Schöber 1972].
[14] Vgl. [Reicher 2001].
[15] Vgl. [Mummendy & Otten 2002].

lungsentscheidung abwägt, derer es sich bewusst ist, um sein Handeln zu bestimmen.

Sime (1995) beispielsweise äußert an dieser Konzeption dahingehend Kritik, dass die Aufgabe der individuellen Identität zugunsten einer kollektiven Identität bei der Integration eines Individuums in eine Masse der Realität widerspricht und völlig von sozialen Strukturen abstrahiert, in deren Kontext eine Menge überhaupt erst entstehen kann. Die massenpsychologische Variante zur Erklärung von Panik wurde in der Neuzeit von Brickenstein (1993) systematisiert.

2.4.1 Ansteckung mit Angst nach McDougall

William McDougall (1920) definiert Panik dem massenpsychologischen Ansatz folgend als rohe und einfache Manifestation eines kollektiven mentalen Lebens. Panik wird als Ergebnis einer kollektiven Erregung durch gegenseitige Ansteckung mit der Emotion Angst gesehen, die mit dem Impuls zu fliehen verbunden ist. Gegenseitige Ansteckung mit Emotion wird als rückgekoppelter Prozess verstanden. Dieser Prozess umfasst die Wahrnehmung einer konkreten Gefahr durch möglicherweise nur einige wenige Individuen in einer Menschenmenge, die Wahrnehmung des Gemütszustandes räumlich benachbarter Individuen, die darauf basierende Verstärkung der Angst des wahrnehmenden Individuums und der für das Kollektiv transparenten Darstellung des eigenen Gemütszustandes. Durch dieses Phänomen breitet sich nach Schulz (1964) Angst durch Wahrnehmung einer Gefahr durch einzelne Individuen in einer Gruppe aus, bis sie die maximale Intensität erreicht, ohne dass dabei alle ängstlichen Individuen Kenntnis über die Ursache des kollektiv erlebten Angstzustands haben müssen. Der Instinkt zur Imitation spielt dabei eine große Rolle. Tabelle 3 fasst die Kernaspekte nach McDougall zusammen.

Tabelle 3: Der Ansatz nach McDougall

Element	Merkmal
Verständnis	Kollektive emotionale Erregung verbunden mit dem Impuls zur Flucht
Ursache	Wahrnehmung einer Gefahr durch einzelne Individuen in einer Menschenmenge und anschließende gegenseitige Ansteckung mit der Emotion Angst
Verhalten	Flucht (undifferenziert)

2.4.1.2 Kollektive Gemütserregung nach Brickenstein

Brickenstein (1993) gilt als neuzeitlicher Befürworter des massenpsychologischen Ansatzes zur Erklärung von Panik. Nach der Auffassung von Brickenstein sollen Individualreaktionen einzelner Individuen explizit nicht als Panik bezeichnet werden. Stattdessen wird Panik als Kollektivreaktion angenommen, die Brickenstein wie folgt definiert:

> *"Die Panik ist ein Massenphänomen. Dieses ist dadurch klassifiziert, dass eine größere Gruppe von Menschen auf eine heftige Erregung ihres Gemütes gemeinsam unzweckmäßig und kopflos reagiert. Sie werden nicht mehr als Einzelpersönlichkeiten von ihrem Verantwortungsgefühl geleitet und in ihren Handlungen auch nicht mehr von ihrem Verstand gesteuert."* ([Brickenstein 1993], S. 187)

Die Transformation einer Menschenmenge in eine vernunftlos agierende Masse mittels emotionaler Ansteckung beschreibt Brickensteins Modell in acht unterschiedlichen Phasen vom Zusammenkommen eines Menschenpotenzials bis hin zum Ausbruch kollektiver Panikreaktionen. Als Voraussetzung zum Aufkommen von Panik nennt Brickenstein, dass eine Vielzahl von Menschen am selben Ort einer gleichzeitigen massiven Beeinflussung ihres Gefühlslebens durch eine gemeinsam erlebte Emotion ausgesetzt ist. Dadurch entsteht eine Tendenz hin zur Beeinflussbarkeit und Steuerbarkeit der Individuen, wodurch sich aus einer Menge von Individuen eine strukturlose Masse mit Gruppendenken und Gruppenhandeln entwickelt. In einer derartigen Masse werden, insbesondere bei jüngeren und emotional labilen Menschen, individuelle intellektuelle Fähigkeiten als nötige Voraussetzung für rationales Handeln gemeinsam mit dem Verantwortungsbewusstsein ausgeblendet. Die Masse reagiert in der Folge ausschließlich kollektiv und irrational auf Reize aus der Umwelt. Brickenstein schlägt vor, dass prinzipiell jede starke Emotion das Potenzial besitzt, ein kollektives Gemütsleben im genannten Sinn zu beeinflussen. Auch die Anwesenheit sozialer Beziehungen zwischen Gruppenmitgliedern kann den Ausbruch von Panik in der Gruppe nicht verhindern.

Als Auslöser für eine Panik kommen real existierende wie auch scheinbare Bedrohungen, jedoch auch banale Gelegenheitsursachen wie z.B. auf eine Gefahr hindeutende Aussprüche einzelner Personen in Frage. Brickenstein empfiehlt, derartige Panikpersonen, die durch ihr Verhalten die Aufmerksamkeit anderer auf sich ziehen und eine Panik auslösen können, schnellstmöglich aus der Menge zu entfernen [Dombrowsky & Pajonk 2005].

Als mögliche Verhaltensweisen während einer Panik nennt Brickenstein Starre und Flucht. Starre ist dabei von begrenzter Dauer und tritt ein, wenn eine Panik bei zugrunde liegender Furcht durch einen optischen Reiz, wie beispielsweise dem Anblick verletzter Personen, ausgelöst wurde oder keine Fluchtmöglichkeit existiert. Es wird dabei angenommen, dass dieser Verhaltensausprägung der *Totstellreflex* als evolutionär altes Verhaltensmuster zugrunde liegt. Zur Flucht in Form eines Paniksturms kommt es nach Brickenstein dagegen, wenn Panik durch einen akustischen Reiz ausgelöst wurde. Der Paniksturm charakterisiert eine nicht mehr vernunftgesteuerte Flucht, die nicht mehr gebändigt werden kann. Dabei bevorzugen Menschen bekannte Handlungsoptionen und neigen dazu, bekannte Fluchtwege zu verwenden anstatt sich bislang unbekannte zu erschließen.

Zusammenfassend wird Panik verstanden als Transformationsprozess einer Menge von Individuen zu einer Masse mit kollektivem Denken und Handeln auf Basis gegenseitiger Beeinflussung durch eine starke Emotion. Die Verhaltensweisen Starre und Flucht werden lediglich als beobachtbare Manifestation von Panik verstanden. Tabelle 4 fasst den Ansatz zur Erklärung von Panik nach Brickenstein zusammen.

Tabelle 4: Der Ansatz zur Erklärung von Panik nach Brickenstein

Element	Merkmal
Verständnis	Abschluss des Transformationsprozesses einer Menge selbstständiger Individuen zu einer Masse mit kollektivem Denken und Handeln ohne Verantwortungsbewusstsein
Ursache	Gleichzeitige Beeinflussung des Gemütslebens vieler Individuen am selben Ort durch eine gemeinsam erlebte Emotion, die eine Tendenz zur Beeinflussbarkeit erzeugt
Verhalten	Panikstarre, Panikflucht

2.4.1 Sozialpsychologischer Ansatz

Der sozialpsychologische Ansatz zur Erklärung von Panik basiert darauf, Erkenntnisse über menschliches Verhalten in Krisensituationen durch Auswertung vorhandenen empirischen Materials in Form von vergleichenden Datenanalysen zu erringen. Dieser Ansatz erweiterte die in der ersten Hälfte des zwanzigsten Jahrhunderts nach Großschadensereignissen angestellten post hoc-Spekulationen über Panik. Nach Johnson (1978b) sind sich soziologische und sozial-psychologische Theorien kollektiven Verhaltens, die sich mit Panik befassen, darin einig, dass in jeder Form eine Art von Wettkampf stattfindet, der nicht mehr durch soziale oder kulturelle Zwänge kontrolliert wird. Im Rahmen dieser Theorien werden sehr unterschiedliche Annahmen über den Entstehungsprozess von Panik gemacht: sie reichen von irrationalem, durch Angst und soziale Ansteckung erzeugtem Verhalten bis zu selbstsüchtigem Verhalten durch rationale Berechnung von Aufwand und Nutzen in einer Wettbewerbssituation.

2.4.2.1 Das Zwei-Faktoren-Modell von LaPiere

Die erste systematische Behandlung von Panik durch einen Sozialpsychologen[16] erfolgte durch LaPiere (1938), der Panik als Fluchtverhalten definierte, das durch zufällige Veränderungen der Umgebung mit wahrnehmbarem Gefahrencharakter ausgelöst wird. LaPiere distanziert sich davon, Panikverhalten als irrational zu bezeichnen und stellt den emotionalen Zustand eines Individuums nicht in den Mittelpunkt seiner Theorie. Er differenziert zwischen individueller und kollektiver Panik und distanziert sich von der Ansicht, Panik könne ausschließlich bei Anwesenheit einer Menschenmenge auftreten. Damit ein Individuum in Panik gerät, müssen gemäß LaPiere (1938) zwei Voraussetzungen erfüllt sein, die integraler Bestandteil seines *Zwei-Faktoren-Modells* sind. Der erste Faktor stellt das allgemeine Bewusstsein für die Existenz einer Krise dar. Voraussetzung für die Klassifikation einer Situation als Krise ist nach LaPiere die Existenz einer, in der Gesellschaft akzeptierten Definition einer Situation als Krise. Der zweite Faktor bezeichnet die Abwesenheit einer Führerpersönlichkeit, die situationsgerechte Verhaltensweisen modellhaft vorgeben könnte. Dadurch wird es jedem der betroffenen Menschen abverlangt, einen individuellen Ausweg aus der Krise zu finden. Die Phase der daraus resultierenden individuellen Verhaltensreaktionen währt nach LaPiere jedoch nur kurz und mündet bei Abwesenheit einer Führerpersönlichkeit in Panik. Als wesentlicher Faktor für das Aufkommen von Panik wird Nachahmung benannt: Panisches Verhalten einzelner Individuen ist in der Regel auffälliger als ein, der Situation angepasstes, ruhiges Verhalten. Eine panisch agierende Person wird somit unbeabsichtigt zum Vorbild und Führer. Das von ihr bereitgestellte Verhaltensmuster wird von beobachtenden Individuen nachgeahmt, wodurch es nach LaPiere in der Folge mit sehr hoher Wahrscheinlichkeit zu einer Panik kommt. Die Kernelemente des Modells nach LaPiere werden in Tabelle 5 dargelegt.

---

[16] Vgl. [Quarantelli 2001].

Tabelle 5: Das Verständnis von Panik nach LaPiere

Element	Merkmal
Verständnis	Fluchtverhalten basierend auf der Nachahmung von auffälligen Verhaltensreaktionen in einer Gefahrensituation
Ursache	Wahrnehmung zufälliger Veränderungen der Umgebung und deren Definition als konkrete Gefahr. Anpassung anfänglicher individualistischer Verhaltensreaktionen an beobachtbare, auffällige Verhaltensweisen bei Abwesenheit einer Führerpersönlichkeit die der Situation angemessenes Verhalten vorgeben könnte
Verhalten	Fluchtverhalten

2.4.2.2 Das Wertezuwachsmodell von Smelser

Smelser (1963) definiert Panik als kollektive Flucht, die auf einem *hysterischen Glauben*, also auf nicht notwendigerweise begründeten Befürchtungen, basiert. Er differenziert bei der Definition des Begriffes *Panik* zwischen *Manie* und *Fluchtpanik*. Beide Begriffe umschreiben das Drängen von Menschen in eine bestimmte Richtung. Der Zweck der Bewegung liegt bei einer Fluchtpanik in der Entfernung von einer ausgemachten Gefahr, bei einer Manie dagegen in dem Versuch, einen bestimmten Wunsch, wie einen Platz in der ersten Reihe eines Konzertes zu besetzten etwa, zu befriedigen. Smelser (1963) verwendet in diesem Zusammenhang den Begriff *Massensturm* und grenzt ihn vom Begriff der *Massenpanik* ab.

Das von Smelser (1963) entwickelte *Zuwachsmodell für den sozialen Wandel* ist nicht explizit auf die Erklärung von Panikverhalten zugeschnitten, sondern befasst sich allgemein mit der Entwicklung kollektiven Verhaltens basierend auf einer Überzeugung oder Vorstellung. Das Modell fußt auf einem Wertezuwachsschema, welches die Wirkungen bestimmter sozialer Ereignisse kumuliert. Smelser definiert einzelne Stufen in der Entwicklung kollektiven Verhaltens, die logisch aufeinander aufbauen und deren Erreichen jeweils notwendig, jedoch einzeln nicht hinreichend sind.

Die ersten Stufen des Modells beschreiben Grundvoraussetzungen für die Entstehung kollektiven Verhaltens. Zu ihnen zählen günstige Strukturbedingungen wie die Unzufriedenheit von Menschen hinsichtlich ihrer persönlichen Zielsetzung, wie auch auftretende Spannungen in ihrer Umgebung. Im Kontext von Paniksituationen können derartige Spannungen als Ereignisse oder Gegebenheiten verstanden werden, die als Bedrohungen interpretierbar sind.

Eine weitere Stufe des Zuwachsmodells nach Smelser stellt das Aufkommen einer gemeinsamen hysterischen Vorstellung über die eingetretene Bedrohung dar. Sie entsteht durch die Verbreitung individueller Wahrnehmungen der Bedrohung in einer Menschenmenge und eine dabei erfolgende Umdeutung der Bedrohung als reale Gefahr. Die hysterische Vorstellung mobilisiert in der Folge Menschen zu bestimmten Handlungen. Smelser vervollständigt seinen Ansatz um die Stufe der sozialen Kontrolle, die als regulierende Kraft den Bedingungen zum Aufkommen antinormativen Gruppenverhaltens, Spannungen und aufkommenden hysterischen Vorstellungen, entgegen wirkt. Smelser differenziert derartige Kräfte nach ihrem Potenzial, den Voraussetzungen antinormativen Gruppenverhaltens zu begegnen. Präventive soziale Kräfte wirken auf die Strukturbedingungen ein und verhindern die Entstehung von Spannung. Daneben existieren soziale Kräfte, die erst nach Ausbruch einer kollektiven Handlung eintreten und der hysterischen Vorstellung über die vorliegende Situation entgegen wirken. Tabelle 6 trägt die Aussagen von Smelsers Wertezuwachsmodell zusammen.

Tabelle 6: Das Wertezuwachsmodell nach Smelser

Element	Merkmal
Verständnis	Mobilisierung von Fluchthandlungen aufgrund der Entwicklung einer hysterischen Vorstellung, die soziale Kräfte zur Regulierung des Verhaltens nivelliert, und in der Menschenmenge verbreitet wird
Ursache	Günstige Strukturbedingungen in Form von auftretenden Spannungen in der Umgebung und deren individuelle Wahrnehmung bei gleichzeitiger Unwirksamkeit sozialer Kräfte
Verhalten	Massenflucht, Massensturm

2.4.2.3 Panikflucht nach Quarantelli

In seinem empirischen, natur- und humanwissenschaftlichen Ansatz zur Erklärung von Panik konzentriert sich Quarantelli (1954) auf die Beschreibung des emotionalen Zustands von Individuen, ihrer kognitiven Fähigkeiten und der konkreten Ausprägung ihrer Verhaltensreaktionen in Krisensituationen. Quarantelli versteht Panik als hochgradig individuelle Verhaltensreaktion, die von akuter Angst getrieben wird, mit dem Verlust der Selbstkontrolle einhergeht und zwingend von nicht-sozialer und nicht-rationaler Flucht gefolgt wird:

> *"To summarize: panic can be defined as an acute fear reaction marked by a loss of self-control which is followed by nonsocial and nonrational flight behaviour. Covertly there is an acute fear reaction, i.e., an intense impulse to run from an impeding danger. [...] The most striking overt feature is flight behaviour which, while not necessarily nonfunctional or maladaptive, always involves an attempt to remove one's self physically. Thus panic is marked by loss of self-control, that is, by unchecked fear, being expressed in flight."* ([Quarantelli 1954], S. 273f)

Quarantelli trifft hierbei die Annahme, dass Fluchtverhalten als fester Bestandteil einer Panik überhaupt erst dann auftritt, wenn von den Betroffenen eine Möglichkeit zur Flucht wahrgenommen wird[17]. Panikteilnehmer agieren nach Quarantelli hochgradig selbstbezogen und zeigen eine Aktivität, die über Instinkt oder Reflex hinausgeht. Die meisten sozial erlernten und kulturell gefestigten motorischen Aktionsmuster eines Individuums bleiben während einer Panik jedoch erhalten. Kognitive Prozesse panischer Individuen, die der Planung dienen sind auf ein einziges elementares Ziel eingeschränkt: das Erreichen einer sicheren Position.

Als Auslöser für Panik dient nach Quarantelli (1957) die Wahrnehmung von Informationen über eine unmittelbar wirkende Gefahr für das eigene Überleben. Dabei ist es ohne Belang, ob ein Panikteilnehmer eine diesbezügliche Beobachtung selbst gemacht oder die Information darüber von anderen erworben hat. Als nötige Voraussetzungen für Panik nennt Quarantelli weiterhin ein Gefühl von Machtlosigkeit gegenüber der Situation, Hilflosigkeit und Isolation. Zudem nennt Quarantelli den Einfluss von Vorwissen und Erfahrung auf das Verhalten von Menschen in Krisensituationen als möglichen Auslöser für Panik. Durch wieder erkennen charakteristischer Elemente bereits erlebter Krisensituation können Befürchtungen über den Ausbruch einer Massenpanik auch an die gegenwärtige Situation geknüpft werden und das Aufkommen von Panik im Individuum fördern.

Quarantelli (1954) trennt strikt zwischen anti-sozialem und nicht-sozialem Verhalten bei der Beschreibung der Aktionen von Panikteilnehmern. Anti-soziales Verhalten umschreibt bewusstes Handeln gegen anerkannte soziale Normen der Gesellschaft. Dahingegen ist nicht-soziales Verhalten dadurch charakterisiert, dass gewöhnliche, gültige Verhaltensmuster einer Gruppe ihre Gültigkeit in einer Krisensituation verlieren und soziale Bindungen in der Gruppe ignoriert werden.

---

[17] Quarantelli (1957) führt als Beispiel ein Minenunglück in West Frankfort, Illinois, o. J., an. Betroffene konnten nicht aus eigener Kraft entkommen und reagierten dennoch nicht panisch.

Dem liegt die Annahme zugrunde, dass die sozialen Auswirkungen des Fluchtverhaltens von den fliehenden Individuen nicht abgewogen werden[18].
Im Fall einer Panik gibt es nach Quarantelli keine Kooperation und keinen Zusammenschluss zwischen Panikteilnehmern. Panik ist demnach das genaue
Gegenteil von organisiertem Gruppenverhalten:

> *"Thus, panic flight represents very highly individualistic behav-
> iour. It involves completely individual as over against group action
> in coping with the problem of escape from danger. In the case of
> panic there is no unity of action, no co-operation with others, no
> joint activity by the members of the mass; there is a total break-
> down of corporate and concerted behaviour. In short, panic flight
> is the very antithesis of organized group behaviour."* ([Quarantelli
> 1954], S. 270)

Quarantelli (1960) unterscheidet Fluchtverhalten von Menschen in Krisensituationen weiter in *adaptive Flucht* und *Panikflucht*. Adaptive Flucht ist rational
und der Situation angemessen und äußert sich in Form eines kontrollierten
Rückzugs. Panikflucht dagegen ist nicht-rational. Individuen sind nach Quarantelli während einer Panikflucht nicht mehr dazu bereit, eine soziale Rolle zu
übernehmen. Die Trennlinie zwischen beiden Fluchtarten wird durch die Fähigkeit markiert, alternative Handlungsweisen und Fluchtmöglichkeiten auszuwerten und berücksichtigen zu können. Diese ist Teilnehmern einer Panikflucht
nicht mehr gegeben.
Quarantelli hebt hervor, dass eine nicht-rationale Flucht nicht als irrational bezeichnet werden kann, da Panikflucht nicht zwingend nicht-adaptiv ist. Eine
Flucht wird als nicht-adaptiv bezeichnet, wenn sie ungeeignet für das Überleben
der fliehenden Menschen ist oder dafür nicht notwendige Elemente enthält, wie
beispielsweise beabsichtigte Behinderung anderer Individuen während einer
Flucht. Die Flucht kann aus Sicht eines Betroffenen auf Basis seiner unvollständigen Situationswahrnehmung durchaus angemessen und rational erscheinen,
während sie für einen unbeteiligten Beobachter mit Gesamtüberblick durchaus
irrational wirken kann. Während einer Panikflucht bleibt die Wahrnehmung
fliehender Individuen weiterhin auf die Gefahr gerichtet, sie sind sich der Situation voll bewusst und können den Grund ihres Angst-Zustands klar ausmachen.
Ihre Aufmerksamkeit ist niemals darauf gerichtet, was bereits passiert ist, sondern auf das, was passieren könnte. So weichen Individuen während einer Panik-

---

[18] Quarantelli (1957) gibt als Beispiel für nicht-soziales Verhalten das einer Mutter in Brighton, New
York, an, die am 21.09.1951 in dem Glauben eine Bombe hätte ihr Haus getroffen, aus diesem
stürmte und ihr Baby darin zurückließ.

flucht immer noch nach Möglichkeit Hindernissen, wie beispielsweise Menschen, in ihrem Weg aus. Panikfluchten sind nach Quarantelli hochgradig individuelle, lokale Phänomene mit wenigen Teilnehmern. Auch sind sie kurzlebig da Individuen nur so lange fliehen bis sie ihre Situation als sicher einschätzen. Quarantelli verwendet die Begriffe *Panik* und *Panikflucht* synonym.

Die Flucht selbst erfolgt nicht eigenwillig, sondern hängt von den Verhaltensweisen anderer Individuen in derselben Situation ab. Beobachtbare Konvergenz fliehender panischer Individuen an einer bestimmten Position erklärt Quarantelli mit der Anpassung der Fluchtrichtung eines Individuums an die bei anderen Individuen beobachtete Richtung. Dies geschieht, der *Theorie des Sozialen Vergleichs* folgend, auf Basis der Annahme des Einzelnen, eine Flucht in die beobachtete Richtung sei möglich und Erfolg versprechend. Weiter spielen gewohnte Verhaltensweisen bei der Wahl der Fluchtziels eine Rolle. Nach erfolgreicher Flucht löst sich die Angst des Individuums rasch auf.

Quarantellis Ansatz erfuhr beispielsweise hinsichtlich der Attribuierung von Panikverhalten als nicht-sozial starke Kritik. So führt Johnson (1987, 1987b) ins Feld, dass Menschen auch in Krisensituationen meist mit Bezug zu Menschen in ihrer unmittelbaren Umgebung handeln und auf diese reagieren. Quarantelli (1954) schließt jedoch soziale Interaktion zwischen panischen Individuen nicht gänzlich aus, vermutet sie jedoch falls, überhaupt existent, auf einem sehr elementaren Niveau.

Im Gegensatz zu Quarantelli, der Flucht neben weiteren Faktoren als notwendige Voraussetzung für Panik betrachtet, betonen Cantril (1943) und Janis (1951) ausschließlich den Zustand intensiver Angst eines Individuums. Nach Cantril und Janis ist Panik demnach primär ein interner Zustand der zu offenkundigem Fluchtverhalten führen kann oder auch nicht[19]. Tabelle 7 hält die Kernaussagen der Paniktheorie von Quarantelli fest.

Tabelle 7: Die Paniktheorie von Quarantelli

Element	Merkmal
Verständnis	Kurzlebiges, nicht-soziales, nicht-rationales individuelles Fluchtverhalten ausgelöst von akuter Angst
Ursache	Wahrnehmung von Informationen über eine akute Bedrohung des eigenen Lebens einhergehend mit dem Verlust von Selbstkontrolle
Verhalten	Fluchtverhalten mit Angleichung der Fluchtrichtung, jedoch ohne Kooperation unter den fliehenden Individuen

---

[19] Vgl. [Schulz 1964].

2.4.2.4 Der Ansatz nach Schulz

Schulz (1964) definiert Panik als Angst-induzierte, nicht-adaptive Flucht während ein individuelles Empfinden überwältigender Angst anhält. Schulz definiert drei Voraussetzungen, um menschliches Verhalten als panisch bezeichnen zu können. Im Einklang mit Quarantellis Ansatz nimmt Schulz an, dass Flucht alleine per se keinen Indikator für Panikverhalten darstellt, jedoch als erste Voraussetzung anzusehen ist. Eine weitere Voraussetzung wird die Auflösung sozialer Bindungen in einer Gruppe genannt, die durch die Flucht begünstigt wird. Unter einer Gruppe[20] kann dabei ein soziales Gebilde verstanden werden, welches nach McDougal (1920) durch vier Kriterien definiert werden kann: Kontinuität ihrer Existenz, Fähigkeit zur Interaktion mit anderen Organisationen, definierte Funktion der Gruppe und das Bewusstsein ihrer Mitglieder, der Gruppe anzugehören.

Als letzte Voraussetzung, um menschliches Verhalten als panisch bezeichnen zu können, nennt Schulz einen nicht-adaptiven Charakter des gezeigten Verhaltens betroffener Individuen.

Schulz widmete sich der Frage nach objektiven Unterscheidungskriterien zwischen adaptivem und nicht-adaptivem, panischem Fluchtverhalten. Er kommt zu dem Schluss, dass das Auftreten von Panik möglicherweise von Umgebungsmerkmalen wie der Anzahl verfügbarer Fluchtwege gefördert wird. Stehen beispielsweise Fluchtwege in zu geringer Zahl zur Verfügung, kann sich eine adaptive Flucht in eine nicht-adaptive Flucht wandeln, bei dem Menschen die wenigen Fluchtrouten verstopfen und sich die Überlebenschancen des Einzelnen dadurch weiter verringern. In derartigen Situationen liegt nach Schulz eine klar abgegrenzte Instanz von Panikverhalten vor. Tabelle 8 fasst die Kernaussagen nach Schulz zusammen.

Tabelle 8: Der Ansatz zur Erklärung von Panik nach Schulz

Element	Merkmal
Verständnis	Angst-induziertes, nicht-adaptives Fluchtverhalten mit Auflösung sozialer Bindungen unter Fluchtteilnehmern
Ursache	Wahrnehmung von Umgebungsmerkmalen, die einer erfolgreichen Flucht entgegenstehen
Verhalten	Fluchtverhalten

---

[20] Schulz (1965b) und Brown (1954) untersuchten Panik in organisierten Gruppen.

2.4.2.5 Der Ansatz nach Keating

Die Theorie von Keating (1982) ist sowohl auf der Grundlage der ökonomischen wie auch der soziologischen Sichtweise des Begriffes *Panik* anwendbar. Nach Keating existieren vier essentielle Verhaltensmerkmale, die gemeinsam auftreten müssen, um kollektives menschliches Verhalten als Panik bezeichnen zu können. Als erstes Merkmal nennt Keating die Hoffnung von Individuen, eine begehrte, jedoch knappe oder auch rasch schwindende Ressource für den eigenen Bedarf zu sichern. Weiterhin wird gegenseitige Ansteckung hinsichtlich Einstellung und Verhalten unter Individuen als Merkmal angeführt, wofür, wie auch bei Quarantelli, die *Theorie des Sozialen Vergleichs* unterlegt werden kann. Eine derartige Beeinflussung geht insbesondere, basierend auf der *Theorie des Sozialen Vergleichs*, von Menschen mit großem Ansehen in einer Menschenmenge aus. Als direkte Konsequenz daraus ergibt sich Modellverhalten das nach Keating so lange fortgesetzt wird, bis Informationen zur Verfügung stehen, die auf die Unangemessenheit dieses entsprechenden Verhaltens hinweisen. Als weiteres Merkmal nennt Keating die Aussetzung sozialer Normen, wodurch Individuen in Krisensituationen eigennützig handeln und die Bedürfnisse anderer nicht länger achten. Eine Situation, in der die soziale Ordnung bereits zerstört ist und zivile Normen nicht länger gelten, kann nach Johnson (1987a) von Individuen als legitimierend für aggressives, egoistisches Verhalten zum Kampf für den eigenen Vorteil definiert werden. Johnson (1978a) führt derartiges Verhalten unter der Bezeichnung *unregulierter Wettkampf.*

Als letztes Merkmal wird scheinbar irrationales Handeln der Individuen genannt, was beispielsweise in Panikverkäufen auf dem Finanzmarkt sichtbar wird. Keating merkt an, dass irrationale Entscheidungen jedoch im Grunde rationale Entscheidungen sind, die auf der besten verfügbaren Information basieren, die ein Individuum zu der gegebenen Zeit besitzt.

Die Hauptthese von Keatings Theorie besteht darin, dass während des Ablaufes einer geordneten Evakuierung eine oder mehrere dieser essenziellen Merkmale in der Regel nicht präsent sind. Als Korollar dieser These ergibt sich die Vermutung, dass Paniken vermieden werden können, falls es gelingt, das Auftreten von mindestens einem dieser Merkmale zu unterbinden. Dies wird gestützt durch die Beobachtung, dass Potenzial für Panik entsteht, wenn sich beispielsweise im Fluchtverlauf Fluchtwege schließen, oder sich deren Anzahl verringert, sodass diese den Massen nicht gerecht werden können. Damit wäre das erste Merkmal aus Keatings Theorie existent. Die Paniktheorie von Keating wird in Tabelle 9 zusammengefasst.

Tabelle 9: Die Paniktheorie von Keating

Element	Merkmal
Verständnis	Gemeinsames Auftreten folgender Aspekte in einer Gefahrensituation: Hoffnung auf erfolgreiche Flucht, gegenseitige emotionale Beeinflussung, Auftreten von Modellverhalten, Aussetzen sozialer Normen
Ursache	Wahrnehmung des Schwindens begehrter Ressourcen, z.B. in Form einer sich verringernden Anzahl an Fluchtmöglichkeiten
Verhalten	Rationales Handeln

2.4.2.6 Mintz und der Zusammenbruch kooperativen Verhaltens

Eine weitere Sichtweise zur Erklärung von Panik eröffnete Mintz (1951). Das Wesen der Panik besteht nach Mintzs Konzeption im Wettbewerb um das Erreichen eines wichtigen, jedoch schwer zu erreichenden Ziels. In derartigen Situationen reagieren Menschen nach Mintz lediglich auf eine mögliche Belohnung, die sie durch ein bestimmtes Verhalten in einer gegebenen Wettbewerbssituation erwarten. Situationen, in denen Panik ausbrechen kann, scheinen demnach charakteristische Belohnungsstrukturen aufzuweisen.

Der Hauptgrund für die Argumentation von Mintz beruht nach Mann (1999) auf der Beobachtung, dass keine Panik aufkommt, wenn alle beteiligten Individuen wahrnehmen, dass offensichtlich keine Chance zum Entkommen existiert. Mann (1999) erläutert dies an einem Beispiel:

> *"Bei U-Boot- oder Bergwerksunglücken, bei denen die Menschen derart abgeschnitten sind, daß ein Kampf um den Ausgang sinnlos wäre, kommt es fast nie zur Panik. In solchen Situationen kann anti-soziales Wettbewerbsverhalten keinen Vorteil bringen. Die Beteiligten ergeben sich in ihr Schicksal [...]."* ([Mann 1999], S. 106)

Übertragen auf den Kontext kollektiver Fluchtbemühungen bedeutet dies, dass jeder Anwesende Interesse daran hat, mit anderen zu kooperieren, so lange eine Flucht friedlich und gesittet abläuft. Verweigern einige Mitglieder einer Gruppe jedoch die Kooperation, ändert sich die Lage. Beginnt ein Individuum damit, die geordnete Flucht durch Verfolgung seiner egoistischen Ziele zu stören, registrieren andere Individuen dessen Belohnung, ein im Vergleich rascheres Vorankommen der Fluchtbemühungen, sowie die Bedrohung ihres eigenen Fluchterfolgs. Die Bedürfnisse der Gruppe und die egoistischen Ziele des Dränglers sind nicht mehr länger vereinbar. Kooperative Individuen sehen daraufhin die einzige

Möglichkeit zur Verbesserung der eigenen Situation durch eigenes selbstbezogenes und rücksichtsloses Verhalten, wodurch letztlich von einigen wenigen ein eigennütziges Wettbewerbsverhalten in Gang gebracht wird. Die Norm der sozialen Verantwortung, wonach der einzelne jenen helfen soll, die von ihm abhängen und seine Unterstützung benötigen[21], wird in der Folge außer Kraft gesetzt.

In der Zusammenschau ist Panik der Konzeption von Mintz nach als rationales Verhalten zu sehen. Ein nicht-kooperatives panisches Individuum verhält sich demnach in der Situation nicht weniger rational oder moralisch als in jeder beliebigen anderen Situation.

Mintz verneint explizit, dass die Intensität von Angst oder emotionaler Erregung verantwortlich ist für nicht-adaptives Gruppenverhalten[22], da bei ihrer Abwesenheit ebenso Verhaltenweisen beobachtbar sind, die denen in einer Panik gleichen. Seine These stützte er auf Laborexperimente, in denen er Flaschenhalssituationen schuf. Mit den Ergebnissen der Experimente belegte er, dass Chaos und Panik beim Wettkampf zwischen Individuen um Belohnung und Vermeidung von Strafe fast nicht vermeidbar sind[23]. Indem er unterschiedliche Belohnungsstrukturen nachstellte, konnte er einen indirekt proportionalen Zusammenhang zwischen der Größe der Belohnung und der Zeitdauer bis zum Eintritt unkooperativen Verhaltens feststellen. Der Zusammenbruch kooperativen Verhaltens unter den anwesenden Individuen wird von Mintz als relevanter Grund für den Ausbruch von Panik betrachtet. Durch den Zusammenbruch einer Kooperationsstruktur kann das einzelne Individuum nach Mintzs Ansicht nicht-adaptives Verhalten wie panikartiges, egoistisches Fluchtverhalten als eine angemessene Reaktion betrachten [Schulz 1964].

Der Ansatz von Mintz erfuhr jedoch Kritik. So führte Kelley (1965) Experimente durch, um Mintzs These zu untermauern. Ergebnisse von Experimenten, in denen Kelley Flaschenhalssituation mit echter Gefahr für die Probanden schuf, widersprachen der zu prüfenden These. Kelley und Kollegen (1965) weisen darauf hin, dass die Experimente von Mintz nicht ausreichend sind, um die Einflüsse von Angst auf das Verhalten der beteiligten Individuen zu testen, da in den Versuchen keine reale lebensbedrohliche oder durch die Probanden zumindest als real erachtete lebensbedrohliche Situation vorlag. Brown (1954) kritisiert, dass Mintzs Analyse über den Zusammenbruch der Kooperation nicht vollständig ist, da sie erst an dem Punkt beginnt, an dem sich bereits Störungen oder Staus gebildet haben. Sie beschäftigt sich nicht mit dem Ursprung der ersten nicht-kooperativen, egoistischen Handlung, die zur Bildung der Störung führt. Brown (1965) äußert die Vermutung, dass bei einem schnell um sich greifenden

---

[21] Vgl. [Mann 1999].
[22] Mintz bezieht sich in seiner Arbeit im Gegensatz zu Schulz auf nicht-organisierte Gruppen.
[23] Vgl. [Mintz 1951] und [Mann 1999].

Brand das unkooperative und panikhafte Verhalten von den Individuen ausgeht, die ihre eigenen Fluchtchancen als gering registrieren und unmittelbaren Schaden durch eine Bedrohung befürchten müssen, falls sie weiterhin geordnete Aktivität zeigen. Die erste egoistische Handlung entsteht demnach gerade aufgrund starker Emotionen: Furcht und aufbrechende Angstgefühle. Die Versuchung zu drängeln und damit eine Panik anzustoßen ist umso größer, je höher der Einsatz ist (Mann, 1999). Tabelle 10 fasst die Aussagen von Mintz zusammen.

Tabelle 10: Panik unter dem Gesichtspunkt des Wettbewerbs nach Mintz

Element	Merkmal
Verständnis	Nicht-adaptives, eigennütziges Verhalten, gefördert durch den Zusammenbruch kooperativen Verhaltens in einer Wettbewerbssituation
Ursache	Wettbewerb um ein schwer zu erreichendes Ziel, im Speziellen einer begrenzten Anzahl an Fluchtmöglichkeiten
Verhalten	Rationales, nicht-kooperatives und egoistisches Verhalten, im speziellen Fluchtverhalten

2.4.2.7 Der Ansatz nach Kelley, Condry, Dahlke & Hill

In den 60er Jahren erweiterten Kelley, Condry, Dahlke und Hill (1965) den Ansatz von Mintz. Sie schlossen sich seiner Sichtweise dahingehend an, dass Menschen auch in Situationen großer Gefahr rational handeln. Als Hindernis für effektives Fluchtverhalten in Krisensituationen hatte die Gruppe um Kelley einerseits schlechte Verfügbarkeit von Informationen über die Gefährlichkeit einer Situation ausgemacht, andererseits einen Mangel an Zeit um die wenigen erhaltenen Informationen sorgfältig auszuwerten. Beide Faktoren verhindern, eine zu geringe Anzahl an Ausgängen vorausgesetzt, die Bildung einer Warteschlange als effektive, geordnete Struktur an einem Ausgang in einer Evakuierungssituation. Der Beobachtung, dass Fluchten anfangs geordnet verlaufen und erst später in eine unkoordinierte panische Flucht münden, legte Kelley die Unzufriedenheit der beteiligten Menschen mit ihrer Position in der Warteschlage zugrunde. Die Stärke der Unzufriedenheit ist dabei nach Kelley abhängig von dem individuell verspürten Drang zu fliehen. Dieser Drang stellt eine Motivation zur Aufwendung von Anstrengungen zur Verbesserung der eigenen Position in der Warteschlange durch Ausführung von Drängelaktionen dar.
Ein kritischer Aspekt der Theorie liegt in dem unterstellten Zusammenhang zwischen der individuellen Bewertung der Gefährlichkeit der Situation, abhängig von der Position, den das bewertende Individuum relativ zur Gefahr ein-

nimmt und der Stärke des Fluchtdrangs. Die Annahme, dass der verspürte Drang zu fliehen mit besserer Position abnehmen müsste, stimmt mit Beobachtungen aus der Realität nicht überein. In der Realität ist die Einschätzung der Situation durch die Betroffenen unabhängig von ihrer Distanz zur Gefahrenquelle sehr ähnlich. Dieser Umstand wird dadurch erklärt, dass ein Individuum sich bei seiner Bewertung einer Situation an der Situationseinschätzung von Mitmenschen orientiert. Die Orientierung erfolgt implizit durch Bewertung des beobachtbaren Verhaltens von Mitmenschen in derselben Situation, wodurch auf deren Situationseinschätzung geschlossen werden kann. In einer kritischen Situation haben die besonnen agierenden Menschen oft keine Möglichkeit, ihre Einstellung wirksam zu vermitteln. Hingegen ziehen diejenigen Menschen, welche die Gefahr besonders hoch einschätzen durch ihre entsprechend auffälligen Handlungen hohe Aufmerksamkeit auf sich und können dadurch die noch Unsicheren stärker beeinflussen. Weiter postulieren Kelley und Kollegen, dass eine ausgeprägte allgemeine Empfänglichkeit für sozialen Einfluss ebenso zu einer homogenen Einschätzung einer Situation führt.

Kelley et al. (1965) merkten an, dass panikartige Verhaltensweisen seltener vorkommen, wenn es eine Variation in der Wahrnehmung von Angst in einer Menschenmenge gibt. Diejenigen, welche die Situation als weniger dringend einstufen, sind in der Regel geneigter, ihre eigenen Fluchtbemühungen zurückzustellen.

Auf der Basis durchgeführter Experimente konnte Kelley (1965) festhalten, dass mit steigender Bedrohung oder Gruppengröße stetig weniger Menschen eine erfolgreiche Flucht gelingt. Weiterhin geht Kelley auf den Einfluss der persönlichen Einstellung gegenüber den Erfolgsaussichten einer Flucht ein. Diese kann je nach Art, optimistisch oder pessimistisch, einen förderlichen oder hinderlichen Einfluss auf eine Flucht zeigen, wenn die beteiligten Menschen Modellverhalten zeigen anstatt eigene Entscheidungen zu treffen. Weiterhin scheint die Anwesenheit unterschiedlicher Verhaltensantworten während einer Krisensituation als offen gezeigter Ausdruck von Selbstvertrauen den Prozentsatz erfolgreicher Fluchtversuche zu erhöhen. Das von Kelley und Kollegen hervorgebrachte Verständnis von Panik wird in Tabelle 11 festgehalten.

Tabelle 11: Das Verständnis von Panik nach Kelley et al.

Element	Merkmal
Verständnis	Nicht-effektives Fluchtverhalten durch den Zusammenbruch von Kooperation unter Wettbewerbern
Ursache	Angst aufgrund der erkannten Notwendigkeit zur Flucht durch Bewertung einer Situation unter Informationsmangel und Zeitdruck
Verhalten	Rationales Verhalten

2.4.2.8 *Cantril und die Invasion vom Mars*

Cantril (1943) definiert nur diejenigen Massenfluchten als Panik, in denen kein objektiv nachvollziehbarer Auslöser für Fluchtreaktionen vorlag, diese also vom Standpunkt des objektiven Betrachters aus gesehen der Situation nicht angemessen waren. Cantril betrachtete die Reaktion der Bevölkerung auf die Radio-Ausstrahlung von Orson Welles Hörspiel *"The Invasion from Mars"* am 30. Oktober 1938 als gültiges Beispiel für eine Massenpanik und unterzog diesen Vorfall einer näheren Untersuchung. An diesem Tag flohen tausende Amerikaner aus Angst vor außerirdischen Invasoren angeblich überstürzt aus ihren Unterkünften.

Auf der Grundlage seiner Untersuchungen stellte Cantril eine Menge von psychologischen Bedingungen für die Entwicklung einer Massenpanik auf. Grundlage stellt demnach eine überwältigende, unmittelbar drohende Krise dar. Durch diese werden subjektiv wichtige Werte bedroht, deren Wahrung durch betroffene Individuen angestrebt wird. Die Gefahr selbst wird von den Individuen verzerrt wahrgenommen, wodurch die Furcht vor dem Verlust der angestrebten Werte zusätzlich verstärkt wird. Am Beispiel des Hörspiels offenbart sich die Verzerrung darin, dass Zuhörer ihre Beobachtungen vom Verhalten anderer Menschen im Sinne des Affekts deuteten und ihre Befürchtungen hinsichtlich der bevorstehenden Invasion durch die selektive Wahrnehmung passender Reize bestätigt sahen. Die Fluchtreaktionen dienten dem Schutz des zu erhaltenden Wertes, in diesem Fall des eigenen Lebens.

Basierend auf der Feststellung, dass sich nicht alle Hörer den Fluchtreaktionen hingaben, folgerte Cantril, dass die Stärke der Neigung zu Panikverhalten individuell variiert. Er erweiterte die Menge der Bedingungen zur Entstehung von Massenpaniken um eine Teilmenge individueller Persönlichkeitseigenschaften. Cantril führt unter diesen Selbstbewusstsein, Selbstkontrolle und individuelle Beeinflussbarkeit sowie die Fähigkeit des kritischen Denkens an. Auf entsprechende Ausprägungen dieser Merkmale lassen sich nach Cantril neben den panischen Fluchtreaktionen auch besonnene Reaktionen von Menschen während des

Hörspiels zurückführen, so auch die Fähigkeit, Informationen kritisch aufzunehmen und das Bestreben, nähere Informationen über die vermeintliche Invasion einzuholen. Die Hauptaspekte der Paniktheorie nach Cantril werden in Tabelle 12 zusammengefasst.

Tabelle 12: Das Verständnis von Panik nach Kelley et al.

Element	Merkmal
Verständnis	Massenfluchten ohne objektiven Grund
Ursache	Scheinbare unmittelbare, übermächtige Bedrohung subjektiv wichtiger Werte einhergehend mit Furcht vor dem Verlust dieser Werte. Die Neigung zu Panikverhalten ist abhängig von Persönlichkeitseigenschaften: Selbstbewusstsein, Selbstkontrolle, Beeinflussbarkeit, Fähigkeit zu kritischem Denken.
Verhalten	Massenflucht

2.4.2.9 Die Theorie von Foreman

Im Zentrum von Foremans Theorie (1953) über Entstehung und Verlauf von Panik steht die Beschreibung des Übergangs zwischen internen Zuständen eines Individuums und den durch sie bedingten Verhaltensweisen. Foremans Theorie nimmt nicht an, dass Panik durch irrationales, unangemessenes, unachtsames oder auch unsoziales Verhalten geprägt ist und beschreibt diese wie folgt:

"Panic is extremely impulsive action. Frequently it is characterized as individualistic or egocentric action. This is true in the sense that panic as a design for personal survival obeys no custom." ([Foreman 1953], S. 299)

Als Ausgangspunkt für Panik nennt Foreman einen auftretenden, kritischen Stimulus, der auf eine konkrete Bedrohung hindeutet oder mit dieser in direkter Verbindung steht. Der kritische Stimulus zieht die Aufmerksamkeit wahrnehmender Individuen auf sich und unterbricht deren laufendes Verhalten. Der Stimulus wird anschließend auf Basis individueller Erfahrung interpretiert. Bei ausreichender Dauer, Sequenz oder Wiederholung kann der Stimulus nach Foreman bereits reflexartige Fluchtreaktionen auslösen.
Der Austausch von Informationen über die Existenz eines bestimmten Stimulus zwischen Individuen, dessen begriffliche Vorstellung und eine individuelle Einschätzung als nicht handhabbar, kann nach Foreman bereits Panik in einem Indi-

viduum induzieren[24]. Falls die Interpretation des Stimulus die Notwendigkeit sofortigen Handelns unterstreicht, blockiert der resultierende Handlungsdrang nach Foreman oft den Prozess der rationalen Analyse der Krisensituation und induziert panische Angst im Individuum. Diese äußert sich in Rufen, Schreien und aufgeregten Bewegungen deren Gesamtheit Foreman (1953) die *Phase des Lärms* nennt. Derartig auffällige Aktionen verstärken die Angst bei anderen Individuen in Wahrnehmungsreichweite. Diese Angst kann wiederum auf das auffällig agierende Individuum zurückreflektiert werden, wodurch dessen emotionale Erregung verstärkt wird.

Die initiale Reaktion auf den Stimulus ist nach Foreman jedoch gewöhnlich ein Schock. Diesem kann eine schnelle Abfolge von inkonsistenten oder gegensätzlichen individuellen Handlungen folgen, die einen internen Zustand der Konfusion charakterisieren. In diesem Fall spricht Foreman vom Ausbruch einer Panik. Panik kann sich jedoch nur dann entfalten, wenn Fluchtmöglichkeiten vorhanden sind.

Die Aktionen panischer Menschen erhalten nach Foreman einen gemeinsamen Charakter durch vordefinierte, gemeinsame Fluchtmöglichkeiten und soziale Interaktion. Nach Foreman gibt es grundsätzlich zwei Arten der Flucht: gerichtete Flucht und zielloses Herumirren. Eine gerichtet Flucht startet genau dann, wenn ein Teilnehmer auf eine neue Fluchtmöglichkeit stößt. Wo gerichtete Flucht aufgrund mangelnder Fluchtmöglichkeiten oder der Abwesenheit einer Leitfigur zur Auslösung von Modellverhalten nicht möglich ist, erfolgt zielloses Herumirren. Falls mehrere Fluchtmöglichkeiten verfügbar und sichtbar sind, wird die Angst in einer fliehenden Menschenmenge gesenkt: Nach Foreman variiert die Stärke der panischen Angst invers zur Anzahl und Brauchbarkeit verfügbarer Fluchtausgänge. Die Häufigkeit des Auftretens von Schock, Konfusion und Angst in Menschenmengen auf Basis eines kritischen Stimulus nimmt mit zunehmender Distanz zum Stimulus ab. Angst-verstärkende Stimuli während Fluchtbemühungen einer Menschenmenge erweitern dagegen die Panik in Raum und Zeit.

Das gewöhnliche Ende eine Panik ist nach Foreman kein Gruppenprozess. Panik endet, sowie sich Individuen aufgrund äußerer Einflüsse aus einer Menschenmenge lösen. Zu diesen äußeren Einflüssen zählen die Eliminierung der Bedrohung, das Erreichen einer sicheren Position oder die Aufgabe der Flucht aufgrund von Verletzung, Müdigkeit oder Tod. Das Ende einer Flucht bedingt daher nicht notwendiger Weise das Ende des Panikverhaltens.

Als gewöhnliche Folgezustände einer Panik nennt Foreman Müdigkeit, Erstarrung, extreme Angst, Erregbarkeit, Aggressivität und sekundäre Paniken.

---

[24] Z.B. durch das Vernehmen von Rufen wie *"Bombe!"* oder *"Feuer!"*. In diesem Fall ist der Stimulus im eigentlichen Sinn der Ruf, nicht die direkte Wahrnehmung eines bedrohlichen Ereignisses.

Foremans Theorie unterstellt keine Uniformität in den Reaktionen von Individuen, die einem gemeinsam erlebten, Panik-induzierenden Stimulus ausgesetzt sind. Die Verschiedenheit der Verhaltensreaktionen führt Foreman auf individuelle Unterschiede hinsichtlich vorausgehender Erfahrungen, unmittelbarer Definitionen des Krisen-Stimulus und unterschiedliche individuelle physikalische Fähigkeiten zurück. Tabelle 13 beinhaltet die Kernaspekte von Foremans Ansicht über den Charakter von Panik.

Tabelle 13: Foremans Ansicht über den Charakter von Panik

Element	Merkmal
Verständnis	Konfuses, auffälliges Fluchtverhalten bei Anwesenheit von Fluchtmöglichkeiten, welches auf einen anfänglichen Schockzustand folgt
Ursache	Angst-induzierender kritischer Stimulus der gegenwärtiges Verhalten unterbricht
Verhalten	Schock, konfuses Handeln, zielloses Herumirren und gerichtete Flucht

2.5 Zusammenfassung und Definition des Begriffes *Panik*

Die Untersuchung verschiedener Konzeptionen offenbarte eine große Bandbreite hinsichtlich der zentralen Aspekte der verschiedenen Theorien und der Genauigkeit der jeweiligen Definition des Begriffes *Panik*. Die Begriffsdefinition erfolgt in einigen Theorien, z.B. Brickenstein oder Quarantelli sehr präzise und explizit, in anderen Fällen wie der Theorie von Smelser angewandt auf den Kontext von Panik muss das Verständnis auf Basis impliziter Aussagen erschlossen werden. Die vorgestellten Konzeptionen über Entstehung und Verlauf von Panik werden mit Bezug auf ihre jeweiligen Kernaussagen der Theorien in Tabelle 14 vergleichend dargestellt.

Tabelle 14: Vergleich verschiedener Theorien über Panik

	Extrahierte Aspekte	McDougall	Brickenstein	LaPiere	Smelser	Quarantelli	Schulz	Keating	Mintz	Kelley	Cantril	Foreman
/AG1/	Allgemeine Charakterisierung von Panik											
/A1a/	Kollektivreaktion	▲	▲	▲	■							
/A1b/	Individualreaktion		▼	▲		▲	■	▲	■	▲	■	▲
/AG2/	Auftreten von Spannungen (real / imaginär)[a]	■	▲	■	▲	▲	▲	▲	■	■	▲	▲
/AG3/	Wahrnehmung von Spannungen (real / imaginär)[b]	▲		▲	▲	▲				▲	▲	
/AG4/	Interner Zustand											
/A4a/	Anwesenheit der Emotion Angst	▲	■			▲	▲		▼		■	▲
/A4b/	Verlust von Selbstkontrolle	■				▲					■	
/A4d/	Verlust / Einschränkung intellektueller Fähigkeiten		▲			■			▼			
/A4d/	Relevanz von Erfahrung / Vorwissen					▲						▲
/AG5/	Relevanz von individuellen Eigenschaften[c]		▲							▲	▲	▲
/AG6/	Gegenseitige Beeinflussung											
/A6a/	Beeinflussung der Stärke der dominierenden Emotion	▲	■	◊	■			■	◊			▲
/A6b/	Beeinflussung individueller Situationseinschätzung	▲			■	■		■		▲		
/AG7/	Soziale Aspekte											
/A7a/	Existenz beruhigender sozialer Kräfte					▲						
/A7b/	Auflösung / Ignorierung sozialer Bindungen					▲	▲					
/A7c/	Aussetzen sozialer Normen					▼		▲	■			
/A7d/	Zusammenbruch kooperativen Verhaltens					▲		▲				
/A7e/	Verlust des Verantwortungsgefühls		▲			■						
/A7f/	Abwesenheit eines Anführers			▲								
/AG8/	Verhaltensweisen											
/A8a/	Unterbrechung gegenwärtigen Verhaltens											▲
/A8b/	Flucht (undifferenziert)	▲	▲			▲	▲		■		▲	
/A8c/	Gerichtete Flucht											▲
/A8d/	Herumirren											▲
/A8e/	Massenflucht		■									
/A8f/	Starre		▲									

Extrahierte Aspekte		McDougall	Brickenstein	LaPiere	Smelser	Quarantelli	Schulz	Keating	Mintz	Kelley	Cantril	Foreman
/A8g/	Schock											▲
/A8h/	Konfusion / konfuses Verhalten											▲
/A8i/	Modellverhalten, Verhaltensimitation	▲		▲		▲		▲	▲	▲		▲
/AG9/	Attribuierung von Verhaltensweisen											
/A9a/	Nicht- adaptiv (unzweckmäßig, nicht angepasst)		▲	■		▲	▲		▲		■	▼
/A9b/	Nicht- sozial					▲						
/A9c/	Anti- sozial / unsozial					▼						▼
/A9d/	Nicht- rational					▲						
/A9e/	Rational							▲	▲	▲		
/A9f/	Irrational (kopflos, vernunftlos)		▲			▼		▼				▼
/A9g/	Nicht- kooperativ					▲			▲			
/A9h/	Egoistisch / eigennützig							▲	▲			▲
/AG10/	Begleitende Faktoren											
/A10a/	Informationsmangel über die (reale / imaginäre) Krise							▲		▲	■	
/A10b/	Treffen von Entscheidungen unter Zeitmangel									▲		
/A10c/	Relevanz von Hoffnung auf erfolgreiche Flucht					■		▲	▲	▲		▲
/A10d/	Gefühl von Machtlosigkeit / Hilflosigkeit					▲						■
/A10e/	Existenz erkennbarer Belohnungsstrukturen								▲			

Anmerkungen

a	Dies umschreibt das Auftreten eines kritischen Stimulus (vgl. Foreman) sowie die Existenz eines Mangels an Fluchtmöglichkeiten oder deren Schwinden
b	Dies umfasst die Interpretation einer Situation als reale Gefahr (vgl. Smelser, Kelley)
c	Dies beinhaltet Persönlichkeitseigenschaften wie Selbstbewusstsein und Empfänglichkeit für Beeinflussung (vgl. Cantril) und auch physische Eigenschaften (vgl. Foreman)

Legende

Index	Bedeutung	Symbol	Bedeutung
/AG/	Aspektgruppe	▲/▼	Explizit in der Theorie genannt / verneint
/A/	Einzelaspekt	■	Nicht explizit genannt aber sinngemäß enthalten
		◊	Nicht explizit verneint aber sinngemäß nicht enthalten

Basierend auf den, über die Theorien hinweg wiederkehrenden, Aspekten /AG2/, /AG3/, /A4a/, /AG5/, /A6{a,b}/, /A8{b,i}/, /A9a/ und /A10c/ soll im Rahmen der Entwicklung des Referenzmodells SimPan folgende Definition für den Begriff *Panik* gelten. Ihre Schwerpunkte gründen damit auf den Konzeptionen von Quarantelli, Smelser, Kelley, Cantril und Foreman:

> **/D8/ Panik:** Panik wird verstanden als interner Zustand eines Individuums, der durch die Anwesenheit des emotionalen Motivs Angst in handlungsleitender Stärke, hervorgerufen durch Wahrnehmung und Interpretation von Informationen über eine reale oder imaginäre, unmittelbare Bedrohung des eigenen Lebens. Handlungsleitende Angst unterbricht gegenwärtige Verhaltensweisen und schränkt das Verhaltensspektrum eines Individuums in einer Krisensituation ein. Die Stärke der Einschränkung ist abhängig von Persönlichkeitseigenschaften und der Effektivität von sozialen Kräften, die auf ein Individuum einwirken. Das Verhaltensspektrum wird auf die reaktiven Verhaltensmuster Starre, unbedachte Flucht und Teilnahme an einer Massenflucht als Ausprägung von Modellverhalten eingeschränkt. Fluchtverhalten, das ein Individuum mit internem Panikzustand zeigt, basiert auf der Hoffnung auf erfolgreiche Flucht und ist nicht-adaptiv, nicht-sozial, nicht-rational und nicht auf Kooperation ausgerichtet. Individuen, die derartige Verhaltensweisen zeigen, sollen als panisch bezeichnet werden.

> **/D9/ Massenpanik:** Unter einer Massenpanik wird die Zusammenschau von Verhaltensweisen einer Menge panischer Individuen verstanden, die zur selben Zeit am selben Ort beobachtbar sind.

Über die, in der Definition enthaltenen, reaktiven Verhaltensweisen hinaus berücksichtigt das Referenzmodell auch die in Krisensituationen auftretenden deliberativen und reflektiven Verhaltensweisen. Diese resultieren jedoch nicht aus einem internen Panikzustand und werden daher explizit von den panischen Verhaltensformen abgegrenzt und separat behandelt.

2.6 Bemerkungen über die Häufigkeit panischen Verhalten

Nach Dombrowski und Pajonk (2005) belegen empirische Beweise, dass Panik als Massenphänomen äußerst selten auftritt, da spezielle Bedingungen nötig sind, um Reaktionen auszulösen, die als Panik bezeichnet werden können. Derart werden vor allem Massenfluchten oft vorschnell zu Massenpaniken deklariert. Quarantelli (1960) widerspricht ebenfalls der weit verbreiteten Meinung, Menschen würden sehr schnell mit Panik auf eine Gefahr reagieren. Er bezeichnet panische Flucht als eine eher seltene Reaktion auf eine Gefahr, da Menschen es vorziehen, möglichst lange am selben Ort bleiben zu können und mit ihren Tätigkeiten fortzufahren.

In der Vergangenheit erfolgten mehrfach Untersuchungen um herauszufinden, wie häufig panische Reaktionen bei der Verbreitung von Meldungen über eine fiktive Bedrohungslage unter den vermeintlich Betroffenen auftreten. Cantril (1940) untersuchte die Reaktionen von Amerikanern auf ein nationales Radio-Hörspiel, welches von einer Invasion durch Aliens handelte. Das in [Cantril 1940] beschriebene irrationale und bizarre Verhalten der Menschen, die angeblich in wilder Flucht vor den Invasoren zu entkommen versuchten, basiert nach Quarantelli (2001) lediglich auf arttypischen, unbestätigten Berichten von Journalisten in damaligen Revolverblättern. In der Tat hielten nur etwa 12% der Menschen die Geschichte um außerirdische Invasoren für eine reale Nachricht.

Ähnliche Untersuchungen wurden von Rosengren (1978) durchgeführt. Gegenstand waren hierbei gezielt gesetzte Falschmeldungen in den schwedischen Medien über einen Unfall eines Nuklearkraftwerkes in Südschweden. Rosengren ermittelte, dass weniger als 10% der Bevölkerung den Meldungen Beachtung schenkten und weniger als 1% überhaupt eine Verhaltensreaktion zeigte. Insbesondere Fluchtreaktionen wurden nicht registriert.

Johnson (1988) stellte Untersuchungen über Personen an, die in potenziell Panik-provozierenden Situationen wie Bränden in Nachtclubs oder Massenandrang während eines Rock-Konzerts gefangen waren. Die Mehrheit betrachteter Individuen in den einzelnen Situationen reagierte nicht rücksichtslos und egoistisch. Die soziale Ordnung brach nicht zusammen, es wurde meist kooperatives statt egoistisches Verhalten registriert. Auch weitere Überlieferungen über das Verhalten von Menschen während Katastrophenereignissen, wie das Sinken des Ozeandampfers *RMS Titanic*, legen nach [Brittanica 2006] nahe, dass die Erklärung einer Panik über die Situation nicht vollständig zu sein scheint. Während des Katastrophenverlaufs verloren viele Menschen ihr Leben, ohne dass dabei Panik ausbrach. Das Schiff sank sichtbar, und trotz des Wissens um die Existenz zu weniger Rettungsboote für alle Passagiere, widerstrebte es den Männern häufig,

Rettungsboote zu besetzten bis nicht alle Frauen und Kinder an Bord der *Titanic* zuerst gerettet waren. Soziale Normen waren daher weiterhin gültig. Einen Erklärungsansatz für die Verhinderung einer Panik während Katastrophenereignissen bieten Guten & Allen (1972) mit ihrer Annahme, dass jeder Schlüssel, der die Mehrdeutigkeit einer Situation reduziert, vermutlich die Intensität individueller Fluchtversuche vermindert und damit unkoordinierte Fluchversuche in der Gruppe verringert. Diese Annahme basiert auf der Beobachtung der Beruhigung einer kritischen Situation durch das Aufkommen eines Anführers, oder durch das Einsetzen von Ereignissen, die von anwesenden Individuen nicht mit einer Katastrophe assoziiert werden, wie dem Spielen von Musik in einer brennenden Konzerthalle oder auf der im Sinken begriffenen *Titanic*.

3 Analyse von Paniksituationen und Modellierungsanforderungen

Auf Basis der in Kapitel 2 erarbeiteten Definition des Begriffes Panik, wie sie im Rahmen der vorliegenden Arbeit gelten soll, werden im folgenden Kapitel die Ergebnisse der Untersuchung exemplarisch gewählter Katastrophenereignisse skizziert. Auf Basis der Untersuchungsergebnisse wurden konkrete Modellierungsanforderungen abgeleitet, welche zuletzt beschrieben werden.

3.1 Vorgehensweise und Zielsetzung

Durch die Analyse dokumentierter Unglücksereignisse, die mit dem Begriff *Panik* in Verbindung gebracht werden, sollen wesentliche Faktoren zu Tage gefördert werden, die Entwicklung und Verlauf von Paniksituationen bestimmen. Basierend auf den Erkenntnissen der Analyse soll ein Vorverständnis über Entwicklung und Verlauf von Paniksituationen erlangt werden, wie es für Arbeiten im wissenschaftlichen Erkenntnisprozess vorausgesetzt wird.

Daten über menschliches Verhalten in Paniksituationen können, wie in [Ungerer & Morgenroth 2001] dargelegt, auf unterschiedliche Arten gewonnen werden: durch direkte Beobachtung der Situation durch den Forscher, durch Auswertung zufällig erfolgter Videoaufzeichnungen, durch Interviews mit Betroffenen oder durch Auswertung von post hoc- Dokumentationen, die meist auf Befragung von Betroffenen nach der Normalisierung eine Bedrohungssituation oder Krisensituation basieren. Guten und Allen (1972) bestätigen, dass Begriffe wie *Gefahr, Bedrohung* und verwandte Bezeichnungen oft unpräzise definiert wurden. Ungerer und Morgenroth definieren Bedrohungssituationen als *"[...] Situationen, in denen ein Mensch um sein Leben oder um seine Gesundheit bangen muss."* ([Ungerer & Morgenroth 2001], S. 47). Barton (1970) definiert eine Krise als Situation, in der viele Mitglieder eines sozialen Systems nicht die erwarteten Lebensbedingungen vom System erhalten[25.] Diese Definitionen sollen in der vorliegenden Arbeit gelten.

Die genannten post hoc- Dokumentationen stellen die Grundlage für die durchgeführte Analyse dar. Sie stützt sich demnach auf Darstellungen von Paniksituationen in Form von Augenzeugenberichten in Zeitungsartikeln, Artikeln in Fachjournalen und Berichten zu offiziellen Untersuchungen von Katastrophenereignissen.

---

[25] Vgl. [Barton 1970], S. 352.

Vielfach wird in Dokumentationen menschlichen Verhaltens in Bedrohungssituationen der Begriff *Panik* oder *Massenpanik* verwendet, um lediglich den Beginn einer Massenflucht zu beschreiben und dem Leser die vorherrschende Atmosphäre in der jeweiligen Situation zu vermitteln. Verhaltensweisen von Menschen, die über die kollektive Fluchtreaktion hinausgehen, werden dagegen selten beschrieben. Gerade diese sind es jedoch, denen die vorliegende Analyse besondere Bedeutung beimisst.

In einem ersten Analyseschritt wurden aus der Menge dokumentierter Panikvorfälle exemplarische, qualifizierte Vorfälle ermittelt. Darunter sollen diejenigen Vorfälle verstanden werden, in denen menschliches Verhalten gezeigt wurde, das der Definition des Begriffes *Panik*, wie in Kapitel 2 dargelegt, gerecht wird. Aus den so ermittelten exemplarischen Panikvorfällen wurden jeweils wesentliche Faktoren extrahiert, die Ausbruch und Verlauf der Panik bestimmten.

Quarantelli (1991) definiert drei Zeitperioden für den Verlauf von Paniken: Zeitraum vor dem Gefahrenereignis, Zeitraum der akuten Wirksamkeit der Gefahr und Zeitraum nach Einsetzen der Gefahr. Zur Strukturierung der Untersuchung wurde der Verlauf untersuchter Vorfälle in Anlehnung an Quarantellis Definition in zwei Phasen unterteilt, die vom *kritischen Ereignis* separiert werden: Vorphase und Panikphase. Der Begriff *kritisches Ereignis* soll dabei wie folgt definiert werden:

> **/D10/ Kritisches Ereignis:** Unter einem kritischen Ereignis soll ein Ereignis verstanden werden, das sich in der gemeinsamen Umwelt anwesender Individuen ereignet und das Potenzial besitzt, unmittelbar starke Emotionen bei Individuen auszulösen, die direkte Kenntnis von diesem Ereignis besitzen, und diese in einen Panikzustand wie in /D8/ spezifiziert zu versetzen.

Die Absteckung der Bandbreite der Menge kritischer Ereignisse stellt eine Teilaufgabe der Analyse von Katastrophenereignissen dar.

Die *Vorphase* geht dem kritischen Ereignis voraus. In der Vorphase gehen anwesende Menschen den gewohnten, üblichen Tätigkeiten am betrachteten Ort nach, ihre Verhaltensweisen lassen sich als normal und unauffällig bezeichnen. Die Vorphase ist im Rahmen der Untersuchungen von Interesse, da in ihr eine bestimmte Vorbedingung definiert wird, die das Verhalten von Menschen bei Eintreten des kritischen Ereignisses beeinflussen können.

/D11/ **Vorbedingung:** Eine Vorbedingung wird definiert durch räumliche Gegebenheiten in der betrachteten Umgebung, die vorherrschende Stimmung unter den Menschen vor Ort und deren Erfahrung und Vorwissen bzgl. eines bestimmten kritischen Ereignisses.

Dem kritischen Ereignis folgt die Panikphase. Sie wird durch das Auftreten erster panischer Verhaltensreaktionen definiert und beschreibt den Verlauf einer qualifizierten Katastrophe vom kritischen Ereignis bis zur Auflösung der Paniksituation.

/D12/ **Panikphase:** Der Verlauf einer Panikphase beinhaltet das gesamte beobachtbare Spektrum menschlicher Verhaltensweisen sowie Zustandsänderungen der Umwelt, die vom kritischen Ereignis selbst oder durch menschliche Verhaltensreaktionen herbeigeführt werden. Der Verlauf erstreckt sich vom Eintreten des kritischen Ereignisses bis zur Auflösung der Paniksituation.

Bild 5 gibt die Strukturierung der im Rahmen der vorliegenden Arbeit durchgeführten Untersuchung exemplarischer Panikvorfälle und der dabei relevanten Faktoren wieder.

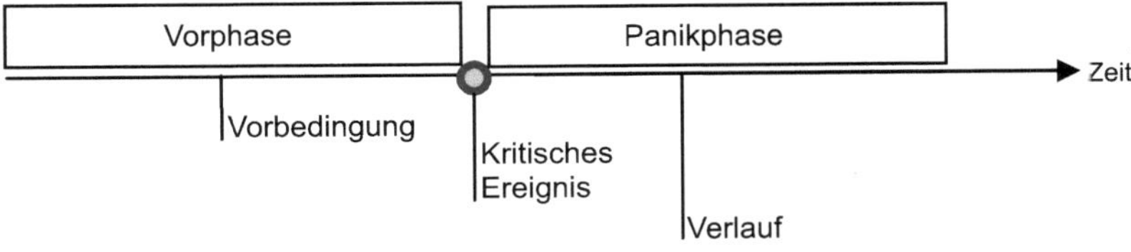

Bild 5: Faktoren und Phasen im Verlauf von Panikvorfällen

Basierend auf den Analyseergebnissen soll abschließend eine Zusammenfassung ähnlicher, qualifizierter Panikvorfälle in verschiedene Klassen vorgenommen werden. Diese Klassifikation soll einen Überblick über das Feld der Anwendungsmöglichkeiten geben, welches durch das zu erarbeitende Referenzmodell zur Abbildung menschlichen Verhaltens in Paniksituationen abgedeckt werden muss.

3.2 Analyse exemplarischer Schadensereignisse

Informationen über Großschadensereignisse können aus Datenbanken beschafft werden, die von verschiedenen Behörden gepflegt werden[26]. In der Vergangenheit wurden bereits mehrfach quantitative Analysen von Großschadensereignissen wie in [Smith & Dickie 1993] und [Helbing et al. 2002c] beschrieben durchgeführt. In derartigen Analysen werden in der Regel Ereignisse, die mit Panik in Verbindung gebracht werden, in chronologischer Folge aufgelistet und anhand von Attributen wie Anzahl an Todesopfern und Verletzten und einer Angabe des Ortes beschrieben. Erkenntnisse über verschiedene Verhaltensweisen, die einen Rückschluss auf den internen Zustand der beteiligten Individuen zulassen, können daraus jedoch nicht entnommen werden.

Im Folgenden werden daher prototypische, qualifizierte Panikereignisse beschrieben und im Hinblick auf Vorbedingung, kritisches Ereignis, menschliche Verhaltensreaktionen und Veränderungen der Umwelt während der Panikphase analysiert.

3.2.1 Brüssel, 1985

Am 29. Mai 1985 ereignete sich eine Bedrohungssituation vor dem Anpfiff der Final-Ausspielung des Europapokals der Landesmeister im Fußball zwischen den Mannschaften des FC Liverpool und Juventus Turin. Neutraler Austragungsort war das Heysel-Stadion in Brüssel, Belgien.

3.2.1.1. Beschreibung

Im Stadion befanden sich nach [Brüssel 2007e] vor Spielbeginn geschätzt zwischen 58.000 und 60.000 Fußballbegeisterte, darunter jeweils mehr als 25.000 Anhänger jeder Mannschaft. Die Anhänger des Juventus Turin wurden auf die Stadionblöcke O, N und M verteilt, Fans des FC Liverpool auf die Blöcke X und Y. Der Z-Sektor sollte neutralen Beobachtern vorbehalten sein, für die die belgischen Behörden im Vorfeld der Veranstaltung [Brüssel 2007b] zufolge ein Kartenkontingent reserviert hatten. Die daher als unkritisch erachtete Grenze zwischen den Sektoren Y und Z wurde durch einen Zaun aus Maschendraht markiert. Bild 6 zeigt den Aufbau des Heysel-Stadions und die Verteilung der Anhängergruppen beider Vereine sowie der als neutral angenommenen Beobachter. Die genannten Blöcke bildeten zusammen die Stehränge des Stadions.

---

[26] Folgende Beispiele können in Einklang mit [Saloma 2003] genannt werden: Asian *Disaster Reduction Center* (www.adrc.or.jp), *Office of Critical Infrastructure Protection and Emergency Preparedness* (www.ocipep.gc.ca), *National Transportation Safety Board* (www.ntsb.gov), *Natural Disaster Reference Database* (http:__ndrd.gsfc.nasa.gov), *Centre for Research on the Epidemiology of Disasters* (www.cred.be), *British Association for Immediate Care* (www.basics.org.uk).

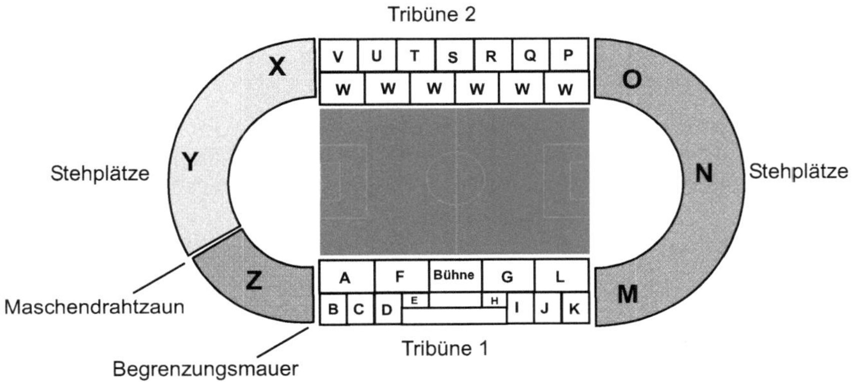

Bild 6: Skizze des Heysel-Stadions

In die Heysel-Katastrophe waren primär Menschen in den Blöcken Y und Z involviert. Hinter Block Z sammelten sich eine Stunde vor dem Anpfiff hunderte englischer Fans ohne Eintrittskarte, von denen wie in [Brüssel 2007b] berichtet viele bereits alkoholisiert waren. Diese stürmten wenig später an den Ordnungskräften vorbei die Eingänge zu Block Z, wodurch dieser innerhalb weniger Minuten überfüllt war.

Gegenseitige Provokationen zwischen den, sich gegenüberliegenden Fanblöcken XY und ONM beider Mannschaften gipfelten nach [Brüssel 2007a] schließlich im Erstürmen des Z-Blocks durch mehrere hundert englischer Fans aus dem Y-Block. Der Grund hierfür lag in der Tatsache, dass sich in diesem entgegen der ursprünglichen Planung mehrheitlich Angehörige der italienischen Fangemeinde mit Wohnsitz in Brüssel befanden, die daher an Karten des neutralen Kontingents gelangen konnten. Die italienischen Anhänger im Z-Block versuchten vor den gewalttätigen englischen Fans zu fliehen und strömten dabei nach [Brüssel 2007e] in Panik gegen eine baufällige seitliche Begrenzungsmauer des Z-Blockes nahe der Eckfahne und wurden dort eingepfercht. Einige Menschen versuchten über diese Mauer zu klettern, die jedoch unter der Last der sich ballenden Menschenmenge zusammenbrach. Die meisten Menschen wurden nach [Brüssel 2005] während der entstandenen Panik an begrenzenden Zäunen und Mauern des Z-Blockes erdrückt oder zu Tode getrampelt. Weitere Opfer erlagen Verletzungen verursacht von Wurfgeschossen englischer Fans. In dieser Phase des Katastrophenverlaufes ereigneten sich die meisten Todesfälle. Die Katastrophe forderte gemäß [Brüssel 2007c] insgesamt 39 Tote und 454 Verletzte.

3.2.1.2 Analyse

Für Entwicklung und Verlauf der Heysel-Katastrophe zeichnet sich ein Geflecht von verschiedenen Einflussfaktoren verantwortlich. Aus einem Zitat eines damaligen Augenzeugen[27] lassen sich bereits wesentliche Elemente entnehmen:

> *"Einer von uns ist die 79 Stufen runter gelaufen zur Polizei, hat geschrieen: 'Ihr müsst was machen, die bringen uns alle um.' Aber er hat von denen nur ein paar mit dem Knüppel bekommen. Ich habe dieses Mädchen gesehen, dem sie mit einer Scherbe den Hals aufgeschlitzt haben, das waren fünf oder sechs ganz junge Typen."*

In [Brüssel 1985] wird die Atmosphäre im Stadion bereits nach dem Einlass der Anhänger beider Mannschaften zusammenfassend als emotional aufgeladen beschrieben. Aggressive Stimmung und aggressives Verhalten beider Anhängergruppen schaukelte sich durch gegenseitige Provokationen weiter auf. Basierend auf dem alkoholisierten Zustand vieler englischer Anhänger, starker Gruppenkohäsion und Anonymität in der Gruppe kann ein innerer Zustand der Deindividuation bei den englischen Anhängern angenommen werden. In diesem Zustand sinkt nach Zimbardo (1969) die Hemmschwelle für antinormatives Verhalten. Auf einen derart enthemmten Zustand lassen sich die aggressiven Verhaltensweisen zurückführen. Grundlage für diese Annahme stellt die *Differential Self-Awareness Theory* von Prentice-Dunn und Rogers dar [Prentice-Dunn & Rogers 1989].

Das kritische, Panik-auslösende Ereignis stellte nach [Brüssel 2007b] das Überwinden der Grenze zwischen den Sektionen Y und Z durch erste gewaltbereite englische Anhänger sowie deren Verteilung im Z-Block dar. Dieses Ereignis und das darauf folgende aggressive Verhalten der englischen Fans konnte von den italienischen Anhängern im Z-Block als reale, unmittelbare Bedrohung des eigenen Lebens wahrgenommen werden. Italienische Anhänger gerieten daraufhin in einen Zustand extremer Angst[28], der sich nach außen hin durch beobachtbare Fluchtreaktionen vieler Individuen im überfüllten Z-Block zur selben Zeit in die gleiche Richtung, der seitlichen Begrenzungsmauer entgegen, äußerte. An dieser Stelle soll darauf hingewiesen werden, dass der interne Zustand extremer Angst

---

[27] Loreto Quagliata, zitiert in [Brüssel 2007f].
[28] Grundsätzlich können, wie in Abschnitt 1.5.1 dieser Arbeit erörtert, stets nur Annahmen über den internen Zustand eines Menschen getroffen werden. Diese basieren auf Interpretationen beobachtbarer menschlicher Verhaltensweisen.

nicht automatisch für alle Menschen im Z-Block angenommen werden darf und wird. Individuelle Unterschiede sind nicht nachweisbar, können jedoch auch nicht ausgeschlossen werden. Die Annahme eines internen Zustands extremer Angst bezieht sich auf die Mehrheit zu betrachtender Personen.

Durch die entstandene Massenflucht und damit Massenbewegung im bereits überfüllten Z-Block entstand physischer Druck, der durch die Infrastruktur im Stadion nicht abgebaut werden konnte. Gefangen in der Bewegung der Masse wurden Menschen mitgerissen und hatten trotz vielleicht noch vorhandener individueller Fähigkeit zu lösungsorientiertem Denken keine Möglichkeit, aus dem Strom auszubrechen und alternative Fluchtrouten zu wählen. An der seitlichen Begrenzungsmauer angelangt kam die Massenbewegung in der vordersten Reihe der Masse zum Stillstand, Menschen am entgegen gesetzten Ende der Masse drängten sich, aufgrund der Nähe zu den englischen Aggressoren in größter Gefahr wähnend, weiterhin in die ursprüngliche Richtung. Dadurch staute sich physischer Druck, der streng genommen die meisten Opfer forderte. In dieser Situation unternahmen einige Individuen den Versuch, die stauende Begrenzungsmauer zu überwinden.

Der Ausbruch der Katastrophe wurde wie in [Brüssel 2007a] angeführt durch gravierende organisatorische Fehler bei der Aufstellung der Polizisten im Stadion und Fehler im Bereich der Einlasskontrolle aufgrund der Unterbesetzung an Ordnungskräften begünstigt, was wiederum die Überfüllung des Z-Blockes nach sich zog. Der Katastrophenverlauf wurde, wie im Zitat und in [Brüssel 1985] dargelegt, weiterhin durch Fehlverhalten und zu spätes Eingreifen der Polizeikräfte gefördert. Nicht zuletzt sind nach [Brüssel 2007a] bauliche Mängel, offen sichtbar an der maroden Bausubstanz des Stadions, sowie mangelnde Stabilität und ungeeignete Struktur der Sektionstrenner zu nennen. Aus einer zugänglichen Stadionbaustelle waren Hilfsmittel körperlicher Gewalt, wie etwa Eisenstangen und Steine, frei verfügbar. Tabelle 15 fasst die Aspekte der Katastrophe von Heysel zusammen.

Tabelle 15: Zusammenfassung (Brüssel, 1985)

Phase	Merkmal
Vorbedingung	Enthemmtheit, ausgeprägtes aggressives Gruppenverhalten
	Emotionale Aufgeladenheit (Wut und Angst)
	Offen gezeigte Aggression
	Bauliche Mängel
	Organisatorische Mängel
Kritisches Ereignis	Überwinden der Sektionsgrenzen durch aggressive Fans
Auswirkungen und Verhaltensweisen	Extreme Angst unter gefährdeten Anhängern
	Massenflucht
	Überwinden einer Begrenzungsmauer durch einzelne Individuen
	Drängelaktionen
Umweltverände-rung	Physischer Druck
	Beschädigung der Infrastruktur

3.2.2 Bagdad, 2005

Am 31. August 2005 ereignete sich ein Panikvorfall während einer Prozession auf der A'Imma-Brücke über den Tigris in Bagdad. Die A'Imma-Brücke verbindet den vorwiegend von Schiiten bewohnten Stadtteil Kazhimiya mit dem sunnitisch geprägten Adhamija und stellt ein Symbol der Einheit zwischen den Glaubensrichtungen dar.

3.2.2.1 Beschreibung

Zum Unglückszeitpunkt hatten sich nach [Bagdad 2005a] rund eine Million Pilger zusammen gefunden, um der Kazhimiya-Moschee, der Grabmoschee des Imam Mussa al Kadim, entgegen zu marschieren. In der näheren Umgebung der Moschee detonierten während der Prozession mehrere Mörsergranaten, woraufhin die Menschenmenge zurückwich und der A'Imma-Brücke entgegenströmte, die von Sicherheitskräften bereits geschlossen war. Aus ungeklärten Gründen öffnete sich das Tor am westlichen Brückenzugang und erste Pilger strömten gefolgt von der Masse hindurch.

Das Tor am anderen Ende der Brücke blieb jedoch verschlossen. Nach dem Überqueren der Brücke staute sich die Menge am östlichen Tor. Die Türen konnten nicht mehr geöffnet werden, da sie nach innen öffneten und nun durch den Druck, den die drängende Menschenmasse auf das Tor ausübte blockiert waren. Nach Augenzeugenberichten wurde im Gedränge auf der Brücke das Gerücht verbreitet, Selbstmordattentäter mit Sprengstoffgürteln hätten sich unter die

Menge gemischt. [Bagdad 2005b] zitiert hierzu einen ungenannten Augenzeugen wie folgt:

"Irgendjemand schrie, dass es Selbstmordattentäter mit Sprengstoffgürteln in der Menge gebe. Dann sind die Leute in alle Richtungen gelaufen."

Unmittelbar nach der Verbreitung dieses Gerüchts begannen nach [Bagdad 2005f] zahlreiche Menschen zu laufen, wodurch gemäß [Bagdad 2005g] eine Panik unter den anwesenden Menschen ausgelöst wurde. Ein Augenzeuge[29] beschreibt die Situation wie folgt:

"People started pressing against us, but we couldn't move because there were so many in front of us. We couldn't breathe."

Unter dem Druck der Menschenmenge gab das Brückengeländer nach. Einige Pilger wagten bewusst den 9 Meter tiefen Sprung in den Tigris, einige Hundert fielen von der Brücke und konnten sich ans Ufer retten oder ertranken in den Fluten. Nach [Bagdad 2005c] gaben anwesende Polizisten nach dem Ausbruch der Panik Schüsse in die Luft ab, wodurch die Situation auf der Brücke weiter eskalierte. Der Vorfall forderte 965 Todesopfer und 815 Verletzte. Den Ausführungen in [Bagdad 2005d] zufolge wurden die meisten Opfer zu Tode gequetscht oder erstickten. Bild 7 skizziert die Situation.

---

[29] Naji, zitiert in [Bagdad 2005e].

Bild 7: A'Imma-Brücke in Bagdad[30]

3.2.2.2 Analyse

Aufgrund von Anschlägen früherer Jahre von sunnitischen Extremisten während des Pilgerfestes herrschte nach [Bagdad 2005b] Nervosität unter den Pilgern, da bereits am 2. März 2004 nach [Bagdad 2005h] bei einem Sprengstoffanschlag durch Selbstmordattentäter während eines der höchsten Feste der Schiiten am Schrein in Kazhimija 58 Pilger getötet und weitere 200 verletzt worden waren. Nervosität kann nach [Meyers 2007] aufgefasst werden als Zustand psychischer Spannung, der mit erhöhter Reizbarkeit in Form von Überempfindlichkeit und Übererregbarkeit einher geht und sich im menschlichen Verhalten durch Hast, Überaktivität, Unruhe und Ungeduld äußert. Im gegebenen Kontext kann darauf basierend Nervosität als Zusammenspiel von erhöhter Wachsamkeit, der Neigung zur Interpretation von Ereignissen als bedrohlich und erhöhter Bereitschaft für Fluchtreaktionen als Folge der Furcht[31] vor Anschlägen verstanden werden. Diese Furcht wurde noch in der Vorphase durch zwei Angriffe auf Pilger bestärkt, bei denen nach [Bagdad 2005h] insgesamt 7 Menschen bei Granatendeto-

---

[30] Bildquelle: *Google* Maps™-Kartenservice.

[31] Die Psychologie unterscheidet Angst und Furcht. Ein Individuum kann Angst verspüren ohne den Grund dafür zu kennen. Furcht dagegen liegt eine bekannte Ursache zugrunden. Beide sind jedoch *"Aktivierungsreaktionen auf Bedrohungen, (deren nachfolgende Reaktionen) sich nicht prinzipiell sondern graduell unterscheiden"* ([AfNZBfZ 2000], S. 48).

nationen starben, weitere 40 wurden verletzt. Diese Furcht verstärkte letztlich die Empfänglichkeit der sich auf der Brücke befindlichen Pilger für Gerüchte über geplante terroristische Aktionen in ihrer unmittelbaren Umgebung.

Durch Zusammenkunft und stetigen Zustrom fliehender Menschen wirkte die Brücke wie ein enger Kanal, durch den die Menschenmasse gepresst wurde. Durch die derart kanalisierte Bewegung der Menschenmasse auf der Brücke in Richtung ihres östlichen Brückenaufgangs und dem dortigen Aufstoppen der Bewegung verdichtete sich die Menschenmenge bereits in der Vorphase und es entstand physischer Druck, der sich durch die Menge in Richtung des versperrten Brückenzugangs propagierte.

Das kritische Ereignis wurde durch die Verbreitung des Gerüchts um die Anwesenheit von Selbstmordattentätern durch Ausrufe einzelner Individuen auf der Brücke markiert. Dadurch entstand bei den Menschen auf der Brücke, die aufgrund der eingeengten Verhältnisse keine koordinierten Bewegungen mehr ausführen konnten, der Eindruck, das eigene Leben sei unmittelbar bedroht. Aus Mangel an Alternativen durch den eingeschränkten Bewegungsspielraum reagierten die Menschen auf der Brücke durch Drängelaktionen wodurch der Druck in Teilen der Menschenmasse weiter verstärkt wurde, sowie den erzwungenen oder freiwilligen Sprung in den Fluss.

Massenbewegung, Einengung des individuellen Bewegungsspielraums und physischer Druck waren im Fall der Katastrophe von Bagdad also bereits vor Eintreten des kritischen Ereignisses vorhanden. Daraus kann gefolgert werden, dass diese Elemente im Vorfeld des Ausbruches von Paniken auftreten können, nicht unbedingt aber Paniken ankündigen, da das kritische Ereignis im Fall der Katastrophe auf der A'Imma-Brücke unabhängig von den genannten Faktoren war.

Krankenhausärzte und Augenzeugen berichteten nach [Bagdad 2005d], dass die meisten Menschen im Gedränge erstickt seien oder erdrückt wurden. Viele seien wegen der Hitze, 43 Grad Celsius im Schatten, in der Menschenmenge ohnmächtig geworden. Unter den Todesopfern waren vor allem die physisch Schwachen wie alte Menschen, Frauen und Kinder, die dem Druck auf der Brücke und seinen Implikationen auf die menschliche Physis nicht standhalten konnten.

In Tabelle 16 werden die wesentlichen Aspekte der Katastrophe auf der A'Imma-Brücke in Bagdad zusammengestellt.

Tabelle 16: Zusammenfassung (Bagdad, 2005)

Phase	Merkmal
Vorbedingung	Furcht vor Angriffen unter den Teilnehmern aufgrund früherer Anschläge
	Granateneinschlag nahe einer Pilgerstätte
	Einsetzen, Kanalisierung und Aufstoppen einer Massenbewegung auf der A'Imma-Brücke
	Physischer Druck
Kritisches Ereignis	Verbreitung des Gerüchts um einen Attentäter auf der Brücke
Auswirkung und Verhaltensweisen	Drängelaktionen
	Freiwilliger oder unausweichlicher Sprung in den Fluss
Umweltveränderung	Verstärkung des physischen Drucks

3.2.2.3 Bemerkung

Nach innen öffnende Ein- und Ausgangstüren sind vor allem bei älteren Gebäuden häufig vorzufinden und stellen eine latente Gefahr während Evakuierungssituationen dar. Unabhängig von der Öffnungsrichtung einer Tür fördern ungeeignete Türöffnungsmechanismen die Entstehung von Stauungen an Ausgängen. In der Europanorm DIN EN 1125 werden daher spezielle Panikverschlüsse definiert, die sicheres Fliehen durch eine Türe mit geringen Anstrengungen und ohne Vorkenntnisse über den Verschluss, eine Panikstange, ermöglichen.

3.2.3 Mekka/Mina, 1990-2006

Während des Haddsch, der islamischen Pilgerfahrt nach Mekka, ballen sich an verschiedenen rituellen Stätten zwischen Mekka und Mina in Saudi-Arabien viele Menschen über einen längeren Zeitraum auf engstem Raum. Diese Konstellation führte in der Vergangenheit bereits mehrfach zu Katastrophen mit zahlreichen Todesopfern.

3.2.3.1 Beschreibung

Der Islam sieht vor, dass jeder freie, volljährige Muslim, der es sich leisten kann, verpflichtet ist, einmal im Leben nach Mekka zu pilgern. Durch die Auffassung des Haddsch als religiöse Pflicht im Zusammenspiel mit der Tatsache, dass er nur während bestimmter Tage einmal im Jahr durchgeführt werden kann, unternehmen mitunter etwa 2,5 Millionen Pilger die Wallfahrt zur selben Zeit. Der

Haddsch stellt eine mehrtägige, kräftezehrende Großveranstaltung dar, der Wanderungen zwischen Mekka, Mina und dem Berg Arafat beinhaltet. Bild 8 zeigt die geographische Lage der kritischen Stationen des Haddsch.

Der Haddsch beinhaltet rituelle Handlungen wie die symbolische Steinigung des Teufels, repräsentiert durch steinerne Säulen in Mina und das mehrmalige Umrunden der Kaaba, eines würfelartigen Gebäudes im Inneren der Al-Majid al-Hasām-Moschee in Mekka.

©2011 LeadDog Consulting, Image ©2011 GeoEye

Bild 8: Mekka und Mina[32]

Diese Großveranstaltung bot in der Vergangenheit oft schon einen Nährboden für Katastrophen, die mit dem Begriff *Panik* in Verbindung gebracht werden. Die Opferzahlen variierten dabei zwischen 2 im Jahr 1990 und 1425 im Jahr 2000. Tabelle 17 gibt einen kurzen Überblick über Panikvorfälle während des Haddsch in den Jahren 1990 bis 2006.

---

[32] Bildquelle: *Google* Maps™-Kartenservice.

Tabelle 17: Panikvorfälle während des Haddsch

Datum	Ort	Auslöser	Verhalten
05.01.2006	Mina	Sturz von Pilgern durch Gepäckstücke, die am Fuße der Jamarat-Brücke abgestellt waren	Drängelaktionen
2004	Mina	Gedränge während des Steinigungsrituals auf der Jamarat-Brücke	Drängelaktionen
05.03.2001	Mina	Gedränge während des Steinigungsrituals auf der Jamarat-Brücke	Drängelaktionen
09.04.1998	Mekka	Gedränge auf einer Überführung und Sturz einiger Pilger	Drängelaktionen
23.05.1994	Mina	Gedränge während des Steinigungsrituals	Drängelaktionen
02.07.1990	Mekka/ Mina	Gedränge im 500 Meter langen Fußgängertunnel Al-Mu'aysam als 50.000 Pilger gleichzeitig zusammen kommen	Drängelaktionen

3.2.3.2 Analyse

Die zentrale Vorbedingung bei allen Vorfällen während des Haddsch wird durch die beengten Verhältnisse definiert, die durch die Ansammlung großer Menschenmengen an den rituellen Stätten zustande kamen. Geringe interpersonelle Abstände in Verbindung mit *Stop-and-Go-Verhalten*, also einem Wechselspiel aus langsamer, stetiger Bewegung und Stillstand der Bewegung zur Ausführung ritueller Handlungen begünstigen die Entstehung von physischem Druck in der Menschenmenge.

Druck und Gedränge in der Menschenmenge erwiesen sich durchgehend als Quelle für die Unglücke während des Haddsch. Der einzelne Mensch wird mit der Masse mitgerissen, eine koordinierte, individuelle Bewegung wird unmöglich. In derartigen Umständen können Menschen stürzen, umgerissen oder zu Boden gedrückt werden. Gestürzte Pilger stellen Hindernisse für nachfolgende dar. Dieser Sachverhalt wurde von einem Haddschi amerikanischer Abstammung[33] wie folgt beschrieben:

---

[33] Zitiert in [Mekka 2006], namentlich nicht genannt.

> *"[...] if one person trips, the push from the crowd behind will cause the people to either trample over the guy or fall down and be trampled by others."*

Diesem Zitat lässt sich ein weiterer relevanter Faktor bei Entstehung und Verlauf einer Paniksituation entnehmen. Neben statischen, bereits in der Vorphase bestehenden Hindernissen für einen Menschenstrom wie Verkaufsstände auf einem Marktplatz, Sitzreihen in einem Stadion oder auch gezielt platzierte runde Säulen von Ausgängen in geschlossenen Räumen zur Verringerung von physischem Druck in einer aufgestauten Menschenmenge, können sich im Verlauf einer langsamen Massenbewegung oder einer späteren Massenflucht dynamisch Hindernisse entwickeln. Diese können beispielsweise durch zu Fall gekommene Menschen entstehen. Ebenso ist es auch denkbar, dass vorhandene Infrastruktur nach Eintreten des kritischen Ereignisses zerstört wird und sich Teile davon in Hindernisse für fliehende Menschen verwandeln. An diesen dynamisch entstandenen Hindernissen wird der Menschenstrom abgebremst und in seiner Gesamtheit verlangsamt. Da die Verringerung der Bewegungsgeschwindigkeit einer fliehenden Menschenmenge nicht zeitgleich in der gesamten Menge geschieht, baut sich physischer Druck auf, der in Richtung des gemeinschaftlichen Fluchtziels propagiert wird. Tabelle 18 fasst gemeinsame Rahmenbedingungen von Katastrophen während des Haddsch zusammen.

Tabelle 18: Zusammenfassung (Mekka, 1990-2006)

Phase	Merkmal
Vorbedingung	Beengte Verhältnisse
	Stop-and-Go-Verhalten
	Physischer Druck
Kritisches Ereignis	Gedränge in der Menschenmenge
Auswirkungen und Verhaltensweisen	Massenflucht/Massenbewegung
	Drängelaktionen
Umweltveränderung	Gestürzte Pilger agieren als Hindernisse für die sich bewegende Masse
	Physischer Druck

Untersuchungen von Katastrophen an den rituellen Stätten in Mekka und Mina durch den Einsatz der Simulation wie in [Still 2000] oder [Mekka 2007] beschrieben, wurden bereits mehrfach durchgeführt. Die Auswertung von Simulationsexperimenten resultierte beispielsweise in der Vergrößerung des Areals, in dem das Steinigungsritual durchgeführt wird, oder in Variationen der Platzierung der Steinsäulen.

3.2.4 Chennai, 2005

Am 19. Dezember 2005 ereignete sich ein Massenansturm auf ein Nothilfezentrum für Flutopfer im südindischen Chennai. Aufgrund tagelanger heftiger Regenfälle waren rund 175.000 Einwohner des südindischen Unionsstaats Tamil Nadu gezwungen, ihre Häuser zu verlassen. Bei den Unwettern kamen nach [Chennai 2005c] etwa 430 Menschen ums Leben, eine halbe Million Einwohner wurden obdachlos. Die Regierung versuchte der Situation durch die Einrichtung von 150 Hilfszentren beizukommen.

3.2.4.1 Beschreibung

Ein Nothilfezentrum in Chennai war an einer Schule eingerichtet worden, zu deren Toren eine enge Straße führte. Vor den Toren stauten sich nach [Chennai 2005b] etwa 4500 Menschen, die entgegen den Anweisungen der Polizei bereits in den frühen Morgenstunden auf die Öffnung des Zentrums warteten, um Lebensmittelmarken zu erhalten.
In den frühen Morgenstunden setzte starker Regen ein. Einige der wartenden Menschen versuchten daraufhin, die Eingangstür zum Nothilfezentrum einzurennen. Als die Haupteingangstür dem Ansturm nachgab, wurden die unmittelbar davor stehenden Menschen von der drängenden Menge überrannt und erdrückt [Chennai2005c]. Ein Augenzeuge[34] berichtete:

> *"Suddenly it started raining heavily and there was a mad scramble to get in. As the lock on the main door snapped, those in the front got crushed by the jostling crowd behind them."*

Die Katastrophe in Chennai forderte nach [Chennai 2005a] 42 Menschenleben, 30 weitere wurden verletzt.

3.2.4.2 Analyse

Am Abend vor der Katastrophe hatten sich nach [Chennai 2005f] Männer, Frauen und Kinder bereits vor dem Verteilungszentrum angestellt, als Gerüchte verbreitet wurden, der folgende Tag sei der letzte Tag der Nothilfe. Unter den Anwesenden bestand [Chennai 2005c] zufolge die Angst, aufgrund eines Mangels an Lebensmittelmarken keine zu erhalten. In [Chennai 2005d] und [Chennai

---

[34] Dhanalakshmi, zitiert in [Chennai 2005c].

2005e] wird daher angenommen, dass damit eine Voraussetzung für die Katastrophe geschaffen wurde.

Es bestand weder durch den einsetzenden Regen, noch durch die Möglichkeit, keine Marken zu erhalten eine unmittelbare Bedrohung für das eigene Leben. Jedoch konnten Anwesende die negativen Folgen für die eigene Situation antizipieren, die sich bei nicht-Erhalt von Lebensmittelmarken ergeben hätten. Hiermit war die Grundvoraussetzung zum Aufkommen von Furcht und einer nervösen Stimmung unter den Anwesenden gegeben.

Als kritisches Ereignis ist das gewaltsame Öffnen der Türen in Folge des starken Regens zu betrachten. Dieses Ereignis konnte von den wartenden Menschen in der Menge, die nicht direkt am Zugangstor standen, mehrdeutig interpretiert werden. Für diese war es nicht ersichtlich, ob die Türen nur wegen des starken Regens von den Verantwortlichen geöffnet wurden oder ob sich Wartende gewaltsam Zutritt verschafften, um sich einen Wettbewerbsvorteil im Kampf um Lebensmittelmarken zu sichern, deren Vorrat den Gerüchten zufolge zur Neige ging.

Nach Öffnung des Tores kanalisierte die enge Straße die Bewegung der Masse in Richtung des Tores. Durch die Kanalisierung konnte sich entstehender Druck durch Drängelaktionen von Individuen in der Masse nur in Flussrichtung ausbreiten und nicht abgemildert werden.

Durch einen Mangel an Sicherheitskräften vor Ort wurde die Entwicklung der Panik begünstigt. Nach [Chennai 2005a] waren lediglich 4 Polizisten anwesend, die mit der Situation überfordert waren. Bereits im unmittelbaren Vorfeld ereignete sich eine ähnliche Katastrophe. Einen Monat zuvor waren nach [Chennai 2005e] bei einer ähnlichen Panik sechs Menschen ums Leben gekommen.

Tabelle 19 fasst die relevanten Aspekte der Katastrophe von Chennai zusammen.

Tabelle 19: Zusammenfassung (Chennai, 2005)

Phase	Merkmal
Vorbedingung	Unterversorgung der Bevölkerung durch vorangegangene Naturkatastrophen Gerücht um geringe Anzahl vorrätiger Lebensmittelmarken Furcht, keine Marken zu erhalten Ansammlung und Kanalisierung einer Menschenmenge in einer engen Straße
Kritisches Ereignis	Gewaltsame Öffnung der Zugangstüren zum Nothilfezentrum nach einsetzendem Regen
Auswirkungen und Verhaltensweisen	Ansturm auf den Zugang des Nothilfezentrums Drängelaktionen und Niedertrampeln von Menschen
Umweltveränderung	Zerstörung der Infrastruktur (Zugangstor) Physischer Druck

3.2.5 Chicago, 2003

Am 17. Februar 2003 ereignete sich eine Bedrohungssituation im *E2 Nightclub* in Chicago, Illinois. Der Nachtclub befand sich im Obergeschoss eines zweistöckigen Gebäudes, im Erdgeschoss war gleichzeitig das Restaurant *Epitome* geöffnet. Zur Unglückszeit befanden sich nach [Chicago 2003a] insgesamt etwa 1500 Menschen im Gebäude, davon 500 im Obergeschoss. Bild 9 gibt einen Überblick über die räumlichen Gegebenheiten des *E2 Nightclub*.

3.2.5.1 Beschreibung

Bei dem Versuch, Handgreiflichkeiten zwischen weiblichen Gästen im Nachtclub zu beenden, geriet das beteiligte Sicherheitspersonal selbst in Bedrängnis und verteidigte sich nach [Chicago 2003b] mit dem Einsatz von Pfefferspray. Daraufhin war ein Nebel zu erkennen, der sich im Umkreis der Ordnungskräfte in der Luft verteilte. Einige Menschen, die den Zwischenfall nicht von Beginn an beobachten konnten, interpretierten den Vorfall als terroristischen Akt [Chicago 2003b]. Unmittelbar nach dem Ausbringen des chemischen Wirkstoffes durch die Ordnungskräfte wurden daher Ausrufe wie *"Poison gas!"* und *"I'll bet it's Bin Laden!"*[35] auch über Mikrofon ausgegeben.

---

[35] Lakeshia Blackwell, zitiert in [Chicago 2003f].

Bei Ausbruch der anschließenden Massenflucht gelang es einigen Besuchern, die nach [Chicago 2003f] zu diesem Zeitpunkt einzige Treppe zu einem geöffneten Ausgang in das Erdgeschoss zu passieren und ins Freie zu gelangen. Sich der Treppe im Obergeschoss rasch nähernde Menschen drängelten, wie auf Video-aufzeichnungen nach [Chicago 2003d] zu sehen ist, und erzeugten einen Druck auf die Individuen, die gerade dabei waren, die Treppe zu passieren. Nach den Aufzeichnungen einer Sicherheitskamera verkeilten sich dadurch 100 bis 150 Menschen auf der Treppe im weiteren Zeitverlauf und wurden übereinander geschichtet. Ein Augenzeuge[36] beschrieb die Situation wie folgt:

> *"People were stacking on top of each other, screaming and gag-ging, I guess from the pepper spray. The door got blocked because there were too many people stacked up against it."*

Die Mehrzahl unter den 21 getöteten Menschen starb nach [Chicago 2003c] an Herzstillstand aufgrund des hohen Druckes. Weitere 57 Menschen wurden ver letzt [Chicago 2003g].

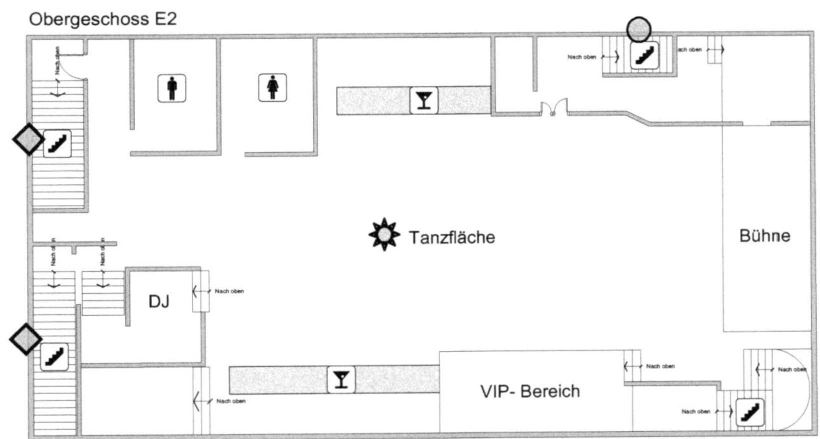

Bild 9: Skizze des E2-Nightclub in Chicago

---

[36] Cory Thomas, zitiert in [Chicago 2003g].

3.2.5.2 Analyse

Der Nachtclub sollte im Vorfeld der Katastrophe bereits nach Wilgoren (2003b) auf richterliche Anweisung geschlossen werden, da Sicherheitsverordnungen nicht eingehalten wurden. Zu diesen zählte beispielsweise die Bereitstellung einer ausreichenden Anzahl an Notausgängen. Vor Ausbruch der Katastrophe war der Nachtclub gemäß [Kraft 2004] überfüllt. Dem Sicherheitspersonal wurde nach Sadovi (2007) unterstellt, nicht ausreichend vorbereitet gewesen zu sein, um Streitigkeiten unter Gästen angemessen zu schlichten, weshalb diese rasch Pfefferspray einsetzten.

Nach [Chicago 2003c] war der Ausgangspunkt für die Katastrophe durch Flucht vor dem sich ausbreitenden Sprühnebel des Reizsprays gegeben. Einerseits handelte es sich dabei um bewusste, geordnete Fluchtreaktionen, andererseits auch um panische Flucht, gezeigt von den Menschen, die den Grund des Reizmitteleinsatzes nicht nachvollziehen konnten. Das kritische Ereignis stellte daher die Kombination aus Ausbringen des Reizsprays und den Reaktionen der dadurch unmittelbar betroffenen Gäste dar. Es muss festgehalten werden, dass der schlichtende Einsatz von Ordnungskräften in einem geschlossenen Raum alleine nicht per se zu einer Massenhysterie führen muss, falls die Aktionen des Sicherheitspersonals auf den Unruheherd begrenzt bleiben. Durch Wahl eines Verteidigungsmittels, welches sich im Raum verteilte und damit Auswirkungen auch auf unbeteiligte Gäste hatte, sowie das Aufkommen beobachtbarer, mit dem Vorfall assoziierbarer Fluchtreaktionen von Gästen, waren die Voraussetzungen für den Ausbruch des Tumults geschaffen.

Im Verlauf der Evakuierung versuchten nach [Chicago 2003f] hunderte panischer Menschen, das Obergeschoss über eine einzige Treppe zur Vorderseite des Clubs zu verlassen. Nach [Chicago 2003f] war eine Türe an der Hinterseite durch Wäschesäcke blockiert, in [Chicago 2003c] wird berichtet, dass weitere Ausgangstüren vom Personal während des Verlaufes der Katastrophe sogar geschlossen wurden, um die chaotische Situation im Inneren einzudämmen. Offiziellen Aussagen zufolge, wie sie in [Chicago 2003f] festgehalten wurden, trugen diese Fakten anscheinend nicht wesentlich zur Tragödie bei, da alle Todesopfer von Beginn an versuchten, über die überlastete Treppe durch den Haupteingang, durch den die meisten den Club betreten hatten, zu fliehen. Ein Angehöriger des Untersuchungsteams[37] wird hierzu wie folgt zitiert:

> *"It's a natural tendency for people to try to exit the way they came in."*

---

[37] Commissioner James Joyce, zitiert in [Chicago 2003f].

Die Aufzeichnung einer Sicherheitskamera belegt, dass zu Beginn der Massenflucht keiner der Ausgänge verschlossen war, dennoch blieben alternative Rettungswege unausgelastet. Anfängliche Versuche von Rettungskräften, am Fußende der überfüllten Treppe, die Menschenmenge zum Zurückgehen zu bewegen, scheiterten. Es kann angenommen werden, dass die Anweisung zum Rückzug nicht bis zu den Menschen am Treppenzugang im Obergeschoss durchdrang. Weiterhin kann angenommen werden, dass panische Menschen am Treppenzugang aufgrund ihres Zustandes nicht mehr zu weitsichtigem Handeln fähig waren, damit die Aufforderungen der Rettungskräfte nicht umsetzen konnten und weiter auf den ihnen bekannten Ausgang zudrängten.

Erst auf Anweisung von Rettungskräften, die bereits in das Obergeschoss gelangt waren, bewegten sich Gäste auf andere Treppen zu. Der Druck auf die Personen in der Treppe zum Hauptausgang reduzierte sich damit, wodurch Rettungsaktionen beginnen konnten.

Durch Erhalt von Informationen über angemessene Verhaltensweisen in Evakuierungssituationen, insbesondere durch persönlichen Kontakt mit Helfern, können ängstliche Menschen also beeinflusst, beruhigt und zu angemessenem Verhalten animiert werden. Sicherheitskräfte sind in der Regel mit den Örtlichkeiten vertraut und stellen eine mögliche Quelle von Informationen dar. Sie zeichnen sich zudem durch die Fähigkeit zu bedachtem, situationsangemessenem Verhalten auch im Angesicht der Katastrophe aus.

Zusätzlich zu den fliehenden Menschen wurden einige Personen beobachtet, die sich auf der Treppe zum Hauptausgang aufhielten und versuchten, Schwächeren zu helfen, was aber nach [Kraft 2004] nur in seltenen Fällen möglich war. Während des Verlaufes der Katastrophe waren damit verschiedene Verhaltensweisen sichtbar: angemessene, bedachte und teilweise altruistische Verhaltensreaktionen vereinzelter Gäste, kontrollierendes Verhalten von Rettungskräften durch Erteilen von Anweisungen und in [Kraft 2004] unterstellte reflexgesteuerte Fluchtreaktionen vieler Gäste zu Beginn der Katastrophe.

Durch die Auswertung von unveröffentlichten Videoaufnahmen durch Kameras im Inneren des Nachtclubs im Rahmen eines Gerichtsverfahrens gegen die Betreiber des Nachtclubs konnte weiterhin festgestellt werden, dass panische Menschen, die das Gebäude bereits verlassen hatten, wieder versuchten, in das Gebäude zu gelangen, da sich [Chicago 2003d] zufolge außerhalb des Gebäudes Gerüchte verbreiteten, es seien Schüsse abgefeuert worden. Die Auswertung der Bänder ergab nach [Chicago 2003e] weiterhin, dass die meisten Opfer nicht am Fuß der überlasteten Treppe starben. Stattdessen zeigen die Bänder, wie hunderte panischer Menschen am Kopf der Treppe zu Fall kamen. Genau hier wurden nach [Chicago 2003e] die meisten Opfer zu Tode getrampelt.

Im Rahmen der Untersuchung der Katastrophe beschrieb ein beteiligter Anwalt[38] die Situation auf der einzigen ausgelasteten Treppe nach Sichtung der Videoaufzeichnungen aus dem Nachtclub wie folgt:

> *"Many people may have been submerged in the bottom of that stairwell with people on top of them, compressing their ability to breathe and causing their deaths."*

Nach [Chicago 2003g] erlitten viele Opfer Brust- und Kopfverletzungen. Neun Menschen starben aufgrund multipler Traumata, vier weitere durch Herzstillstand. Todesursache für die meisten unter den Opfern war nach Sadovi (2007b) Ersticken. Tabelle 20 hält die Kernaspekte der Katastrophe im *E2 Nightclub* fest.

Tabelle 20: Zusammenfassung (Chicago, 2003)

Phase	Merkmal
Vorbedingung	Angst vor Terroranschlägen Überfüllung des Gebäudes
Kritisches Ereignis	Einsatz von Pfefferspray zur Beendigung einer Auseinandersetzung zwischen Gästen Verteilung des Wirkmittels im Raum Beeinträchtigung unbeteiligter Gäste Beobachtbare Fluchtreaktionen der durch das Wirkmittel beeinträchtigten Gäste
Auswirkungen und Verhaltensweisen	Flucht panischer Menschen durch Verwendung eines bekannten Weges Hilfeleistung vereinzelter Gäste Kontrollierendes Verhalten von Rettungskräften
Umweltveränderung	Physischer Druck Hindernisbildung in Form gestürzter Menschen

3.2.6 West Warwick, 2002

Am 20. Februar 2003 ereignete sich ein Brand mit anschließender Massenflucht im *Station Nightclub* in West Warwick, Rhode Island. Zur Zeit des Unglücks befanden sich nach [Chicago 2003b] etwa 360 Gäste im Club, der für eine Ka-

---

[38] James Montgomery, zitiert in [Chicago 2003d].

pazität von 300 Menschen auf einer Fläche von 412 m^2 [Warwick 2005] ausgelegt war.

3.2.6.1 Beschreibung

Ein pyrotechnisches Display entzündete am späten Abend Schaum zur schalldichten Isolierung des Nachtclubs hinter der Bühne. Da die Räumlichkeiten des Clubs nach [Warwick 2005] zum Großteil mit Holz verkleidet waren, breitete sich das Feuer rasch zur Decke aus. Toxischer Rauch füllte den Raum, die Beleuchtung setzte aus. Fünf Minuten nach Ausbruch des Brandes waren die Flammen bereits durch das Dach sichtbar [Warwick 2004].

Die Videoaufzeichnung eines anwesenden Mitarbeiters eines lokalen Fernsehsenders belegt nach [Chicago 2003b], dass es einige Sekunden dauerte, bis die Menschen die Gefahr durch die Entzündung der Isolierungsmaterialien erkannten, da sie zunächst annahmen, das Feuer gehöre zur pyrotechnischen Show. Die ersten Menschen, welche den Ernst der Situation erkannten, lösten mit ihrer Fluchtreaktion darauf eine Massenflucht aus.

Der Club bot insgesamt 4 Ausgänge, von denen lediglich einer ausgelastet war. Durch die starke Auslastung des Ausganges an der Vorderseite des Gebäudes war dieser rasch durch panische Konzertbesucher blockiert. Die Entwicklung der Situation und Massenflucht zu diesem Ausgang wurden von einem Augenzeugen[39] wie folgt beschrieben:

> *"At first, there was no panic. Everybody just kind of turned. Most people still just stood there. In the other rooms, the smoke hadn't gotten to them, the flame wasn't that bad, they didn't think anything of it. Well, I guess once we all started to turn toward the door, and we got bottle-necked into the front door, people just kept pushing, and eventually everyone popped out of the door, including myself. [...] That's when I turned back. I went around back. There was no one coming out the back door anymore. [...] I went back around the front again, and that's when you saw people stacked on top of each other, trying to get out of the front door".*

Bild 10 zeigt den Grundriss des Nachtclubs mitsamt den Stellen, an denen das Feuer ausbrach und dem Hauptausgang an denen sich die Menschenmenge staute. Im Station Nichtclub fanden 96 Menschen den Tod, 187 wurden verletzt [Kraft 2004]. Als Hauptursachen für die Todesfälle wurden Rauch, Hitze und Druck ausgemacht.

---

[39] Brian Butler, zitiert in [Warwick 2003].

3.2.6.2 Analyse

Der Club hatte keine Erlaubnis zum Einsatz pyrotechnischer Effekte, zudem gab es keine Brandsicherheitswache oder geeignete Löschmittel auf der Bühne. Wegen des Bestandschutzes war kein Sprinklersystem installiert. Diese Fehler und Unzulänglichkeiten ermöglichten die sichtbare Entzündung von Teilen der Raumausstattung. Dieser Faktor reichte zunächst jedoch alleine nicht aus, um eine Massenflucht auszulösen. Daher soll an dieser Stelle zwischen den Begriffen der Gefahr und der Bedrohung unterschieden werden. Nach Ungerer & Morgenroth (2001) ist eine Gefahr eine real existierende Größe, die zwar erkannt, nicht aber unbedingt als bedrohlich empfunden werden muss. Wird ein Ereignis dagegen als *"subjektiv verankerte existenzielle Gesundheitsbeeinträchtigung empfunden"* ([Ungerer & Morgenroth 2001], S. 47) spricht man von einer Bedrohung. Von entscheidender Bedeutung ist daher die Wahrnehmung eines Ereignisses und deren individueller Interpretation als reale Bedrohung der eigenen Existenz.

Als kritisches Ereignis kann der, sich schnell ausbreitende und als solcher erkennbare Brand mit starker Rauchentwicklung aufgefasst werden, der eine reale und unmittelbare Bedrohung für das Leben der Anwesenden darstellte. Erst durch die bewusste Wahrnehmung des Brandes im Station Nightclub als reale Bedrohung und die darauf basierenden, beobachtbaren Fluchtreaktionen nahm die Katastrophe ihren Lauf.

Augenzeugen berichteten, dass einige Menschen während des Brandes Fensterscheiben zerschlugen und sich so den Weg ins Freie bahnten. Daraus kann gefolgert werden, dass die betreffenden Menschen der Masse nicht folgen konnten oder mangelnde Aussicht auf Erfolg für Fluchtbemühungen durch Anschluss an die Masse erkannten oder folgerten und im Stande waren, einen individuellen Fluchtplan zu konstruieren und auszuführen.

Weiterhin wurden gemäß [Kraft 2004] einzelne Menschen in der Menge beobachtet, die während ihrer Fluchtbemühungen andere Gäste unachtsam zu Boden stießen. Derart auf ihr eigenes Überleben fixiert kann angenommen werden, dass diese Menschen kein bewusst antisoziales Verhalten zeigten, sondern reflexartige Verhaltensreaktionen, vorstellbar als automatisch ablaufende Notfallprogramme, ausführten.

Zudem wurde, wie in [Kraft 2004] festgehalten, in vereinzelten Fällen auch von gegenteiligem Verhalten gewöhnlicher Gäste berichtet, welches sich im Versuch der Hilfeleistung äußerte.

Gestürzte Personen stellten im Verlauf der Massenflucht Hindernisse für andere fliehende Gäste dar. Viele Menschen drängten gegen den Hauptausgang und verstärkten dort den physischen Druck. Dieser Druck und die Hindernisse in

Form gestürzter Personen legten den Grundstein zur Verkeilung der Menschenmenge am einzigen genutzten Ausgang.

Nach [Warwick 2004] waren viele der Besucher zum ersten Mal im Club und versuchten daher, diesen auf dem gleichen Weg zu verlassen, auf dem sie ihn betreten hatten. Da sie sich der restlichen 3 Ausgänge nach [Chicago 2003b] nicht bewusst waren, wurden diese Ausgänge nicht ausgelastet. Erschwerend kam hinzu, dass die Rettungswegkennzeichen durch die Rauchentwicklung verdeckt wurden.

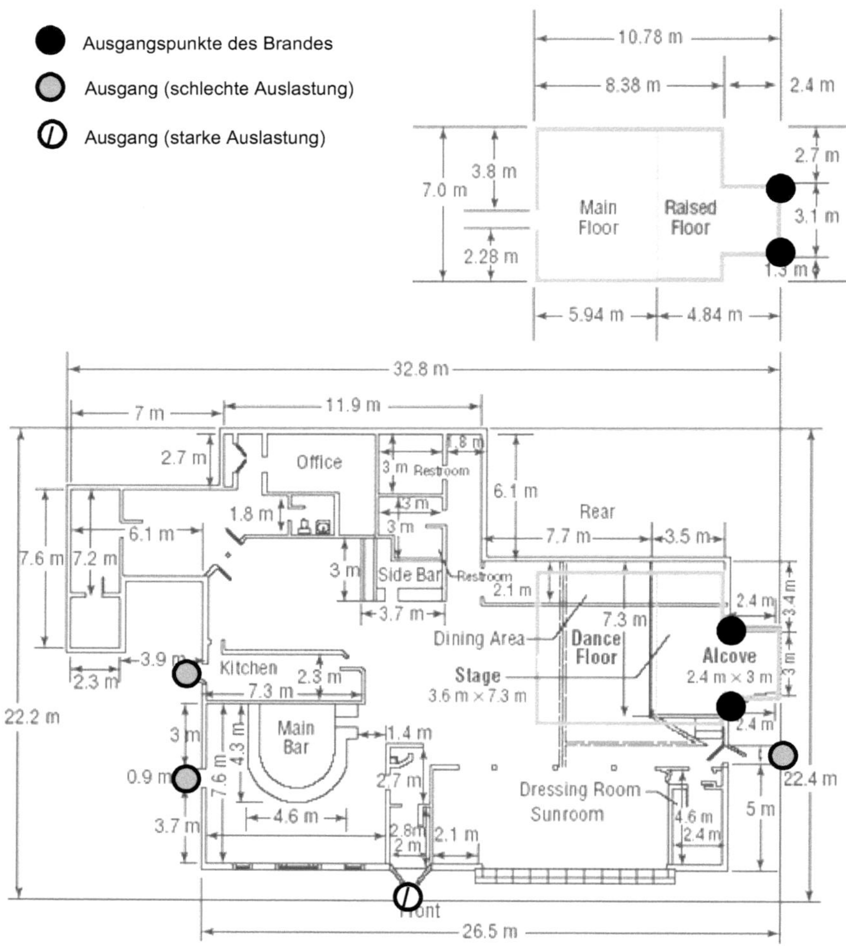

Bild 10: Grundriss des Station Nightclub[40]

Das Unglück wurde vom *National Institute of Standards and Technology's (NIST)* untersucht. Ergebnisse wurden im *NCST*[41] *Report 1* [Warwick 2005] dargelegt. Hierbei wurde die in Bild 11 dargestellte Zeitlinie der Ereignisse erarbeitet, welche mit dem Brand in Verbindung stehen.

---

[40] Der Grundriss stammt aus der Quelle [Warwick 2004].
[41] Kurzform für *National Construction Safety Team*.

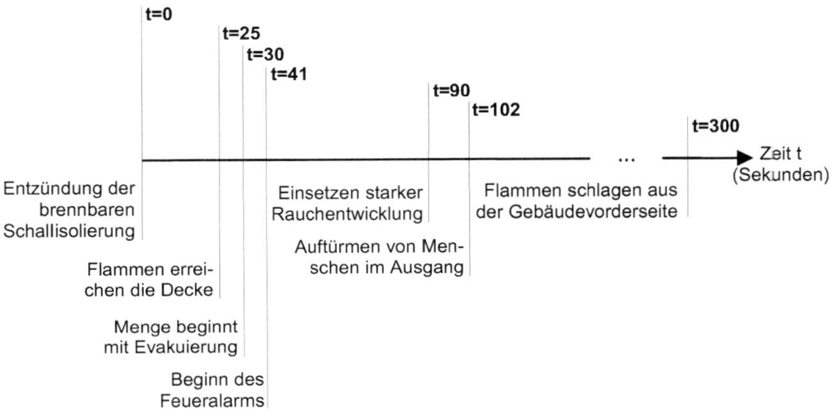

Bild 11: Zeitlinie des Brandes im Station Nightclub

Die Zeitlinie verdeutlicht, dass 30 Sekunden verstrichen, bevor die ersten Menschen mit der Evakuierung begannen. Verhaltensreaktionen erfolgen also wie dargelegt nicht bei Einsetzen einer Gefahr, also nicht zwingend unmittelbar auf das auslösende Ereignis, sondern erst bei deren Klassifikation als Bedrohung. Wahrgenommene Umweltereignisse müssen somit den internen kognitiven Prozess der Bewertung durchlaufen. Zwischen dem Evakuierungsbeginn und der Verkeilung von Menschen auf der einzigen verwendeten Treppe liegen lediglich 72 Sekunden. Hieraus wird gefolgert, dass die Entwicklung einer Massenpanik ab dem ersten Auftreten panischer Verhaltensreaktionen innerhalb einer sehr kurzen, im Minutenbereich liegenden Zeitspanne geschehen kann. Tabelle 21 fasst die Kernaspekte des Katastrophenverlaufs im Station Nightclub zusammen.

Tabelle 21: Zusammenfassung (West Warwick, 2002)

Phase	Merkmal
Vorbedingung	Unerlaubt eingesetztes Feuerwerk im Nachtclub Gefahr durch Ausbruch des Brandes war nicht eindeutig erkennbar
Kritisches Ereignis	Ausbreitung eines Brandes mit Rauchentwicklung
Auswirkungen und Verhaltensweisen	Fluchtreaktionen ohne Rücksicht auf andere Gäste Wahl ausschließlich des bekannten Ausgangs um den Club zu verlassen Umsetzung Individueller Fluchtstrategien Erteilen von Anweisungen zur Evakuierung durch Bedienstete
Umweltveränderung	Teilweiser Ausfall der Beleuchtung Überfüllung und physischer Druck am einzigen genutzten Ausgang Verwüstung der Clubräume durch den sich ausweitenden Brand Toxizität der Luft im Nachtclub

3.2.6.3 Anmerkung

Das Unglück wurde unter dem Aspekt der Ausbreitung von Feuer und Rauch unter Verwendung von Simulationsmodellen wie dem *NIST Fire Dynamics Simulator (FDS)* [McGrattan & Forney 2004] oder *Smokeview* [Forney & McGrattan] untersucht. Auf Basis erzielter Erkenntnisse mittels Simulation wurden Empfehlungen zur Verbesserung der Überlebenschance bei Ausbruch von Bränden in Räumen abgegeben.

Das NIST ließ in seinem Bericht zur Untersuchung der Katastrophe folgende Forderung verlauten[42]:

> *"[...] NIST urges studies be conducted to better understand human behavior in emergency situations and to predict the impact of building design on safe egress in emergencies [...] (and to) develop and refine computer models and computer-aided decision tools that communities can use to make cost-effective choices about code changes, fire safety technologies, and emergency resource allocations."*

---

[42] Das Zitat entstammt der Quelle [Warwick 2004].

Die vorliegende Arbeit greift die wesentlichen unter den angesprochenen Punkten auf und erhebt den Anspruch, exemplarische Lösungswege für die genannten Anwendungsgebiete der Simulation zu skizzieren.

3.2.7 Southgate, 1977

Am 28. Mai 1977 ereignete sich ein Brand im Beverly Hills Supper Club in Southgate, Kentucky, bei dem nach [Southgate 2007] etwa 3000 Gäste und 182 Angestellte zugegen waren.

3.2.7.1 Beschreibung

Das Feuer brach im Verlauf des Abends an der Vorderseite des Clubs in einem Veranstaltungsraum aus, in dem sich zu der Zeit 1300 Gäste aufhielten [Southgate 2007]. Bild 12 gibt einen Überblick über die Verteilung der Menschen im Club bei Ausbruch des Brandes.

Ein Hilfskellner, der den Ausbruch des Feuers beobachtet hatte, ergriff das Mikrofon, warnte die im Raum befindlichen Zuschauer einer komödiantischen Aufführung und animierte sie mit der Evakuierung zu beginnen. Er zeigte auf die Ausgänge und wies sie an, schnell zu gehen, aber nicht in Panik zu geraten [Southgate 2007]. Einige Gäste schenkten der Aufforderung sofort Beachtung, viele jedoch zögerten, da sie dies für einen Teil des Showprogramms hielten.

Zwei Minuten nach der Warnung suchte sich das Feuer seinen Weg entlang der Korridore. Rauch drang in das Ventilationssystem ein und erschwerte Sicht und Atmung. Die Komödianten versuchten in der Folge, die Menschenmenge zu beruhigen, indem sie [Southgate 2007] zufolge vorschlugen, ihre Darbietung nach der Löschung des Feuers fortzusetzen.

Bei Einsetzen der Massenevakuierung rannten die Gäste in verschiedene Richtungen, manche unter ihnen brannten bereits, andere sprangen bei ihren Fluchtversuchen von Tisch zu Tisch. Nach Johnson (1987a) war der Wettkampf der Gäste im Hinblick auf die Möglichkeit, das Gebäude unversehrt zu verlassen in den letzten Momenten, in denen eine Flucht noch möglich war, am stärksten. Im weiteren Verlauf wurden Menschen an einigen bereits blockierten Ausgängen eingezwängt.

Die Katastrophe im Beverly Hills Supper Club forderte 165 Menschenleben, mehr als 200 wurden nach Sime (1980) verletzt.

3.2.7.2 Analyse

Die Katastrophe in Southgate wurde von der *National Fire Protection Association* (NFPA) untersucht[43]. Als Hauptfaktor, der zu dem Unglück führte, wurde die Überfüllung des Raumes festgemacht, in dem, bis auf zwei, alle der gestorbenen Menschen gefangen waren. In diesem Raum, der für 536 Menschen ausgelegt war, befanden sich nach Sime (1980) bei Ausbruch des Feuers 1350 Menschen. Nach Sime (1980) vergingen 20 Minuten nach der Rauchentwicklung ehe eine offizielle Anweisung an die Menschen im *Cabaret Room* erteilt wurde, mit der Evakuierung zu beginnen. Vor dem Einsetzen der Rauchentwicklung, also so lange die Ausgänge sichtbar und den Gästen erreichbar schienen, fand nach Sime (1980) keine Panik statt. Dies wurde nach Sime (1980) zurückgeführt auf falsche Einschätzung der Situation durch die Gäste und durch Fehlverhalten und Untätigkeit der meisten Angestellten in Bezug auf rigorose Einleitung einer Evakuierung bereits bei Ausbruch des Brandes und Zuweisung zu den Ausgängen. Wesentliche Ursachen für Entstehung und Ausbreitung des Brandes stellten ein Mangel an Sprinklersystemen und ein unzureichendes Feueralarmsystem im Club dar. Diese grundlegenden Sicherheitsstandards waren zwar vorgeschrieben, jedoch nicht umgesetzt.

Der Vorfall im Beverly Hills Supper Club ist im Hinblick auf die Feststellung einer Massenpanik als grenzwertig zu betrachten. Es gab einerseits eine Vielzahl an beruhigenden Bemerkungen, die nach Johnson (1987a) ein Chaos bei der Flucht verhinderten. Die Verhaltensantwort der meisten Angestellten bestand darin, Gästen zur Flucht zu verhelfen, indem sie auf Notausgänge zeigten oder Rettungsaktionen durchführten. Weiter wird angegeben, dass zu keiner Zeit, nicht einmal als die Bedrohung durch das Feuer am größten war, andere Menschen zu denen auch insbesondere soziale Verbundenheit bestand, völlig missachtet wurden. Jedoch konnten andererseits Verhaltensweisen beobachtet werden, die darauf schließen lassen, dass einzelne Beteiligte durchaus in Panik gerieten. Nach Johnson (1987a) zeigten lediglich drei unter den Angestellten Panikverhalten.

Im Untersuchungsbericht der NFPA wird Panik daher nicht als Hauptfaktor des Unglückes genannt, jedoch räumt Best (1977) die Möglichkeit ein, dass panische Verhaltensweisen wahrscheinlich aufgetreten sind, als Menschen zu verstehen begannen, dass sie nicht entkommen konnten.

Allgemein kann daraus abgeleitet werden, dass verschiedene menschliche Verhaltensweisen, die einen unterschiedlichen Grad an Gelassenheit und Selbstkontrolle erfordern, während eines Schadensereignisses nebeneinander auftreten

---

[43] Vgl. [NFPA 1977].

können und in Abhängigkeit von individuellen Erfahrungen und Persönlichkeitseigenschaften der beteiligten Menschen auftreten.

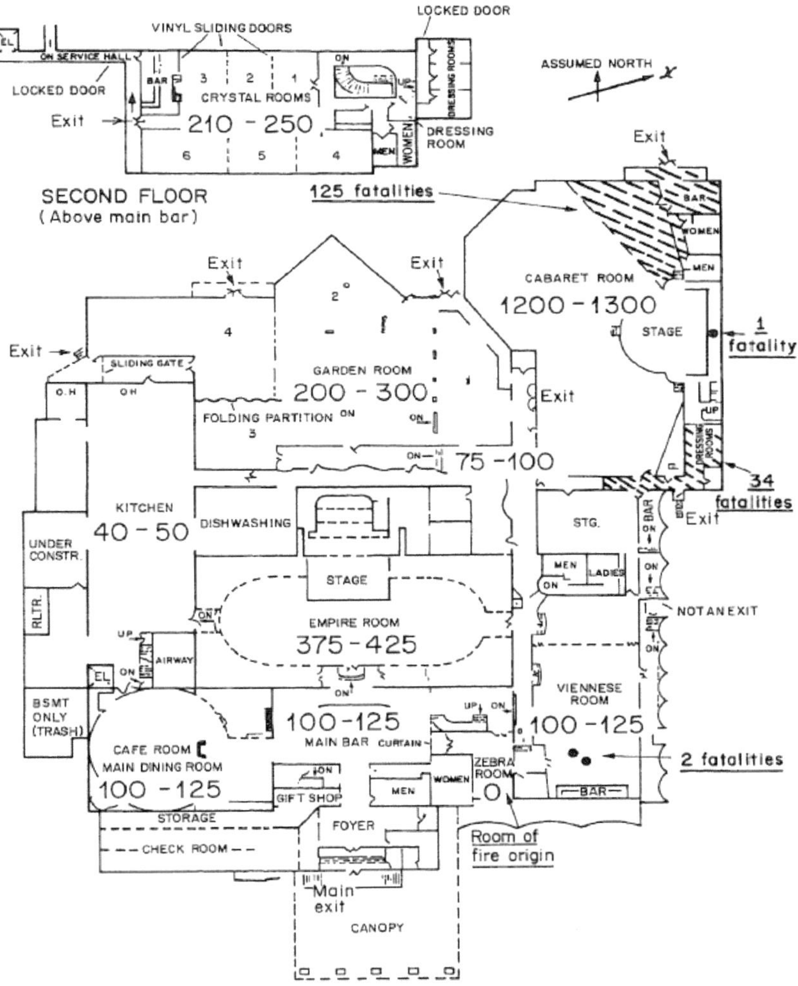

Bild 12: Grundriss des Beverly Hills Supper Club[44]

---

[44] Die Abbildung wurde aus Sime (1980) übernommen.

Die Mehrheit der Todesfälle wurde schlecht markierten Ausgängen, entflammbaren Teppichen und Sitzkissen zugeschrieben, die im brennenden Zustand toxische Gase freisetzten. Tabelle 22 fasst die Hauptaspekte der Katastrophe von Southgate zusammen.

Tabelle 22: Zusammenfassung (Southgate, 1977)

Phase	**Merkmal**
Vorbedingung	Überfüllung des Clubs
Kritisches Ereignis	Wahrnehmbarer Brand mit Rauchentwicklung
Auswirkungen und Verhaltensweisen	Massenbewegung/Massenflucht Beruhigungsversuche Vereinzeltes Erteilen von Anweisungen zur Evakuierung durch Bedienstete
Umwelt-veränderung	Physischer Druck am Ausgang des Raumes, in dem sich bei Ausbruch des Brandes die meisten Menschen befanden Verwüstung der Clubräume durch den sich ausweitenden Brand Toxizität der Luft im Nachtclub

3.2.8 Bulson, 1940

Ein Panikvorfall im militärischen Bereich ereignete sich während des Zweiten Weltkriegs am 13. Mai 1940 in Bulson, Frankreich. In deren Zentrum stand die südlich von Sedan eingesetzte französische 55. Infanteriedivision, welche sich an jenem Tag im Schwerpunkt des Angriffs des deutschen Panzerkorps *Guderian* befand.

3.2.8.1 Beschreibung

Im französischen Divisionsgefechtsstand ging gegen Abend eine Meldung über zahlreiche, wild um sich schießende französische Soldaten ein, die aus Richtung des nahe gelegenen Bulson nach Süden strömten. Die fliehenden Soldaten berichteten, deutsche Panzer stünden vor Bulson und ließen sich selbst durch Androhung des Schusswaffengebrauchs von den eigenen Vorgesetzten nicht in ihrer Bewegung stoppen. Der Massenflucht war eine Meldung eines Hauptmanns des französischen Artillerieregiments 169 an den Gefechtsstand in Bulson vorausgegangen. Dieser hatte nördlich von Chaumont Granateinschläge beobachtet, bei denen es sich, seiner Meldung zufolge, um deutsche Panzergeschosse handeln könnte. Seine Meldung durchlief die Meldekette, wobei die Vermutung des

Hauptmanns zu einer gesicherten Erkenntnis über das Auftreten deutscher Panzer vor Bulson, weit hinter der Frontlinie, verfälscht wurde [Bulson 2006]. Bild 13 gibt einen Überblick über den Einsatzort der 55. Infanteriedivision zum Zeitpunkt des Panikausbruchs.

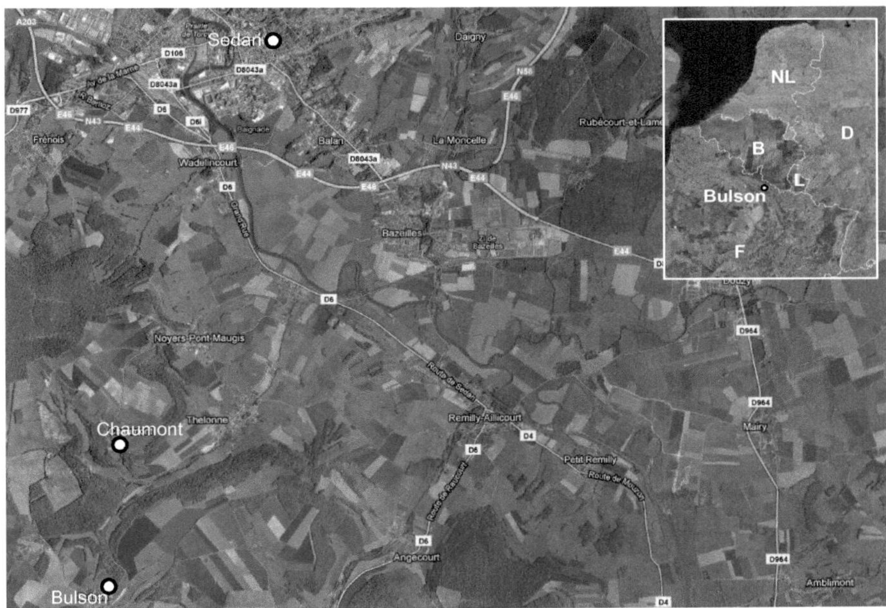

©2011 Google - Grafiken ©2011 DigitalGlobe, GeoEye, Aerodata International Surveys, Cnes/Spot Image, IGN-France, Kartendaten ©2011 Tele Atlas

Bild 13: Sedan, Chaumont und Bulson[45]

Die Falschmeldung verbreitete sich rasch und führte zur Panik unter den französischen Soldaten, die sich in Auflösungserscheinungen ganzer Bataillone mit wilder Flucht äußerte. Das folgende Zitat gibt einen Eindruck von den tumultartigen Szenen:

> *"Plötzlich strömt auf der Straße von Bulson eine Woge flüchtender Infanteristen und Artilleristen entgegen. Sie eilen mit Fahrzeugen oder zu Fuß, viele ohne Waffen aber mit ihrem Gepäck, und rufen: 'Panzer sind in Bulson!' Einige schießen wie verrückt mit Gewehren um sich. [...] Offenbar spielt sich eine Massenhysterie ab. All*

---

[45] Bildquelle: *Google* Maps™-Kartenservice.

diese Männer behaupten, bei Chaumont und Bulson Panzer gesehen zu haben. Was jedoch noch schlimmer ist, Offiziere aller Dienstgrade geben vor, Rückzugsbefehle erhalten zu haben, sind aber nicht in der Lage, zu sagen, von wem." (General Edmond Ruby[46], zitiert in [Frieser 1995], S.217)

Der Zusammenbruch der gesamten Division erfolgte schließlich als der Divisionsstab bei der Räumung des Gefechtsstands Schüsse panisch flüchtender französischer Soldaten als einen Angriff deutscher Truppen missdeutete, woraufhin die Zerstörung von Fernmeldegeräten und die Vernichtung von Dechiffrierunterlagen angeordnet wurde, was die Division in einen führungslosen Zustand versetzte.

3.2.8.2 Analyse

Untersuchungen des Vorfalls bestätigten, dass sich in der Nähe von Bulson im betreffenden Zeitraum keine Panzer oder gepanzerten Fahrzeuge einer Kriegspartei befanden. Den deutschen Kriegstagebüchern zufolge überquerten die ersten deutschen Panzer die Maas erst zwölf Stunden nach dem Vorfall. Vermeintliche deutsche Panzer brachten damit die Front zum Einsturz, ohne überhaupt vor Ort gewesen zu sein.

"Dieser Blitzkrieg[47] setzte die Beweglichkeit als psychologische Waffe ein: nicht Beweglichkeit, um zu töten, sondern um zu erschrecken, [zu] verwirren und zu verblüffen, um im feindlichen Hinterland Bestürzung, Ungewissheit und Unordnung hervorzurufen, so daß die Gerüchte, die dabei entstehen, immer wilder werden und schließlich eine Panik auslösen." (Generalmajor John F. C. Fuller, [Fuller 1964], S. 282)

Der Vorfall von Bulson zeigt einerseits erneut die Macht von übermittelter Information auf den internen Zustand eines Menschen auf, belegt andererseits exemplarisch die Existenz von panischem Verhalten auch im militärischen Bereich und zeigt die Machtlosigkeit der militärischen Führung auf, dieser effektiv entgegen zu wirken. Untersuchungen und Bewertungen des Vorfalls noch während des Krieges führten zu der Erkenntnis, dass der Auslöser für die Panik unter den französischen Soldaten die Weiterleitung und Verfälschung einer einzelnen, mit Vermutungen behafteten Meldung war.

---

[46] Im Original: Edmond Ruby: Sedan. Terre d'épreuve. Avec la IIme armée mai-juin 1940. Paris 1948, S. 132f.

[47] Gemeint ist der Westfeldzug 1940.

Zu den begünstigenden Faktoren zählte nach Dähnenkamp (1999) einerseits die zu dem Zeitpunkt bereits bestehende Furcht der französischen Soldaten vor deutschen Panzern, andererseits die aufgrund eines Rotationsprinzips inhomogene Truppenstruktur der französischen Division. Nach Dähnenkamp wurde die Belastungsgrenze der Soldaten aufgrund mangelnden Zusammenhalts der Truppe in der beschriebenen Situation überschritten.

Nach dem Ausbruch der Panik wurde diese durch die Truppenführung durch falsche Lagemeldungen und verfrühte Rückzugsbefehle weiter verstärkt. Selbst erfahrene Offiziere konnten der aufkeimenden Angst nicht Stand halten und wurden von dieser übermannt. Der Panikzustand der Soldaten offenbarte sich in wilder, unorganisierter Flucht.

Dähnenkamp formuliert eine Reihe von Erkenntnissen und Lehren für das Verhalten von Soldaten in Krisensituationen um das Aufkommen von Panik zu vermeiden. Hauptaspekte sind dabei die intensive Vorbereitung von Soldaten auf physische und psychische Belastungen in Krisensituationen, Disziplin unter den Soldaten und die Schaffung einer Vertrauensbasis zwischen Soldaten und der militärischen Führung. Nach Ausbruch einer Panik im Gefecht ist diese nach Dähnenkamp schwer unter Kontrolle zu bekommen:

> *"Häufig erweisen sich beim Ausbruch einer Panik Maßnahmen bereits als zu spät. Der militärische Führer muss daher solche Entwicklungen frühzeitig erkennen und beurteilen. Durch Besonnenheit, Gespräche, sachliche Informationen und Erläuterungen, aber auch durch zupackende Maßnahmen zur Aufrechterhaltung der Disziplin beugt er einer Panik vor. [...] Beim Ausbrechen einer Panik stellen die militärischen Führer durch rasches, entschlossenes und besonnenes Handeln den Zusammenhalt der Truppe wieder her. Wenn Gefahr für Leib und Leben eigener Soldaten besteht, kann Gewalt, auch der Einsatz von Waffen, geboten sein."* ([Dähnenkamp 1999], S. 126f)

Bereits im Zweiten Weltkrieg erkannte das Militär das gewaltige Potenzial von Paniken, die durch Furcht vor dem Feind ausgelöst werden können. Während deutscher Feldzüge in den ersten Jahren des Zweiten Weltkriegs wurden wiederholt panikartige Reaktionen des Feindes provoziert. So setzten deutsche Sturzkampfbomber bewusst kreischende Sirenen, so genannte *Jericho-Trompeten* ein, um die Wirkung ihrer Bomben und Bordwaffen akustisch zu verstärken.

Die Erkenntnisse Dähnenkamps sind konsistent mit jenen, die aus der Untersuchung von Schadensereignissen aus dem zivilen Bereich im Rahmen dieser Arbeit gewonnen wurden. Tabelle 23 hält die Kernaspekte des Panikvorfalls bei Bulson fest.

Tabelle 23: Zusammenfassung (Boulson, 1940)

Phase	Merkmal
Vorbedingung	Furcht vor deutscher Artillerie und Panzern
Kritisches Ereignis	Verbreitung des Gerüchts um den Vormarsch deutscher Truppen
Auswirkungen und Verhaltensweisen	Massenbewegung/Massenflucht Sinnlos abgegebene Schüsse fliehender Soldaten Versuche von vereinzelten Offizieren, die Flüchtenden zu beruhigen bzw. die Flucht der Truppe mit Gewalt zu stoppen Verbreitung der Angst bis zur Auflösung der gesamten Division
Umweltver-änderung	Keine relevanten Aspekte

3.3 Erkenntnisse und Modellierungsanforderungen

Über die Analyse der verschiedenen exemplarischen Schadensereignisse hinweg ließen sich gemeinsame Hauptfaktoren herausarbeiten, die im Folgenden zusammengefasst werden. Diese Faktoren scheinen stets in Paniksituationen enthalten zu sein und müssen folglich von einem Referenzmodell zur Agenten-basierten Abbildung menschlichen Verhaltens in Paniksituationen berücksichtigt werden. Zusätzlich existieren Nebenfaktoren, die in speziellen Situationen auftreten, nicht aber in allen Vorfällen beobachtbar waren. Das zu entwickelnde Referenzmodell muss daher allgemein und erweiterbar gestaltet sein, um auch derart spezielle Nebenfaktoren berücksichtigen zu können.

Im folgenden Abschnitt wird zunächst das erlangte Vorverständnis über den Ablauf von Schadensereignissen dargelegt, im Anschluss werden die einzelnen herausgearbeiteten Haupt- und Nebenfaktoren als Modellierungsanforderungen für die Entwicklung des Referenzmodells festgehalten.

3.3.1 Ablauf von Schadensereignissen

Dem Einsetzen panikartiger menschlicher Verhaltensweisen bei einem Schadensereignis geht eine nicht beeinflussbare Veränderung des Zustandes der Umwelt voraus, verursacht durch Eintreten eines kritischen Ereignisses. Menschen nehmen dieses Ereignis bzw. die Zustandsänderung der Umwelt wahr und unterziehen ihre Wahrnehmungen einer individuellen Bewertung. Diese Bewertung ist die subjektive Einschätzung der Situation, die auf Persönlichkeitseigenschaften,

Erfahrungen, Wissen des bewertenden Individuums sowie der vorherrschenden Stimmung am Ort des Geschehens beruht. Dies deckt sich mit der Ansicht von Idzikowski und Baddeley (1983), die drei Charakteristiken definieren, welche die Reaktionen eines Menschen auf Stress-induzierende Ereignisse beeinflussen: Prädisposition eines Menschen für Stress und Angst, subjektive Abschätzung der Gefahr und die bestehende Erfahrung mit ähnlichen Ereignissen. Idzikowski und Baddeley (1983) nehmen dazu an, dass jeder Mensch ein charakteristisches Angstniveau *("trait-anxiety")* einnimmt, das sich im Verlauf seines Lebens nicht sehr verändert, und dass der Mensch einen Angstzustand besitzt *("state-anxiety")*, der situationsabhängig variiert.

Der Begriff *Stress* soll in der vorliegenden Arbeit nach Selye (1979) als nichtspezifische, adaptive Antwort eines Organismus auf jede Anforderung verstanden werden. Eine Anforderung wird durch die subjektiv empfundene Schwierigkeit zur Beseitigung der Diskrepanz zwischen einem kognitiv erfassten Ist-Zustand, der für ein Individuum bedeutsam ist, und einem bewusst oder unbewusst angestrebten Zielzustand bestimmt. Den resultierenden Spannungszustand bezeichnet Häcker (1998) als *Stressempfindung*. Der adaptive Charakter von Stress zeigt sich in der Anpassung der Strategie zur Verminderung dieser Diskrepanzen an spezifische Merkmale einer vorliegenden Situation.

Die Bewertung wahrgenommener Ereignisse stellt die Grundlage für Änderung im internen Zustand des wahrnehmenden Menschen dar. Auf der Grundlage des veränderten internen Zustandes sowie durch Handlungsmöglichkeiten, welche die Umwelt eröffnet, wird die konkrete Art der beobachtbaren individuellen Verhaltensreaktion bestimmt. Bild 14 veranschaulicht das Zusammenspiel der einzelnen Faktoren.

3.3.2 Kritisches Ereignis

Kritische Ereignisse wurden in allen, im Rahmen der vorliegenden Arbeit untersuchten Katastrophen festgestellt. Sie lassen sich an einem bestimmten Punkt im Raum, ihrem Ursprungsort, lokalisieren und haben das Potenzial, einen Teil der Umwelt zu Ungunsten anwesender Menschen zu verändern. Die Umwelt kann durch das kritische Ereignis um den Ursprungsort herum verwüstet oder in anderer Form unbrauchbar werden. Ein kritisches Ereignis kann den sofortigen Tod eines Menschen herbeiführen oder Verhaltensweisen auslösen, die primär auf den Schutz des eigenen Lebens ausgerichtet sind.

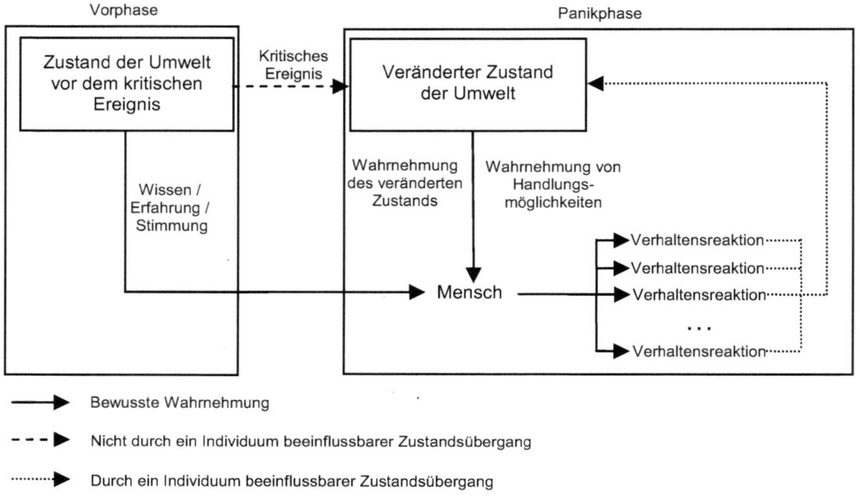

Bild 14: Der Ablauf von Schadensereignissen

Basierend auf der Auswertung von Berichten über das Verhalten von Menschen während Schadensereignissen kann festgehalten werden, dass Menschen abhängig von der Art, in der sie über das kritische Ereignis Kenntnis erlangen, in ihrem Verhalten unterschiedlich stark beeinflusst werden. Menschen, die sich in einem isolierten Raum befinden und von einem kritischen Ereignis aus zweiter Hand, beispielsweise durch eine Lautsprecherdurchsage erfahren, welche die Anweisung enthält, Ruhe zu bewahren und das Gebäude geordnet zu verlassen, verhalten sich anders als Menschen, die das kritische Ereignis aus nächster Nähe direkt beobachten oder hören. Auch können Menschen abhängig von der Beschaffenheit der Umwelt und ihrer eigenen Position in dieser zu unterschiedlichen Zeitpunkten auf ein kritisches Ereignis reagieren.
Kritische Ereignisse müssen dabei nicht notwendiger Weise singulär auftreten, sondern können während des Verlaufes eines Schadensereignisses auch aufeinander folgen. Die Bandbreite erfasster kritischer Ereignisse reichte von Wetterphänomenen wie Platzregen in Chennai über Brände in geschlossenen Räumen wie in West Warwick, bis hin zur verbalen Verbreitung von Gerüchten in Bagdad. In Anlehnung an [Kraft 2004] wird eine Klassifikation kritischer Ereignisse in naturbedingt/technisch und verhaltensbedingt vorgeschlagen. Beide Arten lassen sich wie in Tabelle 24 dargestellt in mehrere Unterarten verfeinern.

Tabelle 24: Arten kritischer Ereignisse

Art	Unterart	Beispiele
Naturbedingt/ Technisch	Wetterphänomene	Blitzeinschlag Platzregen Erdbeben
	Technische Ereignisse	Explosion Brand, Austreten von Gas Einstürzen von Teilen der Infrastruktur
	Akustische Sensationen	Schuss, Knall
Verhaltensbedingt	Aggressives Verhalten	Präsentation von Waffen Aggressive Annäherung an eine Menschenmenge Ausführung aggressiver Handlungen an Menschen und Gegenständen
	Nicht-aggressives Verhalten	Todesschreie Verbreiten von Gerüchten Fluchtbewegungen

Als Auslöser für Paniken können nach Helbing (2002a) sogar kleine, sich gegen die Laufrichtung einer Masse bewegende Ströme von Fußgängern in Erscheinung treten. Derart in ihrer Bewegung gehemmte Fußgänger der Masse, die den Grund für das zaghafte Vorankommen nicht erkennen, beginnen zu drängeln. In diesem Kontext wird der Begriff *Phantom-Paniken* ([Helbing 2002a], S. 18) eingeführt, da der Grund für die Menschen in der Situation nicht offensichtlich und damit nicht erkennbar ist.

Die Auflistung in Tabelle 24 erhebt keinen Anspruch auf Vollständigkeit, soll jedoch einen Überblick über die Vielzahl möglicher Panik-induzierender Ereignisse geben. Die Anforderung an das zu entwickelnde Referenzmodell besteht darin, Auftreten, mögliche Auswirkungen und den Verlauf kritischer Ereignisse in einem breiten Spektrum, wie dargestellt, in geeignet abstrahierter Form zu berücksichtigen.

3.3.3 Wahrnehmung von Ereignissen in der Umwelt

Grundvoraussetzung für die Reaktion eines Menschen auf Veränderungen in der Umwelt ist die Fähigkeit, diese Veränderungen in Form von Schlüsselreizen wahrzunehmen. Reize können vielgestaltig auftreten, beispielsweise als Knall einer Explosion, in Form von Rauch durch einen Brand, als erschreckender Anblick toter Menschen oder als beobachtbare Veränderungen des Verhaltens von Menschen ohne eigene Kenntnis der Ursache. Reize sind visuell, auditiv oder auch taktil wahrnehmbar. Das Referenzmodell muss der Anforderung genügen, Mechanismen zur Wahrnehmung kritischer Ereignisse zur Verfügung stellen.

3.3.3.1 Verständnis des Begriffes Wahrnehmung

Wahrnehmung soll als mehrstufiger, kognitiver Prozess verstanden werden, dessen Ziel es ist, eine anschauliche Repräsentation der Umwelt und des eigenen Körpers zu entwickeln. Der Prozess der Wahrnehmung lässt sich nach Zimbardo und Gerring (2002) in drei verschiedene Teilprozesse auffächern: Sensorische Prozesse, Prozesse der perzeptuellen Organisation und Prozesse der Identifikation und Wiedererkennung. Sensorische Prozesse wandeln Reize in Form physikalischer Energie in neuronale Kodierungen um, nehmen also schlicht Informationen aus der Umwelt auf. Aufgabe der perzeptuellen Organisation ist es, aufgenommene Informationen zusammen zu führen und interne Repräsentationen von Umweltobjekten auf Basis von Erfahrung, Vorwissen und Einstellung in Form von Perzepten zu erstellen. Dieser Prozess verläuft zu großen Teilen unbewusst. Neisser (1974) beschäftigte sich in diesem Zusammenhang mit der Bedeutung von Erwartung, Antizipation und Vorwissen für die Wahrnehmung und prägte den Begriff *hypothesengeleitete Perzeption*.
Die Prozesse der Identifikation und Wiedererkennung verleihen Perzepten schließlich eine Bedeutung. Wahrnehmung kann beeinflusst werden durch Vorwissen, Erfahrungen und eigene Erwartungen an das Verhalten von Objekten in der realen Welt, wie auch durch persönliche Einstellungen und Persönlichkeitsmerkmale. Zusammengefasst beschreibt Wahrnehmung den Verarbeitungsweg für neue Informationen, von der Aufnahme über die Vorverarbeitung bis hin zur Integration in das mentale Weltbild.

3.3.3.2 Vorwissen, Erfahrung und Erwartungen

Vorwissen soll die Menge an Informationen bezeichnen, die zum Zeitpunkt der Informationsaufnahme bereits im mentalen Weltbild enthalten ist. Dazu zählen beispielsweise Informationen über die Beschaffenheit der Umwelt wie auch Kontextwissen zeitgeschichtlicher Art. Erfahrung soll als Essenz des aktuellen mentalen Weltbildes in Form von Wissen über Zusammenhänge zwischen Zustand und Verhalten verschiedener Umweltobjekte angesehen werden. Erwartungen sollen als Ergebnisse von Prognosen für den Zustand der Umwelt zu späteren Zeitpunkten aufgefasst werden. Erfahrung und Erwartungen basieren auf

Vorwissen und sollen daher zum mentalen Weltbild gezählt werden. Dieser Sachverhalt kommt in Bild 15 zur Darstellung.

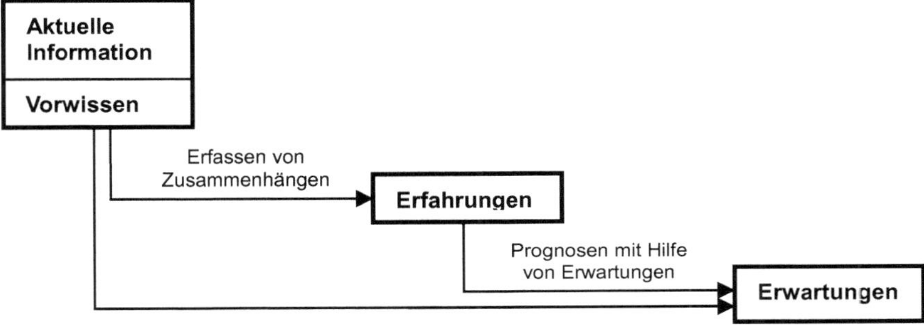

Bild 15: Bestandteile des mentalen Weltbilds

3.3.4 Das individuelle mentale Weltbild eines Menschen

Der Wahrnehmungsprozess erzeugt mentale Repräsentationen für Umweltobjekte und Ereignisse und bettet diese in das individuelle mentale Weltbild ein[48]. Das mentale Weltbild vereinigt wie in Bild 16 dargestellt aktuelle Informationen über Umwelt und individuelles (Vor-)Wissen, also die Menge früher akquirierter Informationen, wie beispielsweise Anzahl und Position von Ausgängen in einem, dem Individuum bereits bekannten Gebäude, oder Wissen um individuelle Problemlösestrategien in bereits durchlebten Situationen. Genau genommen beinhaltet das interne Weltbild eines Menschen alles, was er über den Zustand seiner Umwelt zu wissen glaubt und deckt sich nur im optimalen Fall mit der Realität, also dem Ist-Zustand der Umwelt.

Da sich das Weltbild zweier Individuen in der Realität zwar ähneln kann, nie aber deckungsgleich ist, dürfen Agenten im Modell nicht auf globalem Wissen operieren. Das Referenzmodell muss daher Strukturen und Mechanismen zum Aufbau eines individuellen internen Weltbildes zur Verfügung stellen.

---

[48] Die Dynamik eines, auf Wahrnehmungen, Erfahrungen und Erwartungen basierenden mentalen Weltbildes eines Agenten wurde beispielsweise von Schneider und Würzebesser (2006, 2009a) untersucht und erfolgreich im Simulationsmodell abgebildet.

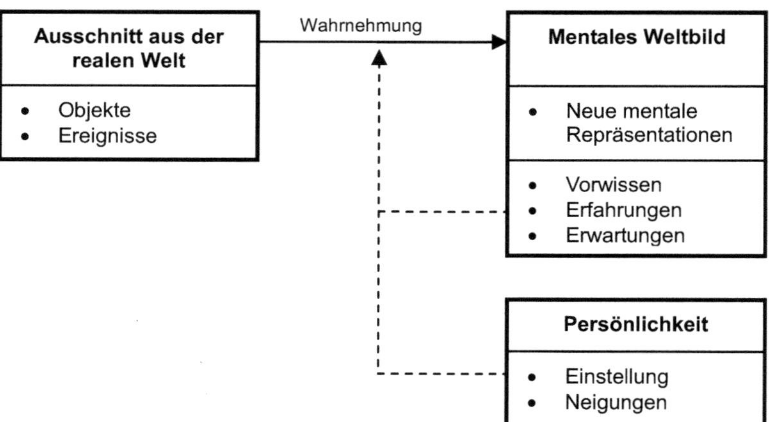

Bild 16: Die reale Welt und das mentale Weltbild

3.3.5 Individuelle Bewertung einer Situation

Anhand der unterschiedlichen Zeitpunkte, zu denen Fluchtversuche anwesender Gäste bei den Katastrophen von Chicago und Southgate einsetzten, wurde deutlich, dass Individuen eine Situation zudem auf unterschiedliche Weise interpretieren. Erst die individuelle, subjektive Einschätzung des mentalen Weltbilds hinsichtlich eines wahrgenommenen Ereignisses lässt dieses als kritisches Ereignis und damit eine Gefahr als Bedrohung erscheinen. Nach Bryan (2003) werden interpretierte Bedrohungen von Individuen bewertet, um eine Basis für eine Entscheidung über eine angemessene Reaktion in der gegebenen Situation zu schaffen. Guten und Allen (1972) führen allgemeine Variablen auf, welche in post hoc-Analysen von Unglücksereignissen spezifiziert wurden und im Ruf stehen, den Grad an individuell wahrgenommener Gefahr in Krisensituationen zu beeinflussen. Zu diesen zählen unterschiedliche Reaktionen anwesender Individuen auf die Bedrohung, die Kardinalität einer Menschenmenge und ihr Grad an Organisation, Existenz eines Anführers und sozialer Einfluss in der Gruppe, die Größenordnung der Bedrohung sowie erfolgte Vorwarnungen und verbreitete Gerüchte. Die Bewertung einer Situation basiert auf einem unvollständigen mentalen Weltbild eines Menschen und kann durch seine Erfahrungen und Erwartungen an den lückenhaften Stellen ergänzt werden. Widerspricht die Wahrnehmung einer Gefahr den Erwartungen eines Menschen in einer konkreten Situation, wie in der Katastrophe von Southgate, tendiert er dazu, nicht auf die Gefahr zu reagieren, wie aus dem folgenden Zitat hervorgeht:

"Konkrete Bedrohungssituationen, mit denen das Individuum einen direkten Bedrohungsbezug im Alltag herstellen kann, lösen eher Reaktionen aus als solche Situationen, deren Bedrohungspotential als nicht unmittelbar nachvollziehbar eingeschätzt wird." ([Ungerer & Morgenroth 2001], S. 157)

Proulx (1993) weist darauf hin, dass die in einem Notfall verfügbare Information meist vieldeutig ist, da sie ungewöhnlich und unerwartet ist wie Rauch in einem öffentlichen Gebäude. Unter den Verhaltensantworten auf mehrdeutige Informationen konstatiert Proulx zwei verschiedene Arten: Ignorieren der Information oder Nachforschen. Nachforschen beinhaltet dabei, Informationen von anderen Menschen in der gleichen Situation einzuholen oder Denkprozesse zu starten, um die Natur des Zwischenfalls zu verstehen. Nach Bryan (2003) werten Individuen jedoch oft mehrdeutige Schlüsselreize, die beispielsweise mit dem Ausbruch eines Brandes in Verbindung stehen, in Anwesenheit anderer Menschen ab. Dies ist am Beispiel der Katastrophe im Station Nightclub in West Warwick nachvollziehbar, in der viele Gäste des Clubs die bereits lodernden Flammen im Bühnenbereich vielmehr als Teil der Show denn als Gefahr deuteten. Bryan zufolge sind weiterhin verbale Anweisungen effektiver als auditive Alarme, und direkte perzeptuelle Reize am effektivsten im Hinblick auf die Auslösung von Verhaltensreaktionen. Wie in Bild 17 dargestellt können auch Persönlichkeitseigenschaften wie die individuelle Disposition für Angst die Bewertung einer Situation beeinflussen. Als Modellierungsanforderung ergibt sich damit, Agenten die Fähigkeit zu verleihen Wahrnehmungen individuell zu interpretieren.

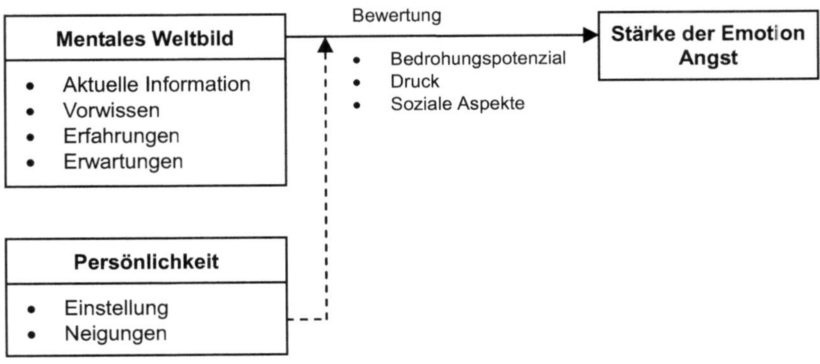

Bild 17: Einfluss von Wahrnehmungen und Bewertungen auf die Angst

3.3.6 Verhaltensantrieb

Nach Schmidt (2000) kann angenommen werden, dass jeder Organismus Bedürfnisse hat, die er zielgerichtet zu befriedigen versucht. Notwendige Voraussetzung für zielgerichtetes Handeln, also die Auswahl von Handlungszielen und die Ausführung zielgeleiteter Handlungen, ist Strube (1996) zufolge Motivation. Sie liefert den Verhaltensantrieb und ermöglicht es einem Organismus, erkannte Missstände zu beseitigen und in einen inneren Zustand der *Homöostase* zurückzukehren. Der Begriff *Homöostase* wurde maßgeblich von Cannon (1939) geprägt. Er bezeichnet stabile Zustände eines Organismus, die durch seine physiologischen Prozesse erzielt werden, wird jedoch auch zur Beschreibung der Prozesse verwendet, die zur Aufrechterhaltung der Konstanz nötig sind. Fletcher (1942) übertrug das Konzept der Homöostase auf psychische Prozesse. Nach Fletcher können physiologische Gleichgewichtszustände durch kognitive Prozesse hoher Ordnung wie Kognition und logisches Schließen geschützt werden. Weiterhin können subjektive Zustände selbst als Gleichgewichtszustände bewertet werden um geschützt zu werden. Child (1924) kam zu der Einsicht, dass der Organismus kein geschlossenes System ist und nicht versucht, ein vordefiniertes Equilibrium einzuhalten. Vielmehr sei er ein offenes System, das in Beziehung zu seiner Umwelt steht und auf externe Faktoren reagieren muss:

> *"The stream like the organism is always approaching equilibrium, but if it attains equilibrium it ceases to flow and is 'dead' "* ([Child 1924], S. 237)

Die Homöostase soll daher nicht als unbeweglich verstanden werden, sondern als eine Bedingung, die innerhalb bestimmter, für den Organismus in seiner Gesamtheit akzeptabler Grenzen variieren kann, jedoch in ihrem Grundwesen relativ konstant bleibt [Cofer & Appley 1964].

Madsen (1974) definiert Motive als Instanzen, die Handeln in Gang setzen und auf ein Ziel ausrichten. Nach Dörner (1999) zählen Triebe, Bedürfnisse und auch Wünsche zu den Motiven. Dörner stellt monothematische und polythematische Motivationstheorien einander gegenüber. Monothematische Motivationstheorien führen die meisten Aktivitäten eines Menschen auf ein grundlegendes Motiv zurück. Gemäß [Dörner 1999] nannte Freud hierzu das Sexualmotiv, Adler dagegen das Streben nach Macht[49]. Polythematische Motivationstheorien berücksichtigen unterschiedliche Motive und beinhalten Mechanismen, um diese zu koordinieren. Ein Vertreter darunter ist die Bedürfnispyramide nach Maslow

---

[49] Vgl. [Dörner 1999], S. 310.

(Maslow 1981), die eine Hierarchie unter Motiven bestehend aus acht verschiedenen Ebenen beschreibt, die in Bild 18 dargestellt werden.

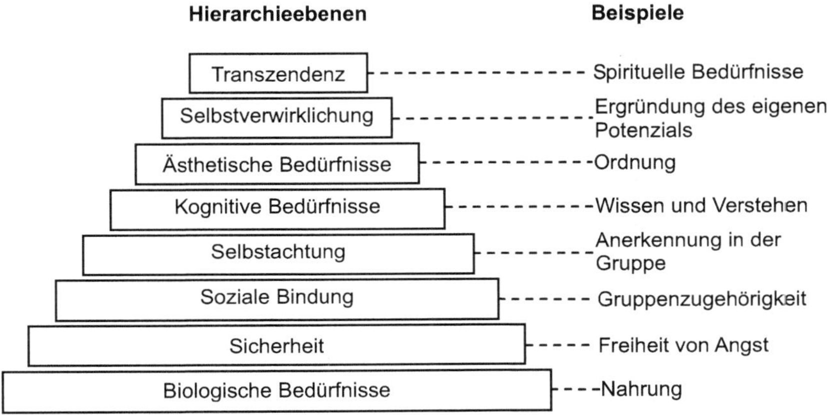

Bild 17: Die Bedürfnishierarchie nach Maslow

Motive aus höheren Ebenen können Maslow zufolge erst dann befriedigt werden, wenn alle Motive aus den unteren Ebenen erfüllt sind.

Das Referenzmodell muss der Anforderung genügen, eine Möglichkeit zur Abbildung grundlegender Bedürfnisse und deren Koordinierung bereit zu stellen.

3.3.7 Die Emotion Angst

Eine starke Motivation, gerade für Verhaltensweisen im Kontext von Bedrohungsereignissen, ist durch die Emotion Angst gegeben. Angst war in den untersuchten Katastrophen durchweg als Einflussfaktor vorhanden, da Angst beispielsweise durch die Wahrnehmung einer Bedrohung entstehen kann. Angst unterliegt einer individuellen Dynamik und kann über die Zeit hinweg abklingen. Nach [AfNZBfZ 2000] lassen sich bereits 30 Minuten nach Beginn einer Katastrophe 75% der unverletzten Menschen zur Hilfeleistung einsetzen, was darauf schließen lässt, dass Menschen aus einem stark emotionalen, ängstlichen Zustand relativ rasch in einen emotional ausgeglichenen Zustand zurückkehren. Emotion konnte nicht nur in der Panikphase festgestellt werden. Am Beispiel der Katastrophe in Brüssel wird deutlich, dass eine andere Emotion, Wut, als Motivation für aggressives Verhalten agierte, wodurch die Katastrophe erst ausgelöst wurde.

Zimbardo und Gerring (2002) definieren Emotion als Menge von Veränderungen von Faktoren, die den Zustand eines Individuums bestimmen. Die Veränderungen spielen sich auf der physiologischen und kognitiven Ebene ab und umfassen physiologische Erregung, Gefühle, kognitive Prozesse und Verhaltensreaktionen. Als Auslöser für Emotionen werden, der *Theory of Cognitive Appraisal for Emotions*[50] nach, bestimmte Situationen betrachtet, die von einem Individuum als persönlich bedeutsam wahrgenommen wurden und die Homöostase des Individuums gefährden[51]. In der psychologischen Literatur wird hierfür der Begriff *kognitives Appraisal* verwendet. Einzelheiten hierzu sind in [Cañamero 1997], [Moffat et al. 1995] und [Ortony et al. 1988] ausführlich beschrieben. Berkowitzs (1962) Sichtweise auf die Emotion Angst und die Bestimmung ihrer Stärke ist konsistent hierzu, versteht er doch die erlebte Angst eines Individuums als direkte Funktion der Intensität des aktuell verspürten oder antizipierten Schadens. Emotion veranlasst nach Gross (1999) die Schärfung der Sinne, die Vorbereitung der Muskeln auf eine schnelle Flucht und die verstärkte Bereitstellung von Sauerstoff und Energie aus dem kardiovaskulären System für große Muskelgruppen, die in einer Flucht beteiligt sind. Emotion motiviert nach Folkman und Lazarus (1988) die Verhaltensantwort der Vermeidung von Flucht und kommuniziert die Gefühle eines Individuums an seine Umwelt. Lazarus (1993) unterscheidet neun negative Emotionen, darunter Angst, vier positive und drei Emotionen gemischter Art.

Verhaltensreaktionen, die auf ein bewertetes Ereignis folgen, haben nach Meyer (1999) das Ziel, einen Zustand des Gleichgewichts zwischen dem Individuum und der Situation wieder herzustellen. Starke Angst dominiert nach Berkowitz (1962) andere Emotionen, wenn die Gefahr von physischen oder psychischen Schäden besteht[52]. Dombrowski und Pajonk (2005) nehmen an, dass sich die denkende Vernunft gegenüber starken Affekten wie Angst nicht durchsetzen kann.

Nach dem *Prinzip des Höchstwertdurchlasses für Verhaltenstendenzen* wie in [Dombrowski & Pajonk 2005] erläutert, setzt sich in Situationen der Konkurrenz widersprüchlicher Verhaltenstendenzen die stärkste Motivation durch. Dombrowski und Pajonk betrachten Angst als evolutionär ältesten Mechanismus, der eine sehr starke Motivation darstellt, da er auf die Sicherheit eines Individuums ausgerichtet ist. Emotionen und Motive werden im Allgemeinen in der gängigen Literatur[53] gleichgesetzt, beiden wird unterstellt, nur mit Bezogenheit auf ein bestimmtes Ziel aufzutreten.

---

[50] Neben der Emotionstheorie der kognitiven Bewertung existieren zwei weitere etablierte Theorien: die *James-Lange-Theorie* der Körperreaktion und die die *Cannon-Bard-Theorie* der zentralen neuronalen Prozesse, vgl. [Zimbardo & Gerring 2004, S 354ff].

[51] Vgl. [Cofer & Appley 1964], S. 921.

[52] Vgl. [Berkowitz 1962], S.43f.

[53] Vgl. z.B. [Frijda 1986].

Auf Basis dieser Erkenntnisse können Mechanismen zur Abbildung von Entstehung und Dynamik von Emotionen, insbesondere der Emotion Angst, als weitere Anforderungen an das Referenzmodell festgehalten werden.

3.3.8 Emotionale Intelligenz

Berichte über Katastrophen förderten die Ansicht zu Tage, dass es oftmals Menschen in Bedrohungssituationen gab, die offensichtlich zu jeder Zeit Kontrolle über ihren eigenen Gemütszustand hatten, also im Stande waren, ihrer eigenen Angst entgegen zu wirken. Dies äußerte sich in Verhaltensweisen, die nicht primär darauf abzielten, das eigene Überleben zu sichern. Berichten zufolge versuchten derart kontrolliert handelnde Menschen, so lange Hilfe zu leisten, wie es die Bedrohung zuließ. Dieses Verhalten lässt auf Kapazitäten hinsichtlich emotionaler Intelligenz bei den Helfern schließen.

Mayer & Salovey (1995) definieren emotionale Intelligenz wie folgt:

> *"Emotional intelligence can be defined as the capacity to process emotional information accurately and efficiently, including that information relevant to the recognition, construction, and regulation of emotion in oneself and others."* ([Mayer & Salovey 1995], S. 197)

Mayer und Gaschke (1988) beschreiben eine reflektive *Meta-Erfahrung* von Emotion und sehen diese als Teil einer höheren Ebene des Bewusstseins. Auf diesem Niveau überwacht das Individuum Emotionen, indem es sie bearbeitet, ihre Qualität bewertet und sogar versucht, diese zu regulieren. Mayer und Gaschke (1988) unterscheiden zwischen Meta-Erfahrungen, welche die Stimmung des Menschen bewerten und solchen, die die Stimmung regulieren.

Emotionale Intelligenz verleiht einem Individuum somit die Fähigkeit, eigene Emotionen zu erkennen und zu kategorisieren, zu überwachen und zu regulieren. Gleichermaßen kann ein emotional intelligentes Individuum den emotionalen Zustand anderer Individuen deuten und entsprechend darauf reagieren. Das Referenzmodell muss daher im Bereich der Abbildung der Emotionsdynamik auch einen Vorschlag zur Abbildung der bewussten Kontrolle von Emotion bieten.

3.3.9 Persönlichkeit und Individualität

Die Stärke der verspürten Angst in einer Bedrohungssituation wie auch die Länge der Zeitspanne, bis ein Individuum von einem Zustand starker Angst in den Normalzustand zurückkehrt, ist von Persönlichkeitseigenschaften des Individuums abhängig. Diese werden in seiner angeborenen Disposition für Angst, seiner individuellen Vorgeschichte und Entwicklung und seinen Erfahrungen aus der Vergangenheit deutlich. Nach Skinner (1963) nimmt Erfahrung einen besonderen Stellenwert ein. Skinner postuliert, dass menschliches Verhalten hauptsächlich durch Wissen über eigene Verhaltensmuster in ähnlichen Situationen zu früherer Zeit bestimmt wird.

Die menschliche Individualität spiegelt sich in verschiedensten Bereichen wieder, so beispielsweise im Grad der Detaillierung und der Realitätsnähe des mentalen Weltbildes, der physischen Konstitution, am Charisma und der sozialen Stellung. Als weitere Anforderung an das Referenzmodell ergibt sich hieraus, dass Menschen im Modell nicht als einheitlich empfindende Wesen repräsentiert werden dürfen. Das Referenzmodell muss die Möglichkeit eröffnen, Agenten Individualität zu verleihen.

3.3.10 Physiologischer Zustand

Der körperliche Zustand des Menschen ist einer der individuellen Einflussfaktoren für sein Verhalten. Er zeigt sich beispielsweise in der zur Verfügung stehenden Kraft eines Menschen zur Ausübung von Drängelaktionen, seiner Widerstandskraft gegen physischen Druck oder in der Ausdauer seiner Fluchtreaktionen angesichts einer Gefahr. Schwache oder erschöpfte Menschen können leicht zu Fall kommen und zu Hindernissen für andere werden und dabei zu Tode kommen, wie sich anhand der Katastrophen von Mekka oder Chicago nachvollziehen lässt.

Die Wahrnehmung der eigenen körperlichen Versehrtheit oder die Wahrnehmung von Toten oder Verletzten in der Umgebung eines Menschen kann sich zudem auf die menschliche Psyche auswirken, beispielsweise durch Aufkommen von Emotionen.

Es liegt auf der Hand, dass ein Referenzmodell zur Abbildung menschlichen Verhaltens in Paniksituationen neben der Abbildung von Aspekten der menschlichen Psyche auch den Einfluss der menschlichen Physiologie auf das Verhalten berücksichtigen muss.

3.3.11 Verhaltensweisen

Die menschliche Individualität wird im variantenreichen Verhalten vieler Menschen in der gleichen Situation deutlich. In den untersuchten Katastrophen befanden sich alle anwesenden Menschen in der gleichen, lebensbedrohenden Situation. Dennoch zeigten sie unterschiedlichste Verhaltensreaktionen auf die Bedrohung.

3.3.11.1 Beobachtbare Ausprägungen menschlicher Verhaltensweisen

Generell unterteilt [AfNZBfZ 2000] Verhaltensweisen von Menschen in Katastrophen in hyperaktives, unkontrolliertes Verhalten, apathisches Verhalten und normales Verhalten, das von 75% der betroffenen Menschen in einer Krisensituation gezeigt wird.

Brickenstein (1993) unterteilt menschliche Verhaltensweisen in Paniksituationen in Panikstarre und Paniksturm. Panikstarre wird ausgelöst durch einen optischen Reiz wie der Anblick von Großbränden oder fliehenden verletzten Menschen, der körperliche Reaktionen unterbindet. Paniksturm wird nach Brickenstein im Regelfall durch einen akustischen Reiz ausgelöst, der Menschen dazu animiert, ziellos in eine beliebige Richtung zu laufen.

Das erfasste Verhaltensspektrum in den untersuchten Schadensereignissen reichte von Handlungsstarre über Paniksturm bis zu Hilfeleistungsversuchen. Brickenstein (1993) definiert Handlungsstarre als zeitlich begrenzte Unfähigkeit eines Individuums, aufgrund eines schockartigen Zustands Aktionen auszuführen. Während eines Paniksturms verhalten sich Menschen gemäß Brickenstein nach verinnerlichten Mustern und können sich nach Quarantelli (1954) auch selbst in Gefahr bringen. Die Menge beobachteter Fluchtreaktionen umfasst weiterhin die Teilnahme an einer Massenflucht, das Aufsuchen bekannter Fluchtwege und die Entwicklung individueller, Erfolg versprechender Fluchtstrategien. Nach Benzur & Besnitz (1981), Sime (1985) sowie Janis & Mann (1977) erfolgt unter Zeitdruck die Auswahl weniger riskanter Pläne oder Aktionen, sodass Menschen in Gefahrensituationen dazu tendieren, bereits bekannten Optionen den Vorzug zu geben. Unbekannte Optionen werden nach Benzur und Bresnitz vom Individuum als potenziell gefährlich betrachtet. Keating (1982) geht mit dieser Ansicht konform, indem er annimmt, dass ängstliche Menschen dazu neigen, bekannte Fluchtrouten und Verhaltensantworten zu wählen.

Die Häufigkeit von altruistischem Handeln in Krisensituationen wird von Clarke (2003) dokumentiert. Seine Untersuchungen zeigen, dass Menschen während des Verlaufes von Katastrophen wie im World Trade Center im Jahr 2001 oftmals sogar ihnen fremden Menschen halfen, z.B. indem sie versuchten, gestürzte Menschen zu schützen, anstatt sich selbst in Sicherheit zu bringen.

In nahezu allen untersuchten Vorfällen traten Massenfluchten[54] durch den Herdentrieb[55] [Helbing et al. 2002a] auf, bei welchem eine Tendenz von Menschen, angesichts unsicherer oder schwer einzuschätzender Umstände, das Verhalten anderer Menschen in der Nähe nachzuahmen, offensichtlich wurde. Hier kommt

---

[54] Im Fall der Katastrophe von Chennai handelte es sich streng genommen um einen Massenansturm. Die Grundlage stellt jedoch auch hier eine Massenbewegung durch gleiches Verhalten vieler Menschen zur selben Zeit am gleichen Ort dar.

[55] Helbing (2002a) sieht den Herdentrieb als Ursache für die Entstehung von Massenfluchten.

der Aspekt des *informativen sozialen Einflusses*[56] zum tragen, wonach ein Individuum in mehrdeutigen Situationen, in Krisensituationen oder bei Anwesenheit von Experten andere Menschen als Informationsquellen zur Anleitung des eigenen Verhaltens verwendet. Das Individuum sieht die Interpretation mehrdeutiger Situationen von anderen Menschen als korrekter an als die eigene und verhält sich daher konform zum beobachteten Verhalten.

Massenfluchten stellen ein stets wiederkehrendes Phänomen in Bedrohungssituationen dar, die oft Staubildung an Ausgängen zur Folge haben. Helbing attribuiert die aufgeführten Verhaltensweisen als blinden Aktionismus, rücksichtsloses Verhalten und Drängelaktionen. Menschen drängeln nach Henein und White (2004), falls sie sich nicht wie gewünscht bewegen können, in Richtung ihres Ziels oder schieben, um einen persönlichen Mindestabstand zu anderen Individuen in der Menge zu halten. Rücksichtsloses Verhalten wie Drängeln und Ausüben von Druck auf wartende Menschen entspricht keiner Verhaltensnorm in einer Situation ohne Wettbewerb. In einer Masse von Menschen, die um eine Ressource wie einen Ausgang konkurriert, greift das Konzept der Deindividuation, worunter nach Aronson [Aronson et al. 2004, S. 330] die Lockerung der normalen Verhaltenseinschränkungen beim Einzelnen verstanden wird, wenn er sich in einer Gruppe befindet. Dies kann zu impulsiven und von der gesellschaftlichen Norm abweichenden Handlungen führen, die aus Anonymität des Einzelnen in der Masse und einer Verantwortungsdiffusion resultieren.

Proulx (1993) führt den Aspekt der Informationssuche ins Feld, um menschliche Verhaltensweisen in Krisensituationen zu erklären. Nach Proulx ist die aktive Suche nach Informationen ein Bestandteil des menschlichen Problemlöseprozesses. Erhalten Personen mehrdeutige Informationen, indem sie beispielsweise Rauch wahrnehmen, so ignorieren sie diese Information oder beginnen aktiv weitere Informationen einzuholen, indem sie sich bei anderen Menschen erkundigen oder Denkprozesse starten, um die Ursache für die Wahrnehmung zu ergründen. Die aktive Informationssuche kann sich darin äußern, dass sich Menschen in Richtung der potentiellen Gefahr bewegen, um Informationen zu sammeln.

Ploog (1997) und Mark (2001) teilen Menschen gemäß ihres Verhaltens während des Verlaufes von Schadensereignissen in drei verschiedene Gruppen ein:

---

[56] Vgl. [Aronson et al. 2004], S. 278.

Tabelle 25: Einteilung von Menschen nach Verhalten in Katastrophensituationen

Gruppe	Anteil in %	Zustand/Verhalten
1	10-15	Rationales, ruhiges und bedachtes Handeln Übernahme von Führungsrollen
2	etwa 70	Anfänglich betäubt jedoch ruhig Zugänglich für klare Anweisungen Fähig zur Hilfeleistung
3	10-15	Unberechenbares Fluchtverhalten Kopfloses Handeln ohne erkennbaren Sinn[57] Desorientiertheit, Realitätsverlust Erstarrung (eine Minute bis mehrere Stunden), Immobilität, Apathie

Die in Tabelle 25 skizzierten Verhaltensweisen entsprechen drei Klassen menschlichen Verhaltens: reflektives, deliberatives und reaktives Verhalten.
Abe (1986) zeigt weiter verschiedene Verhaltensweisen in Katastrophen auf und ordnet diesen wie in Tabelle 26 festgehalten, eine Wahrscheinlichkeit für ihr Auftreten zu:

Tabelle 26: Die Wahrscheinlichkeit von Fluchtstrategien nach Abe

Wahrschein- lichkeit	Strategie
53%	Folgen von Fluchtwegschildern, Ansagen, Anweisungen des Personals
25%	Nächstliegenden Ausgang aufsuchen
12%	Wahl eines direkten Weges von der Gefahr weg
7%	Folgen anderer Personen
2%	Wahl eines bekannten Ausgangs
1%	Wahl des Ausganges, der gut sichtbar war
1%	Wahl des Ausgangs, an dem kein Gedränge herrschte

---

[57] Nach Quarantellis Theorie, vgl. 2.4.2.3, handelt es sich um nicht-rationales Verhalten.

3.3.11.2 *Reaktive, deliberative und reflektive Verhaltensweisen*

Die in Tabelle 26 genannten Verhaltensweisen von Menschen im Verlauf von Schadensereignissen weisen Modellierungsmerkmale auf, die sich in die Kategorisierung von Verhaltensweisen für Agenten nach Sloman (1996) fügen. Sloman unterscheidet reaktive, deliberative und reflektive Kontrollmechanismen für Verhalten. Diese Kontrollmechanismen sollen als Klassen von Verhaltensweisen verstanden werden.

Reaktives Verhalten umschreibt die unmittelbare Erzeugung von Reaktionen auf erworbene Informationen mit Hilfe vorgegebener Regeln. Reaktionen können damit prinzipiell nur auf bekannte Eingaben erfolgen. Nach Urban (2007)[58] kann geschlossen werden, dass sich reaktive Mechanismen der Verhaltenssteuerung zur Abbildung genetisch verankerter, instinktiver oder automatisiert ablaufender Verhaltensweisen als geeignet erweisen. Sloman weist auf die menschliche Lernfähigkeit hin, durch die reaktives Verhalten erweitert werden kann und unterscheidet darauf basierend statische reaktive Kontrollmechanismen von dynamischen.

Deliberatives Verhalten ermöglicht die Erzeugung und Bewertung unterschiedlicher Handlungsalternativen, die auf das Erreichen individueller Ziele ausgerichtet sind, wobei die nach individuellen Gütekriterien erfolgversprechendste Alternative zur Ausführung kommt. Neu erzeugte Handlungsmöglichkeiten können nach Sloman in das reaktive Kontrollsystem eingebracht werden und auf diese Art automatisiert werden.

Durch das reflektive Kontrollsystem kann ein Agent seine deliberativen Aktivitäten überwachen und kontrollieren. Sloman spricht in diesem Zusammenhang von der *Meta-Management-Schicht* und schlägt die Aufzeichnung von deliberativen Problemlöseprozessen zur späteren Analyse durch reflektive Prozesse vor. Ehemals gesetzte Ziele und Lösungsstrategien können dadurch an wechselnde Anforderungen angepasst und verändert werden.

Die Aufgabe des Referenzmodells ist es, Möglichkeiten zur Modellierung von Verhaltensformen aller drei Kategorien zu eröffnen und einen Mechanismus vorzuschlagen, mit dessen Hilfe reaktive, deliberative und reflektive Verhaltensformen voneinander separiert und kontrolliert werden können.

Die beobachteten Verhaltensweisen von Menschen in Krisensituationen lassen sich wie in Tabelle 27 dargestellt in drei Kategorien einfügen: reaktiv, deliberativ und reflektiv.

---

[58] Vgl. [Urban 2007], S. 44f.

Tabelle 27: Einordnung beobachtbarer Verhaltensweisen

Kontrollmechanismus	Beobachtetes Verhalten
Reaktiv	Handlungsstarre
	Zielloses Umherirren
	Teilnahme an einer Massenflucht
Deliberativ	Zielgerichtete Flucht
Reflektiv	Beruhigungsversuche, Altruismus

3.3.12 Massenphänomene

Die Zusammenkunft vieler Menschen zur selben Zeit am gleichen Ort bringt unabhängig von der Anwesenheit einer Bedrohungssituation Massenphänomene hervor. Diese lassen sich einerseits in Phänomene gliedern, die auf den psychischen Zustand eines Menschen einwirken und andererseits in Phänomene, die sich auf die menschliche Physis beziehen.

3.3.12.1 Sozialer Einfluss

Das Verhalten von Menschen kann nicht ausschließlich über Persönlichkeitsmerkmale erklärt werden[59]. Vielmehr muss der soziale Einfluss als Faktor zur Beeinflussung menschlichen Verhaltens berücksichtigt werden, da die Anwesenheit anderer nach Zajonc (1966) antriebserregende Eigenschaften hat und sich Individuen daher gegenseitig motivieren bzw. aktivieren können. Basierend auf dem psychologischen Grundprinzip, dass erhöhter Antrieb die Initiierung dominanter Verhaltensreaktionen beim Individuum fördert, folgert Mann (1999), dass *"die Erregung aktivierender Antriebe, die von der Gegenwart anderer herrührt, beim Individuum dazu führen, dass die Neigung zu den wahrscheinlichsten Reaktionen erhöht wird."* ([Mann 1999], S. 112).
Latané (1981) definiert sozialen Einfluss auf sehr allgemeine Art:

> *"By social impact, I mean any of the great variety of changes in physiological states and subjective feelings, motives and emotions, cognitions and beliefs, values and behavior, that occur in an individual, human or animal, as a result of the real, implied, or imagined presence or actions of other individuals."* ([Latané 1981], S. 343)

---

[59] In der Psychologie spricht man bei Vernachlässigung des sozialen Einflusses zur Erklärung menschlichen Verhaltens vom *fundamentalen Attributionsfehler*.

Die Definition zeigt auf, dass sich gegenseitige Beeinflussung von Individuen in verschiedensten Formen zeigen kann. Latané nennt die Anziehung durch Attraktivität anderer Individuen, Erregung durch deren Anwesenheit, Stimulierung durch deren Aktivität, Beeinflussung durch deren Aktionen, Überredung durch Argumente anderer, Erregung von Wut durch Angriffe und weitere als Beispiele. Latané schlug eine *General Theory of Social Impact* vor, die den Einfluss von anderen Personen auf ein betrachtetes Individuum spezifiziert. Sie basiert auf der Vorstellung, sozialer Einfluss könnte als Resultat sozialer Kräfte gesehen werden, die in einem sozialen Kräftefeld wirken.

Die Theorie unterscheidet zwei Konstellationen. Sind andere Menschen die Quelle der Beeinflussung und ein Individuum ist das Ziel, sollte der Einfluss der sozialen Umgebung auf das Individuum eine multiplikative Funktion sein, welche die Parameter Stärke, Nähe und Anzahl der Quelle enthält. Ist eine Gruppe von Menschen einschließlich des betrachteten Individuums das Ziel einer Beeinflussung, die von außerhalb der Gruppe stammt, so sollte der soziale Einfluss geteilt werden.

Latané weist auf zwei Unzulänglichkeiten seiner Theorie hin. Einerseits wird die Fähigkeit von Individuen nicht berücksichtigt, den Grad eigener Exponiertheit zu kontrollieren. Weiterhin wird die Auswirkung des sozialen Einflusses auf die Interaktion zwischen Menschen in einer sozialen Umgebung nicht spezifiziert.

Nach Latané beeinflussen Individuen in einer Gruppe gegenseitig ihren emotionalen Zustand. Nach [Brittanica 2006] werden Angst und Bewertung der Gefahr eines jeden Individuums von den Signalen anderer Individuen gesteigert. Die ansteckende Wirkung von Emotionen auf andere Menschen greifen ebenfalls Haselow und Meyer (1997) auf. Gerade während des Verlaufes von Katastrophen kann die, durch beobachtbare Verhaltensreaktionen erkennbare, Angst von Menschen Emotionen in anderen Individuen induzieren und sich so auf diese übertragen. Nach Haselow und Meyer sind Individuen abhängig von Persönlichkeitsmerkmalen unterschiedlich empfänglich für eine derartige Beeinflussung. Oatley (1987) postuliert, dass die menschliche Haut permeabel für Emotionen ist. Eine Emotion wie Angst wird nicht nur durch den Körper und das Gehirn eines Individuums kommuniziert, um es in einen Angst-Zustand zu versetzen, sie propagiert auch über das Individuum hinaus, um andere zu beeinflussen und kann sie in ähnliche Zustände versetzen. Kelley (1965) präzisiert diesen Sachverhalt durch die Erkenntnis, dass beunruhigte Individuen ihre Bewertung der Situation während einer Gefahrensituation dramatisch ausdrücken und damit, im Gegensatz zu zuversichtlichen und ruhigen Menschen Aufmerksamkeit, auf sich und ihr Verhalten ziehen. Durch die Abwesenheit von gegensätzlichen Verhaltensweisen durch ruhig, besonnen und unauffällig agierende Menschen werden die weniger besorgten oder unentschlossenen Individuen in den Bann der Beunruhigten gezogen.

Ebenso kann die Angst eines Menschen durch sozialen Einfluss reduziert werden. Nach Berkowitz (1962) wird die Angst eines Individuums durch die Anwesenheit von Personen, die weniger Angst zeigen, vermindert[60]. Schachters (1962) Erkenntnisse sind mit denen von Berkowitz dahingehend konsistent, dass sich die Furcht eins Individuums tatsächlich verringert, wenn es in der Gesellschaft anderer auf ein Furcht-induzierendes Ereignis wartet. Weiterhin lässt der einzelne Mensch es nach Schachter gerne zu, von anderen Menschen Beruhigung zu erfahren.

Nach Bryan (2003) können soziale Faktoren die individuelle Bewertung einer Situation beeinflussen, da eine Tendenz besteht, die eigene Information über eine Situation zugunsten eingeholter Informationen von anderen Menschen zu verwerfen. Dem liegt die *Theorie des Sozialen Vergleichs* [Keating 1982] zugrunde, wonach in mehrdeutigen Situationen Menschen ihr eigenes Urteilsvermögen anzweifeln und nach der besten, verfügbaren Information suchen. Eine adäquate Informationsquelle stellen oft andere Menschen dar. Man spricht in diesem Fall vom *informativen sozialen Einfluss* [Aronson et al. 2004]. In der Konsequenz zeigen Menschen Modellverhalten, folgen also dem Verhalten anderer Individuen, die meist eine besondere Rolle in der Situation einnehmen. Das Modellverhalten kann so lange fortgesetzt werden, bis ein Individuum erkennt, dass das entsprechende Verhalten nicht angemessen ist.

Als weitere Beispiele sozialer Beeinflussung können weiterhin nach Aronson (2004) *normativer sozialer Einfluss* und *Deindividuation* angeführt werden. Im Kontext der Abbildung menschlichen Panikverhaltens erweist sich insbesondere die Beeinflussung des emotionalen Zustandes eines Individuums durch die in einer Menge vorherrschende Emotion wie auch informativer sozialer Einfluss als relevant. Der Grund für die Annahme von Gruppennormen durch ein Individuum ist in der Gewissheit des Individuums zu sehen, seine Ansicht mit anderen zu teilen. Der Philosoph Santayana drückt dies wie folgt aus:

> *"Der Mensch ist ein Herdentier, und dies mehr in seiner Gesinnung als in seinem Körper. Er mag vielleicht gerne allein spazieren gehen, aber hasst es, mit seiner Meinung alleine zu stehen."*
> (Santayana G., [Santayana 1922], S. 174)

Das Referenzmodell muss demnach die Beeinflussung individueller Angst durch den Einfluss der sozialen Umgebung berücksichtigen, wie auch die Anpassung an das Verhalten anderer Individuen.

---

[60] Vgl. [Berkowitz 1962], S. 81.

3.3.12.2 Crowding

Im Verlauf der untersuchten Katastrophensituationen kam es in allen Fällen zur Ballung vieler Menschen an Engstellen. Dadurch erwuchs die objektiv messbare Dichte an Ausgängen und Treppen. Der Mensch registriert diese objektive Dichte als subjektives Gefühl von Crowding.

Nach Stokols (1976) ist Crowding das kognitive Äquivalent zur objektiven Dichte und ist abhängig von der kognitiven Evaluation einer räumlich begrenzten Situation, welche als *Stress-Syndrom* erfahren wird. Stokols umschreibt Crowding weiter als subjektiven, individuellen Erfahrungszustand, in dem der restriktive Aspekt von begrenztem Raum wahrgenommen wird. Ein individuelles Crowding-Gefühl tritt nach Stokols (1973) in Situationen auf, in denen Disparität zwischen Angebot und individuellem Bedarf nach Raum besteht. Freedman (1975) und Langer (1977) berichten, dass ein Gefühl von Crowding emotionale Antworten auf Situationen intensiviert. Dies beruht auf der Annahme eines *Dichte-Intensität-Modells*, welches sich auf Allports *Modell sozialer Erleichterung* bezieht. Die Annahme besagt, dass Dichte nicht einen allgemein negativen Effekt hat, sondern die, in einer Situation dominierenden oder für sie typischsten Gefühle und Reaktionen intensiviert. Durch diese Intensivierung werden somit für das Individuum *gute* Situationen positiver wahrgenommen als sie objektiv betrachtet sind, *schlechte* Situationen jedoch negativer. Nach Stokols (1972) existieren Erkenntnisse, wonach Menschen, die sich zum ersten Mal an einem bestimmten Ort aufhalten, anfälliger sind für negative Effekte des Crowding als Menschen, die mit dem Ort vertraut sind.

Zudem beeinträchtigt Crowding nach Kruse (1986) und Langer (1977) die kognitive Kontrolle. Das Crowding-Gefühl kann nach Kruse durch die Anwesenheit zu vieler Menschen, zu vieler sozialer Begegnungen, der Abwesenheit von ausreichend viel interpersonalem Raum, zu hoher räumliche Dichte oder einer Informationsflut herrühren, welche so schnell und komplex ist, dass sie die Kapazität des Individuums zur Bearbeitung übersteigt. Daraus resultiert nach Kruse ein informativer Overload der zu direkten kognitiven und verhaltensbezogenen Konsequenzen führt. Die Umwelt erscheint plötzlich unsicher, unvorhersehbar und unkontrollierbar, was zu einer Zunahme der individuellen Angst führen kann.

Nach Stokols (1972) muss die Erfahrung von Crowding verstanden werden als Phänomen, das sich über die Zeit hinweg entwickelt und dessen Entwicklungsmuster und Intensität durch eine Kombination von Umweltfaktoren wie Lärm, grelles Licht und Unübersichtlichkeit des Areals sowie soziale Inferenz und persönliche Eigenschaften wie Ungeduld und die Tendenz zu aggressivem Verhalten bestimmt wird.

Stokols (1972) unterscheidet zwischen dem Auftreten von Crowding als Stressor und der Erfahrung von Crowding als Stress-Syndrom. Crowding als Stressor bezieht sich auf die Quellen von Crowding, also der Variablen, deren Interaktion die Erfahrung von Crowding hervorruft. Crowding als Stress-Syndrom bezeichnet die Erfahrung von Crowding selbst und seinen Einfluss auf ein Individuum oder eine Gruppe. Weiter unterscheidet Stokols zwischen nicht-sozialem und sozialem Crowding. Nicht-soziales Crowding umfasst das eingeschränkte Angebot an nutzbarem Raum pro Person sowie Stressoren wie Lärm oder grelles Licht und wird durch personelle Merkmale wie typische Fähigkeiten und Charakterzüge gefördert.

Das Konzept des sozialen Crowdings nach Stokols berücksichtigt das Bewusstsein eines Individuums für räumliche Begrenzung und setzt dieses in Bezug mit der Anwesenheit anderer Personen und der Beziehung zu diesen Personen. So kann ein Individuum inmitten einer Menge fremder Menschen ein Crowding-Gefühl verspüren oder sich in einer Menge von Freunden bei ebenso begrenztem Raumangebot in Sicherheit wiegen.

Die Kernelemente des Crowding-Modells nach Stokols (1972) umfassen physische und soziale Merkmale der Umwelt, die im Zusammenspiel mit Persönlichkeitsmerkmalen den Grad an physiologischem und psychologischem Stress bestimmen. Stress wiederum resultiert in spannungsreduzierenden Stress-Antworten eines Individuums, die gegen störende Umweltmerkmale gerichtet sind oder zur Anpassung an diese führen. Anpassung kann sich beispielsweise darin äußern, dass ein Individuum sich an störende Aspekte gewöhnt und diese nicht mehr als störend wahrnimmt. Das Modell von Stokols garantiert adaptive Antworten auf empfundenes Crowding und ist damit homöostatisch.

Aufgrund der Häufigkeit von Massenansammlungen im Verlauf von Schadensereignissen und den Auswirkungen von Crowding auf den internen Zustand eines Menschen muss das Referenzmodell zur Abbildung menschlichen Panikverhaltens einen Modellierungsvorschlag für diesen Masseneffekt vorsehen.

3.3.12.3 Druck

In vielen der untersuchten Katastrophen wurde physischer Druck als Ursache körperlicher Fehlfunktionen anwesender Menschen wie beispielsweise Herzstillstand angegeben, die bei den Betroffenen meist zum Tode führten. Besonders Kinder und Frauen waren von den physischen Beeinträchtigungen aufgrund ihrer körperlichen Konstitution stets am meisten betroffen.

In vielen der untersuchten Fälle setzten sich viele Menschen nach Eintreten eines kritischen Ereignisses fluchtartig, simultan und mit dem gleichen Ziel in Bewegung. Die so entstandene Masse begann zu *fließen*. Sobald die Bewegung der ersten Individuen in einer Masse in Fluchtrichtung durch ein Hindernis zum

Erliegen gebracht wurde, dahinter positionierte Individuen ihre Bewegung jedoch fortsetzten, entstand physischer Druck, der sich durch die Masse in Fluchtrichtung fortpflanzte. Der dabei aufkommende Druck wird von Fruin (1993) mit bis zu 4500[N/m] beziffert. Derartige Kräfte haben das Potenzial, Stahl-Barrieren zu brechen und kommen nach Fruin durch Drücken einer Menschenmenge und den Domino-Effekt zustande, bei dem Menschen aneinander anlehnen.

Als weitere Quelle von physischem Druck konnten Drängelaktionen von Menschen in ruhenden Menschenmengen ausgemacht werden. Als beispielhafter Vorfall sei die Katastrophe von Bagdad genannt. Die Brücke war mit Menschen überfüllt, die daher keinen Bewegungsspielraum mehr hatten. Drängelaktionen waren die direkte Folge der Verbreitung eines Gerüchtes.

Aspekte des Städtebaus oder Architekturmerkmale einzelner Bauwerke liefern erste Ansatzpunkte für das Aufkommen von physischem Druck. Architekturbedingte Kanalisierungen der Bewegung von Menschenmengen wie in Chennai, Mekka und Bagdad und auch Engstellen an Ausgängen wie beispielsweise in den Nachtclubs von Chicago und West Warwick begünstigen das Aufkommen von physischem Druck durch Ballung von Menschen an einem Ort zur selben Zeit mit dem gleichen Ziel.

Das Referenzmodell muss physischen Druck als häufiges Phänomen in Paniksituationen berücksichtigen. Hierzu muss ein Konzept zur Abbildung von Entstehung, Ausbreitung und Wirkung von Druck in Menschenmengen bereitgestellt werden.

3.3.13 Umwelt

Zur adäquaten und realistischen Abbildung menschlichen Panikverhaltens ist eine in geeigneter Weise abstrahierte und idealisierte Repräsentation der Umwelt unumgänglich, in der sich die modellierten Menschen bewegen. Die Umweltmodellierung muss wesentliche Elemente beinhalten, die in den abzubildenden, realen Umgebungen vorzufinden sind. Denkbar ist eine Vielzahl möglicher Umgebungen, in denen Paniksituationen auftreten können. Tabelle 28 gibt einen allgemeinen Überblick:

Tabelle 28: Überblick über Umgebungen im Kontext von Paniken

Kategorie	Beispiele
Geschlossene Räume	Theater- und Kinosäle
	Restaurants
	Räume in Nachtclubs, Diskotheken
	Etagen in Kaufhäusern oder Bürogebäuden
Weitläufige Arenen	Fußballstadien, Stierkampfarenen, Marktplätze
Kanäle	Brücken, Tunnel, Straßenfluchten
Öffentliche Verkehrsmittel	Flugzeuge, U-Bahn-Züge

Aufgrund der Vielzahl unterschiedlicher Umgebungen muss das Referenzmodell Modellierungsvorschläge für die wesentlichen, gemeinsamen Elemente der Menge möglicher Umgebungen bieten, gleichzeitig jedoch Freiräume zur Einpassung spezifischer Merkmale lassen.

3.3.13.1 Initiale Beschaffenheit und Zustandsänderung des Raumes

Zu den gemeinsamen Elementen denkbarer Umgebungen zählen frei begehbare Flächen ebenso wie anfangs unpassierbare Absperrungen die, wie am Beispiel von Brüssel deutlich wurde, im Verlauf einer Massenflucht umgerissen werden können. Auch Lautsprecher und Arten optischer Wegweiser waren Elemente der Umwelt in Katastrophenereignissen.

Räume oder Säle können im Verlauf einer Katastrophe einen für Menschen lebensfeindlichen Zustand annehmen. Gründe hierfür können das Ausströmen von Gas oder chemischen Wirkmitteln wie in Chicago sein oder der Ausbruch eines Brandes wie in Southgate und West Warwick. Der beeinträchtigte Raum kann über die Zeit hinweg expandieren, was im Referenzmodell ebenfalls berücksichtigt werden muss. Lautsprecher oder optische Wegweiser können ausfallen oder durch Lärm und Sichtbeeinträchtigungen wirkungslos werden. Eine unabdingbare Anforderung bei der Simulation von Evakuierungsszenarien ist weiterhin die realitätsnahe Abbildung von Ein- und Ausgängen, wie anhand sämtlicher untersuchter Katastrophenvorfälle deutlich wurde. Auch Kanäle wie sie sowohl durch Straßenschluchten, die während Demonstrationen durchströmt werden, als auch durch Treppen gegeben sein können, müssen eine adäquate Repräsentation im Referenzmodell erfahren.

3.3.13.2 Verbreitung von Informationen

Offizielle Untersuchungen der Katastrophe von Chicago bestätigten, dass Menschen während einer Katastrophe mit großer Wahrscheinlichkeit versuchen, ein Gebäude auf dem Weg zu verlassen, auf dem sie es betreten hatten. Dieser vermeintlich sichere Weg führte in Chicago und Southgate zum Verstopfen des Hauptausgangs, an dem die meisten Menschen versuchten, zu entkommen.

In der Literatur wird eine Verbindung zwischen Stress, den Menschen in Krisensituationen erleben und verfügbarer Information hergestellt. So nennt Bronner (1982) den Mangel an Information als Hauptursache für das Aufkommen von Stress in Krisensituationen. Proulx (1993) weist auf Aussagen in der Literatur hin, wonach die Bereitstellung präziser Information in Krisensituationen, wie das Erteilen von Anweisungen zu angemessenem Verhalten an betroffene Menschen, deren Stress reduziert. Donald und Carter (1990) weisen auf die Tendenz des menschlichen Informationsverarbeitungssystems hin, unter Stress eine begrenzte Menge an Informationen zu verarbeiten, was dem Phänomen der Einengung oder Fokussierung der Aufmerksamkeit entspricht.

Langer (1977) vertritt die Ansicht, dass sich Individuen komfortabler fühlen würden und sich weniger von anderen Menschen beeinflussen ließen, wenn sie mit ausreichend Informationen über die Situation versorgt würden. Keating (1982) postuliert, dass Menschen, denen brauchbare Informationen in einer Krisensituation bereitgestellt werden, dazu neigen, diese Informationen zu verwenden. Keating hebt insbesondere die Bedeutung der vokalen Kommunikationssysteme während Bränden in öffentlichen Gebäuden hervor. Fruin (1993) vertritt die Ansicht, dass Informationen, die aus Zeichen, Tönen, öffentlichen Ankündigungen, Aktionen des Personals oder Beschilderungen bezogen werden, die Wahrnehmungen von Menschen beeinflussen, also von diesen durchaus aufgenommen und bewertet werden. Nach [AfNZBfZ 2000] nimmt der Mensch allgemein ein größeres Quantum an visueller Information auf als an auditiver Information.

Von entscheidender Bedeutung ist es demnach, Menschen in Krisensituationen Informationen auditiver wie auch visueller Natur über alternative Fluchtwege verfügbar zu machen, wie das Beispiel von Chicago zeigte. Einfache und verständliche Ausschilderungen von Fluchtrouten, verbale Anweisungen von Sicherheitskräften vor Ort, Verbreitung von Informationen mittels Lautsprecherdurchsagen im Einklang mit gut sichtbaren Kennzeichnungen von Notausgängen stellen akkurate Mittel dar, um eine Massenflucht auf verschiedene Ausgänge zu verteilen.

Anhand der Untersuchung der Katastrophen von Bagdad und Chicago konnte erfasst werden, dass durch Kommunikation und beispielsweise darauf basierender Verbreitung von Gerüchten ebenso Paniken ausgelöst werden können.

Das Referenzmodell muss Möglichkeiten vorsehen, um Informationen akustischer oder visueller Art über alternative Fluchtrouten an anwesende Menschen zu übermitteln.

3.3.14 Zusammenfassung

Die Anforderungen an das zu erarbeitende Referenzmodell werden in Tabelle 29 zusammengefasst. Für alle Aspekte müssen geeignete Modellierungsvorschläge erbracht werden, die einerseits Gemeinsamkeiten denkbarer Panikszenarien abdecken und gleichermaßen nach den Anforderungen an Referenzmodelle[61] Freiräume zur Ausgestaltung und Erweiterung in Bezug auf spezielle, einzigartige Gegebenheiten einzelner Szenarien anbieten.

Tabelle 29: Zusammenfassung der Modellierungsanforderungen

Modellierungsanforderungen			
Umwelt	/MU1/	Infrastrukturelle Merkmale der Umgebung	
		/MU1a/	Begehbare Areale
		/MU1b/	Hindernisse
		/MU1c/	Technische Informationsquellen
		/MU1d/	Veränderlichkeit infrastruktureller Merkmale
	/MU2/	Abbildung kritischer Ereignisse	
		/MU2a/	Eintreten kritischer Ereignisse
		/MU2b/	Lokal begrenzter Wirkbereich kritischer Ereignisse in der Umwelt
		/MU2c/	Dynamischer Wirkbereich kritischer Ereignisse in der Umwelt
	/MU3/	Abbildung der Verbreitung von Informationen über mögliche Fluchtziele	
		/MU3a/	Auditiv (Lautsprecher)
		/MU3b/	Visuell (Optische Hinweise)
	/MU4/	Entstehung und Dynamik von physischem Druck	

---

[61] Vgl. auch Tabelle 2.

Modellierungsanforderungen (Teil 2)			
Agent	/MA1/		Wahrnehmung
		/MA1a/	Wahrnehmung kritischer Ereignisse
		/MA1b/	Wahrnehmung der Aktionen anderer Agenten (Beobachtung)
		/MA1c/	Aufnahme auditiver Informationen technischer Informationsquellen
		/MA1d/	Aufnahme visueller Informationen technischer Informationsquellen
	/MA2/		Kognitive Verarbeitung von Wahrnehmungen
		/MA2a/	Aufbau eines individuellen internen Weltbildes
		/MA2b/	Bewertung des individuellen Weltbildes
	/MA3/		Interner Zustand
		/MA3a/	Entstehung und Dynamik der Emotion Angst
		/MA3b/	Emotionale Intelligenz und Kontrolle von Angst
		/MA3c/	Sozialer Einfluss auf den internen Zustand eines Individuums
		/MA3d/	Einfluss von Crowding auf den internen Zustand eines Individuums
	/MA4/		Verhalten
		/MA4a/	Verhaltensantrieb / Motivation
		/MA4b/	Reaktives Spektrum
		/MA4c/	Deliberatives Spektrum
		/MA4d/	Reflektives Spektrum
		/MA4e/	Koordination verfügbarer Verhaltensweisen
		/MA4f/	Übergreifende Fähigkeit: Bidirektionale Kommunikation
	/MA5/	Physiologischer Zustand eines Individuums	
	/MA6/	Persönlichkeitseigenschaften	

Die Anforderungen /MU1{a,b,c}/ beziehen sich auf die Berücksichtigung der entsprechenden Elemente in einer gewöhnlichen, also nicht durch ein kritisches Ereignis betroffenen Umwelt, /MU3{a,b}/ dagegen auf die Modellierung der Funktion dieser Elemente unabhängig vom Eintreten des kritischen Ereignisses. Die Anforderung /MA1b/ setzt ihrerseits die Abbildung der Wahrnehmbarkeit eines Individuums durch andere voraus, d.h. ein Agent muss andere beobachten können, selbst jedoch auch beobachtet werden können.

3.4 Klassifikation von Schadensereignissen

Auf Basis der durchgeführten Analyse und den quantitativen Analysen von Helbing und Kollegen (Helbing et al. 2002a) und Still (2000) wird eine Klassifikation von Katastrophen vorgenommen, um das Anwendungsspektrum für das Referenzmodell zur Abbildung menschlichen Verhaltens in Paniksituationen abzustecken. Klassifikation bedeutet dabei die Einteilung von Katastrophen in verschiedene Klassen, wobei sich die Elemente einer Klasse untereinander ähnlich sind. Aus der Menge möglicher Dimensionen zur Klassifizierung sollen diejenigen gewählt werden, auf denen sich verschiedene Klassen von Katastrophen möglichst scharf voneinander trennen lassen, die jedoch gleichzeitig jeder resultierenden Klasse möglichst viele Ausprägungen von Panikereignissen zuweisen. Kurz gefasst sollen insgesamt möglichst wenige Dimensionen heran gezogen werden, die Katastrophen anhand ihrer eigenen Wertemenge schon möglichst klar voneinander abgrenzen.

Menschliche Verhaltensweisen stellen direkte Reaktionen auf ein kritisches Ereignis dar, des Weiteren richten sie sich nach den durch die Umwelt gebotenen Handlungsmöglichkeiten. Aufgrund der Relevanz beider Faktoren wurde eine zweidimensionale Klassifikation von Panikereignissen vorgenommen. Die erste Dimension separiert Schadensereignisse nach Umgebung wie in Bild 19 festgehalten. Diese Dimension beinhaltet implizit die Größenordnung einer Katastrophe, die sich unter anderem an der Anzahl an Teilnehmern insgesamt, der Anzahl an Opfern sowie der Verletzten festmachen lässt.

Die zweite Dimension trennt Schadensereignisse nach Art des auslösenden Ereignisses. Durch die vorgenommene Kategorisierung ergeben sich, wie Bild 19 zeigt, acht verschiedene Klassen von Schadensereignissen, die das Referenzmodell abdecken muss.

Grundsätzlich kann nicht ausgeschlossen werden, dass sich Elemente einer Klasse untereinander in anderen, nicht betrachteten Dimensionen unterscheiden. Die hierfür verantwortlichen Attribute repräsentieren dann spezielle Eigenschaften einzelner Panikvorfälle und weisen folglich eine hohe Selektivität auf.

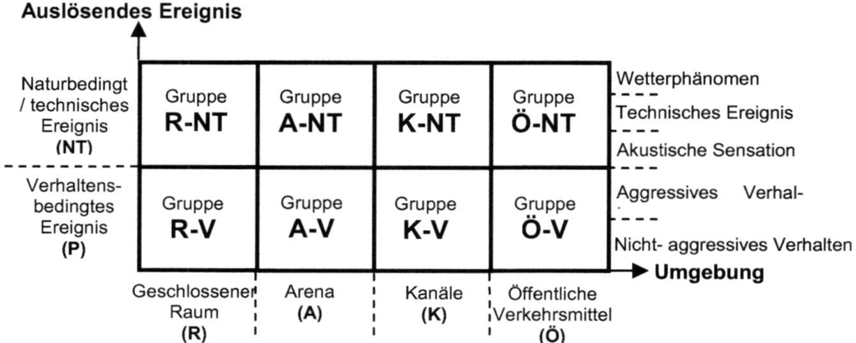

Bild 19: Zweidimensionale Klassifikation qualifizierter Katastrophen

Auf Basis dieser Klassifikation soll Ähnlichkeit unter Katastrophen wie folgt definiert werden:

> **/D13/ Ähnlichkeit unter Schadensereignissen:** Zwei Schadensereignisse sollen als einander ähnlich gelten, genau dann wenn ihnen dieselbe Kombination aus {NT,P}-{R,A,K,Ö} gemäß Bild 19 zugrunde liegt.

4 Analyse bestehender Modellierungsansätze

Der Modellierungsarbeit vorgeschaltet wurde im Rahmen der vorliegenden Arbeit eine Bestandsaufnahme unter existierenden Ansätzen und Modellen zur Abbildung menschlichen Verhaltens während Schadensereignissen durchgeführt. Dabei wurden die Grundprinzipien der verschiedenen Ansätze ermittelt sowie exemplarisch gewählte Simulationsmodelle untersucht, welche sich den einzelnen Ansätzen zuordnen lassen. Das folgende Kapitel fasst die erzielten Ergebnisse der Analyse zusammen und gibt einen Überblick über das Gesamtgefüge bestehender Ansätze und die ursprünglich angedachten Anwendungsbereiche der untersuchten Modelle[62]. Für jedes unter ihnen wird dabei der Grad festgestellt, zu dem es die festgehaltenen Modellierungsanforderungen[63] für das Referenzmodell **SimPan** erfüllt.

Da nur wenige Modelle existieren, die explizit den Anspruch erheben, für die Simulation menschlichen Verhaltens in Paniksituationen eingesetzt werden zu können, wurde das Spektrum betrachteter Modelle auf die Einsatzbereiche *Evakuierung von Menschen* und *Allgemeine Abbildung von Personenströmen* erweitert.

Zum Abschluss des Kapitels wird der im Rahmen der vorliegenden Arbeit entwickelte Modellierungsansatz in das skizzierte Gesamtgefüge bestehender Ansätze eingeordnet.

4.1 Ansätze zur Modellierung von Menschenmengen

Still (2000) trifft für Massensimulationen die grundsätzliche Unterscheidung zwischen *Verhaltensmodellen* und *Bewegungsmodellen*. Verhaltensmodelle berücksichtigen nach Still keine Bewegungsdynamik wie sie in einer Masse vorzufinden ist, ihr Fokus liegt auf der Beschreibung der mentalen Prozesse eines Menschen und der gegenseitigen Beeinflussung von Menschen. Verhaltensmodellen liegen beobachtete, empirische und dokumentierte Aktionen aus Fragebögen und der Simulation unter Verwendung von Computermodellen zugrunde. Still differenziert im Bereich der Verhaltensmodelle zwischen *konzeptuellen Modellen* und *Computermodellen*. Konzeptionen für Panik wie in Kapitel 2 beschrieben, lassen sich in die Kategorie der konzeptuellen Modelle einordnen.

---

[62] Für detaillierte Beschreibungen der Modelle sei auf die entsprechenden Quellen verwiesen.
[63] Vgl. Tabelle 29.

Computermodelle stellen eine Umsetzung konzeptueller Modelle zum Zweck der Simulation dar.

Im Gegensatz zu Verhaltensmodellen berücksichtigen Bewegungsmodelle die Abbildung der Massendynamik. Bewegungsmodelle lassen sich nach Klüpfel (2000) durch ihre Betrachtung einer Masse als ganzheitliches Objekt oder, im Gegensatz dazu als Zusammenschluss einzelner Individuen, in einen *makroskopischen* und einen *mikroskopischen Ansatz* unterteilen. Der *mesoskopische Ansatz* verbindet nach Vassalos (2002) Eigenschaften beider Modelle. Bild 20 fasst die Differenzierung der verschiedenen Modelle zusammen:

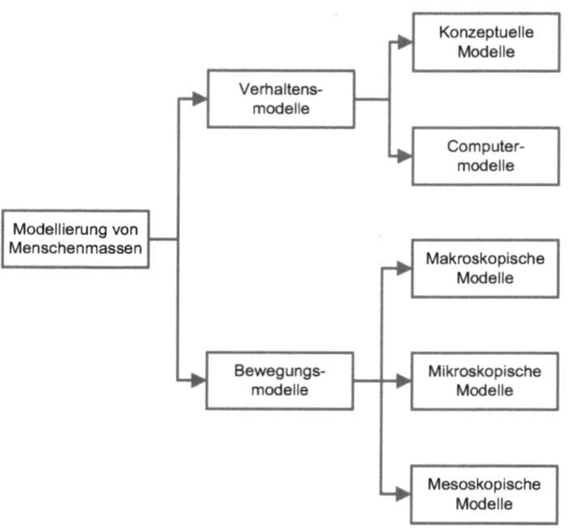

Bild 20: Kategorisierung von Modellen zur Simulation von Menschenmassen

4.1.1 Der makroskopische Ansatz

4.1.1.1 Grundlage

Der makroskopische Ansatz basiert auf den Ähnlichkeiten zwischen Fußgänger-Strömen und der Gaskinetik und Flüssigkeitsdynamik wie von Henderson (1974) beschrieben. In Situationen geringer Dichte bezogen auf die Anzahl an Menschen pro Flächeneinheit lässt sich das Bewegungsverhalten von Fußgängern nach den Gesetzmäßigkeiten der Gaskinetik beschreiben. Bewegt sich die Dichte dagegen im mittleren oder hohen Spektrum, unterstellt Henderson starke Ähnlichkeiten zur Dynamik von Flüssigkeiten bzw. granularen Medien.

Eine zu simulierende Menschenmenge wird im makroskopischen Ansatz als homogenes Medium gesehen, die Bewegung dieses Mediums wird durch Verwendung der Kontinuitätsgleichung[64] nachvollzogen und setzt voraus, dass der Fluss zeitlich und räumlich konstant verläuft und alle Ströme, die an einem Ort eintreffen, gleich lange andauern. Zur Anpassung der Gleichung an die jeweiligen Anforderungen der Simulation müssen Gleichungsparameter wie etwa die Beziehung zwischen Dichte und Fluss, die *Reynolds-Nummer* und die *Viskosität* durch Verwendung empirischer Daten belegt werden. Makroskopische Modelle beinhalten keine Interaktion zwischen Menschen und berücksichtigen keine Varianten im menschlichen Verhalten

Als Beispiele für makroskopische Modelle sollen *PedGO* [TraffGoa] und *AENEAS* [TraffGob], das *Modell von Abdul-Rub und Al-Noubani* (1993) und *SimPed* [Daamen 2002] angegeben werden.

4.1.1.2 Das Modell SimPed

SimPed wurde als Analyse-Tool konzipiert, um den Einfluss von strukturellem Aufbau eines Bahnhofs, Fahrplan-Design, Bahnsteigzuteilung und Design von Fußgängerbereichen auf den Fußgängerfluss in einem Bahnhof zu untersuchen. *SimPed* ist darauf ausgelegt, die Bewegungen von 100.000 Menschen auf einer Fläche von bis zu 100.000 m^2 zur selben Zeit simulieren zu können [Daamen 2002].

Zur Modellierung des Fußgängerverhaltens werden makroskopische Beziehungen zwischen der Dichte des Fußgängerflusses und der Geschwindigkeit in den begehbaren Bereichen des Bahnhofs verwendet. Das Modell besteht aus einem *Netzwerk* und einem *Zuweisungsmodell*. Ein Verhaltensmodell zur mikroskopischen Abbildung der Fußgänger wurde konzipiert, jedoch noch nicht in das Modell integriert. Daamen (2002) ordnet das Modell in seiner momentanen Ausprägung daher dem makroskopischen Bereich zu.

Das *Netzwerk* bildet mit seiner Topologie die Bahnhof-Struktur ab und verfügt über eine Matrix, in der Fußgänger mit ihren Start- und Zielpositionen festgehalten werden. Das *Zuweisungsmodell* weist Fußgängern zeitoptimierte Routen zu. Die Routenwahl selbst ist stochastisch und basiert auf dem gegenwärtigen Zustand des Netzwerks. Das Verhaltensmodell sollte das Verhalten verschiedener Arten von Fußgängern wie Touristen oder Arbeiter beschreiben.

Das Modell bestimmt während eines Simulationslaufes fortlaufend die Start- und Zielpositionen der anwesenden Fußgänger und berechnet Routen durch das Netzwerk. Jeder Route wird eine Anzahl an Fußgängern zugewiesen, zudem wird die Zeit bis zum Erreichen des Ziels auf den Routen berechnet. Damit wird im eigentlichen Sinn die Abhängigkeit der jeweils benötigten Zeit zum Ziel abhängig vom Zustand des Netzwerks berechnet.

---

[64] Die *Kontinuitätsgleichung* besagt, dass der Einfluss in ein System dem Ausfluss entspricht.

4.1.2 Der mikroskopische Ansatz

4.1.2.1 Grundprinzipien

Mikroskopische Modelle beinhalten detaillierte Abbildungen von Umweltgegebenheiten und genügen der Anforderung, individuelles menschliches Verhalten in Betracht zu ziehen. Sie bilden den Menschen in einer Masse nach Gipps & Marksjö (1985) als atomare Einheit ab, die meist durch eine Menge elementarer Attribute charakterisiert wird. Ein geeignetes Vehikel zur Abbildung atomarer Einheiten in Simulationsmodellen stellt das Paradigma der Agenten-basierten Modellierung dar, das im mikroskopischen Rahmen vielfach zur Anwendung kommt.

Heigeas (2003) unterscheidet zwei verschiedene Strömungen im Bereich des mikroskopischen Ansatzes, abhängig davon, ob sie die Ursachen individueller Bewegungen von Menschen in der Berechnung seiner Bewegung berücksichtigen oder nicht. Entsprechend unterscheidet er einen *generativen Ansatz* von einem *phänomenologischen Ansatz*.

Im generativen Ansatz werden mögliche Ursachen für ein bestimmtes Verhalten, beispielsweise die Wahl einer Fluchtroute, abgebildet. Im phänomenologischen Ansatz dagegen wird die Entwicklung der Bewegungsbahnen abgebildeter Menschen explizit durch *Temporal Evolution Functions* vorgegeben. Derart entwickelten Musse und Thalmann [Musse et al. 2001] ein Modell zur Automatisierung der Bestimmung von Bewegungsbahnen für eine kleine Menschenmenge, in dem sie den individuellen Bewegungen eine Menge von Bezier-Kurven unterlegten, die von Hause aus nicht kollidierten. Dieser Ansatz wird *One-Shot-Model* genannt und ahmt ausgehend von einem Startzustand betrachteter Individuen seine Bewegung nach, ohne gleichermaßen die Ursache in die Berechnung der Bahn einzubeziehen. Nach Heigeas ist die resultierende Modelldynamik vollständig kontrolliert da vorbestimmt, und der Ansatz damit nicht geeignet zur Abbildung emergenter Phänomene.

Der mikroskopische, generative Ansatz sieht die Abbildung der Bewegung einzelner Fußgänger vor, wodurch sich in der Zusammenschau ein Massenverhalten ergibt. Die Vorgehensweise bei der Bewegungsabbildung unterteilt die Gruppe nach Keßel und Kollegen (2002) in die Untergruppe der raumkontinuierlichen und die Untergruppe der raumdiskreten Ansätze. Im raumkontinuierlichen Ansatz kommen Differentialgleichungen zum Einsatz, um die Bewegung von Individuen fließend abzubilden, wohingegen sich Individuen im raumdiskreten Ansatz auf einem diskretisierten Feld bewegen. Bild 21 veranschaulicht den Zusammenhang zwischen den einzelnen Ansätzen.

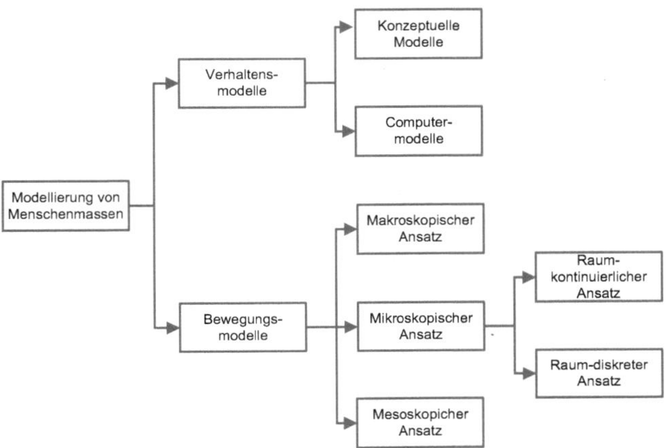

Bild 21: Ansätze zur Abbildung von Menschenmassen

4.1.2.2 Raumkontinuierlicher Ansatz

4.1.2.2.1 Grundlage

Die Bewegung von Individuen wird im raumkontinuierlichen Ansatz über komplexe Bewegungsgleichungen beschrieben, denen Kräftemodelle zur Bewegungsplanung von Entitäten unterliegen, wie beispielsweise die *Newtonschen Gesetze*. Im Fall der Kombination von raumkontinuierlicher und zeitkontinuierlicher Domäne kommen Differentialgleichungen zum Einsatz. Zu den Vertretern des raumkontinuierlichen Ansatzes zählen *selbstgetriebene Vielteilchensysteme*[65]. Konkrete Ausprägungen stellen die Modelle *Exodus* [Owen et. al. 1998], *Rampage* [Bouvier & Cohen 1995] und das *Modell der sozialen Kräfte* [Helbing 2002b] dar.

4.1.2.2.2 Das Modell der sozialen Kräfte nach Helbing

Das *Modell der sozialen Kräfte* von Helbing (2002b) greift den Ansatz von Gipps und Marksjö (1985) auf, der besagt, dass menschliches Verhalten in Konfliktsituationen als eine Überlagerung von Kräften zwischen Umweltobjekten und Individuen beschrieben werden kann. Mit zunehmender Annäherung eines

---

[65] Derartige Systeme sind auch als *aktive/selbstorganisierende Vielteilchensysteme, Fluidsysteme* oder *Partikelsysteme* bekannt.

Individuums an ein anderes Individuum oder Objekt steigen die, der Bewegung entgegen gesetzt wirkenden Kräfte.

Helbing setzte den Ansatz in Form mathematischer Formeln um und verwendete sie als Kern seines Modells sozialer Kräfte zur Abbildung der individuellen Fußgängerdynamik. Die im Zentrum des Modells stehende Differentialgleichung zur Berechung der Beschleunigung basiert auf der Annahme, dass eine Menge von Menschen sich mit einer bestimmten Wunschgeschwindigkeit, die innerhalb einer gewissen Zeit erreicht werden soll, in eine bestimmte Richtung zu bewegen versucht. Dabei meiden Individuen Hindernisse und versuchen, eine angenehme, geschwindigkeitsabhängige Distanz zu anderen Individuen einzuhalten und Reibung mit diesen zu vermeiden. In den Modellgleichungen gehen daher Hindernisse und andere Individuen als abstoßende Kräfte in die Beschleunigungsgleichung ein, Schaufensterauslagen und Sehenswürdigkeiten stellen anziehende Kräfte dar. Die individuelle Wunschdistanz zu anderen Individuen stellt einen psychologischen Faktor im Ansatz dar.

Zufällige Verhaltensvariationen können prinzipiell über einen Parameter *individuelle_Fluktuation* abgebildet. Vereinfachend wurde jedoch angenommen, dass der betreffende Parameterwert bei allen Individuen gleich ist. Als variierbarer Parameter zur Modellierung von Verhaltensvariationen wurde lediglich die Schulterbreite der Individuen gestaltet.

Zu Abbildung panischer Fußgänger wurden zusätzlich physische Interaktionskräfte eingeführt. Dazu zählen die Körperkraft, die der Körperkompression entgegen wirkt, sowie die Gleitreibungskraft. Der Übergang zwischen normalem Verhalten und Panikverhalten wird durch den Parameter *Nervosität* gesteuert. Diese bestimmt die Fluktuationsstärke, die Wunschgeschwindigkeit und die Tendenz zum Herdentrieb. Ein Individuum hat beispielsweise die Möglichkeit, eine individuelle Fluchtrichtung zu wählen, oder der Durchschnittsrichtung der Nachbarn in einem bestimmten Umkreis zu folgen.

Simulationen mit dem Modell reproduzierten Effekte wie Bildung von Bahnen, Oszillation an Engstellen, Bildung von gleichmäßigen Strukturen durch gegenseitige Blockierung der Fußgänger aufgrund der Zerstörung von Bahnen durch erhöhte Fluktuation[66], Bogenbildung an Ausgängen mit geringer Austrittsgeschwindigkeit durch erhöhte Wunschgeschwindigkeit und erhöhte Reibung[67]. Als Ergebnis der Simulationen zeigte sich, dass eine Kombination aus individualistischem Verhalten und Herdentrieb optimale Überlebenschancen für die Gesamtheit der beteiligten Menschen im Fall einer Evakuierung bietet.

---

[66] In Fachkreisen als *"Freezing-by-Heating"* bekannt.
[67] Dieses Phänomen wird auch als *"Slower-is-faster-effect"* bezeichnet.

4.1.2.2.3 Weitere Ansätze zur Bewegungsmodellierung

Zur Abbildung der Bewegung von Individuen in einer Masse existieren verschiedene weitere Ansätze. Nach Musse & Thalmann (2001) werden *Flocking-Systeme* zur Abbildung verschiedener Aspekte menschlichen Verhaltens eingesetzt. Aufgrund ihrer konzeptuellen Ähnlichkeit sollen auch *Steering* und *Swarming* genannt werden.

4.1.2.2.3.1 Steering

Der Ansatz des Steering wie von Reynolds (1999) beschrieben, sieht die autonome Bewegungskontrolle im Sinne der Ziel- und Routenwahl eines Individuums durch Orientierung an Objekten in seiner Umwelt vor. Die Bewegung selbst wird durch die Berechnung eines einzelnen Steuerungsvektors ermöglicht. Wie Tabelle 30 zeigt, existieren verschiedene Steering-Verhalten.

Tabelle 30: Steering-Verhalten

Bezeichnung	**Beschreibung**
Seek	Ansteuern eines bestimmten Zielpunktes mit einer bestimmten Geschwindigkeit
Flee	Schnelle Entfernung von einem bestimmten Punkt
Arrival	Annäherung an einen Zielpunkt mit stetiger Verlangsamung. Aufstoppen am Ziel
Leader Following	Zielpunkt ist vorgegeben durch die (veränderbare) Position eines Anführers
Pursuit	Verfolgung eines beweglichen Ziels durch Vorhersage der zukünftigen Position des Ziels mit anschließendem *Seek*-Verhalten (Räuber-Beute-Verhalten)
Evasion	Vermeidung eines beweglichen Ziels, Vorgehensweise analog zu *Pursuit*
Obstacle Avoidance	Ausweichen von Hindernissen auf dem Weg mit anschließendem Verfolgen des ursprünglichen Weges
Wandering	Zufällige Bewegung eines Individuums
Containment	Bewegung innerhalb einer vorgegebenen Fläche
Path Following	Bewegung entlang eines vorgegebenen Pfades innerhalb eines zulässigen Abstandes

4.1.2.2.3.2 Flocking

Flocking-Systeme wie *ViCrowd*[68] oder *VEgAS*[69] simulieren die Bildung und Bewegung von Schwärmen autonomer Individuen. Flocking-Verhalten soll als realitätsnah empfunden werden und wird durch Verwendung zustandsloser Algorithmen erzeugt, die auf Basis einfacher Verhaltensregeln operieren. Zustandslose Algorithmen berechnen neue Koordinaten für sich bewegende Objekte gedächtnislos, also ohne Kenntnis von Informationen über vorausgegangene Bewegungen des Schwarms. Reynolds (1987) stellte vier Regeln auf, die für jedes Individuum in einem Schwarm bindend sind. Diese werden in Tabelle 31 festgehalten:

Tabelle 31: Flocking-Verhalten

Bezeichnung	Beschreibung
Separation	Einhalten eines definierten Abstandes zu unmittelbaren Nachbarn
Alignment	Orientierung an der Bewegungsrichtung der unmittelbaren Nachbarn
Cohesion	Orientierung der Bewegung in Richtig des Zentrums des Schwarms
Avoidance	Vermeidung von Hindernissen oder Feinden

4.1.2.2.3.3 Swarming

Swarming ist ausgelegt auf realitätsnahe Simulation einer großen Anzahl von Individuen in einem Schwarm, die sich in einer komplexen Umgebung bewegen. Ein Schwarm verfügt über ein designiertes Ziel in Form eines sich bewegenden imaginären Punktes. Swarming-Algorithmen teilen den Lebensraum simulierter Individuen in eine innere Zone und eine äußere Zone ein, die beispielsweise durch eine Maximaldistanz zum Zielpunkt definiert sein können.

Swarming-Algorithmen sorgen dafür, dass sich weit vom Zielpunkt entfernte Individuen in der äußeren Zone mit maximaler Geschwindigkeit auf das Ziel ausrichten, nahe am Zielpunkt in der inneren Zone befindliche Individuen ihre Geschwindigkeit ohne Anpassung der Richtung verlangsamen.

Im Gegensatz zum Flocking-Ansatz ist der Swarming-Ansatz weniger restriktiv und lässt prinzipiell Kollisionen zwischen Individuen zu. Dennoch existieren Swarming-Algorithmen, die einfache Kollisionsbehandlungsmethoden einbeziehen.

---

[68] *Virtual Human Crowds*, beschrieben in [Musse et al. 2001].
[69] *Virtual Egress and Analysis Simulation*, beschrieben in [Still 1993].

4.1.2.3 Raumdiskreter Ansatz

Modelle, die dem raumdiskreten Ansatz folgen, werden gemäß [Still 2000] auch *Matrix-basierte Modelle* genannt und können weiter in zeitkontinuierliche Ansätze und zeitdiskrete Ansätze verfeinert werden. Charakterisierende Eigenschaft des raumdiskreten Ansatzes ist die Gestaltung der Umwelt als diskretisiertes Feld, ähnlich einem Schachbrett, bestehend aus zugänglichen und nicht-zugänglichen Zellen. Interaktionen zwischen Individuen werden mit Hilfe bedingter Ereignisse realisiert.

4.1.2.3.1 Raumdiskret und zeitkontinuierlich

4.1.2.3.1.1 Grundlage
Im raumdiskreten, zeitkontinuierlichen Ansatz werden Bewegungen von Individuen nicht zu bestimmten Zeitschritten, sondern kontinuierlich über die Zeit hinweg in einer diskretisierten Umwelt vollzogen. Interaktionen zwischen Individuen in Form von Drängelaktionen werden über diskrete Ereignisse abgebildet. Der Ansatz von Schmidt und Becker (2005) lässt sich dieser Strömung zuordnen.

4.1.2.3.1.2 Das Modell BvM
Das Modell BvM^{70} von Schmidt und Becker (2005) verwendet den Agenten-basierten Ansatz, um Menschen auf Repräsentanten im Simulationsmodell abzubilden. Der strukturelle Aufbau eines Agenten orientiert sich am *PECS*-Referenzmodell nach Urban und Schmidt [Urban 2007]. Die Umwelt der Agenten beinhaltet frei begehbare Flächen sowie Hindernisse wie Mauern oder Absperrungen.
Die einzelnen Agenten bewegen sich in ihrer Umwelt kontinuierlich, physische Interaktionen zwischen ihnen werden durch bedingte Ereignisse beschrieben. Die Agentenbewegung gliedert sich in drei verschiedene Phasen: die Phase freier Bewegung unabhängig von definierten Feldern, die Übergangsphase zwischen feldunabhängiger und feldabhängiger Bewegung und die Phase der feldabhängigen Bewegung. Wie in Tabelle 32 dargelegt, beinhaltet der Ansatz im Wesentlichen drei Konzepte, die für die Bewegung von Agenten von Bedeutung sind:

---

[70] *Bewegung von Menschenmengen.*

Tabelle 32: Konzepte im Ansatz von Schmidt und Becker

Konzept	Beschreibung
Friedfertige Bewegung	Ein Agent plant den Weg zu seinem Ziel unter Berücksichtigung der Verhaltensweise der anderen Agenten
Aggressive Fortbewegung (Drängeln)	Ein Agent versucht, seinen Abstand zum Ziel wenn nötig durch Verdrängung anderer Agenten zu verringern
Physischer Druck	Erzeugung und Dynamik von Druck in einer Menschenmenge

Agenten verfügen über individuelle Ziele, beispielsweise den Ausgang eines modellierten Raumes zu erreichen. Zur Wegeplanung wird der A*-Algorithmus in Verbindung mit der Maximumsmetrik verwendet.

Falls ein Agent keine Möglichkeit vorfindet, seinem gewünschten Ziel durch friedfertige Bewegung auf dem geplanten Weg oder auch auf Umwegen näher zu kommen, geht er in den aggressiven Bewegungsstil über. Er wird versuchen auf ein Feld zu drängen, dass seinem Ziel näher gelegen ist und einen Agenten, der sich darauf befindet, zu verdrängen, also die Position mit ihm zu tauschen.

Die Druckberechung bezieht sich primär auf die Felder und damit indirekt auf Agenten auf den Feldern. Lastet Druck auf einem Agenten so wird dessen Bewegungsfreiheit durch Verringerung seiner Bewegungsgeschwindigkeit eingeschränkt. Zudem greift Druck den physischen Zustand eines Agenten an. Ein Agent verfügt über eine individuelle Standfestigkeit und kann Druck bis zu einem Grenzwert widerstehen, indem er ihn absorbiert. Übersteigt der Druck die Standfestigkeit, wird der Agent an den Rand seines Feldes gedrängt. Die überschüssige Kraft wird auf Nachbarfelder übertragen. Die Kraft mit der ein Agent drückt, kann prinzipiell motivationale Zustände eines Individuums berücksichtigen. Um Druck- und Drängelaktionen ausführen zu können, verfügt ein Agent über die grundlegenden Attribute Bewegungs-Geschwindigkeit, Kraft zum Drängeln, Kraft zum Drücken und Standfestigkeit. Das experimentelle Modell zum Ansatz von Schmidt und Becker wurde auf die Simulation einer Fläche von bis zu 50x50 Feldern vorgesehen.

4.1.2.3.2 Raumdiskret und zeitdiskret: Zelluläre Automate

4.1.2.3.2.1 Grundlage

Ein letzter Ansatz basiert auf der Diskretisierung von Raum und Zeit. Die Umwelt ist dabei aus einzelnen Zellen, dem Zellraum, zusammengesetzt. Eine Zelle wird beispielsweise durch die Fläche definiert, die ein ruhender Mensch in stehender Position einnimmt[71].

Raum- und zeitdiskrete Modelle, deren Zellen zudem diskrete Zustände einnehmen können, werden *zelluläre Automaten* genannt und bestehen, wie beispielsweise von Klüpfel (2003) beschrieben, aus dem Zellraum, einer Zustandsmenge und einer lokalen Überführungsfunktion. Die Versetzung aller bewegungswilligen Individuen von Zelle zu Zelle geschieht nach der gleichen Überführungsfunktion simultan zu diskreten Zeitpunkten. Bei der gemeinsamen Bewegung in einem Zeitschritt kann es vorkommen, dass mehrere Individuen beabsichtigen, die gleiche Zelle zu besetzen. Derartige Situationen müssen durch Update-Mechanismen des zellulären Automaten aufgelöst werden. In der sequenziellen Strategie werden Individuen in einem Zeitschritt nach einer vorgegebenen Reihenfolge bewegt. Der Zeitschritt gilt als abgeschlossen, wenn alle Individuen eine Bewegung vollzogen haben. Die Umwelt geht dabei nach jeder erfolgten Einzelbewegung in einen neuen Zustand über, wodurch das Problem doppelt besetzter Zellen vermieden wird. In der parallelen Strategie werden alle Fußgänger in einem Zeitschritt gleichzeitig, jedoch zunächst nur virtuell bewegt. Nach der virtuellen Bewegung wird eine Konfliktlösung durchgeführt, um doppelte Besetzung von Zellen aufzulösen. Der Gewinner eines Konflikts darf die Zelle real besetzen, der Verlierer wird auf seine alte Position zurückgesetzt und nicht bewegt.

Als Beispiele für zelluläre Automaten, die der Simulation des Verhaltens von Fußgängern dienen, sollen an dieser Stelle *Egress* [AEA 2002], *Pedroute* [Halcrow 2007] sowie die *Modelle von Muramatsu* (1999), *Kirschner* (2002) und *Saloma* (2003) genannt werden.

Bild 22 gibt einen Überblick über Strömungen innerhalb des mikroskopischen Ansatzes.

---

[71] Als Richtwert kann eine Fläche im Intervall $[0.15\,\text{m}^2, 0.25\,\text{m}^2]$ angenommen werden.

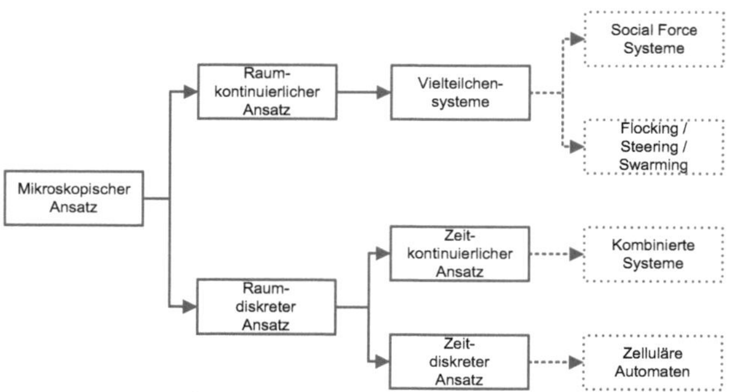

Bild 22: Strömungen innerhalb des mikroskopischen Ansatzes

4.1.2.3.2.2 Das CA Model of Escape Panic von Saloma

Mit Hilfe des zellulären Automaten von Saloma sollte das Verhalten von panischen Gruppen in Abhängigkeit zur Architektur des Raumes untersucht werden. Saloma charakterisiert Paniken durch Interaktionen zwischen eigennützig handelnden Individuen, die schnell in Herdenverhalten, panische Flucht und somit Verstopfung an Ausgängen übergehen können.

Salomas Arbeit liegt die Ansicht zugrunde, dass Menschen das selbe Verhalten in Paniksituationen zeigen und die selben Kapazitäten aufweisen wie Tiere, die effektive Strategien entwickelt haben, um sich z.B. im Fall einer Flut auf trockenes Land zu retten [Wishaw 1999]. Sie beschreiten den kürzesten Weg und wenden minimale Anstrengung für ihre Flucht auf. Vor Aufbau des Simulationsmodells wurden experimentelle Daten durch Panikexperimente mit 30 Mäusen gesammelt. Hierbei wurde die Aversion der Tiere gegen Wasser ausgenützt, um sie in Panik zu versetzen und dazu zu bewegen, einem rettenden Ausweg entgegen zu strömen. Das beobachtete Verhalten der Tiere sollte in einem weiteren Schritt durch die Simulation nachempfunden werden.

Für die Simulation wurde ein zweidimensionaler zellulärer Automat entwickelt. Der modellierte Raum setzt sich aus einzelnen Zellen zusammen, welche die numerischen Zustände 0 für *leer,* und 1 für *besetzt* annehmen können. Eine besetzte Zelle kann maximal ein Individuum zu einer Zeit aufnehmen. Für den Raum selbst können Ausgänge verschiedener Breite über einen eigenen Zelltyp definiert werden. Ausgänge setzen sich aus nebeneinander angeordneten Zellen dieses Typs zusammen. Ein Ausgang der Breite w ermöglicht die gleichzeitige Passage von w Individuen. Ein Agent P verlässt den Raum sobald er ein Ausgangsfeld betritt.

Zum Zeitschritt $q = 0$ werden k Agenten zufällig im Raum verteilt. In jedem Schritt q_l wird k konstant gehalten, d. h. für jeden Agenten, der den Raum verlässt, wird ein neuer Agent eingeführt und zufällig auf eine Zelle gesetzt. In jedem Zeitschritt q_l kennt jeder Agent P_k die Position des Ausgangs und den kürzesten (euklidischen) Weg zu dieser Position. Alle P_k treten in einen Wettbewerb darum, den Raum zu verlassen und jeder P_k kann sich innerhalb der von-Neumann-Nachbarschaft vorwärts, rückwärts, nach links oder rechts bewegen. Die Bewegung der P_k gliedert sich in zwei Phasen: Wahl eines Zielfeldes und Bewegung auf das Zielfeld, falls die nötigen Bedingungen erfüllt sind. Jedes P_k versucht zunächst, die optimale benachbarte Zelle im Zustand leer zu besetzen. Eine optimale Zelle liegt, von der aktuellen Position des P_k aus betrachtet, dem Ziel am nächsten. Falls mehrere Zellen in Frage kommen, wählt P_k eine darunter eine zufällig aus. Falls keine optimale Zelle existiert, wählt P_k zufällig eine beliebige benachbarte und vakante Zelle im Zustand leer auf Basis einer Gleichverteilung.

P_k bewegt sich auf einen anvisierten Zellkandidaten, falls gilt: $L + R < B + \varphi$. Andernfalls verbleibt P_k im Zeitschritt $q + 1$ auf seiner Position des Zeitschrittes q. Die Parameter L, R und B der Ungleichung geben die numerischen Zustände der verbundenen linken, rechten und hinteren Nachbarzellen von P_k aus an. Der Parameter φ ist eine allgemeingültige Konstante im Modell mit $\varphi > 0$ und wird als *Panik-Parameter* bezeichnet. Er gibt den Grad der von einem P_k empfundenen Angst an.

Der Term $B + \varphi$ repräsentiert die Stärke des Dranges von P_k, sich auf Basis der eigenen Motivation und des Druckes von den Zellen hinter P_k auf das nächste Zielfeld zu bewegen. Der Term $L + R$ repräsentiert den hindernden Einfluss der Nachbarn zu beiden Seiten. Diese Berechnung wird in jedem Schritt q für jedes P_k durchgeführt, was darauf schließen lässt, dass eine serielle Update-Strategie zum Einsatz kommt.

Die Beobachtungen aus den realen Experimenten konnten durch den entwickelten zellulären Automaten reproduziert werden.

4.1.3 Der mesoskopische Ansatz

4.1.3.1 Grundlage

Der mesoskopische Ansatz verbindet nach Vassalos (2002) Eigenschaften der makro- und mikroskopischen Strömung, so dass Anteile eines zu modellierenden Systems, die durch zelluläre Automaten abgebildet werden, durch ein dynamisches Modell miteinander verbunden werden. Eine derartige Symbiose der Ansätze demonstriert das Modell *Evi*[72].

4.1.3.2 Das Modell Evi

Das Modell *Evi* war nach Vassalos (2002) das bis zum Jahr 2001 einzige verfügbare mesoskopische Modell zu Abbildung der Evakuierung von Schiffspassagieren. Das Modell berücksichtigt verschiedene Flucht- und Rettungsszenarien, unterschiedliche Katastrophenereignisse für Schiffe, wie Ausbruch eines Brandes, Kollision mit einem anderen Schiff oder fortschreitende Flutung von Decks. Mit Hilfe des Modells ist es nach Vassalos möglich, Evakuierungsszenarien mit einer Größenordnung von 5000 Passagieren auf Schiffen mit bis zu 17 Decks in Echtzeit zu simulieren.

Die Umwelt, also die Schiffsgeometrie, wird in einem *2½ D-Modell* auf Basis von CAD-Zeichnungen abgebildet. Der makroskopische Modellanteil wird von einem Flussmodell erbracht, mit dem die Kalkulation von Evakuierungszeiten bewerkstelligt wird. Der mikroskopische Anteil bezieht sich auf die Abbildung menschlichen Verhaltens und kommt zum Einsatz, um Effekte menschlichen Verhaltens auf die Evakuierbarkeit eines Schiffes zu untersuchen.

Der mikroskopische Anteil folgt dem Paradigma der Agenten-basierten Modellierung. Als Agent wird eine Kapselung von Quelltext und Daten verstanden. Ein Agent führt auf Basis seines eigenen Zustands, seiner Wahrnehmung der Umwelt und bestimmter Stimuli selbstständig angemessene Aktionen aus.

Kabinen, Korridore und öffentliche Bereiche der Geselligkeit im Schiffsaufbau werden in der Umweltmodellierung durch *Regions*, Sektionen eines Schiffes, repräsentiert, die durch *Gates*, also Durchlässe, miteinander verbunden sind. Zwei Regions heißen direkt verbunden, wenn sie ein gemeinsames Gate haben. Zwei Gates sind direkt verbunden, wenn sie in der gleichen Region liegen. Die Struktur aus Regions und Gates wird für alle Wegeberechnungen durch einen Graphen abgebildet. Die Suche eines Agenten nach einem optimalen Weg zu seinem Ziel im Katastrophenfall geschieht durch Tiefensuche auf diesem Graphen und wird als *High-Level-Planning* bezeichnet. Die hierbei ermittelten Wegpunkte werden für die Berechnung von Steuerungsvektoren für das Steering-Verhalten herangezogen. Die Weglänge ist das Gütekriterium zur Bewertung des Netzwerkflusses.

Die Pfade auf dem Graphen werden vor dem Start der Simulation berechnet. Im Simulationsverlauf können Pfade jedoch auch neu berechnet werden, falls Teilstücke des zugrunde liegenden Graphen aufgrund von Feuer, Rauch oder einer blockierenden Menschenmenge nicht mehr zugänglich sind.

---

[72] *Evacuability Index.*

Zur Realisierung eines *Low-Level-Planning* wird ein Steering-Ansatz verwendet. Dies ist möglich, da der Raum nicht in Form von Zellen, sondern als Kontinuum abgebildet wird. Einflussfaktoren zur Berechnung von Steering-Vektoren sind die Wunschgeschwindigkeit des Agenten, seine aktuelle Geschwindigkeit sowie die Agentendichte in der Umgebung in Gestalt der Gesamtdichte in der Umgebung und der Dichte vor dem Agenten in Laufrichtung. Derart kann ein Fluss von Agenten erzeugt werden, die ihrem Ziel entgegen strömen und dabei Hindernissen und anderen Agenten durch Einsatz von Vermeidungsheuristiken ausweichen.

Zur Modellierung menschlichen Verhaltens im Evakuierungsfall wurden Parameter in Betracht gezogen wie Anzahl, Alter, Geschlecht und Mobilität der Passagiere, deren Verteilung, die Anzahl der Crewmitglieder sowie ihre Verteilung und Funktion in Krisensituationen.

Das Verhalten von Agenten wird durch eine Menge von Genen definiert. Gene legen fest, ob ein Agent in einer Krise, einem Crewmitglied ähnlich, eine Anführerrolle übernimmt, sich anderen anpasst und wie ein Kind seinen Eltern folgt oder Panikverhalten[73] zeigt. Gene können abhängig vom Simulationsverlauf spontan aktiviert oder deaktiviert werden. Insgesamt stehen den Agenten im Modell gescriptete, regelbasierte, fremdgesteuerte und adaptive Verhaltensweisen zur Verfügung [Vassalos 2002].

Physiologische wie auch psychologische Attribute von Agenten sind als nicht-deterministische Fuzzymengen gegeben, um einen Grad an Unvorhersagbarkeit und Ungleichheit in das Verhalten der Agenten einzubringen.

4.2 Fazit

Zur Abbildung des Verhaltens von Menschen in Mengen existieren verschiedene Ansätze, deren Fokus meist auf die Abbildung von Bewegung ausgerichtet ist. Derartige Modelle werden zur Simulation gewöhnlicher Bewegung von Fußgängern an öffentlichen Orten, wie auch zur Simulation von Evakuierungsszenarien eingesetzt. Das Hauptaugenmerk liegt dabei auf der Optimierung der lokalen Architektur im Hinblick auf Komfort und Sicherheit. Die im Rahmen der Betrachtungen exemplarisch gewählten Modelle aus den verschiedenen Modellierungsansätzen und ihren Unterklassen werden in Tabelle 33 mit den erfassten Modellierungsanforderungen im Rahmen der vorliegenden Arbeit verglichen, jedoch vor dem Hintergrund, dass die Modelle ursprünglich meist nicht explizit zur Abbildung menschlichen Panikverhaltens konzipiert wurden. Selbst das in

---

[73] *"Panicking"* wird explizit als mögliche Verhaltensweise angegeben, ihre Umsetzung im Modell wird jedoch nicht näher beschrieben.

der Literatur viel zitierte *Modell sozialer Kräfte* wurde für die Abbildung von Massenbewegungen in Paniksituationen lediglich angepasst, nicht jedoch explizit für diesen Zweck entwickelt.

Aus Tabelle 33 geht hervor, dass keines der betrachteten Modelle sämtlichen Modellierungsanforderungen der vorliegenden Arbeit genügt. Darüber hinaus werden gemeinsame Schwächen unter den Modellen deutlich. Diese liegen im Bereich der Verbreitung von Informationen über Fluchtmöglichkeiten unter Teilnehmern einer Massenflucht, der Abbildung des in Paniksituationen hochrelevanten emotionalen Motivs Angst, der Berücksichtigung sozialer Faktoren und des Massenphänomens Crowding.

Es kann jedoch auch festgestellt werden, dass Experimente mit Modellen, gerade aus dem mikroskopischen Bereich, konsistente Ergebnisse im Bereich der Reproduktion von Phänomenen wie Bogenbildung und Verstopfungen an Ausgängen hervorbrachten. Damit konnten brauchbare Aussagen über den Durchsatz an Ausgängen im Evakuierungsfall abgeleitet und ein wertvoller Beitrag für die Sicherheitsforschung geleistet werden.

Tabelle 33: Vergleich von Modellen verschiedener Ansätze

Anforderungen		[a]	[b]	[c]	[d]	[e]
/MU1/	Infrastrukturelle Merkmale der Umgebung					
/MU1a/	Begehbare Areale	▲	▲	▲	▲	▲
/MU1b/	Hindernisse	■a	▲	▲	?	▲
/MU1c/	Technische Informationsquellen	▼	▼	▼	▼	▼
/MU1d/	Veränderlichkeit infrastruktureller Merkmale	▼	▼	▼	▼	▼
/MU2/	Abbildung kritischer Ereignisse					
/MU2a/	Eintreten kritischer Ereignisse	▼	▼	▼	▼	?b
/MU2b/	Lokal begrenzter Wirkbereich kritischer Ereignisse	▼	▼	▼	▼	▲
/MU2c/	Dynamischer Wirkbereich kritischer Ereignisse	▼	▼	▼	▼	?c
/MU3/	Abbildung der Verbreitung von Information über mögliche Fluchtziele					
/MU3a/	Auditiv (Lautsprecher)	▼	▼	▼	▼	▼
/MU3b/	Visuell (Optische Hinweise)	▼	▼	▼	▼	▼
/MU4/	Entstehung und Dynamik von physischem Druck	▼	▲	▲	▲d	▼
/MA1/	Wahrnehmung					
/MA1a/	Wahrnehmung kritischer Ereignisse	▼	▼	▼	▼	?e
/MA1b/	Wahrnehmung der Aktionen anderer Individuen	▼	▼	▼	▼	▲
/MA1c/	Aufnahme auditiver Informationen	▼	▼	▼	▼	▼
/MA1d/	Aufnahme visueller Informationen	▼	▼	▼	▼	▼
/MA2/	Kognitive Verarbeitung von Wahrnehmungen					
/MA2a/	Aufbau eines individuellen internen Weltbildes	▼	▼	▲	▼	▼
/MA2b/	Bewertung des individuellen Weltbildes	▼	▼	▲	▼	▼
/MA3/	Interner Zustand					
/MA3a/	Entstehung und Dynamik der Emotion Angst	▼	▼	▼	▼	▼

Legende

Index	Modell	Symbol	Bedeutung
[a]	SimPed	▲	Konzept vorhanden und im Modell umgesetzt
[b]	Modell sozialer Kräfte	▼	Kein Konzept vorgesehen
[c]	Modell BvM	■	Kein Konzept vorgesehen, aber Effekt im Modell beob-
[d]	CA Model of Escape Panic		achtbar / reproduziert
[e]	Evi	?	Nicht bekannt
/MU/	Umweltmerkmal		
/MA/	Agentenmerkmal		

Anforderungen (Teil 2)		[a]	[b]	[c]	[d]	[e]
/MA3b/	Emotionale Intelligenz und Kontrolle von Angst	▼	▼	▼	▼	▼
/MA3c/	Sozialer Einfluss auf ein Individuum	▼	▼f	▼	▼	▼
/MA3d/	Einfluss von Crowding auf ein Individuum	▼	▼	▼	▼	▼
/MA4/	Verhalten					
/MA4a/	Verhaltensantrieb / Motivation	▼	?	▲	■g	▲h
/MA4b/	Reaktives Spektrum	■i	▲	▼	▼	▲
/MA4c/	Deliberatives Spektrum	▼	▼	▲	▲	▲
/MA4d/	Reflektives Spektrum	▼	▼	▼	▼	■j
/MA4e/	Koordination verfügbarer Verhaltensweisen	▼	▼	▼	▼	▲
/MA4f/	Übergreifende Fähigkeit: Bidirektionale Kommunikation	▼	▼	▼	▼	▼
/MA5/	Physiologischer Zustand eines Individuums	▼	▼	▲	▼	▲k
/MA6/	Persönlichkeitseigenschaften	▼	▲l	▲	▼	■m

Anmerkungen	
a	Indirekt darstellbar durch Aussparungen im Graphen.
b, e	Es ist nicht bekannt, ob kritische Ereignisse bei T = 0 einsetzen oder im Verlauf der Simulation einsetzen können.
c	Es ist nicht bekannt, ob sich Feuerzonen in der Simulation über die Zeit hinweg ausdehnen können
d	Rudimentär enthalten durch Berücksichtigung in der lokalen Überführungsfunktion.
f	Es existieren im Modell nur soziale Kräfte, die sich rein physikalisch auf Individuen auswirken.
g	Enthalten durch die Berücksichtigung der Konstante Panik_Faktor in der lokalen Überführungsfunktion.
h, j, m	Indirekt abgebildet über das Konzept der Gene.
i	Berücksichtigt durch die Berechnung einer neuen Route auf dem veränderten Graphen.
k	Berücksichtigt über den Faktor Mobilität.
l	Berücksichtigt in Form der Parameter Schulterbreite und Wunschgeschwindigkeit.

Legende			
Index	Modell	Symbol	Bedeutung
[a]	SimPed	▲	Konzept vorhanden und im Modell umgesetzt
[b]	Modell sozialer Kräfte	▼	Kein Konzept vorgesehen
[c]	Modell BvM	■	Kein Konzept vorgesehen, aber Effekt im Modell beob-
[d]	CA Model of Escape Panic		achtbar / reproduziert
[e]	Evi	?	Nicht bekannt
/MU/	Umweltmerkmal		
/MA/	Agentenmerkmal		

4.3 Einordnung des SimPan-Modellierungsansatzes

Für die Entwicklung des Referenzmodells **SimPan** erweist sich der mikroskopische Ansatz als geeignet, da er die Abbildung realer Menschen auf atomare Einheiten im Modell vorsieht, aus denen sich Massen zusammensetzen. Da das Referenzmodell physischen Druck und Drängelaktionen von Menschen abbilden muss, empfiehlt sich insbesondere die Berücksichtigung des raumdiskreten und zeitkontinuierlichen Bewegungsansatzes von Schmidt und Becker. Da das Referenzmodell **SimPan** den Menschen mitsamt individueller Ziele, internen Zuständen, Persönlichkeitseigenschaften und einer breiten Palette von Verhaltensweisen sieht, der in eine soziale Umgebung eingebettet ist, bietet sich weiterhin die Ausrichtung nach dem Paradigma der Agenten-basierten Modellierung an. Abbildung 23 zeigt die resultierende Einordnung des in dieser Arbeit vorgeschlagenen Modellierungsansatzes.

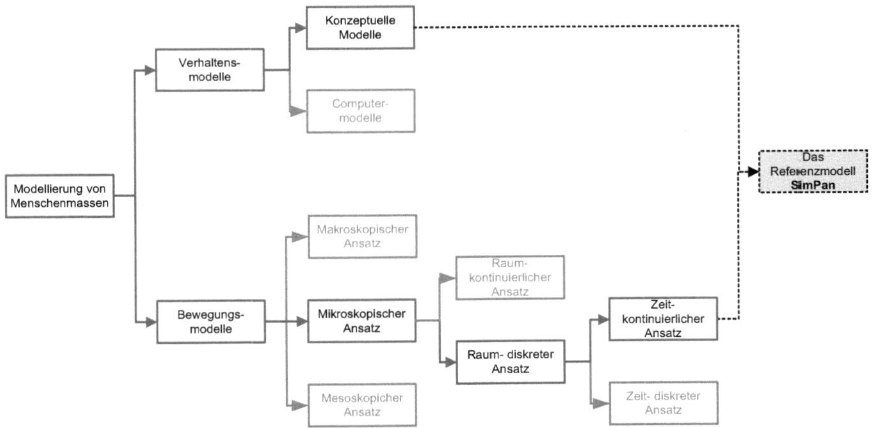

Bild 23: Einordnung des Referenzmodells **SimPan**

5 Entwicklung des Referenzmodells SimPan

Das folgende Kapitel beschreibt die erarbeiteten Lösungsansätze für die im Rahmen der Grundlagenarbeiten erfassten Modellierungsanforderungen sowie deren Integration in den gesamtheitlichen Modellierungsansatz des Referenzmodells **SimPan**[74]. Das Referenzmodell muss der Definition /D7/ genügen und alle in Tabelle 2 enthaltenen Merkmale aufweisen.
Die Strukturierung des Kapitels gliedert sich in Umwelt- und Agentenmodellierung. Für beide Teilbereiche der Modellierung sind die Vorgaben aus Tabelle 29 bindend[75], da sie nicht nur für das Referenzmodell als Ganzes, sondern auch für jedes seiner Bestandteile gelten.

5.1 Die Modellierung der Umwelt

Durch den Prozess der Umweltmodellierung wird die reale Umwelt auf eine Modellumwelt abgebildet. Der hierzu erarbeitete Ansatz muss die nötigen Strukturen und Mechanismen vorsehen, um die Umweltgegebenheiten während Paniksituationen, die sich in der Vergangenheit ereigneten und sich möglicherweise in Zukunft ereignen können, möglichst realitätsnah abbilden zu können. Tabelle 34 gibt den für die Umweltmodellierung relevanten Anteil der Gesamtanforderungen.

5.1.1 Grundlegende Konzepte zur Gestaltung der Umwelt

Der im Referenzmodell **SimPan** vorgeschlagene Ansatz zur Modellierung der Umwelt basiert auf drei grundlegenden Konzepten, die im Folgenden beschrieben werden: das *Zellenkonzept*, das *Konzept der Einflussbereiche* und das *Konzept der Datenhaltung in Zellen*.

5.1.1.1 Das Zellenkonzept

Im Zuge der Analyse bestehender Ansätze zur Modellierung der Bewegung von Menschenmengen konnte der raum-diskrete und zeit-kontinuierliche Ansatz nach Schmidt und Becker als geeignete Grundlage für die Umweltmodellierung des Referenzmodells **SimPan** ausgemacht werden. Das Zellenkonzept lässt sich wie folgt formulieren:

---

[74] Erste Skizzen, Anteile und überblicksartige Zusammenfassungen des Modellierungsansatzes werden in [Schneider {2005, 2006a, 2006b, 2008, 2010}] beschrieben.
[75] Mit Ausnahme der Eigenschaft /ER8/, die den Aufbau eines Demonstratormodells vorsieht.

Tabelle 34: Anforderungen an die Umweltmodellierung

Anforderungen an die Umweltmodellierung		
/MU1/	Infrastrukturelle Merkmale der Umgebung	
	/MU1a/	Begehbare Areale
	/MU1b/	Hindernisse
	/MU1c/	Technische Informationsquellen
	/MU1d/	Veränderlichkeit infrastruktureller Merkmale
/MU2/	Abbildung kritischer Ereignisse	
	/MU2a/	Eintreten kritischer Ereignisse
	/MU2b/	Lokal begrenzter Wirkbereich kritischer Ereignisse in der Umwelt
	/MU2c/	Dynamischer Wirkbereich kritischer Ereignisse in der Umwelt
/MU3/	Abbildung der Verbreitung von Information über mögliche Fluchtziele	
	/MU3a/	Auditiv (Lautsprecher)
	/MU3b/	Visuell (Optische Hinweise)
/MU4/	Entstehung und Dynamik von physischem Druck	

/D14/ Zellen und Zellenkonzept: Das Zellenkonzept sieht die Beschreibung der realen Umwelt durch eine Menge eindeutig identifizierbarer, atomarer Zellen vor. Eine Zelle verfügt über eine Menge[76] von Paaren der Form *(Attribut, Wertebelegung)*. Elementare Attribute einer Zelle sind ihr Identifikator (ID), ihre Koordinaten *(PosX und PoxY)* sowie ihr Typ *(Typ)*.

Es gilt also:

$$
\begin{aligned}
\textbf{Modellumwelt} &:= \{\textbf{Zelle}_1, \ldots, \textbf{Zelle}_n\} \text{ mit} \\
\textbf{Zelle}_i &:= \{ \ (\textbf{ID}, \_\textbf{id} \in \mathbf{N}_{>0}), \\
&\quad (\textbf{PosX}, \_\textbf{x} \in \mathbf{N}_{>0}), \\
&\quad (\textbf{PosY}, \_\textbf{y} \in \mathbf{N}_{>0}), \\
&\quad (\textbf{Typ}, \_\textbf{typ} \in \textbf{ZELLTYPEN}), \ldots \}
\end{aligned}
$$

Der Identifikator lässt sich aus den Koordinaten berechnen, so ergibt sich beispielsweise im zweidimensionalen Fall[77] unter Berücksichtigung der Dimension

---

[76] Aus konzeptueller Sicht ist die Reihenfolge der Paare in der Beschreibung einer Zelle beliebig.

[77] Die folgenden Ausführungen beziehen sich aus Gründen der Anschaulichkeit auf den zweidimensionalen Fall.

in x-Richtung (*DimX*) eine Zuordnung wie in Bild 24 gezeigt. Durch die Einbeziehung der dritten Dimension können ebenso Felder in verschiedenen Gebäudestockwerken adressiert werden.

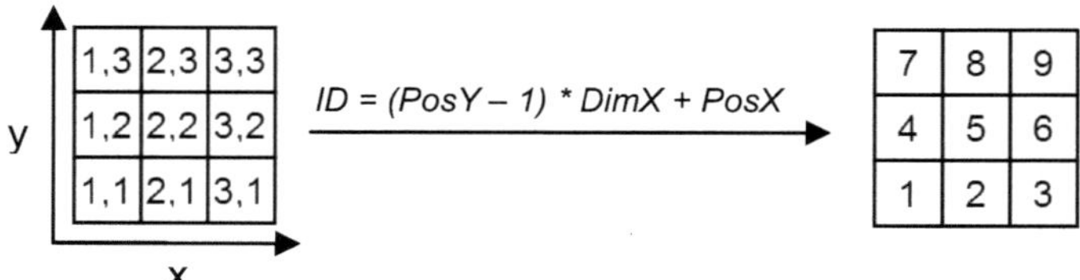

Bild 24: Transformation von Koordinaten in Identifikatoren

5.1.1.2 Das Konzept der Einflussbereiche

Durch das *Konzept der Einflussbereiche* wird der Umstand berücksichtigt, dass Zellen bestimmte Eigenschaften besitzen können, die einen Effekt auf Nachbarzellen haben. Eine Eigenschaft wird durch ein Paar *(Attribut, Wert)* abgebildet. Auf der Ebene von Attributen ausgedrückt bedeutet dies, dass zwischen einem Attribut einer Zelle und einer Menge von Attributen bestimmter Nachbarzellen eine Abhängigkeit besteht. Dieser Sachverhalt kann allgemein wie folgt beschrieben werden:

$$\text{Zelle}_i : \text{Attribut}_k \rightarrow \text{Zelle}_{\{n,...,n+x\}} : \text{Attribut}_{\{p,...,p+y\}}$$

Im obigen Beispiel besteht eine Abhängigkeit zwischen der Zelle mit dem Index *(i)* und der Menge von Zellen mit Index *(n)* bis *(n+x)*. Dabei bestimmt das Attribut mit dem Index *(k)*[78] der dominierenden Zelle die Attributwerte mit Index *(p)* bis *(p+y)* der dominierten Zellen.

Die beeinflussende, dominierende Zelle soll *Einflusszelle* genannt werden, die beeinflussten, dominierten Zellen sind *abhängige Zellen*. Eine Zelle kann mehrere verschiedene Einflussbereiche zur selben Zeit haben.

/D15/ Einflussbereich einer Zelle: Der Einflussbereich einer Zelle *Zelle*$_i$ für eine bestimmte Eigenschaft als Paar *(Attribut, Wert)* lässt sich wie folgt definieren:

$$\text{Einflussbereich}(\text{Zelle}_k : \text{Attribut}_o, \text{Wert}_o) := \{\text{Zelle}_i \,|\, \text{Zelle}_k : \text{Attribut}_o \rightarrow \text{Zelle}_i : \text{Attribut}_h$$
$$\text{mit } 1 \leq i, k \leq n, \, 1 \leq h, o \leq m\}$$

---

[78] Das betreffende Attribut nimmt in der Liste der Attribute einer Zelle die (k)-te Stelle ein.

Bild 25 verdeutlicht diesen Zusammenhang:

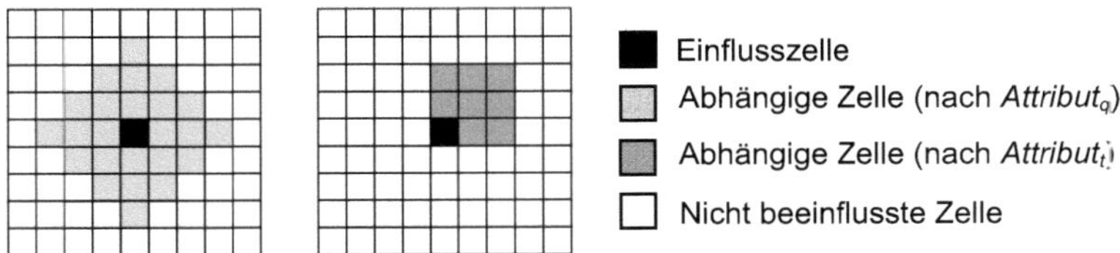

Bild 25: Einflusszelle und abhängige Zellen

Das Konzept der Einflussbereiche lässt sich für verschiedene denkbare Arten der Beeinflussung verwenden. Es definiert nicht die Struktur des entsprechenden Einflussbereiches, also die konkrete Zuordnung abhängiger Zellen zu einer Einflusszelle durch Vorgabe konkreter Algorithmen. Hier wird ein wesentliches Merkmal von Referenzmodellen ersichtlich: es werden grundlegende Konzepte bereitgestellt, die Freiraum in ihrer konkreten Ausgestaltung lassen. Die Verwendung der Konzepte im Rahmen der Umweltmodellierung wird im Folgenden beschrieben.

5.1.1.3 Das Konzept der Datenhaltung in Zellen

Das *Konzept der Datenhaltung in Zellen* sieht die Ausstattung von Zellen mit Attributen vor, deren Wertebelegungen Agenten einsehen können, die sich direkt auf einer Zelle befinden. Durch dieses Konzept besteht die Möglichkeit, definierte Einflussbereiche funktional zu gestalten. Beispiele für Funktionalitäten sind die Bereitstellung von auditiver und visueller Information über mögliche Fluchtziele für Agenten, wie in Abschnitt 5.1.2.2.1 beschrieben.

/D16/ Gesetztes Attribut: Ein Zellattribut Attribut mit dem Wert _*attributwert* soll abhängig von seinem Typ als gesetzt bezeichnet werden[79], falls gilt:

$$(((\_attributwert \in N_{/0}) \wedge (\_attributwert > 0)) \vee$$
$$((\_attributwert \in R_{/0}) \wedge (\_attributwert > 0)) \vee$$
$$((\_attributwert \in \{T,F\}) \wedge (\_attributwert = T) \vee$$
$$(\_attributwert \in ZELLTYPEN))$$

[79] Die letzte Zeile der Definition bedeutet, dass das Zellattribut *Typ* stets als gesetzt gilt, da jede Zelle per definitionem einem der verfügbaren Typen angehören muss.

Da sich das Referenzmodell nach /ER2/ auf der semantischen Ebene bewegt, schreibt es kein Verfahren für die Aktualisierung der Belegungen von Zellattributen vor. Die Entwicklung geeigneter Strategien gehört der Implementierungsebene an und ist stets abhängig von den Möglichkeiten der jeweiligen Simulationsplattform. Im Sinne einer effizienten Umsetzung liegt sie damit in der Verantwortung des Anwenders.

5.1.2 Infrastrukturelle Merkmale der Umwelt

Nach Tabelle 28 reicht die Spanne abzubildender Örtlichkeiten bei der Simulation von Schadensereignissen von geschlossenen Räumen über weitläufige Arenen und künstliche Kanäle bis hin zu öffentlichen Verkehrsmitteln. Das Referenzmodell muss Modellierungsvorschläge für die grundlegenden, gemeinsamen infrastrukturellen Eigenschaften dieser Umgebungen anbieten, jedoch auch Freiräume lassen, um spezifische, einzigartige Umgebungsmerkmale einzelner Szenarien gestalten zu können. Als grundlegende Elemente der Umwelt wurden begehbare Areale, Hindernisse sowie technische Informationsquellen ausgemacht.

5.1.2.1 Begehbare Areale und Hindernisse

Unter begehbaren Arealen sollen Flächen verstanden werden, die Individuen freie Bewegung auf den Flächen gestattet. Begehbare Areale repräsentieren beispielsweise Flure innerhalb von Gebäuden, Tanzflächen in Diskotheken, Bühnen in Theatern sowie freien Raum zwischen Marktständen. Zu den begehbaren Arealen zählen insbesondere Ein- und Ausgänge, die in eine oder meist beide Richtungen passiert werden können. Begehbare Areale werden, der Anforderung /MU1a/ nachkommend, im Modell als Menge von $n \geq 1$ Zellen des Typs *Neutrale_Zelle* abgebildet:

$$\text{Zelle} := \{..., (\text{Typ}, \text{Neutrale\_Zelle}), ...\}$$
$$\text{ZELLTYPEN} := \{\textbf{Neutrale\_Zelle}\}$$

/D17/ **Neutrale Zelle:** Zellen des Typs *Neutrale_Zelle* sind atomare Elemente eines begehbaren Areals, das von Agenten betreten, besetzt und verlassen werden kann.

In der Realität werden Areale abhängig von der Beschaffenheit des Untergrunds höchstens mit einer bestimmten Maximalgeschwindigkeit überquert. Das Referenzmodell berücksichtigt diesen Umstand durch die Einführung des Zellenattributes *GeschwindigkeitOPT*. Daneben wird das Attribut *GeschwindigkeitMAX* eingeführt, welches die zum Zeitpunkt des Betretens durch einen Agenten maximale Geschwindigkeit unter Berücksichtigung situativer Faktoren wie den Druckverhältnissen in der Umgebung angibt.

Hindernisse trennen freie Areale voneinander. Dies gilt nicht nur für Wände oder Absperrungen, sondern auch für Theken in Kaufhäusern, Verkaufsstände an Marktplätzen, Sitzreihen in Flugzeugen oder auch Arbeitsplätzen in Räumen von Bürogebäuden. Hindernisse werden wie in /MU1b/ gefordert im Modell abgebildet. Ihre Repräsentation gestaltet sich in Form von Mengen aus $n \geq 1$ Zellen des Typs *Hinderniszelle*. Da manche Hindernisse wie Theken umgerannt werden können, wurden die Zellenattribute *Druck* und *DruckMax* eingeführt. Bei Überschreiten des maximalen Drucks vollzieht das Feld eine Zustandsübergang und ändert seinen Feldtyp, wie in Abschnitt 5.1.4 näher beschrieben. *Druck* gibt den auf eine Zelle lastenden Druck an, *DruckMax* gibt den maximalen Druck an, dem das entsprechende Hindernis standhalten kann. Weiterhin können Zellen, die umgerannte Hindernisse markieren mit reduzierter Geschwindigkeit überquert werden.

/D18/ Hinderniszelle: Zellen des Typs *Hinderniszelle* sind atomare Elemente der Umwelt, die einem vordefinierten physischen Druck standhalten und nicht von Agenten betreten werden können.

Damit ergibt sich folgende Notation für Zellen:

$$
\begin{aligned}
\text{Zelle} := \{ \ & (\text{ID}, \_id \in N_{>0}), \\
& (\text{PosX}, \_x \in N_{>0}), \\
& (\text{PosY}, \_y \in N_{>0}), \\
& (\text{Typ}, \_typ \in \text{ZELLTYPEN}), \\
& (\textbf{GeschwindigkeitOPT}, \textbf{\_geschwindigkeitopt} \in \textbf{R}^{+}), \\
& (\textbf{GeschwindigkeitMAX}, \textbf{\_geschwindigkeitmax} \in \textbf{R}^{+}) \\
& (\textbf{Gesamtdruck}, \textbf{\_gesamtdruck} \in \textbf{R}^{+}), \\
& (\textbf{DruckMax}, \textbf{\_druckmax} \in \textbf{R}^{+}), \\
& \ldots \} \\
\text{ZELLTYPEN} := \{ & \text{Neutrale\_Zelle}, \textbf{Hinderniszelle} \}
\end{aligned}
$$

Neutrale Zellen und Hinderniszellen sollen als elementare Zelltypen bezeichnet werden. Bild 26 zeigt das maßstabsgetreue Modell eines Barraumes aus neutralen Zellen und Hinderniszellen der Seitenlänge 0,5m.

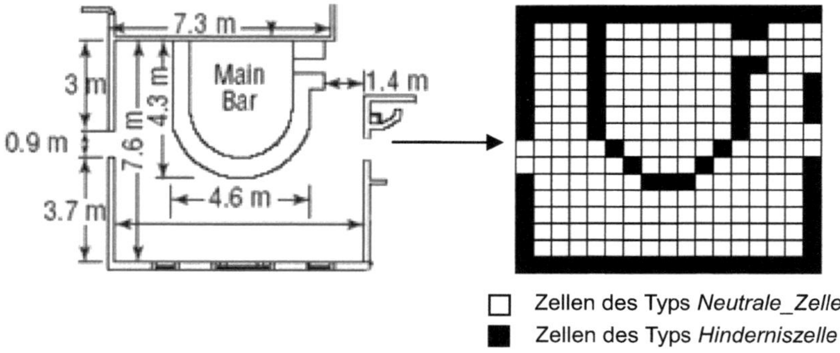

Bild 26: Modellierung eines Barraumes

5.1.2.2 Technische Informationsquellen

Lautsprecher und optische Wegweiser sollen unter dem Sammelbegriff *technische Informationsquellen* zusammengefasst und der Anforderung /MU1c/ folgend, modelliert werden. Sie sind in der Realität an Decken, Wänden oder Säulen angebracht, verändern ihre Position nicht und verfügen über eine beschränkte Reichweite. Innerhalb der Reichweite können sie Menschen auf unterschiedliche Arten beeinflussen. Die Reichweite einer Informationsquelle ist abhängig vom Zustand der Umwelt: starke Rauchentwicklung kann die Wahrnehmbarkeit optischer Wegweiser einschränken, Lärm durch Explosionen, Einsturz von Teilen der Infrastruktur oder Schreie können Lautsprecherdurchsagen übertönen.

Das Referenzmodell sieht zwei unterschiedliche Arten des Einwirkens auf die Umwelt vor. Einerseits werden durch Informationsquellen Informationen über mögliche Fluchtziele wie Notausgänge vermittelt, andererseits können Menschen über angemessene Verhaltensweisen für die aktuelle Situation instruiert und im selben Zuge beruhigt werden.

Technische Informationsquellen werden nicht als eigener Zelltyp modelliert, da sie aufgrund ihrer Größe und Platzierung in der realen Welt nicht als raumfordernd angesehen werden. Daher wurde der Ansatz gewählt, die Funktionalität einer Informationsquelle als Eigenschaft von neutralen Zellen oder Hinderniszellen zu sehen. Dem wird durch die Einführung eines Zellattributes *InfoID* Rechnung getragen, dem ein nicht negativer numerischer Identifikator zugewiesen wird.

$$\text{Zelle} := \{\dots, (\textbf{InfoID}, \_\textbf{infoquelle} \in \textbf{N}_{>0}), \dots\}$$

5.1.2.2.1 Das Konzept Informationssphäre: Verbreitung auditiver und visueller Informationen

Die Verbreitung von Informationen über ein mögliches Fluchtziel durch eine technische Informationsquelle, wie in /MU3{a,b}/ gefordert, wurde nach dem *Konzept der Einflussbereiche* umgesetzt.

Eine Informationsquelle wird als Einflusszelle betrachtet, für die ein Einflussbereich, die Informationssphäre, definiert werden kann. Dazu wurden die Zellattribute *Info_audit_{x,y}* und *Info_vis_ {x,y}* definiert.

$$
\begin{aligned}
\text{Zelle} := \{\ &\dots, \\
&(\textbf{Info\_audit\_x, \_infoauditx} \in \mathbf{N}_{>0}), \\
&(\textbf{Info\_audit\_y, \_infoaudity} \in \mathbf{N}_{>0}), \\
&(\textbf{Info\_vis\_x, \_infovisx} \in \mathbf{N}_{>0}), \\
&(\textbf{Info\_vis\_y, \_infovisy} \in \mathbf{N}_{>0}), \\
&\dots\}
\end{aligned}
$$

/D19/ Informationssphäre: Die Menge der Zellen mit gesetzten Zellattributen *Info_{audit,vis}_{x,y}*, die an eine technischen Informationsquelle mittelbar oder unmittelbar angrenzen definieren dessen Informationssphäre.

Falls eine Zelle innerhalb der Informationssphäre einer Informationsquelle liegt, können den Attributen *Info_{audit,vis}_{x,y}* der abhängigen Zelle Koordinaten zugewiesen werden, die sich beispielsweise auf die Position des nächstgelegenen Notausgangs beziehen. Die gesamte Informationssphäre einer Informationsquelle zeigt auf ein bestimmtes Fluchtziel. Sie bleibt so lange erhalten wie die Informationsquelle im Modell funktionstüchtig ist.

Bild 27 zeigt beispielhaft die mögliche Ausdehnung des Einflussbereiches einer Informationsquelle in einem modellierten Barraum:

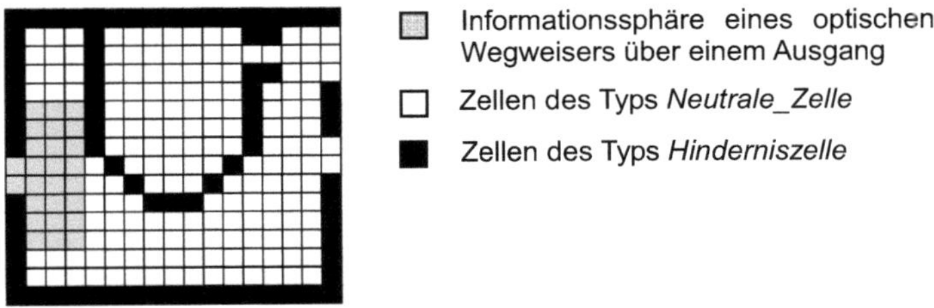

Bild 27: Die Informationssphäre eines Ausgangs

Das Referenzmodell bietet mit dem Konzept der Informationssphäre einen grundsätzlichen Mechanismus an, um Menschen in simulierten Krisensituationen Informationen zur Verfügung zu stellen. Es ist denkbar, eine Unterscheidung zwischen Informationsquellen für visuelle und auditive Information auf Basis ihrer Verarbeitbarkeit durch den Menschen zu treffen, da Agenten in simulierten Krisen in Anlehnung an Untersuchungen wie [AfNZBfZ 2000] visuelle Informationen besser verarbeiten als auditive. Dies könnte beispielsweise umgesetzt werden, indem auditive Information ignoriert wird. Weiterhin wäre es denkbar, auditive und visuelle Quellen durch unterschiedliche Größe der zugehörigen Einflussbereiche zu unterscheiden. So wären Lautsprecherdurchsagen in einem weiten Umkreis um die Quelle zu hören, visuelle Hinweiszeichen nur in einem kleineren Umkreis sichtbar. Auch ist es denkbar, den visuellen oder auditiven Einflussbereich abhängig vom Zustand der Umwelt zu gestalten. So könnten Lautsprecherdurchsagen bei starker Rauchentwicklung immer noch zu vernehmen sein, wohingegen visuelle Reize nur noch in einem sehr kleinen Umkreis um die Quelle wahrgenommen werden können. Das Referenzmodell **SimPan** lässt dem Anwender daher die Freiheit zur konkreten Ausgestaltung von Ausdehnung und Form von Informationssphären in einem Szenar.

Über das Konzept der Informationssphäre werden Umwelteinflüsse wie beispielsweise Rauchentwicklung in einer Umgebung nicht direkt abgebildet, sondern indirekt über den Effekt, den sie auf einen dedizierten Aspekt während Paniksituationen, in diesem Fall der Informationsbereitstellung in der Umwelt haben.

5.1.2.2.2 Der Ausfall von Informationsquellen

Bei einem simulierten Ausfall einer Informationsquelle wird der Wert des Attributes *InfoID* der Informationsquelle gelöscht[80]. Zudem werden die in den Attributen *Info_{audit,vis}_{x,y}* gehaltenen Koordinaten der Zellen im Informationsbereich der ausgefallenen Informationsquelle gelöscht.
Es besteht jedoch keine Korrelation zwischen dem Ausfall einer Informationsquelle und einer Typänderung der entsprechenden Zelle, das bedeutet: eine Informationsquelle kann ausfallen, ohne dass der Ort, an dem sie platziert wurde seine strukturellen Eigenschaften verliert[81].

5.1.2.2.3 Ein- und Ausgänge als spezielle Informationsquellen

Ein- und Ausgänge sind oftmals durch beleuchtete Hinweisschilder gekennzeichnet. Das Referenzmodell sieht sie daher ebenfalls als Informationsquellen mit eigenem Einflussbereich. Das Referenzmodell sieht vor, dass die Zellen in deren Einflussbereichen stets die Koordinaten der zugehörigen Ein- oder Ausgänge in den Attributen *Info_vis_{x,y}* tragen. Die Informationssphäre eines Ein- oder Ausgangs *zeigt* damit auf genau diesen Ein- oder Ausgang.
Ein- und Ausgänge stellen keinen eigenen Zelltyp dar, da sie die grundlegende Eigenschaft besitzen, frei begehbar zu sein und damit zu den neutralen Zellen gezählt werden. Weiterhin bieten Ein- und Ausgänge die Möglichkeit, ein gegebenes Szenario, möglicherweise erst ab einem bestimmten Zeitpunkt, zu verlassen. Das Referenzmodell sieht die Möglichkeit vor, Ein- und Ausgänge durch ein Zellenattribut *Ausgang* kenntlich zu machen, durch das jeder potenzielle Ausgang einen Identifikator zugewiesen bekommen kann. Zusätzlich wird das Attribut *Ausgang_passierbar* vorgesehen, mit dem angegeben werden kann, ob der entsprechende Ausgang geöffnet ist oder nicht.

$$
\begin{aligned}
&\text{Zelle} := \{ \quad ..., \\
&\quad (\textbf{Ausgang}, \_\textbf{ausgang} \in \mathbf{N}_{>0}), \\
&\quad (\textbf{Ausgang\_passierbar}, \_\textbf{ausgangpassierbar} \in \{\mathbf{T,F}\}), \\
&\quad ...\}
\end{aligned}
$$

Es wird angenommen, dass ein Individuum zumindest den Eingang kennen sollte, durch den es einen Raum betreten hat. Daher erhalten sämtliche Agenten mindestens einen Ausgang bzw. Eingang zugewiesen, der als dem Agenten bekannt gelten soll. So können Agenten als Repräsentanten von Menschen mit erweiterten Kenntnissen über die Modellumwelt von solchen unterschieden werden, welche sich zum ersten Mal in dieser aufhalten.

---

[80] Einen Attributwert zu löschen bedeutet, dem Attribut einen speziell definierten Wert innerhalb der Wertemenge zuzuweisen, der als gelöscht interpretiert wird.
[81] U.a. aus diesem Grund sieht das Referenzmodell keinen eigenen Zelltyp für Informationsquellen vor.

5.1.2.2.4 Das Konzept Beruhigungssphäre

Die Fähigkeit zur Beruhigung von Menschen durch Lautsprecherdurchsagen wird durch Einführung des Zellattributes *BeruhigungTI* abgebildet. Bei Zellen im Einflussbereich einer Informationsquelle mit beruhigender Funktion, wird dieses Attribut der abhängigen Zelle gesetzt. In gleicher Weise muss der Modellierungsansatz die Beruhigung von Menschen durch direkte Ansprache anderer Menschen berücksichtigen. Hierzu wird zusätzlich das Attribut *BeruhigungRefA* eingeführt.

$$\text{Zelle} := \{\dots, (\textbf{BeruhigungTI, \_beruhigungti} \in \{\textbf{T,F}\}),$$
$$(\textbf{BeruhigungRefA, \_beruhigungrefa} \in \{\textbf{T,F}\}), \dots\}$$

Die Belegung der Attribute *BeruhigungTI* und *BeruhigungRefA* gibt Auskunft darüber, ob ein Agent auf der entsprechenden Zelle einen beruhigenden Stimulus erfährt, nicht jedoch wie stark dieser Stimulus ist. Der Modellierungsansatz differenziert die Wirksamkeit eines Stimulus uniformer Stärke auf Individuen durch Abbildung von Persönlichkeitseigenschaften[82].

Es ist sinnvoll, jedoch nicht zwingend erforderlich, dass Informationssphären und Beruhigungssphären einer technischen Informationsquelle identisch sind. Durch Einführung des Attributes *BeruhigungTI* wird die Differenzierung zwischen den beiden Sphären wie in Bild 28 dargestellt ermöglicht.

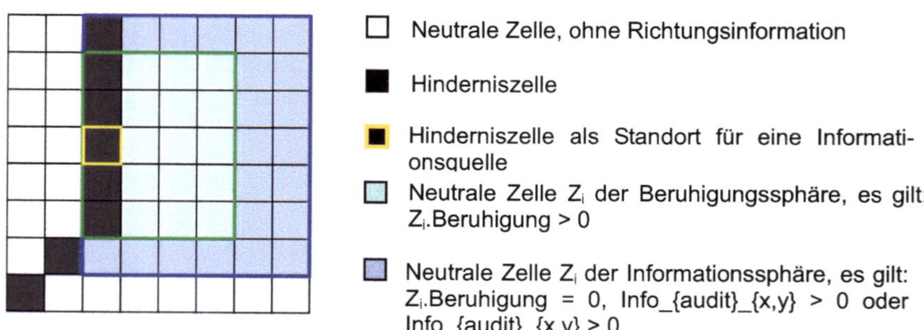

Bild 28: Differenzierung von Sphären

---

[82] Die Verwendung des Attributs *BeruhigungRefA* wird in Abschnitt 5.2.7.3.3.2 beschrieben.

> **/D20/ Beruhigungssphäre:** Die Menge aller Felder, deren Belegung des Attributs *BeruhigungTI* von der gleichen technischen Informationsquelle abhängen, definiert deren Beruhigungssphäre. Gleiches gilt für das Attribut *BeruhigungRefA* und die Beruhigungssphäre eines Agenten.

> **/D21/ Einflussbereich einer technischen Informationsquelle:** Der Einflussbereich einer modellierten technischen Informationsquelle besteht aus der Vereinigungsmenge aus Informationssphäre und Beruhigungssphäre.

5.1.3 Abbildung kritischer Ereignisse

Das Eintreten kritischer Ereignisse, wie in Tabelle 24 zusammengefasst, stellt eine Voraussetzung für die Entwicklung eines internen Panikzustands eines Menschen dar und wird daher in den Anforderungen /MU2{a,b,c}/ festgehalten. Das Referenzmodell kommt dieser Anforderung durch Bereitstellung von Mechanismen für die Abbildung von Eintreten und Auswirkungen kritischer Ereignisse auf die Umwelt und insbesondere den Menschen nach. Das Referenzmodell differenziert nicht zwischen verschiedenen Arten kritischer Ereignisse, sondern konzentriert sich darauf, Gemeinsamkeiten der Menge kritischer Ereignisse hinsichtlich des Einflusses auf Umwelt und insbesondere den Menschen als Teil davon, zu modellieren.

5.1.3.1 Eintreten kritischer Ereignisse

Das Eintreten kritischer Ereignisse, wie in /MU2a/ gefordert, wird als bedingtes Simulationsereignis abgebildet. Ein kritisches Ereignis wird auf einer Menge von n≥1 nicht notwendiger Weise aneinander grenzender Zellen der Umwelt festgemacht. Das Simulations-Ereignis setzt dazu das Attribut *Typ* der betreffenden Zellen auf den Wert *Panikereignis_Zelle*.

    Zelle := {..., (**Typ, _typ ∈ ZELLTYPEN**), ...}
    ZELLTYPEN := {Neutrale_Zelle, Hinderniszelle, **Panikereignis_Zelle**}

> **/D22/ Panikereigniszelle:** Zellen des Typs *Panikereignis_Zelle* markieren den Ursprungsort kritischer Ereignisse in der Umwelt. Ihr Typ wird durch die Ausführung bedingter Simulationsereignisse gesetzt.

Das Referenzmodell gibt keine konkreten Auslösebedingungen für kritische Ereignisse vor, da in der Realität eine unüberschaubare Vielzahl davon existiert. Die konkrete Ausgestaltung der Bedingung wird daher dem Anwender überlassen. Denkbare Auslösebedingungen für das Simulations-Ereignis wären, wie in Codefragment 1 exemplarisch dargestellt, die simulierte Detonation eines Sprengsatzes zu einem bestimmten Zeitpunkt, starker Druck auf bestimmten Feldern, die zum Einsturz von Hindernissen führen, oder bestimmte Aktionen von Agenten.

```
IF (T ≥ 20.0 [min]){Zelleᵢ.SETNEWTYPE(Panikereignis_Zelle)); …}
IF (CALC_PRESSURE(Zelleᵢ)≥Zelleᵢ.Druck_Max){
      Zelleᵢ.SETNEWTYPE(Panikereignis_Zelle); …}
IF (Agentⱼ.Action="Feuere_Gewehrschuss_ab"){(GETCELL(Agentⱼ)).
      SETNEWTYPE(Panikereignis_Zelle); …}
```

Codefragment 1: Pseudo-Code für mögliche Auslösebedingungen von kritischen Ereignissen

5.1.3.2 *Der lokale Wirkbereich kritischer Ereignisse*

Zellen des Typs *Panikereignis_Zelle* stellen Einflusszellen dar und können dem Konzept der Einflussbereiche folgend einen Wirkbereich wie in Bild 29 dargestellt erhalten, wodurch Anforderung /MU2b/ umgesetzt wird.

/D23/ **Trümmerbereich und Chaoszelle:** Der Einflussbereich einer Zelle des Typs *Panikereignis_Zelle* wird *Trümmerbereich* genannt. Er umfasst eine Menge von n ≥ 0 nicht notwendiger Weise zusammenhängender, vordefinierter Zellen des Typs *Chaoszelle*, die ab Eintreten des kritischen Ereignisses durch Agenten permanent nicht mehr betretbar sind.

```
Zelle := {…, (Typ, _typ ∈ ZELLTYPEN), …}
ZELLTYPEN := {Neutrale_Zelle, Hinderniszelle, Panikereignis_Zelle, Chaoszelle}
```

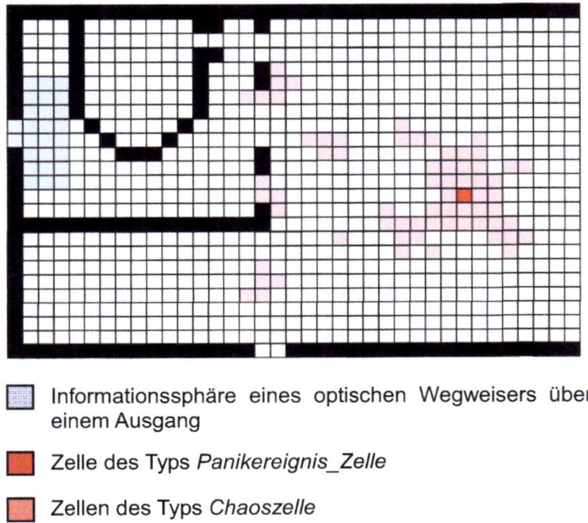

Bild 29: Zellen des Typs Panikereignis_Zelle und Chaoszelle

Entscheidendes Merkmal von Zellen des Trümmerbereiches ist es, durch das Panikereignis verwüstetes Gebiet zu markieren, das von Menschen in der Realität und von Agenten als ihre Repräsentanten im Modell nicht mehr betreten werden können. Darunter können Trümmerberge nach einer Explosion oder einem Einsturz von Teilen der Infrastruktur verstanden werden, brennende Flächen nach Ausbruch eines Feuers oder auch raucherfüllter Raum. Im Falle einer Explosion kann die erfolgte Zerstörung nicht nur auf den Explosionsort beschränkt sein, sondern an verschiedenen Stellen des Raumes auftreten. Es wäre beispielsweise denkbar, die Verwüstung einer Explosion bestimmter Stärke abhängig von den Gegebenheiten des Umfeldes physikalisch korrekt als Trümmerbereich abzubilden. Agenten, die sich bei Eintreten kritischer Ereignisse auf Zellen des Typs *Panikereignis_Zelle* befinden, erleben ihren sofortigen, virtuellen Tod.
Die konkrete Ausgestaltung des Trümmerbereiches ist abhängig vom konkreten Szenario und liegt in der Verantwortung des Anwenders. Die Definition des Trümmerbereiches kann erfolgen, muss jedoch nicht, da nicht alle kritischen Ereignisse die Umwelt in einen lebensfeindlichen Zustand versetzen. Als Beispiel kann die Verbreitung von Gerüchten durch einen Ausruf an einem bestimmten Ort wie in der Katastrophe im E2 Nightclub in Chicago genannt werden.

5.1.3.3 Der dynamische Wirkbereich kritischer Ereignisse

Der Einflussbereich eines kritischen Ereignisses muss nicht statisch sein, sondern kann über die Zeit hinweg einen Flächenzuwachs erfahren wie z.B. bei der Ausdehnung eines Brandes. Das Referenzmodell kommt der Anforderung /MU2c/ nach, indem es die Belegung des Zellattributes *Typ* mit dem Wert *Chaoszelle* nicht nur bei Auslösung des kritischen Ereignisses vorsieht, sondern zu beliebigen Zeitpunkten während des Simulationsverlaufes nach Eintreten des kritischen Ereignisses gestattet. Da die Ausdehnung des Trümmerbereiches von der jeweiligen Ursache und dem konkreten Szenario abhängt, muss das Referenzmodell zwar einen möglichen Flächenzuwachs berücksichtigen, kann jedoch nicht einen speziellen Algorithmus vorgeben, der Form und zeitlichen Verlauf des Flächenzuwachses berechnet.

5.1.3.4 Kritische Ereignisse und der Kenntnisbereich

Das Eintreten kritischer Ereignisse kann von Menschen direkt beobachtet werden, die uneingeschränkte Sicht auf den Ort des Geschehens haben und sofortige Kenntnis vom betreffenden Ereignis erhalten. Individuen, die nicht in der Lage sind, das Ereignis direkt wahrzunehmen, können durch Lautsprecherdurchsagen, Kommunikation mit anderen Individuen oder der Beobachtung des Verhaltens anderer Individuen indirekt in Kenntnis gesetzt werden. Das Referenzmodell muss daher einen Mechanismus bereitstellen, mit dem sich die Information über ein eingetretenes kritisches Ereignis in der Umwelt verbreiten kann, räumlich und zeitlich, so dass Agenten erst und genau dann auf ein kritisches Ereignis reagieren, wenn sie Kenntnis davon besitzen. Für diese Zwecke sieht das Referenzmodell das *Kenntnis-Konzept* vor, das auf dem Konzept der Datenhaltung fußt. Zellen erhalten die Zellattribute *Kenntnisbereich* und *TKenntnis* deren Belegung die Einteilung der Umwelt in vier verschiedene Zonen zulässt.

$$\text{Zelle} := \{..., (\textbf{Kenntnisbereich, \_kenntnis} \in N_{[0..3]}),$$
$$(\textbf{TKenntnis, \_tkenntnis} \in Z_{>-2})...\}$$

Tabelle 35 ordnet den Belegungen des Attributs *Kenntnisbereich* eine Bedeutung zu. Agenten, die sich auf einer Zelle mit gesetztem Attribut *Kenntnisbereich* befinden, können diese Information aufnehmen und entsprechend darauf reagieren.

Tabelle 35: Kenntnisbereiche

Kenntnisbereich	Bedeutung
0	Standardbelegung: Keine Kenntnis vom kritischen Ereignis
1	Keine eigene Wahrnehmung der Wirkung Keine eigene Wahrnehmung der Ursache Zeitverzögerung
2	Eigene Wahrnehmung der Wirkung Keine eigene Wahrnehmung der Ursache Keine Zeitverzögerung
3	Eigene Wahrnehmung der Wirkung Eigene Wahrnehmung der Ursache Keine Zeitverzögerung

Wie in Bild 30 dargestellt, gilt es zu beachten, dass die Änderung der Belegung des Attributs *Kenntnisbereich* erst nach Ablauf der, über das Attribut *TKenntnis* in Sekunden definierten Zeitspanne erfolgt. Auf diesem Weg erhalten Agenten abhängig von ihrem Aufenthaltsort zeitverzögert Kenntnis vom Eintreten eines kritischen Ereignisses. Dies manifestiert sich in Bild 30 dadurch, dass erst zum Zeitpunkt $T_{Ereignis}+15[s]$ die gesamte Umwelt Kenntnis vom kritischen Ereignis erlangt, erkennbar an der erstmalig auftretenden schwach roten Färbung der äußeren Umweltbereiche.

In konkreten Anwendungsbereichen wäre eine Ausgestaltung dieses Konzeptes auch dahingehend denkbar, dass die Menge von Zellen mit gesetztem *Kenntnisbereich*-Attribut über die Zeit hinweg der Bewegung flüchtender Agenten folgend stetig anwächst. In diesem Fall würde nicht das Erreichen einer bestimmten Simulationszeit $T_{Event} + TKenntnis$ nach dem Eintreten des kritischen Ereignisses zur Wertänderung des *Kenntnisbereich*-Attributs einer Menge von Zellen auf den für sie vordefinierten Wert führen, sondern das erstmalige Betreten einer Zelle unter ihnen durch einen fliehenden Agenten, der bereits Kenntnis vom kritischen Ereignis hat. Die Entwicklung konkreter Algorithmen für die Ausbreitung des Kenntnisbereiches obliegt dem Gestalter des Szenarios.

Ein Beispiel für den Einsatz des Kenntnisbereiches wird im Folgenden gegeben. Über das Attribut *Kenntnisbereich* können prinzipiell verschiedene Zonen der Umwelt definiert werden, in denen Agenten auf unterschiedliche Weise Kenntnis vom kritischen Ereignis erhalten und dementsprechend in ihrem Verhalten unterschiedlich stark beeinflusst werden. Dieser Sachverhalt lässt sich anhand der Detonation eines Sprengsatzes veranschaulichen.

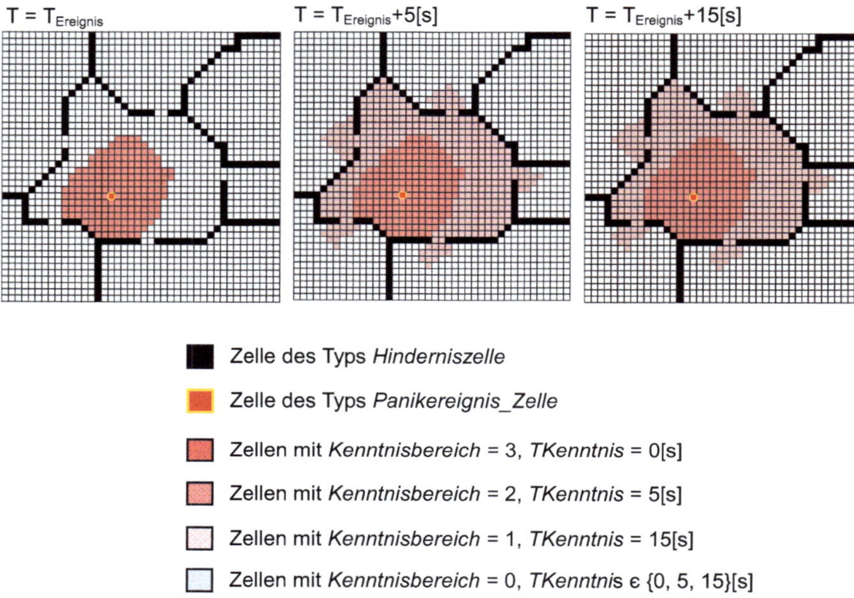

Bild 30: Die zeitliche Entwicklung des Kenntnisbereiches

Der Raum, in dem sich die simulierte Explosion ereignet, besteht aus Zellen der folgenden Konfiguration:

$$\text{Zelle}_a := \{\dots, (\textbf{Kenntnisbereich, 3}), (\textbf{TKenntnis, 0})\dots\}$$

Es kann angenommen werden, dass Agenten in dieser Zone das kritische Ereignis direkt beobachten können, mehr noch, seinen Auswirkungen direkt ausgesetzt sind und unmittelbar Fluchtreaktionen zeigen. In benachbarten Räumen finden sich Zellen der folgenden Konfiguration:

$$\text{Zelle}_b := \{\dots, (\textbf{Kenntnisbereich, 2}), (\textbf{TKenntnis, 0})\dots\}$$

Agenten, die sich in diesen Räumen zum Zeitpunkt der Explosion aufhalten, vernehmen zunächst nur, zeitgleich mit der Explosion, den unerwarteten Knall der Detonation, kennen aber nicht dessen Ursache. Auf Basis dieser mehrdeutigen Information besteht zunächst keine Notwendigkeit für Fluchtreaktionen. In anderen Zonen erfahren anwesende Agenten mit erheblicher Verzögerung durch

Lautsprecherdurchsagen vom kritischen Ereignis und werden zum Verlassen des Gebäudes aufgefordert:

$$Zelle_b := \{..., (\textbf{Kenntnisbereich, 1}), (\textbf{TKenntnis, 160})...\}$$

Zuletzt existieren Zonen, in denen anwesende Agenten aufgrund vollständiger Isolation keine Kenntnis vom kritischen Ereignis erfahren und deshalb ihre gewöhnlichen Tätigkeiten nicht unterbrechen:

$$Zelle_b := \{..., (\textbf{Kenntnisbereich, 0}), (\textbf{TKenntnis, -1})...\}$$

5.1.3.5 Sequenzen von kritischen Ereignissen

Bei der Abbildung von Schadensereignissen muss die Möglichkeit in Betracht gezogen werden, dass nicht nur ein kritisches Ereignis stattfindet, sondern ein Ereignis ein weiteres zu einem späteren Zeitpunkt bedingt, so dass eine Sequenz kritischer Ereignisse entsteht. So wäre es vorstellbar, dass eine Explosion Tumulte in ihrer Umgebung auslöst und Menschen dazu veranlasst, dem nächst gelegenen Ausgang entgegen zu strömen. An diesem Ausgang kann das Gedränge so stark werden, dass weitere Ereignisse statt finden, die erneute Tumulte auslösen können, z.B. der Einsatz von Waffengewalt einzelner Individuen, um sich einen Wettbewerbsvorteil zu verschaffen und den Ausgang passieren zu können. Um diesem Umstand gerecht zu werden, können Simulationsereignisse mit beliebigen Bedingungen zur Abbildung kritischer Ereignisse definiert werden, die abhängig vom Simulationsverlauf erst erfüllt werden müssen.

5.1.3.6 Verlustzellen

Das Referenzmodell sieht die Abbildung gestürzter Menschen vor, die anderen Menschen in ihren Fluchtversuchen hinderlich werden. Das vorgeschlagene Konzept sieht vor, dass bewegungsunfähige oder gar leblose Agenten auf ihren letzten Koordinaten verbleiben und die zugehörige Zelle in eine *Verlustzelle* verwandeln.

/D24/ Verlustzelle: Felder des Typs *Verlustzelle* repräsentieren Teile von Arealen der Umwelt, auf denen sich bewegungsunfähige Menschen befinden. Ihre Überquerung durch Agenten erfolgt mit reduzierter Geschwindigkeit und erfordert einen bestimmten Druck, der diese Agenten in Fluchtrichtung einwirkt.

Durch die Restriktionen hinsichtlich des Betretens von Verlustzellen wird der
Umstand berücksichtigt, dass Menschen im Allgemeinen davon abzusehen versuchen, über verletzte oder tote Menschen hinweg zu trampeln, sondern wie im
Fall von den Katastrophen in Mekka berichtet, durch die Kraft der Massenbewegung keine andere Wahl haben.

$$
\begin{aligned}
\text{Zelle} := \{ &\ldots, \\
&(\text{Typ}, \_\text{typ} \in \text{ZELLTYPEN}), \ldots, \\
&(\mathbf{DruckVerlustzelle}, \_\mathbf{druckV} \in \mathbf{R^+}), \\
&\ldots\} \\
\text{ZELLTYPEN} := \{&\text{Neutrale\_Zelle, Hinderniszelle, Panikereignis\_Zelle, Chaoszelle,} \\
&\mathbf{Verlustzelle}\}
\end{aligned}
$$

Die Stärke des benötigten Drucks und der Bewegungsgeschwindigkeit für *Verlustzellen* hängt von situationsspezifischen Faktoren ab wie der Anzahl bewe-
gungsunfähiger Menschen auf der Zelle oder vorhandener räumlicher Möglichkeiten zum Ausweichen. Gestürzte Menschen, die sich wie im Fall der Katastrophe im E2 Nightclub in Chicago auf einer engen Treppe verkeilen, können zum
unüberwindbaren Hindernis werden. An dieser Stelle lässt das Referenzmodell
Freiraum zur Anpassung an spezielle Erfordernisse des jeweiligen Szenarios
durch den Anwender.

5.1.4 Zelldynamik: Veränderlichkeit infrastruktureller Merkmale

Für die Modellierung unterschiedlicher Eigenschaften von Arealen der Umwelt
sieht das Referenzmodell **SimPan** wie beschrieben verschiedene Zelltypen vor.
Tabelle 36 fasst alle Zelltypen mit ihren Eigenschaften zusammen.

Tabelle 36: Zusammenfassung der unterschiedlichen Zelltypen

Feldtyp	Beschreibung
Neutrale_Zelle (NZ)	Atomare Elemente eines begehbaren Areals, das von Agenten frei betreten, besetzt und verlassen werden kann.
Hinderniszelle (HZ)	Hindernisse halten einem gewissen Druck stand. Ist der, auf die Zelle wirkende Druck kleiner, ist die Zelle nicht durch Agenten betretbar.
Panikereignis_Zelle (PZ)	Ursprungszelle eines kritischen Ereignisses. Agenten, die sich bei Erscheinen einer Zelle dieses Typs auf diesem befinden, sterben.
Chaoszelle (CZ)	Chaoszellen modellieren den verwüsteten (Trümmer-) Bereich der durch ein kritisches Ereignis erzeugt werden kann. Ein Chaosfeld ist permanent nicht betretbar. Agenten, die sich bei Entstehung eines Chaosfeldes auf diesem befinden, sterben.
Verlustzelle (VZ)	Verlustzellen repräsentieren Areale, auf denen sich bewegungsunfähige Menschen befinden. Die Überquerung einer derartigen Zelle durch einen Agenten erfolgt mit reduzierter Geschwindigkeit und setzt einen bestimmten Druck auf den Agenten voraus.

Am Beispiel von Marktständen, die während des Verlaufes einer Massenflucht umgerannt werden, wird die Notwendigkeit zur Berücksichtigung von Übergängen der einzelnen Zelltypen ineinander deutlich, wie in /MU1d/ gefordert. Das *Konzept der Zelldynamik* ermöglicht diskrete Übergänge. Der eben beschriebene Fall wird durch den Übergang von Hinderniszellen in neutrale Zellen[83] mit verändertem Attribut *GeschwindigkeitOPT* abgedeckt, der durch ein bedingtes Ereignis ausgelöst wird. Auch die entgegen gesetzte Richtung ist möglich: frei begehbares Areal wird durch eine Explosion zu einem unpassierbaren Trümmerbereich. Die durch das Referenzmodell vorgesehenen Übergänge zwischen Zelltypen werden in Tabelle 37 zusammengefasst, der Zustandsübergangsgraph gestaltet sich wie in Bild 31 dargestellt.

---

[83] Es ist insbesondere zu beachten, dass technische Informationsquellen ihre Informationen auch in Zellen des Typs *Hinderniszelle* in ihren Einflussbereichen eintragen, damit die Information im Falle der Übergangs zu einer Zelle des Typs *Neutrale_Zelle* für Agenten verfügbar ist.

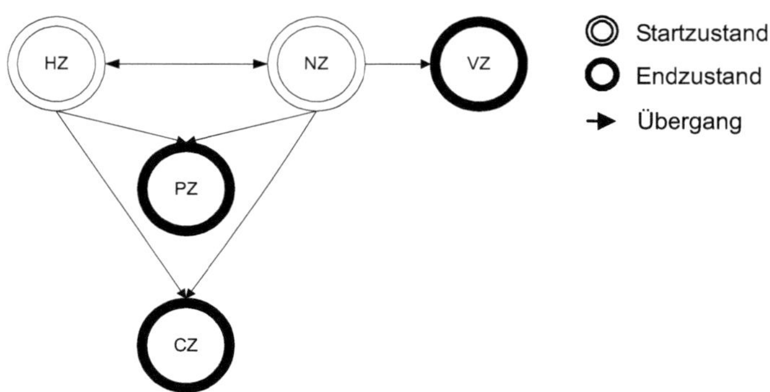

Bild 31: Der Übergangsgraph für Zellzustände

Tabelle 37: Übergänge zwischen Zelltypen

Feldtyp	Mögliche Übergänge	Ursache für den Übergang
Neutrale_Zelle (NZ)	$NZ \to VZ$	Ein Agent verstirbt auf einer NZ und verbleibt dort. Er stellt fortan ein Hindernis für andere Agenten dar.
	$NZ \to PZ$	Ein kritisches Ereignis findet auf einer NZ statt.
	$NZ \to CZ$	Ein kritisches Ereignis macht Zellen des Typs NZ unpassierbar.
	$NZ \to HZ$	Sicherheitskräfte errichten künstliche Barrieren zur Kanalisierung eines Menschenstroms oder zur Absperrung bestimmter Areale.
Hinderniszelle (HZ)	$HZ \to NZ$	Überschreitung des maximalen Drucks, dem ein Hindernis standhalten kann.
	$HZ \to PZ$	Ein kritisches Ereignis findet auf einer Hinderniszelle statt[84].
	$HZ \to CZ$	Eine Hinderniszelle wird durch ein kritisches Ereignis verwüstet.

---

[84] Beispielsweise durch einen Sprengsatz, der an einem Element der Infrastruktur befestigt ist und dort gezündet wird.

Feldtyp (Teil 2)	Mögliche Übergänge	Ursache für den Übergang
Panikereignis_Zelle (PZ)	-	Keine Übergänge mehr möglich.
Chaoszelle (CZ)	-	Keine Übergänge mehr möglich.
Verlustzelle (VZ)	-	Keine Übergänge mehr möglich.

Der Graph besteht aus zwei unterschiedlichen Zustandsklassen: Startzustände und Endzustände. Startzustände können die Wertebelegung des Attributs Typ ändern, bei Endzuständen ist dies nicht mehr möglich. Die Typen *HZ* und *NZ* agieren demnach als Startzustände, die Typen *PZ*, *CZ* und *VZ* sind Endzustände. Darüber hinaus erfolgen bei Zellen der Typen *PZ* und *CZ* im gesamten restlichen Simulationsverlauf keine Änderungen mehr in allen Ihren Attributwerten.
Die Zustände *PZ*, *CZ* und *VZ* können erst nach Eintreten eines kritischen Ereignisses erreicht werden.

5.1.5 Physischer Druck in der Umwelt

Zur Modellierung von physischem Druck, der in einer Menschenmenge entstehen kann und durch /MU4/ gefordert wird, integriert das Referenzmodell **Sim-Pan** das *Konzept zur Abbildung von Druck* von Schmidt und Becker (2005).

5.1.5.1 Grundlagen

Das Konzept fußt auf der grundlegenden Beobachtung, dass Druck in einer Menschenmenge Verhalten und physischen Zustand von Menschen beeinflussen. Druck kann die Infrastruktur angreifen und die Bewegungsfreiheit von Menschen in der Menge einschränken, was sich in einer Reduzierung ihrer Bewegungsgeschwindigkeit äußert. Darüber hinaus kann Druck aggressives Fluchtverhalten zu Tage bringen oder fördern und zu Verletzungen oder gar dem Tod von Menschen führen.
Grundlage für das Druck-Konzept im Referenzmodell **SimPan** stellt die kontinuierliche Bewegung von Agenten mit einer bestimmten Wunschgeschwindigkeit einem individuellen Ziel entgegen dar. Werden Agenten während Evakuierungssituationen durch Anwesenheit oder Aktionen anderer Agenten in ihrer Bewegungsfreiheit eingeschränkt, üben sie physischen Druck auf ihre Umwelt aus um ihre eigene Position relativ zu ihrem räumlichen Ziel in aggressiver Weise zu verbessern[85]. Der daraus resultierende Druck an bestimmten Punkten in der

---

[85] Die zugehörigen Verhaltensweisen von Agenten werden in Kap. 5.2.7.3.1.5 beschrieben.

Umwelt wird, dem Konzept der Datenhaltung in Zellen folgend, in der zugehörigen Zelle der Umwelt gespeichert:

$$\text{Zelle} := \{..., (\textbf{Gesamtdruck, \_gesamtdruck } \epsilon \textbf{ R}^+),...\}$$

Agenten können das Zellattribut *Gesamtdruck* jeweils derjenigen Zelle auslesen, auf der sie sich befinden. Darüber hinaus übermitteln Agenten den von ihnen ausgehenden Druck an die entsprechenden Zellen der Umwelt.

5.1.5.2 Gesamtdruck, Druckabsorption und Druckpropagierung

Der auf einer bestimmten Zelle Z lastende Gesamtdruck ergibt sich wie in Formel 1 dargestellt aus der Summe der einzelnen Drucklasten, die von den direkten Nachbarzellen $Z_{\{N,S,W,O,NW,NO,SW,SO\}}$ gemäß Bild 32 ausgeht und auf Z einwirkt.

$$
\begin{aligned}
Z.Gesamtdruck :=\ & Z_{NW}.Druck\_nach\_SO+ \\
& Z_{N}.Druck\_an\_S + Z_{NO}.Druck\_nach\_SO+ \\
& Z_{W}.Druck\_nach\_O + Z_{O}.Druck\_nach\_W+ \\
& Z_{SW}.Druck\_nach\_NO+ \\
& Z_{S}.Druck\_nach\_N + Z_{SO}.Druck\_nach\_NW
\end{aligned}
$$

Formel 1: Berechnung des Gesamtdrucks auf eine Zelle

Die Zellendefinition wird wie folgt erweitert:

$$
\begin{aligned}
\text{Zelle} := \{..., &(\textbf{Druck\_nach\_\{N,S,W,O,NW,NO,SW,SO\}}, \\
&\textbf{\_drucknach\{N,S,W,O,NW,NO,SW,SO\}}, \epsilon \textbf{ R}^+),...\}
\end{aligned}
$$

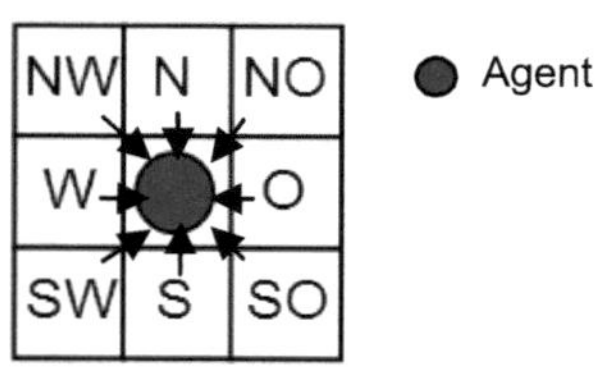

Bild 32: Gesamtdruck auf eine Zelle der Umwelt

Der Umgang einer Zelle und damit indirekt eines Agenten auf der Zelle hängt ab von Richtung und Stärke der anteiligen Drucklasten, der Standfestigkeit eines Agenten und der Stärke des Drucks mit dem ein Agent aktiv und wohlerwogen in eine Richtung drückt.

Druck auf eine Zelle aus einer bestimmten Richtung kann entweder an Nachbarzellen weiterpropagiert werden oder durch einen Agenten, der sich auf der Zelle befindet, absorbiert werden. Hierzu schreibt Becker (2005) Agenten durch Einführung einer Persönlichkeitskonstante *PersK_Standfestigkeit* die Fähigkeit zu, Druck bis zu einem individuellen Schwellenwert durch Ausüben reaktiver Gegenkräfte kompensieren zu können, ohne dabei ihre Position unbeabsichtigt zu verändern. Als Standardbelegung für das Agenten-Attribut *PersK_Standfestigkeit* soll der Wert 40[N] vorgeschlagen werden.

Die Fähigkeit, aktiv Druck in eine bestimmte Richtung auszuüben, können Agenten einsetzen, um auf sie einwirkende Kräfte bewusst zu neutralisieren, welche die eigene Standfestigkeit übersteigen. Die aktiv ausgeübte Kraft, repräsentiert durch das Agenten-Attribut *PersK_Druckkraft*, wird in dem Fall in Gegenrichtung zur einwirkenden Kraft ausgeübt und geht in diesem Fall in Formel 2 im Term *Z.Druck_nach_β* auf.

Seien α, $\beta \in \{N,S,W,O,NW,NO,SW,SO\}$ und sei β die α entgegengesetzte Richtung. Dann gilt die in Formel 2 dargelegte Druckbehandlung entlang jeder der acht Richtungen für eine Zelle Z:

$$Z.Druck\_nach\_\alpha := MAX(0[N], Z_\beta.Druck\_nach\_\alpha -$$
$$(Z.Druck\_nach\_\beta +$$
$$Agent.PersK\_Standfestigkeit)) +$$
$$Z.Druck\_nach\_\alpha$$

Formel 2: Kompensierung und Propagierung von Druck

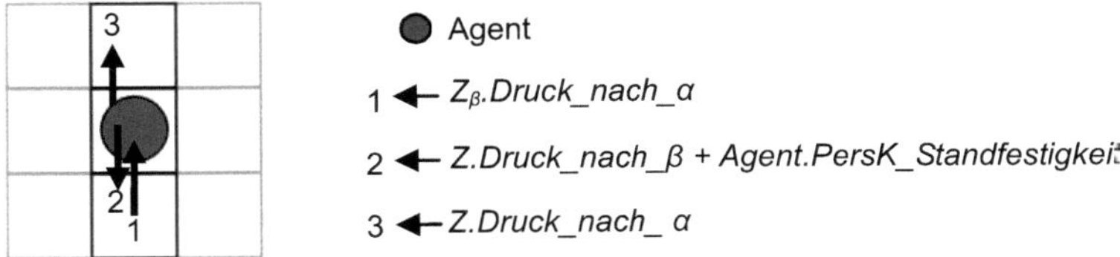

Bild 33: Propagierung von Druck mit $\alpha = N$ und $\beta = S$

Die Berechnung in Formel 2 wird analog für alle acht Richtungen bzw. Nachbarzellen durchgeführt. Für die Behandlung von Druck aus einer Richtung α auf eine Zelle Z gelten die in Regelwerk 1 festgehaltenen Äquivalenzrelationen:

[R_{D1}] Druck von Zelle Z_α wird von Zelle Z absorbiert genau dann, wenn
$\quad$ Z_α.Druck_nach_$\beta \leq$ (Z.Druck_nach_α + Agent.PersK_Standfestigkeit)
[R_{D1}] Druck von Zelle Z_α wird von Zelle Z in Richtung von Zelle Z_β
$\quad$ weiterpropagiert genau dann, wenn
$\quad$ $Z\alpha$.Druck_nach_$\beta >$ (Z.Druck_nach_α + Agent.PersK_Standfestigkeit)

Regelwerk 1: Absorption und Weiterpropagierung von Druck
Eine detaillierte Beschreibung des Druck-Konzepts nach Schmidt und Becker
kann in [Becker 2005] eingesehen werden.

5.1.6 Zusammenfassung der Zellattribute

Tabelle 38 fasst die vom Referenzmodell **SimPan** vorgegebenen Zellattribute
zusammen[86].

---

[86] Konstanten werden mit K gekennzeichnet, abhängige Variablen mit AV.

Tabelle 38: Zusammenfassung der Zellattribute

Attribut	Typ	Einheit	Bereich	Bedeutung
ID	K	Ø	$N_{>0}$	Identifikationsnummer der Zelle
PosX	K	Ø	$N_{>0}$	X-Koordinate der Zelle
PosY	K	Ø	$N_{>0}$	Y-Koordinate der Zelle
K_GRK	K	Ø	$R_{]0..1[}$	Koeffizient zur Angabe der Geschwindigkeitsreduzierung in Abhängigkeit von der Druckerhöhung
K_DZK	K	[N]	$R_{>0}$	Koeffizient zur Angabe der anteiligen Druckerhöhung
Ausgang	K	Ø	$N_{>0}$	Zelle mit der Eigenschaft eines Ausgangs bei *Ausgang = ID*
DruckMax	K	[N]	$R_{>0}$	Druck der für den Zustandsübergang von Hinderniszelle zur neutrale Zelle nötig ist
DruckVerlustzelle	K	[N]	R^+	Druck, der auf die Zelle als Verlustzelle wirken muss, damit sie überquert werden kann
Zielzelle_NP	K	Ø	{T,F}	Zelle wird von Agenten in der Normalphase als Ziel angesteuert
TKenntnis	K	[s]	$Z_{>-2}$	Zeitspanne vom Eintreten des kritischen Ereignisses bis zur Änderung des Werts des Attributs Kenntnisbereich
Typ	AV	Ø	ZELL TYPEN	Typ der Zelle: *Neutrale_Zelle, Hinderniszelle, Panikereigniszelle, Chaoszelle, Verlustzelle*
Gesamtdruck	AV	[N]	R^+	Aktuell auf der Zelle lastender Druck
Geschwindigkeit OPT	AV	[m/s]	R^+	Geschwindigkeit mit der die Zelle unter optimalen Bedingungen überquert werden kann

Attribut (Teil 2)	Typ	Einheit	Bereich	Bedeutung
Geschwindigkeit OPT	AV	[m/s]	R^+	Geschwindigkeit mit der die Zelle unter optimalen Bedingungen überquert werden kann
Geschwindigkeit MAX	AV	[m/s]	R^+	Maximale Geschwindigkeit mit der die Zelle abhängig vom vorherrschenden Druck überquert werden kann
Druck_nach_{N, S,W,O,NW,NO,S W,SO}	AV	[N]	R^+	Druck, der von einer Zelle an eine Nachbarzelle weitergegeben wird
InfoID	AV	$\varnothing$	$N_{>0}$	Zelle mit Eigenschaft einer Informationsquelle bei *InfoID = ID*
Info_audit_x	AV	$\varnothing$	$N_{>0}$	X-Koordinate einer Zielzelle, auditiv übermittelt
Info_audit_y	AV	$\varnothing$	$N_{>0}$	Y-Koordinate einer Zielzelle, auditiv übermittelt
Info_vis_x	AV	$\varnothing$	$N_{>0}$	X-Koordinate einer Zielzelle, visuell übermittelt
Info_vis_y	AV	$\varnothing$	$N_{>0}$	Y-Koordinate einer Zielzelle, visuell übermittelt
Ausgang_passierbar	AV	$\varnothing$	{T,F}	Definition offener/geschlossener Ausgänge
BeruhigungTI	AV	$\varnothing$	{T,F}	Definition der Zugehörigkeit einer Zelle zu einer Beruhigungssphäre einer Informationsquelle
BeruhigungRefA	AV	$\varnothing$	{T,F}	Definition der Zugehörigkeit einer Zelle zu einer Beruhigungssphäre eines Agenten
Kenntnisbereich	AV	$\varnothing$	$N_{[0..3]}$	Definition der Art, in der Agenten auf der Zelle vom kritischen Ereignis erfahren

6.1.7 Übergeordnete Attribute

Die in Tabelle 39 angeführten Attribute beschreiben globale, konstante Eigenschaften der Umwelt. Sie werden daher nicht als Zellattribute betrachtet, sondern sind im übergeordneten Kontext zu sehen.

Tabelle 39: Globale Eigenschaften der Umwelt

Attribut	Typ	Einheit	Bereich	Bedeutung
K_AnzahlZellen	K	Ø	$N_{>0}$	Gesamtzahl an Zellen der Umwelt
K_AnzahlZielzellen	K	Ø	$N_{>0}$	Anzahl definierter Zielzellen während der Normalphase
AnzahlAgenten	AV	Ø	$N_{>0}$	Aktuelle Anzahl Agenten in der Umwelt

5.1.8 Varianten der konkreten Umsetzung der Umweltmodellierung

Das Referenzmodell **SimPan** bietet keine konkreten Vorschriften zur Umsetzung der beschriebenen Konzepte auf der Implementierungsebene. Daher sind verschiedene Varianten zur Umsetzung denkbar. So wäre es möglich, dem Paradigma der objekt-orientierten Programmierung folgend, Zellen als Instanzen einer Klasse *Cell* zu sehen, die Attributen und Methoden zum Zugriff auf diese Attribute zur Verfügung stellt. Codefragment 2 veranschaulicht diese Variante der Umsetzung:

```
<CLASS Cell>
    <ATTRIBUTES>
        INT ID;
        REAL PosX, PosY;
        STRING Typ;
        REAL Geschwindigkeit; ...
    <METHODS>
        VOID BUILDCELL(INT my_x, INT my_y, STRING my_type,...){...}
        STRING GETTYPE(){RETURN ID}...
        VOID SETNEWTYPE(STRING new_type) {Typ = new_type}...
        INT CALCID (INT my_x, INT my_y){...}
        VOID SETID (INT my_id){...}...
<END OF CLASS Cell>
```

Codefragment 2: Sichtweise auf eine Zelle als Objekt in Pseudocode

Eine andere Variante stellt die Umsetzung des Zellenkonzeptes durch Verwendung der Datenstruktur Array dar. Hierbei wäre es denkbar, für jedes Attribut einer Zelle mit Ausnahme ihrer Koordinaten ein eigenes, zweidimensionales Array anzulegen, in dem der Wert des entsprechenden Attributes für alle Zellen gehalten wird. Demnach werden bei einer Umwelt, die aus m x n Zellen mit jeweils o Attributen besteht (o - 2) Arrays der Dimension m x n benötigt. Bild 34 verdeutlicht diesen Ansatz.

$$
\begin{aligned}
\text{Zelle} := \{ \ &(\text{ID}, \_\text{id} \in N_{>0}), \\
&(\text{PosX}, \_\text{x} \in N_{>0}), \\
&(\text{PosY}, \_\text{y} \in N_{>0}), \\
&(\text{Typ}, \_\text{typ} \in \{\text{Neutrale\_Zelle}, \text{Hinderniszelle}\}), \\
&(\text{GeschwindigkeitOPT}, \_\text{geschwindigkeitopt} \in R^{+}), \\
&\ldots\}
\end{aligned}
$$

```
DIMENSION x = width, y = depth;
...
INT ARRAY[x,y] ID;
STRING ARRAY[x,y] Typ;
REAL ARRAY[x,y] GeschwindigkeitOPT;
```

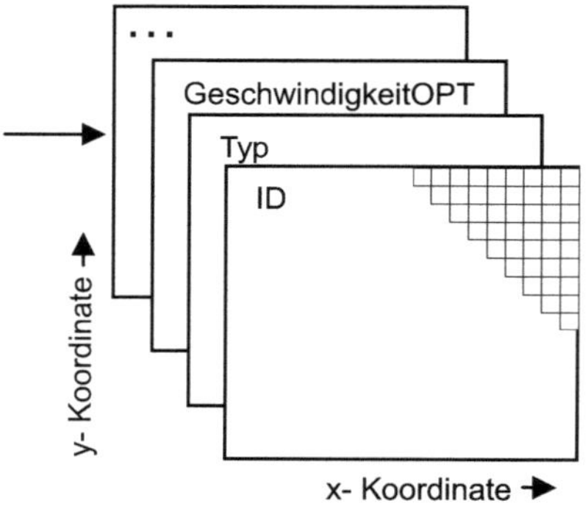

Bild 34: Umsetzung der Umwelt durch Verwendung von Arrays

5.2 Modellierung von Agenten

Der Hauptbestandteil der Modellierungsvorschläge des Referenzmodells **SimPan** ist durch die Abbildung des Menschen und seines Verhaltens gegeben. Ein Mensch wird im Modell durch einen Agenten abgebildet, der über Fähigkeiten zur Wahrnehmung, kognitiven Verarbeitung von Wahrnehmungen und der Interaktion mit seiner Umwelt verfügt. Sein Verhalten als Summe seiner Interaktionen mit der Umwelt wird durch seinen internen Zustand, basierend auf seinen Wahrnehmungen, und seine Persönlichkeit bestimmt. Daneben verfügt der Modellmensch über einen physiologischen Zustand, der durch Ereignisse in der Umwelt beeinträchtigt werden kann.

Diesem Ansatz liegt folgende Sichtweise auf einen Menschen zugrunde:

> *"The human being is consequently perceived as a psychosomatic unit with cognitive capabilities who is embedded in a social environment."* ([Schmidt 2000], S. 1)

Tabelle 40 zeigt die Modellierungsanforderungen für einen **SimPan**-Agenten, deren Umsetzung im Folgenden beschrieben wird.

Tabelle 40: Anforderungen an die Agentenmodellierung

Anforderungen an die Agentenmodellierung			
Agent	/MA1/	Wahrnehmung	
		/MA1a/	Wahrnehmung kritischer Ereignisse
		/MA1b/	Wahrnehmung der Aktionen anderer Agenten (Beobachtung)
		/MA1c/	Aufnahme auditiver Informationen technischer Informationsquellen
		/MA1d/	Aufnahme visueller Informationen technischer Informationsquellen
	/MA2/	Kognitive Verarbeitung von Wahrnehmungen	
		/MA2a/	Aufbau eines individuellen internen Weltbildes
		/MA2b/	Bewertung des individuellen Weltbildes
	/MA3/	Interner Zustand	
		/MA3a/	Entstehung und Dynamik der Emotion Angst
		/MA3b/	Emotionale Intelligenz und Kontrolle von Angst
		/MA3c/	Sozialer Einfluss auf den internen Zustand eines Individuums
		/MA3d/	Einfluss von Crowding auf den internen Zustand eines Individuums

Anforderungen an die Agentenmodellierung (Teil 2)			
			Verhalten
		/MA4a/	Verhaltensantrieb / Motivation
		/MA4b/	Reaktives Spektrum
Agen t	/MA4/	/MA4c/	Deliberatives Spektrum
		/MA4d/	Reflektives Spektrum
		/MA4e/	Koordination verfügbarer Verhaltensweisen
		/MA4f/	Übergreifende Fähigkeit: Bidirektionale Kommunikation
	/MA5/	Physiologischer Zustand eines Individuums	
	/MA6/	Persönlichkeitseigenschaften	

5.2.1 Grundlagen

5.2.1.1 Die systemtheoretische Beschreibung dynamischer Systeme

Zur Modellierung eines Ausschnittes der Vielfalt menschlicher Verhaltensweisen müssen Überlegungen angestellt werden, nach welchen Gesichtspunkten das Innenleben eines Agenten als Repräsentant eines Menschen im Modell gestaltet werden soll. Die vorliegende Arbeit greift die Ansicht von Schmidt (2000) auf, dass das Modell eines Menschen die Struktur eines Systems haben sollte, folglich also der interne Aufbau eines Agenten nach systemtheoretischen Grundlagen erfolgen sollte.

Ein System wird durch eine Menge von Zustandsvariablen und abhängigen Variablen eindeutig definiert[87]. Zustandsvariablen benötigen zur Änderung ihres Werts nicht notwendiger Weise Eingaben von der Systemumgebung, sondern können Eigendynamik aufweisen. Der Wert abhängiger Variablen leitet sich aus dem Wert von Zustandsvariablen ab. Wertänderungen dieser Größen können zu Systemausgaben führen, die im Falle eines Agenten durch Interaktionen mit seiner Umwelt registriert werden können.

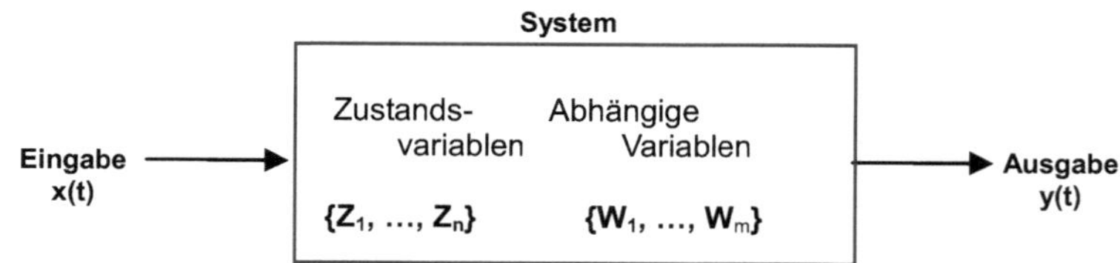

Bild 35: Bestandteile eines Systems

---

[87] Vgl. auch [Schmidt & Schneider 2004b].

In Anlehnung an Schmidt (2000) soll ein System S formal wie folgt definiert werden:

$$S = (T, X, Y, Z, W, X_T, Y_T, A, F_L, F_G, G)$$

Tabelle 41 erläutert die Parameter der Systembeschreibung.

5.2.1.1.1 Die lokale Überführungsfunktion

Eingaben aus der Systemumgebung können zu Änderungen von Zustandsvariablen führen. Diese Änderungen werden durch *Zustandsübergangsfunktionen* beschrieben. Formel 3 zeigt den Rumpf von Zustandsübergangsfunktionen F für zeitdiskrete und zeitkontinuierliche Zustandsvariablen. Die Menge der Parameter umfasst in beiden Fällen die Zeit, den Wert zugehöriger abhängiger Variablen und die Eingabe.

$$z(t_{n+1}) = F_L(t_n, z(t_n), w(t_n), x(t_n))$$
$$z\,'(t) \quad = F_L(t, z(t), w(t), x(t))$$

Formel 3: Zustandsübergangsfunktionen

Durch Zustandsvariablen ist ein System nicht auf Eingaben aus der Systemumgebung angewiesen, um seinen Zustand zu ändern und Verhaltensweisen zu zeigen. Diese Art von Zustandsänderung befähigt ein System dazu, nicht nur auf seine Umwelt zu reagieren, sondern aus eigenem Antrieb zu handeln und sie nach eigenen Bedürfnissen zu gestalten.

5.2.1.1.3 Algebraische Funktionen

Der Zusammenhang zwischen Zustandsvariablen und abhängigen Variablen wird durch *algebraische Funktionen* beschrieben. Parameter der Funktion A wie in Formel 4 ersichtlich, sind der nächste Zeitindex und der Wert der zugehörigen Zustandsvariable zu diesem neuen Zeitpunkt.

$$w(t_{n+1}) = A(t_{n+1}, z(t_{n+1}))$$

Formel 4: Algebraische Funktion

Tabelle 41: Parameter der Systembeschreibung

Bedeutung der Systembeschreibungsparameter	
T	Menge sortierter Zeitwerte/Zeitpunkte $T := \{t_1, ..., t_n\}$
X	Menge von Einflussquellen $X := \{x_1, ..., x_p\}$
Y	Menge von Ausgabegrößen $Y := \{y_1, ..., y_q\}$
Z	Menge interner Zustandsvariablen $Z := \{z_1, ..., z_r\}$
W	Menge an abhängigen Variablen $W := \{w_1, ..., w_s\}$
X_T	Menge von Eingabezeitfunktionen $X_T = \{x_1(t), ..., x_p(t)\}$ Die Funktion X_T: $(T \times X) \rightarrow X$ beschreibt den zeitlichen Verlauf der Werte für Eingangsgrößen, ordnet jedem Zeitpunkt eine aktuelle Wertebelegung der Eingangsgrößen zu.
Y_T	Menge von Ausgabezeitfunktionen $Y_T = \{y_1(t), ..., y_q(t)\}$, Y_T: $(T \times Y) \rightarrow Y$
A	Algebraische Funktion A: $(T \times Z) \rightarrow W$
F_L	Lokale Zustandsübergangsfunktion F_L: $(T \times Z \times W \times X) \rightarrow Z$ Die Funktion beschreibt den Übergang von einem Zustand bei t_i in den Folgezustand bei t_{i+1} durch Einwirken von $X(t_n)$.
F_G	Globale Zustandsübergangsfunktion F_G: $T \rightarrow Z$ Der Verlauf der Funktion ergibt sich aus der fortlaufenden Auswertung der lokalen Zustandsüberführungsfunktion F_L für alle relevanten Zeitpunkte t_i.
G	Ausgabefunktion G: $(T \times Z \times W \times X) \rightarrow Y$

5.2.1.1.3 Ausgabefunktionen

Zustandsübergangsfunktionen und algebraische Funktionen rufen eine Änderung des Systemzustandes hervor. Eine *Ausgabefunktion* legt fest, welche Systemausgabe der neue Systemzustand erzwingt. Die Menge der Parameter für die Ausgabefunktion beinhaltet wie in Formel 5 dargestellt den nächsten Zeitindex, die Werte für Zustandsvariablen und abhängige Variablen sowie den Wert der Eingabe.

$$y(t_{n+1}) = G(t_{n+1}, z(t_{n+1}), w(t_{n+1}), x(t_n))$$

Formel 5: Ausgabefunktion

Bild 36 zeigt das Zusammenspiel von Zustandsübergangsfunktion, algebraischer Funktion und Ausgabefunktion zur Beschreibung der Systemdynamik.

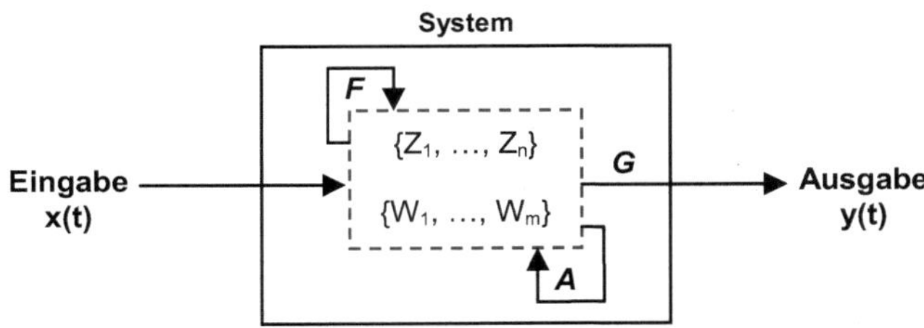

Bild 36: Funktionen zur Beschreibung der Systemdynamik

5.2.1.1.4 Der interne Zustand eines Agenten

In Anlehnung an die Definition des *vollständigen Modellzustands* [Schmidt 2001] soll der interne Zustand des Systems Agent zu einem beliebigen Zeitpunkt t_i wie folgt definiert werden:

/D25/ Interner Zustand eines Agenten: Der interne Zustand eines Agenten zum Zeitpunkt t_i ergibt sich aus der Vereinigung der Mengen von Werten der diskreten und kontinuierlichen Zustandsvariablen, der abhängigen Variablen und der Differentialquotienten zum Zeitpunkt t_i.

5.2.1.2 Nomenklatur

5.2.1.2.2 Beschreibung eines Agenten

In Anlehnung an die Notation zur Beschreibung des Aufbaus von Zellen soll die Beschreibung von Agenten erfolgen. Agenten verfügen über Attribute wie Persönlichkeitskonstanten, abhängige Variablen und Zustandsvariablen, deren Belegung ihren internen Zustand zu einem bestimmten Zeitpunkt definieren.

$$\text{Agent} := \{(\text{Attribut}_1, \_\text{attributwert}_1 \in \text{ATTRIBUTTYP}_1),$$
$$...,$$
$$(\text{Attribut}_m, \_\text{attributwert}_m \in \text{ATTRIBUTTYP}_j)\}$$

5.2.1.2.2 Persönlichkeitskonstanten, individuelle und allgemeine Parameter

Zur Beschreibung der Dynamik von Modellgrößen kommen Gleichungen zum Einsatz, die durch Persönlichkeitskonstanten, allgemeine und individuelle Parameter berechnet werden.

Durch *Persönlichkeitskonstanten* werden individuelle Unterschiede zwischen Agenten modelliert. Darunter sind individuelle Fähigkeiten oder Neigungen zu verstehen wie die individuelle Körperkraft oder auch die Neigung in einen ängstlichen Zustand zu verfallen. Persönlichkeitskonstanten werden auf folgende Art bezeichnet:

$$PersK\_<Bezeichnung>$$

Daneben existieren Konstanten, deren Wert für alle Agenten gilt:

$$K\_<Bezeichnung>$$

Allgemeine Parameter können Bestandteile der linken oder rechten Seite von Gleichungen sein. Der Wert eines allgemeinen Parameters gilt für alle in der Simulation enthaltenen Agenten gleichermaßen. Allgemeine Parameter werden auf folgende Weise bezeichnet:

$$<Parametername>\_allg := <Berechnungsterm>$$

Individuelle Parameter treten ausschließlich auf der linken Seite von Gleichungen auf. Sie ergeben sich aus einem Berechnungsterm, der allgemeine Parameter enthalten kann und mit Persönlichkeitskonstanten multipliziert wird. Der Wert eines individuellen Parameters gilt für genau einen Agenten.

$$<Parametername>\_indiv := <Berechnungsterm> * PersK\_<Bezeichnung>$$

Daneben existieren Parameter, deren Belegung zu einem Zeitpunkt wiederum für alle Agenten in gleicher Weise gelten:

$$<Parametername> := <Berechnungsterm>$$

5.2.1.2.3 Bezeichnungen von Agententypen

Das Referenzmodell bildet gemäß den Modellierungsanforderungen menschliche Verhaltensweisen des reaktiven, deliberativen und reflektiven Spektrums ab. Diese Klassen von Verhaltensweisen dienen als Charakterisierungsmerkmal von Agenten in der Simulation. Ein Agent, der Verhaltensweisen aus dem reaktiven Bereich zeigt, soll *reaktiver Agent (reaA)* genannt werden. Entsprechend ergeben sich die Bezeichnungen *deliberativer Agent (delA)* und *reflektiver Agent (refA)*.

5.2.2 Wahrnehmung

Grundvoraussetzung für Menschen, um auf einen veränderten Zustand der Umwelt zu reagieren, ist die Fähigkeit zur Wahrnehmung im Sinne der Informationsaufnahme und Vorverarbeitung wie in den Anforderungen /MA1{a,b,c,d}/

festgehalten. Grundsätzlich wird Wahrnehmung im Kontext der Modellierung als eine Abbildung von der realen Welt in das mentale Weltbild eines Agenten verstanden, so dass Objekte der realen Welt eine, nicht unbedingt identische, mentale Repräsentation erhalten. Die Modellierung des Zusammenspiels von Wahrnehmung, kognitiver Verarbeitung wahrgenommener Informationen, sowie Zustandsänderung und Verhalten eines Agenten richtet sich streng nach den Prinzipien der systemtheoretischen Beschreibung dynamischer Systeme.

5.2.2.1 Wahrnehmung kritischer Ereignisse

Die Grundlage für die Modellierung der Wahrnehmung kritischer Ereignisse durch Agenten stellt das Zellattribut *Kenntnisbereich* da.

$$\text{Zelle} := \{\ldots, (\textbf{Kenntnisbereich}, \_\textbf{kenntnis} \in N_{[0..3]}), \ldots\}$$

Agenten nehmen kritische Ereignisse wahr, indem sie lesend auf den Wert dieses Attributs ihrer aktuellen Zelle zugreifen. Den erhaltenen Wert übernimmt der Agent für sein eigenes Attribut *Panikereignis_w*, so dass gilt:

$$\text{Agent}_j := \{\ldots, (\text{Panikereignis\_w}, \_\textbf{panikereignis} \in N_{[0..3]}), \ldots\}$$
$$\text{Agent}_j.\text{Panikereignis\_w} = \text{Zelle}_i.\text{Kenntnisbereich}$$

Die Wahrnehmung geschieht im dargestellten Fall verlustlos, d.h. ein Agent nimmt objektiv wahr, was auch tatsächlich in seiner Umwelt geschieht, ohne dass dabei seine Persönlichkeitsmerkmale eine Rolle spielen. Die konkrete Form der Abbildung zwischen beiden Attributen wird jedoch vom Referenzmodell nicht vorgeschrieben.

Um die Anzahl an Zugriffen auf den Attributwert zu minimieren, werden zwei Regeln vorgegeben. Da sich die Agenten zeitkontinuierlich in einer raumdiskreten Welt bewegen, schreibt die erste Regel vor, dass sie pro betretene Zelle genau einmal auf den Attributwert zugreifen, nämlich bei Erreichen des Zellenmittelpunktes. Weiterhin greifen Agenten nur so lange auf den Attributwert betretener Zellen zu, bis sie einen Wert *_kenntnis > 0* registriert haben. Sobald dies der Fall ist, wird die Modellgröße *Panikereignis_w* des Agenten einmalig auf diesen Wert gesetzt.

Für Szenarien, in denen davon ausgegangen werden kann, dass alle Agenten gleichzeitig auf ein kritisches Ereignis reagieren, schlägt das Referenzmodell einen alternativen Ansatz vor. Das Simulationsereignis, welches das reale kritische Ereignis repräsentiert, wird in diesem Fall direkt an das Agentenattribut *Panikereignis_w* gekoppelt, welches nach Tabelle 35 mit dem Wert 3 belegt wird. Der Zwischenschritt über das Zellattribut *Kenntnisbereich* entfällt in diesem Fall zusammen mit der Notwendigkeit, die Wahrnehmung eines kritischen

Ereignisses durch Agenten abhängig von ihren konkreten Wahrnehmungsmöglichkeiten in der jeweiligen Situation zu initiieren.

5.2.2.2 *Wahrnehmung von Druck*

Ein Agent nimmt den auf ihm lastenden Druck in gleicher Weise wahr, wie er Kenntnis über das Eintreten eines kritischen Ereignisses erlangt. Die Informationsaufnahme erfolgt durch lesenden Zugriff auf das Attribut *Druck* der Zelle, auf der er sich befindet:

$$\text{Agent}_j := \{\ldots, (\textbf{Druck\_w, \_druck} \in \textbf{R}^+), \ldots\}$$
$$\text{Agent}_j.\text{Druck\_w} = \text{Zelle}_i.\text{Druck}$$

5.2.2.3 *Aufnahme von Informationen technischer Informationsquellen*

Ein **SimPan**-Agent muss nach Anforderung /MA1{c,d}/ dazu fähig sein, Informationen von technischen Informationsquellen wahrzunehmen, unabhängig davon, ob es sich um Informationen visueller Natur wie eine Lautsprecherdurchsage oder auditiver Art in Form eines optischen Wegweisers handelt. Ein informationsaufnahmewilliger Agent kann hierzu bei Erreichen des Mittelpunktes einer Zelle prüfen, ob die Zellattribute *Info_audit_{x,y}* oder *Info_vis_{x,y}* gesetzt sind. Falls dem so ist, befindet er sich in der Informationssphäre einer technischen Informationsquelle und darf die dargebotenen Koordinaten zur nächstgelegenen Fluchtmöglichkeit in sein mentales Weltbild durch Belegung des Attributs *Info_{audit,vis}_{x,y}* aufnehmen.
Die Wahrnehmung der beruhigenden Wirkung technischer Informationsquellen geschieht nach dem gleichen Mechanismus. Erreicht ein Agent den Zellenmittelpunkt, prüft er die Belegung des Attributes *Beruhigung{TI,RefA}*. Ist das Attribut gesetzt, befindet sich der Agent in der Beruhigungssphäre einer technischen Informationsquelle oder eines Agenten und wird abhängig von der unterstellten Effektivität zur Beruhigung und seinem internen Zustand mehr oder weniger stark beruhigt.
Nach Folkman und Lazarus (1988) beeinträchtigt Emotion die menschliche Informationsverarbeitung in zweierlei Hinsicht: motivational, in dem sie die Aufmerksamkeit von einer aktuellen Aufgabe in Richtung eines dringlicheren Ereignisses umlenkt, sowie kognitiv, indem angstbezogene Gedanken die kognitive Leistungsfähigkeit senken[88]. Demnach ist es durchaus möglich, dass emotional aufgewühlte Menschen dargebotene Informationen abhängig von deren Struktur und Komplexität nicht verarbeiten können. Daher ist im Referenzmodell **SimPan** die Fähigkeit zur Aufnahme von Information nicht zwingend an die

---

[88] Vgl. [Folkman & Lazarus 1988], S. 309.

Möglichkeit zur Verarbeitung der Information gekoppelt. Ein Agent nimmt dargebotene Informationen daher unabhängig von seinem internen Zustand auf, kann jedoch nur bewusst darauf zugreifen, wenn es sein interner Zustand erlaubt. Ist dies nicht der Fall, bleibt die aufgenommene Information unbewusst. Bild 37 veranschaulicht den Prozess der Wahrnehmung und die daran beteiligten Faktoren.

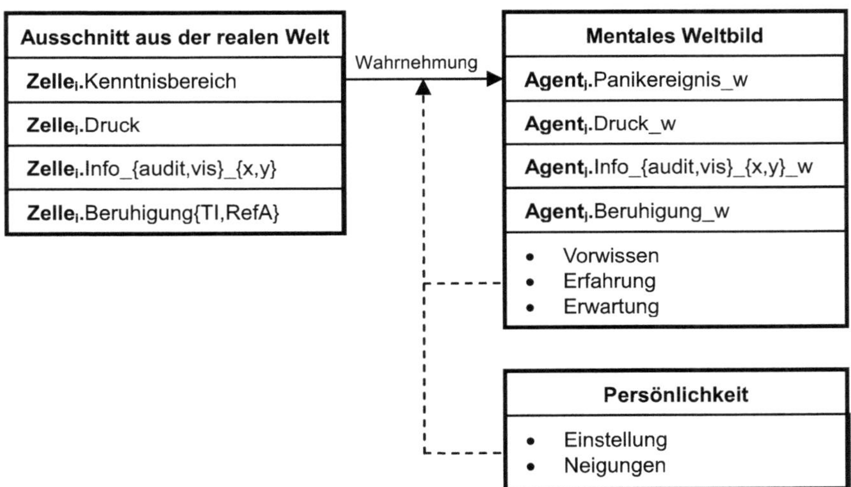

Bild 37: Wahrnehmung eines Agenten

5.2.2.4 Wahrnehmung der Aktionen anderer Agenten

Ein **SimPan**-Agent muss der Anforderung /MA1b/ genügen und die Fähigkeit besitzen, Informationen von anderen Agenten aufzunehmen und darauf zu reagieren. Bestimmte Arten von Agenten können abhängig von ihrem internen Zustand als Informationsquelle agieren und Koordinaten zu einem Fluchtziel an andere Agenten vermitteln oder andere Agenten in ihrer Umgebung beruhigen. Dazu verfügen sie über eine Informationssphäre und eine Beruhigungssphäre. Agenten, die sich in diesen Sphären befinden, können lesend auf die dort abgelegte Information zugreifen und ihren internen Zustand ändern[89].

---

[89] Die entsprechenden Modellierungskonzepte werden im Detail in Abschnitt 5.2.7.3.1.4 beschrieben.

5.2.3 Kognitive Verarbeitung von Wahrnehmungen

Die folgenden Absätze beschäftigen sich mit der Frage, wie eine aufgenommen Information verarbeitet wird. Die beiden relevanten Aspekte der kognitiven Verarbeitung von Wahrnehmungen für die Modellierung im Kontext der vorliegenden Arbeit stellen die Aktualisierung des internen Weltbildes und dessen Bewertung hinsichtlich Gefahrenpotenzial und subjektiver Menschendichte dar.

5.2.3.1 Aufbau eines individuellen internen Weltbildes

Das individuelle mentale Weltbild eines Agenten beinhaltet sein, im Allgemeinen nicht vollständiges, Wissen über seine Umwelt. Das Referenzmodell sieht Informationen über die Beschaffenheit der Umwelt, wie in Bild 38 aufgeführt, als elementaren Bestandteil des internen Weltbilds:

Das individuelle mentale Weltbild eines Agenten beinhaltet sein, im Allgemeinen nicht vollständiges, Wissen über seine Umwelt. Das Referenzmodell sieht Informationen über die Beschaffenheit der Umwelt, wie in Bild 38 aufgeführt, als elementaren Bestandteil des internen Weltbilds:

Mentales Weltbild

- Größe der Umgebung
- Beschaffenheit der Umgebung:
  - Neutrale Felder
  - Hindernisfelder
  - Panikfelder
  - Chaosfelder
  - Verlustfelder
- Position von Ein- und Ausgängen
- Eigene Position in der Umwelt
- Anzahl von Agenten in der Umwelt
- Druck, der auf die aktuelle Zelle wirkt

Bild 38: Elemente des mentalen Weltbilds eines **SimPan**-Agenten

Das Referenzmodell idealisiert das Wissen der Agenten um die Umgebungsgröße und Anzahl von Agenten in der Umgebung. Jeder Agent verfügt über die genaue Anzahl an Agenten in der Umwelt und über die genaue Größe derselben. Die Größe der Umwelt ergibt sich in einer grid-basierten Umwelt aus der Anzahl an Zellen. Das Referenzmodell sieht zudem die Möglichkeit vor, dass ein Agent seinen genauen Standort in der Umwelt kennt, was nicht zwingend der Fall sein muss. Dazu werden die Attribute x und y eingeführt, die den Standort des Agenten angeben. Alleine die Belegung der Attribute x und y gibt keine Auskunft darüber, ob der Agent sich seines Standorts in der Umwelt bewusst ist. Dies trifft genau dann zu, wenn das boolesche Agenten-Attribut *Standort_bek* gesetzt. Nur dann darf der Agent seine Standortinformation zu Planungsprozessen verwenden.

$$Agent_j := \{\ldots, (\mathbf{x}, \_\mathbf{x} \in \mathbf{R^+}),$$
$$\mathbf{y}, \_\mathbf{y} \in \mathbf{R^+}),$$
$$\mathbf{Standort\_bek}, \_\mathbf{standortbek} \in \{\mathbf{T,F}\},\ldots\}$$

Es liegt im Ermessen des Anwenders, ob Agenten bei Simulationsstart mit einem gefüllten mentalen Weltbild initialisiert werden oder sie kein Quantum an Information über die räumlichen Gegebenheiten besitzen. Insbesondere könnte angenommen werden, dass die Mehrzahl der an einem Szenario beteiligten Agenten kein Wissen über die Position von Ausgängen verfügt und sie derartige Informationen durch Explorieren ihrer Umwelt erst in Erfahrung bringen müssen.

5.2.3.2 Die Bewertung des Weltbildes nach Bedrohungspotenzial

Ein kritisches Ereignis der Umwelt wird erst durch Wahrnehmung und anschließende individuelle Bewertung als Bedrohung empfunden, d.h. die Bewertung des aktuellen mentalen Weltbildes, in dem die Information über das Ereignis bereits eingebettet ist, stellt die Basis für Verhaltensreaktionen dar. Wie die Grundlagenuntersuchungen am Beispiel des Brandes im Beverly Hills Supper Club zeigten, kann im Allgemeinen nicht vorausgesetzt werden, dass alle anwesenden Menschen ein eingetretenes kritisches Ereignis sofort als reale Bedrohung begreifen. Ein wahrgenommenes kritisches Ereignis wird durch das gesetzte Attribut *Panikereignis_w* repräsentiert.

$$Agent_j := \{\ldots, (\mathbf{Panikereignis\_w}, \_\mathbf{panikereignis} \in \mathbf{N_{[0..3]}}),\ldots\}$$

Das Referenzmodell sieht die Beurteilung der Wahrnehmung im Hinblick auf die Bedrohlichkeit anhand des Attributwertes vor: Je höher der zugewiesene Wert, desto höher wird die Gefahr durch das wahrgenommene Ereignis eingeschätzt. Die Bedeutung der Belegung des Parameters *Panikereignis_w* ist konsistent mit der Bedeutung der Kenntnisbereiche in der Modellumwelt.

Das Referenzmodell sieht einen Mechanismus zur Bewertung der Gefährlichkeit des kritischen Ereignisses vor, der auf der Einführung des Agenten-Attributs *Bedrohungspotenzial* basiert.

$$Agent_j := \{\ldots, (\mathbf{Bedrohungspotenzial}, \_\mathbf{bedrohung} \in \mathbf{R_{[0..100]}}),\ldots\}$$

Wird das Attribut *Panikereignis_w* gesetzt, so ergibt sich der Wert des Attributs *Bedrohungspotenzial* aus einer Tabellenfunktion. Für jedes Element der Wertemenge des Attributs *Panikereignis_w* wird ein individueller Wert für das Attribut

Bedrohungspotenzial definiert. Eine resultierende Tabellenfunktion zeigt Tabelle 42.

Tabelle 42: Tabellenfunktion zur Definition des individuell eingeschätzten Bedrohungspotenzials

Attribut	Zuordnung			
Panikereignis_w	0	1	2	3
Bedrohungspotenzial	0	7	28	65

Als Beispiel für die Beeinflussung der Bewertung des Bedrohungspotenzials durch Persönlichkeitsmerkmale kann ein Agent betrachtet werden, der mit einer starken Prädisposition für Angst ausgestattet wurde und sich beim Eintreten eines kritischen Ereignisses in einer für den Moment sicheren Zone der Umwelt befindet. Trotz der Belegung des Attributes *Panikereignis_w* mit einem niedrigen Wert bewertet er die Situation durch seine Prädisposition als gefährlicher als sie objektiv betrachtet ist. Dieser Sachverhalt wird durch die rote Kurve in Bild 39 dargestellt[90].

Die Modellierung von Erfahrungen als Bestandteil des Weltbildes wäre durch Vorgaben eines Regelwerks aus Wenn-Dann-Regeln denkbar. Ein Mensch, der bereits in der Vergangenheit einmal einen Gebäudebrand erlebt hat, wird bei Wahrnehmung von Rauch dazu geneigt sein, auf einen Brand als Ursache zu schließen und entsprechend zu reagieren. Die Erfahrung *Ursache für Rauchentwicklung kann ein Brand* sein, kann in eine Regel der folgenden Art gefasst werden:

WENN <Wahrnehmung = Rauch> **DANN**
(<Ursache = Brand> **UND** <Bedrohungspotenzial = hoch>)

---

[90] Der funktionale Zusammenhang zwischen Prädisposition für Angst, wahrgenommener Gefährlichkeit eines kritischen Ereignisses und der Stärke der Emotion Angst wird in Abschnitt 5.2.6.5 beschrieben.

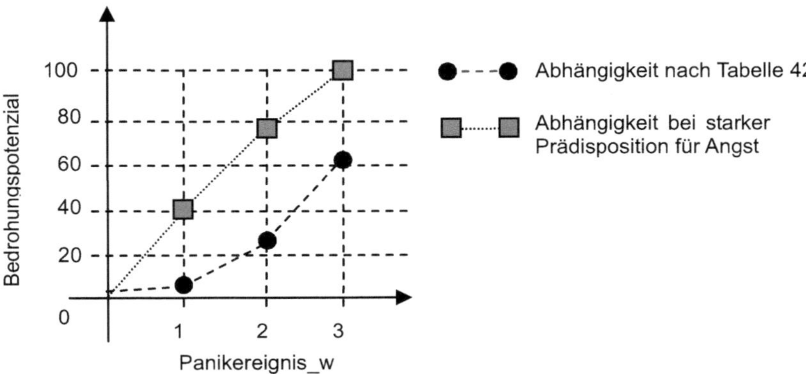

Bild 39: Wahrnehmung und Bewertung der Wahrnehmung

Zur Erzeugung von Erwartungen nach Eintreten eines kritischen Ereignisses
können Algorithmen integriert werden, die auf den Fakten des Weltbildes arbeiten und abhängig vom internen Zustand eines Agenten eingesetzt werden können, um beispielsweise die Ausbreitungsrichtung eines Brandes oder die Auslastung bestimmter Ausgänge in der unmittelbaren Zukunft zu prognostizieren. Auf
Basis der prognostizierten zukünftigen Umweltzustände könnten besonnen agierende Agenten Erfolg versprechende Fluchtwege entwickeln und dadurch ihre
Überlebenschancen verbessern. Anhand des Beispiels wird deutlich, dass Erfahrungen und Erwartungen einem Individuum zu einem Wettbewerbsvorteil in
Krisensituationen verhelfen können. Ihre Umsetzung obliegt dem Anwender.

5.2.3.3 Die Bewertung des auf einen Agenten wirkenden Drucks

Physischer Druck, der auf ein Individuum wirkt, kann die Bewegungsfreiheit des
Individuums einschränken oder gar dessen körperlichen Zustand angreifen.
Diese Beeinflussung wird vom Individuum registriert. Das Referenzmodell
nimmt an, dass die Angst eines Individuums durch die Wahrnehmung des eigenen angegriffenen körperlichen Zustands in Folge des einwirkenden Druckes
verstärkt werden kann. Die Abbildung der empfundenen Beeinflussung durch
Druck erfolgt durch das Attribut *Druckempfindung_indiv*:

$$Agent_j := \{\ldots, (\textbf{Druckempfindung\_indiv}, \_\textbf{druckempfindung} \in \textbf{N}_{[0..100]}),\ldots\}$$

Das Referenzmodell schlägt eine individuelle Druckempfindung in vier Stufen vor: kein Druck, geringer, mittlerer und hoher Druck. Zur Abbildung des wahrgenommenen Drucks auf die Druckempfindung werden individuelle Schwellenwerte als Persönlichkeitskonstanten *PersK_Druck{Gering, Mittel, Hoch}* vorgesehen wie in Bild 40 gezeigt:

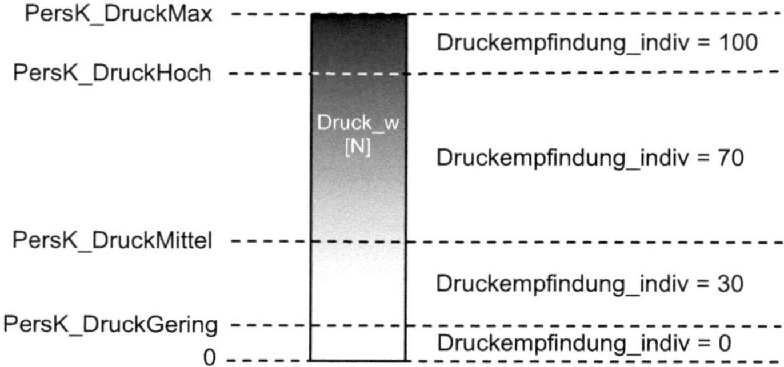

Bild 40: Individuelle Schwellenwerte für die individuelle Druckempfindung

Die Abbildung der Schwellenwerte auf konkrete Werte für die Druckempfindung wird wie folgt vorgeschlagen:

Druck_w $\in$ [0..PersK_DruckGering] $\Leftrightarrow$ Druckempfindung_indiv = 0
Druck_w $\in$]PersK_DruckGering, PersK_DruckMittel] $\Leftrightarrow$ Druckempfindung_indiv = 30
Druck_w $\in$]PersK_DruckMittel, PersK_DruckHoch] $\Leftrightarrow$ Druckempfindung_indiv = 70
Druck_w $\geq$ PersK_DruckHoch $\Leftrightarrow$ Druckempfindung_indiv = 100

Die Werte für die Druckempfindung sind als Prozentangaben zu verstehen. Das Attribut *PersK_DruckMax* beschreibt einen Aspekt der physischen Konstitution eines Individuums: Es gibt die maximale Stärke des Drucks an, dem ein Agent ausgesetzt sein kann, ohne irreversiblen Schaden zu nehmen[91].

5.2.3.4 Crowding: Die subjektive Bewertung von Dichte

Neben der Beurteilung des Weltbildes auf potenzielle Bedrohung für das eigene Leben hin, sieht das Referenzmodell **SimPan** die Bewertung des mentalen Weltbildes hinsichtlich der physischen Menschendichte vor, die individuell bewertet und als Crowding bestimmter Stärke empfunden wird.
Als grundlegender Umweltfaktor für die Modellierung des individuellen Crowding-Empfindens agiert die, dem Agenten bewusste Agentendichte in der Um-

---

[91] Dieser Sachverhalt wird in Kapitel 5.2.5 detailliert beschrieben.

welt, also die Anzahl an Agenten im zu simulierenden Ausschnitt der realen Welt. Der Modellierungsansatz zur Abbildung von Crowding unterscheidet nicht zwischen sich bewegenden und unbeweglichen Agenten bei der Berechnung der Agentendichte. Von Bedeutung ist lediglich, dass Agenten Raum in Anspruch nehmen. Daher berechnet sich die Agentendichte wie in Formel 6 gezeigt, die Bedeutung der Parameter wird in Tabelle 43 dargelegt:

$$Agentendichte = \frac{A}{N} * 100$$

Formel 6: Definition der Agentendichte

Tabelle 43: Die Parameter der Funktion Agentendichte

Variable	Einheit	Bereich	Bedeutung
A	Ø	$N_{>0}$	Anzahl an Agenten insgesamt in der gesamten Umwelt
N	Ø	$N_{>0}$	Größe der Umwelt als Anzahl ihrer Zellen
Agenten-dichte	Ø	$R_{]0..100]}$	Grad an Besetzung der Umwelt mit Agenten

Die Agentendichte wird in Prozent angegeben. Da jede Zelle maximal einen Agenten zu einem Zeitpunkt aufnehmen kann, gilt: *Agentendichte ∈ [0..100]*. In Szenarien, in denen die Anzahl der Agenten gleich bleibt, kann der Parameter *Agentendichte* als Modellkonstante gesehen werden.

Der vorgeschlagene Modellierungsansatz zur Abbildung der Dynamik des Crowding wurde durch den Steering-Ansatz inspiriert und setzt voraus, dass Menschen in ihrer Umwelt stets versuchen, einen individuellen Wunschabstand zu anderen Menschen einzuhalten, der ihnen den nötigen Freiraum verschafft, um sich nicht bedrängt oder eingeengt zu fühlen.

Aufgabe des Modellierungsansatzes zur Abbildung von Crowding ist es, eine Relation zwischen der objektiven Agentendichte und dem subjektiven Crowding-Gefühl in Form einer mathematischen Formel herzustellen. Der Modellierungsansatz unterstellt dabei drei Phasen in der Dynamik des individuellen Crowdings, die von der objektiven Agentendichte abhängen.

Die erste Phase ist gekennzeichnet durch eine geringe Agentendichte. Bei geringer Agentendichte ist es den Agenten möglich, sich derart im Raum zu verteilen, dass angenommen werden kann, dass die individuellen Wunschabstände eingehalten werden können. Die Agenten verspüren folglich Crowding geringer Stärke.

In der zweiten Phase bewegt sich die Agentendichte im mittleren Spektrum. Der Anstieg des Crowdings wird als proportional zum Anstieg der Agentendichte angenommen, da Agenten noch wahrnehmen können, wie viele Individuen sich im Raum befinden, bzw. ob weitere Agenten den Raum betreten.

Bei einer hohen Agentendichte in Phase drei wird angenommen, dass ein einzelner Agent nicht mehr überblicken kann, ob zusätzliche Agenten den Raum betreten. Das individuelle Gefühl der Bedrängung kann daher, ganz im Gegensatz zum physischen Druck, nicht weiter ansteigen. Das individuelle Crowding-Gefühl nähert sich bei hoher Agentendichte einem Grenzwert an.

Diese Annahmen lassen sich mit der in Bild 41 gezeigten logistischen Wachstumskurve darstellen. Die verallgemeinerte logistische Wachstumskurve ermöglicht die flexible Modellierung von Wachstumsprozessen und erfreut sich breiter Anwendung in der Praxis.

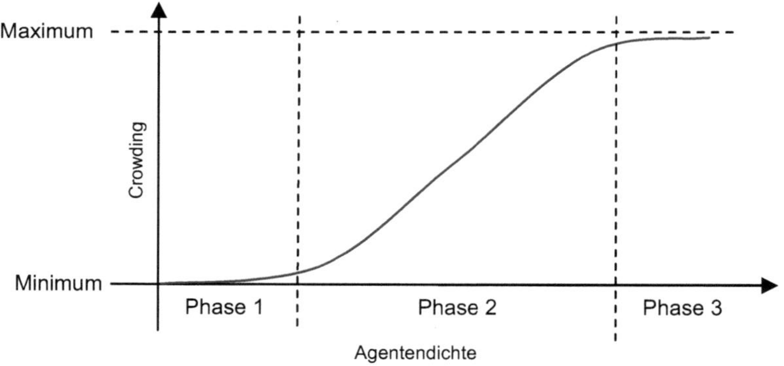

Bild 41: Logistisches Wachstum des Crowdings

Zur Berechnung des individuellen Crowding-Gefühls wird eine abhängige Variable *Crowding_indiv* eingeführt, die nach Formel 7 berechnet wird und als Funktion der Agentendichte verstanden werden soll:

$$Crowding\_indiv =$$

$$K\_CrowdingMin + \left(\frac{K\_CrowdingMax}{1 + e^{-PersK\_Crowding*(Agentendichte - K\_CrowdingWachstumMax)}} \right)$$

Formel 7: Funktion zur Berechnung des individuellen Crowdings[92]

---

[92] Der Parameter *K_CrowdingWachstumMax* wird mit [1/CrE] multipliziert um seine Einheit zu kürzen.

Tabelle 44: Variablen zur Berechnung des Parameters *Crowding_indiv*

Variable	Einheit	Bereich	Wert	Bedeutung
PersK_Crowding	Ø	$R_{[0..1]}$	0.15	Individuelle Neigung zur Empfindung von Crowding
K_CrowdingMax	[CrE]	$R_{[1..100]}$	100	Maximale Stärke des gefühlten Crowdings
K_CrowdingMin	[CrE]	$R_{[1..100]}$	0	Minimale Stärke des gefühlten Crowdings
K_Crowding WachstumMax	[CrE]	$R_{[0..100]}$	50	Wendestelle der logistischen Wachstumskurve
Agentendichte	Ø	$R_{]0..100]}$	-	Objektive Agentendichte ausgedrückt in Prozent
Crowding_indiv	[CrE]	$R_{[1..100]}$	-	Stärke des individuellen Crowding-Empfindens

Aus Gründen der Skalierung wird die Agentendichte als Prozentzahl angegeben. Für die Belegung der Parameter wird der in Tabelle 44 festgehaltene Vorschlag für die Parameter *K_{CrowdingMax, CrowdingMin, CrowdingWachstumMax}* angeboten, die *Agentendichte* läuft im angegebenen Intervall. Exemplarisch werden zwei verschiedene Belegungen der Persönlichkeitskonstante *PersK_Crowding* verwendet, die frei gewählt wurden. Die zugehörige Crowding-Kurve ergibt sich wie in Bild 42 dargestellt.

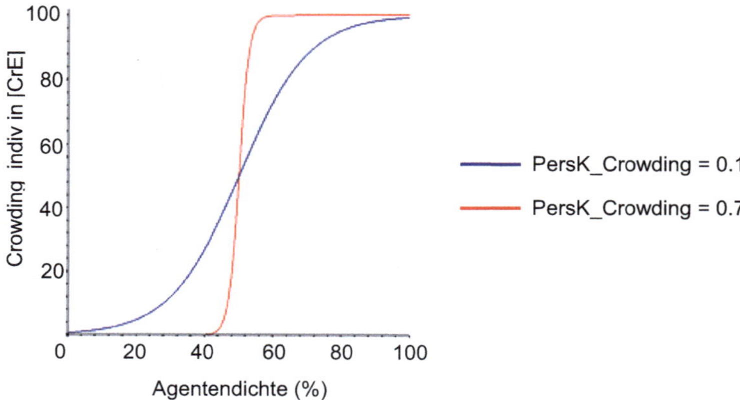

Bild 42: Der Einfluss von *PersK_Crowding* auf den Verlauf des Crowding

Der Parameter *PersK_Crowding* gibt die Spannweite der Phase 2 aus Bild 41 an: ein kleiner Wert resultiert in einem sanften Anstieg des Crowdings in Phase 2, ein großer Wert in einem starken Anstieg, das modellierte Individuum fühlt sich schnell stark beeinträchtigt.

Die rote Kurve aus Bild 42 impliziert, dass ein Individuum, das dazu tendiert, sich rasch eingeengt zu fühlen, weniger stark auf Agentendichten im niedrigen Bereich reagiert als ein Individuum mit geringer Neigung zur Empfindung von Crowding.

Der in Bild 42 dargestellte Sachverhalt lässt sich durch Betrachtung einer Situation in einem Ausschnitt der Umwelt von 5 x 5 Zellen wie in Bild 43 dargestellt, verdeutlichen. Die Angabe der Anzahl an Agenten wurde gemäß der vorgegebenen Agentendichte auf jeweils 25 Zellen umgelegt. Bei einer angenommenen Seitenlänge von 0,5 m pro Zelle repräsentiert der dargestellte Ausschnitt eine Fläche von 2,5m x 2,5m.

Relevant ist der Übergang von Situation B zu Situation C in Bild 43: die Agentendichte steigt lediglich um 10% an, jedoch bilden sich bereits zwangsläufig mehrere Cluster von Menschen, die das individuelle Crowding-Gefühl stark ansteigen lassen.

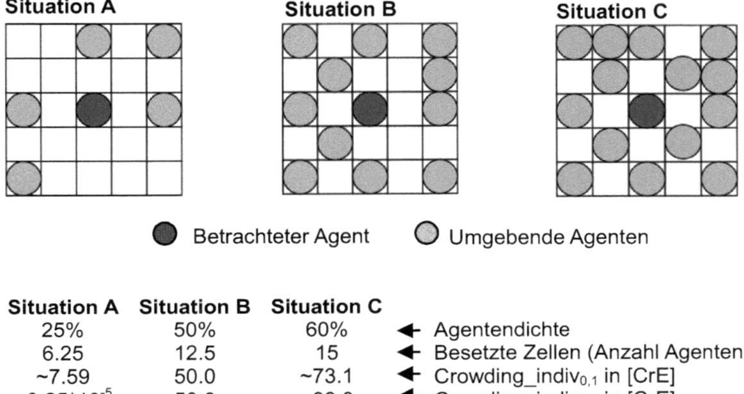

Situation A	Situation B	Situation C	
25%	50%	60%	← Agentendichte
6.25	12.5	15	← Besetzte Zellen (Anzahl Agenten)
~7.59	50.0	~73.1	← Crowding_indiv$_{0,1}$ in [CrE]
~0.25*10^{-5}	50.0	~99.0	← Crowding_indiv$_{0,7}$ in [CrE]

Bild 43: Anschauliche Betrachtung des individuellen Crowdings

5.2.3.5 *Berücksichtigung von Stress und Erregung*

Da die Grenzen zwischen Crowding, Stress und Erregung in der gängigen Literatur fließend und nicht eindeutig definierbar sind, werden die Faktoren *Stress* und *Erregung* im Modellierungsansatz zur Abbildung von Crowding nicht explizit berücksichtigt. Dieser Ansatz folgt der Ansicht von Stokols (1972, 1976), der Crowding als eine Art von psychologischem Stress sieht, der aus der Diskrepanz zwischen dem vorhandenen und dem gewünschten Raum herrührt. So gehen beide Faktoren implizit durch die Persönlichkeitskonstante *PersK_Crowding* in die Berechnung des individuellen Crowding-Empfindens ein. Der Aspekt der *Erregung* wird bei der Abbildung der Mechanismen emotional intelligenten Verhaltens berücksichtigt.

5.2.4 Sozialer Einfluss auf den internen Zustand eines Individuums

Durch die Berücksichtigung des sozialen Einflusses trägt der Modellierungsansatz der Tatsache Rechnung, dass der Mensch ein soziales Wesen ist und sich von seiner Umwelt, genauer seinen Mitmenschen, beeinflussen lässt. Nach Mosler & Brucks (2001) müssen in einem Simulationsmodell zwei Eigenschaften erfüllt sein, um sozialen Einfluss abbilden zu können: Einerseits müssen Agenten dazu fähig sein, Informationen von anderen Agenten zu erwerben. Andererseits müssen derart erhaltene Informationen durch Regeln verarbeitet werden, die Aktionen, Einstellungen oder den Glauben des Agenten beeinflussen. Beide

Voraussetzungen werden von den Modellierungsansätzen des Referenzmodells **SimPan** erfüllt.

Das Referenzmodell **SimPan** berücksichtigt sozialen Einfluss auf das Verhalten eines Individuums in Form der Beeinflussung der Stärke individueller Angst durch das Verhalten anderer Individuen. Für die Modellierung wird der Ansatz der sozialen Beeinflussung nach Latané aufgegriffen und integriert. Latané schlägt die Abbildung der sozialen Beeinflussung durch eine soziale Kraft vor, die durch folgende allgemeine Formel bestimmt wird:

$$SozialeKraft = f(I,N,A)$$

Formel 8: Berechnung der sozialen Kraft nach Latané

Die Parameter stehen nach Latané für die Intensität der beeinflussenden Quelle *(I)*, die räumliche und zeitliche Nähe der Beeinflussung *(N)* und Anzahl der beeinflussenden Quellen *(A)*. Die allgemeine Formel dient als Schablone für die Berechnung der Kraft der gegenseitigen emotionalen Beeinflussung von Individuen.

Der im Referenzmodell **SimPan** enthaltene Modellierungsvorschlag versteht die soziale Kraft als Maß zur Beschreibung des Grades an emotionaler Aufgeladenheit in der Umwelt, also die *Atmosphäre*. Wirkt eine starke soziale Kraft, so können Individuen, abhängig von ihrer Empfänglichkeit für soziale Beeinflussung, von der vorherrschenden Emotion unter Individuen in einer Masse mitgerissen werden.

Die Parameter *I*, *N*, *A* aus der Formel von Latané werden dahingehend mit konkreten Bedeutungen versehen. Als beeinflussende Größe wird die allgemein vorherrschende Angst unter den Individuen im betrachteten Ausschnitt der realen Welt verstanden. Der Parameter *I* bezeichnet daher die durchschnittliche Stärke der Emotion Angst aller in der Umwelt befindlichen Individuen. Der Parameter *N* wird mit der Bedeutung der Größe der Umwelt belegt. Aufgrund der kurzen Dauer von Schadensereignissen, wird die zeitliche Dimension der Beeinflussung durch die soziale Kraft vernachlässigt. Unter dem Parameter *A* wird die Anzahl der Individuen in der Umwelt verstanden.

Die Berechnung des individuellen Parameters *SozialeKraft_indiv* wird durch Verwendung einer verallgemeinerten logistischen Wachstumskurve, wie in Formel 9 gezeigt, beschrieben. Bedeutung und Belegung der Parameter werden in Tabelle 45 zusammengestellt.

$$SozialeKraft\_indiv =$$

$$K\_SozialeKraftMin + \frac{K\_SozialeKraftMax*(\frac{A}{N})}{1+e^{-PersK\_SozialeKraft*(I-K\_SozialeKraftWachstumMax)}}$$

Formel 9: Funktion zur Berechnung der sozialen Kraft[93]

Tabelle 45: Variablen zur Berechnung des Parameters *SozialeKraft_indiv*

Variable	Einheit	Bereich	Wert	Bedeutung
PersK_SozialeKraft	Ø	$R_{[0..1]}$	[0.1,0.7]	Individuelle Empfänglichkeit für soziale Beeinflussung
K_SozialeKraftMax	[SKE]	$R_{[1..100]}$	100	Maximale Stärke der beeinflussenden sozialen Kraft
K_SozialeKraftMin	[SKE]	$R_{[1..100]}$	0	Minimale Stärke der beeinflussenden sozialen Kraft
K_SozialeKraft WachstumMax	[SKE]	$R_{[0..100]}$	50	Wendestelle der logistischen Wachstumskurve
I	[MStE]	$R_{[0..100]}$	[0..100]	Gemittelte Stärke des Angst-Motivs aller Agenten
N	Ø	$N_{>0}$	(A/N)	Größe der Umwelt
A	Ø	$N_{>0}$	$\in\,]0..1]$	Anzahl Agenten
SozialeKraft_indiv	[SKE]	$R_{[0..100]}$	-	Individuell auf den Agenten wirkende soziale Kraft

In Bild 44 wird der Parameter *SozialeKraft_indiv* in Abhängigkeit von der gemittelten Stärke des Angstmotivs aller Agenten, der individuellen Beeinflussbarkeit durch die soziale Kraft und der Anzahl an Agenten pro zur Verfügung stehender Fläche der Umwelt betrachtet.

Der Kurvenmodellierung liegt die Annahme zugrunde, dass sich ein Individuum leicht mit Angst anstecken lässt, wenn bereits viele andere Individuen in der Umgebung einen Angstzustand einnehmen. Hieraus ergeben sich zwei nötige Voraussetzungen: einerseits müssen viele Agenten zugegen sein, andererseits muss die gemittelte Stärke der Angst unter den anwesenden Agenten einen hohen Wert aufweisen. Aus den Kurven in Bild 44 wird ersichtlich, dass bei gerin-

---

[93] Die Einheiten der Parameter *I* und *K_SozialeKraftWachstumMax* werden durch Multiplikation mit [1/MStE] bzw. [1/SKE] gekürzt.

ger gemittelter Stärke der Angst emotionale Beeinflussung in sehr geringem Umfang statt findet.

Falls sich, wie durch die lilafarbenen Kurven abgebildet, wenige Agenten in der Umwelt befinden, deren Angst stark ausgeprägt ist, also der Term A/N einen kleinen Wert und I einen hohen Wert aufweist, so lässt sich ein Agent von den wenigen sehr ängstlichen Agenten schwer mit Angst anstecken. Der verantwortliche Faktor ist hier gemäß Latané die fehlende räumliche Nähe.

Falls sich wie in den blauen Kurven angedeutet, bereits mehrere sehr ängstliche Agenten im Raum befinden, der Term A/N somit im mittleren Spektrum angesiedelt ist und die gemittelte Angst einen hohen Wert annimmt, so lässt sich ein Individuum bereits stärker beeinflussen, da die räumlichen Abstände zwischen den Agenten aufgrund der höheren Agentendichte geringer werden.

Die roten Kurven legen starke Beeinflussung eines Agenten dar, falls viele stark ängstliche Agenten in der Umwelt agieren.

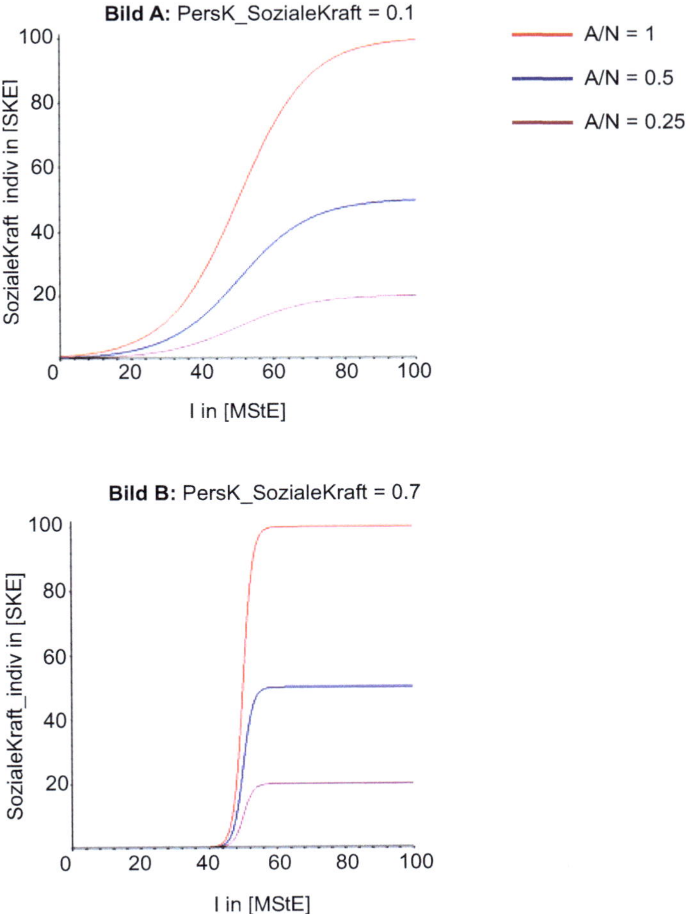

Bild 44: Soziale Kraft in Abhängigkeit von der durchschnittlichen Stärke der Angst

5.2.5 Physiologischer Zustand eines Individuums

Eine wichtige Maßzahl für die Wirksamkeit von Evakuierungsstrategien bei Katastrophenereignissen ist die Anzahl an Todesfällen, die sich während des Evakuierungsprozesses ereigneten. Damit ein Simulationsmodell Aussagen in dieser Kategorie liefern kann, müssen Modellmenschen mit physiologischen Merkmalen des Menschen ausgekleidet werden. Das Referenzmodell sieht zwei individuelle physiologische Merkmale für einen Agenten vor: Druckresistenz und verfügbare Energie.

5.2.5.1 Der Tod eines Agenten

Der Tod eines Agenten kann durch das Attribut *Energie* ausgedrückt werden:

$$Agent_j := \{\dots, (\textbf{Energie, \_energie} \in \textbf{R}_{[0..100]}), \dots\}$$

Bei Initialisierung eines Agenten wird dieses Attribut auf den Wert 100[EE] gesetzt. Erreicht der Wert des Attributs den Wert 0[EE], so ist dies gleichbedeutend mit dem Eintritt des Todes. In diesem Fall wird die kontinuierliche Bewegung des Agenten auf seiner letzten Position gestoppt, der Agent verfügt über keine Ressourcen mehr, um weitere interne oder externe Aktionen auszuführen.

5.2.5.2 Tod durch zu hohen Druck

Eine der maßgeblichen Todesursachen während des Verlaufes von Schadensereignissen ist Herzstillstand aufgrund der Kompression des menschlichen Körpers durch den von einer Menschenmenge ausgeübten Druck. Agenten verfügen über eine individuelle Resistenz gegen Druck, der als Körperkraft verstanden werden kann und durch das Agentenattribut *PersK_DruckMax* repräsentiert wird. Agenten können den Druck erfassen, der auf ihre aktuelle Zelle wirkt. Überschreitet dessen Stärke den Wert des Attributs *PersK_DruckMax*, kann der Agent diesem Zustand eine individuelle Zeitspanne, die durch das Attribut *PersK_DruckMaxT* angegeben wird, trotzen. Nach Ablauf dieser Zeitspanne verstirbt der Agent.
Der Tod eines Agenten hat einen Einfluss auf den Zustand der Umwelt, da die Zelle auf der ein Agent verstarb ihren Typ von *Neutrale_Zelle* auf *Verlustzelle* ändert[94].

5.2.5.3 Tod durch das kritische Ereignis

Agenten, die sich bei Eintreten kritischer Ereignisse auf Zellen des Typs *Panikereignis_Zelle* oder in deren Trümmerbereichen befinden, versterben sofort. Dem liegt die Annahme zugrunde, dass der physische Zustand von Menschen, die sich zu Nahe an der Gefahrenquelle befinden, irreversibel geschädigt wird und nicht länger mit dem Leben vereinbar ist.

---

[94] Vgl. Abschnitt 5.1.4.

5.2.5.4 Möglichkeiten zur Ausgestaltung der Dynamik des Attributs Energie

Die Größe *Energie* bietet Möglichkeiten zur Ausgestaltung der Abhängigkeiten der Fähigkeiten eines Agenten von seinem physiologischen Zustand. Es wäre denkbar, den Druck, der auf ein Individuum wirkt, auf seinen energetischen Zustand einwirken zu lassen, da Widerstand gegen Druck in der Realität die physischen Ressourcen eines Menschen angreift. So könnte der Wert des Attributs *Energie* kontinuierlich mit dem Druck, der auf das Individuum wirkt, sinken.

Ebenso wäre es denkbar, Fluchtreaktionen in die Berechnung der Dynamik des Attributes Energie einzubeziehen. Nach einer langen Flucht könnte das Ermüden eines Agenten simuliert werden, was sich in der Reduktion seiner Bewegungsgeschwindigkeit oder mangelnder Fähigkeit zur Ausführung bestimmter externer Aktionen manifestieren könnte. Das Referenzmodell lässt dem Anwender an dieser Stelle Spielraum zur Ausgestaltung.

5.2.6 Modellierung des Verhaltensantriebs durch Motive

Die Modellierung des Verhaltensantriebes richtet sich nach der Grundidee von Schmidt (2000), wonach jedem Bedürfnis eines Modellmenschen ein Motiv mit einer bestimmten Stärke zugeordnet werden kann. Nach Dörner muss ein Individuum eine elementare Voraussetzung erfüllen, um Bedürfnisse verspüren zu können:

> *"Erste Voraussetzung für ein System, das Bedürfnisse, Ziele, Motive hat, ist die Existenz eines Zustandsmelders"* ([Dörner 1999], S. 304)

5.2.6.1 Zustandsvariablen und Motive

Schmidt nimmt an, dass sich Motive aus dem internen Zustand eines Individuums ableiten und geht damit konform mit dem Vorschlag Dörners (1996), dass das Verhalten eines Menschen von Motiven getrieben wird, die aus internen Zuständen abgeleitet werden. Motive beschreiben die Erfahrung interner Zustände und sind mit Zielvorstellungen verbunden.

Der Modellierungsansatz für die Abbildung des Verhaltensantriebs durch Motive sieht daher vor, Zustände durch Zustandsvariablen abzubilden, Motive als abhängige Variablen, die von den zugehörigen Zustandsvariablen abhängen.

Als Beispiel kann das Motiv *Hunger* aufgeführt werden. Die Ursache für Hunger ist bewusste Wahrnehmung eines niedrigen Energievorrats. Hunger wird als abhängige Variable repräsentiert, die an die Zustandsvariable *Energievorrat* gekoppelt ist. Beide Modellgrößen stehen in einer negativ proportionalen Relation zueinander.

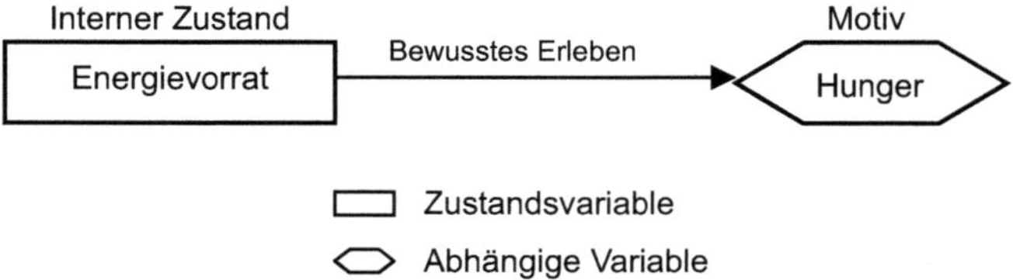

Bild 45: Zustandsvariable und Motiv

5.2.6.2 Motivselektion

Schmidt (2000) nimmt an, dass ein Individuum zu einem Zeitpunkt mehrere unterschiedliche Bedürfnisse aufweisen kann, die miteinander konkurrieren. Durch die Verwendung einer polythematischen Motivationstheorie wird es erforderlich, einen Mechanismus zu integrieren, der zu einem bestimmten Zeitpunkt das Bedürfnis auswählt, welches am dringendsten befriedigt werden muss. Der Modellierungsansatz geht davon aus, dass bei Anwesenheit mehrerer Motive zur gleichen Zeit eines darunter die anderen dominiert. Dabei handelt es sich um das Motiv, welches im Vergleich zu den anderen die größte Stärke aufweist. Dieses Motiv wird handlungsleitend und bestimmt im Zusammenspiel mit zustandsbedingten Einflüssen, wie dem Grad an Selbstkontrolle, oder äußeren Einflüssen, wie der Verfügbarkeit von Informationen über ein mögliches Fluchtziel, das beobachtbare Verhalten eines Agenten. Das Verhalten eines Agenten soll wie folgt definiert werden:

/D26/ Verhalten eines Agenten: Das Verhalten eines Agenten umschreibt eine Menge elementarer Aktionen des Agenten, die darauf ausgerichtet sind, das mit dem handlungsleitenden Motiv verbundene aktuelle Ziel zu erreichen.

Die Menge der Aktionen unterteilt sich in zwei Kategorien:

/D27/ Externe und interne Aktionen eines Agenten: Externe Aktionen wirken sich unmittelbar auf die Beziehung zwischen Agent und Umwelt aus. Interne Aktionen wirken auf den internen Zustand des Agenten ohne die Umwelt dabei einzubeziehen oder auf diese einzuwirken.

Im Rahmen der Abbildung menschlichen Verhaltens in Paniksituationen sieht das Referenzmodell zwei Motive vor. Das Motiv *NeugierM* wurde exemplarisch gewählt und repräsentiert das Bedürfnis eines Agenten, *"subjektiv Neues zu erleben, zu untersuchen, zu erkunden"* ([Häcker & Stapf 1998], S. 571), was durch Explorieren seiner Umwelt befriedigt werden kann. Das Motiv *NeugierM* soll während der Normalphase als handlungsleitend angenommen werden, das Motiv *AngstM* dagegen dominiert die Panikphase.

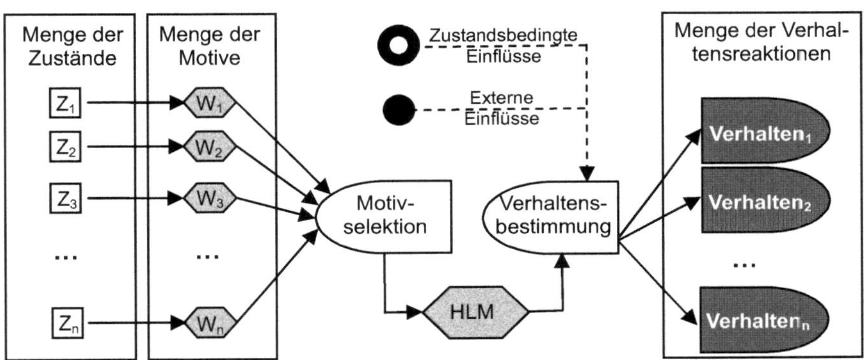

☐ Zustand

⬡ Motiv

◖ Interne Aktion

◗ Externe Aktion (Bestandteil einer Verhaltensreaktion)

● Einflussfaktoren aus der Umwelt

○ Einflussfaktoren aus dem internen Zustand eines Agenten

Bild 46: Motivselektion und Aktionsauswahl

5.2.6.3 Das Phänomen des Motivflatterns

Falls sich die Stärken zweier Motive einander annähern, kann es zum *Motivflattern* kommen. Dieser Begriff umschreibt die wiederholte gegenseitige Ablösung von mindestens zwei konkurrierenden Motiven als handlungsleitendes Motiv innerhalb einer kurzen Zeitspanne. In diesem Fall ist der betreffende Agent zwischen der Ausführung von Handlungen, die mit den flatternden Motiven verbunden sind, hin und her gerissen und kommt der Befriedigung der zugrunde liegenden Bedürfnisse nicht näher.

Bei gleichartigen Motiven im Sinne der Angehörigkeit der gleichen Ebene der Bedürfnispyramide nach Maslow macht dieses horizontale Flattern durchaus Sinn, da die mit den flatternden Motiven verbundenen Handlungen einem übergeordneten Ziel dienen, z.B. der Befriedigung biologischer Bedürfnisse. Ein vertikales Motivflattern, welches eintritt, wenn Motive aus unterschiedlichen Ebenen der Bedürfnispyramide zu einer Zeit mit der gleichen Stärke auftreten, kann dagegen Probleme aufwerfen. Zur Erläuterung soll der Wettstreit dreier Ebenen der Hierarchie nach Maslow wie in Bild 47 untersucht werden.

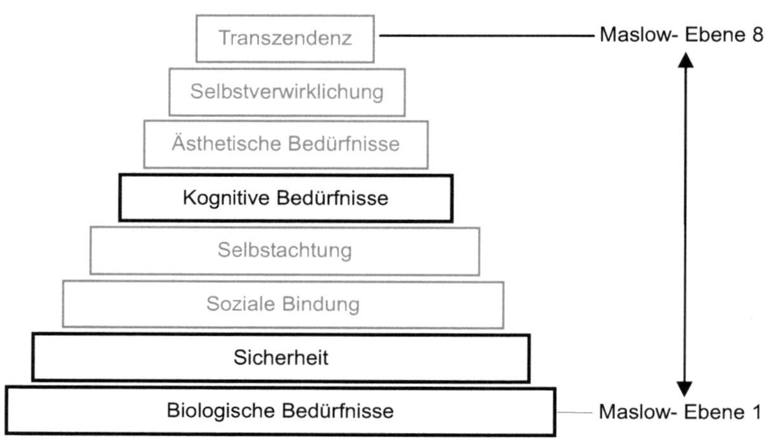

Bild 47: Grundebene und höhere Ebene der Bedürfnispyramide

Der Problemfall lässt sich mit Hilfe der Motive *Neugier* als kognitives Bedürfnis, welches nicht mit der Angst-auslösenden Situation korreliert ist und dem Angst-Motiv, *AngstM*, als Ausdruck des Sicherheitsbedürfnisses erklären. Würden beide Motive sich wiederkehrend in der Rolle des handlungsleitenden Motivs ablösen, würde der Agent für eine kurze Zeitperiode fliehen, genau so lange, bis die Stärke des Motivs *AngstM* unter die des Motivs *Neugier* fällt. Ab diesem Zeitpunkt würde sich der Agent wieder seinem Wissensdurst widmen, unabhängig davon, ob er sich bereits in Sicherheit wähnt oder objektiv in Sicherheit befindet. Seine Flucht würde erst fortgesetzt, sobald das Motiv *AngstM* wieder die Oberhand gewinnt. Das resultierende Modellverhalten würde sich nicht mit beobachtbarem Verhalten während des Verlaufs von Krisensituationen decken und wäre damit offensichtlich unplausibel. Ebenso besteht die Möglichkeit, dass das Angst-Motiv eines Agenten während seiner Flucht durch ein Motiv der niedrigsten Ebene abgelöst wird, auch wenn das Sicherheitsbedürfnis des Agenten noch nicht annähernd befriedigt ist. In der

Realität könnte ein Fluchtteilnehmer seine Flucht trotz großer Angst aufgrund von körperlicher Überanstrengung kurzzeitig unterbrechen, um einem Bedürfnis zur Regeneration nachzukommen. Nach erfolgter kurzzeitiger Rast kann die Flucht wieder effizient fortgesetzt werden bis die nächste Regenerationsphase einsetzt. Im Gegensatz zum Problemfall stellt diese Art des vertikalen Motivflatterns ein in der Realität beobachtbares Phänomen dar, das im Modellierungsansatz reproduziert werden kann.

Das Konzept zur Motivselektion sieht in Einklang mit Maslows Theorie für den Fall des vertikalen Motivflatterns eine Bevorzugung des Motivs vor, welches der niedrigeren Ebene angehört und zwar genau so lange, bis das zugehörige Bedürfnis erfüllt ist. Dazu ist die Definition einer individuellen Bedürfnisbefriedigungsschwelle *BBS* für jede Zustandsgröße des Agenten vorgesehen, die wie in Bild 46 dargestellt mit einem Motiv verbunden ist. Ein durch die Zustandsgröße repräsentiertes Bedürfnis soll als befriedigt gelten, wenn der Wert der betreffenden Zustandsgröße unter der individuellen Bedürfnisbefriedigungsschwelle liegt. Beispielhaft gilt das Sicherheitsbedürfnis als befriedigt, wenn der Angst-Zustand des Agenten unter den individuellen Schwellenwert *PersK_BBSAngst* gefallen ist.

Damit ein handlungsleitendes Motiv *MotivA* der Maslow-Ebene *Maslow_a* mit dem zugehörigen Zustand *ZA* und der Bedürfnisbefriedigungsschwelle *PersK_BBSZA* durch ein Motiv *MotivB* der Maslow-Ebene *Maslow_b* mit dem zugehörigen Zustand *ZB* abgelöst werden kann, muss gelten:

[B] ((Maslow_b >Maslow_a)

$\qquad$ $\land$ (Motivstärke (MotivB) > Motivstärke (MotivA))

$\qquad$ $\land$ (Intensität (ZA) $\geq$ PersK_BBSZA))

$\qquad$ $\lor$ Maslow_b < Maslow_a

Wurde beispielhaft das, dem Angst-Zustand zugeordnete Motiv *AngstM* einmal handlungsleitend, so werden damit verbundene Verhaltensweisen nicht durch stärkere Motive (vgl. b) einer höheren Ebene (vgl. a) unterbrochen bis sich der Agent in Sicherheit bringen konnte bzw. sein Sicherheitsbedürfnis erfüllt wurde (vgl. c). Erst dann können Motive der höheren Ebene wieder zum Zuge kommen. Andererseits kann das Motiv *AngstM* jederzeit durch ein stärkeres Motiv der Ebene der biologischen Bedürfnisse abgelöst werden (vgl. d).

5.2.6.4 Das exemplarisch gewählte Motiv Neugier

Die Modellierung des Motivs *Neugier* orientiert sich am Vorschlag von Schwarz (2001), wonach sich das Bedürfnis nach Wissen aus dem Zustand *Wissensdefizit* des Agenten ergibt. Das Wissensdefizit ergibt sich aus dem Wissensstand des Agenten in Gestalt des Verhältnisses von unbekannten Zellen zu bekannten Zellen. Im Rahmen der Modellierung menschlichen Verhaltens in Paniksituationen beinhaltet die Menge der unbekannten Zellen alle noch nicht besuchten potenziellen Zielfelder der Umwelt. Die Menge der bekannten Zellen ist die Komplementärmenge dazu. Zielfelder werden vom Anwender durch Setzen des booleschen Zellenattributes *Zielzelle_NP* definiert:

$$Zelle_i := \{..., (\textbf{Zielzelle\_NP}, \_\textbf{zielzelleNP} \in \{T,F\}), ...\}$$

So kann beispielsweise das Verhalten von Kunden eines Kaufhauses simuliert werden, indem das Zellattribut *Zielzelle_NP* von Zellen gesetzt wird, die an Hinderniszellen angrenzen. So können Positionen um Vitrinen oder Auslagen herum, repräsentiert durch eine Menge von Hinderniszellen, als potenzielle Ziele für Agenten markiert werden. Ein weiteres Beispiel für die Definition potenzieller Zielzellen zeigt Bild 48. Zu sehen sind darin Zielpositionen für Agenten um einen Tresen in einem simulierten Barraum eines Nachtclubs. Zu den potenziellen Zielfeldern zählen insbesondere auch Ein- und Ausgänge.

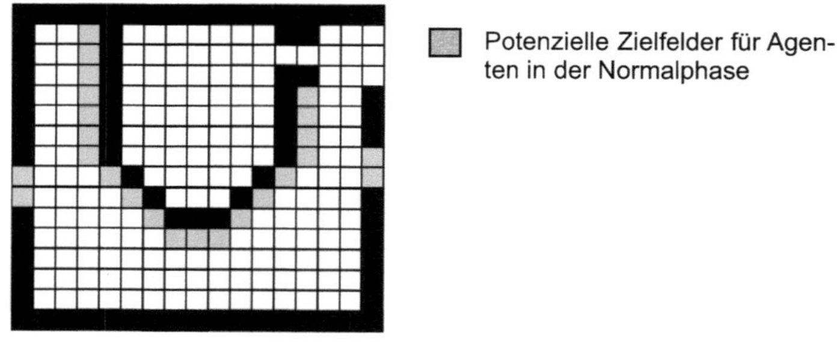

Bild 48: Definition potenzieller Zielzellen

Da der Wissensstand und damit das Wissensdefizit des Agenten nicht von der Zeit abhängen soll, die der Agent in seiner Umwelt verbringt, werden beide Größen nicht durch Zustandsvariablen repräsentiert, sondern durch abhängige Variablen. Die Berechnung des Zustands *Wissensdefizit* ergibt sich wie in Formel 10 dargestellt. Die Bedeutung der Parameter wird in Tabelle 46 festgehalten.

$$Wissensdefizit = ((100*(100*Wissensstand)/K\_AnzahlZielzellen) -$$
$$Wissensstand)/ (((100*Wissensstand)/K\_AnzahlZielzellen)+1)$$

Formel 10: Berechnung des Wissensdefizits eines Agenten

Das zugehörige Motiv *Neugier* wird nach Formel 11 durch eine logarithmische Funktion bestimmt:

$$NeugierM = (log_{10}(Wissensdefizit + 1) * 50) * 1 [MStE]$$

Formel 11: Berechnung der Motivstärke Neugier

Bild A der Bild 49 zeigt die Stärke des Zustandes *Wissensdefizit* als Funktion des Wissensstandes. Bild B der gleichen Abbildung stellt die Stärke des Motivs *NeugierM* abhängig vom Zustand *Wissensdefizit* eines Agenten dar.

Tabelle 46: Parameter zur Berechnung des Motivs NeugierM

Variable	Einheit	Bereich	Bedeutung
K_AnzahlZielzellen	Ø	$N_{>0}$	Anzahl potenzieller Zielzellen in der Umwelt
Wissensdefizit	Ø	$N_{[0..100]}$	Anzahl nicht betretener Zielzellen in der Umwelt
Wissensstand	Ø	$N_{[0..100]}$	Anzahl bereits besuchter Zielzellen
NeugierM	[MStE]	$R_{>0}$	Stärke des Neugier-Motivs

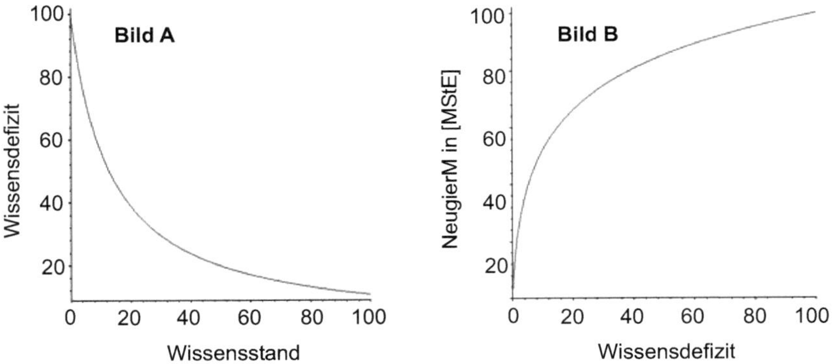

Bild 48: *Wissensstand, Wissensbedürfnis* und das Motiv *NeugierM*

5.2.6.5 Die Emotion Angst

In der Definition des Begriffes *Panik*, wie sie im Rahmen der vorliegenden Arbeit gelten soll, nimmt die Abbildung der Emotion Angst eine zentrale Rolle ein. Die Modellierungsanforderungen bestehen darin, Mechanismen zur Abbildung von Entstehung und zeitlichem Verlauf der Emotion Angst zu entwickeln.

Der Dynamik der Angst werden kontinuierliche und diskrete Anteile unterstellt. Der kontinuierliche Anteil kommt zum Tragen, wenn keine Ereignisse in der Umwelt stattfinden, die das Individuum wahrnehmen könnte. In diesem Fall weist die Stärke der Angst eine Tendenz zur stetigen Reduzierung auf. Die Geschwindigkeit des Abfalls ist abhängig vom individuell empfundenen Crowding und der sozialen Kraft. Da Crowding emotionale Antworten in beide Richtungen intensivieren kann und soziale Ansteckung auch in beide Richtungen wirken kann, können diese Einflussgrößen jedoch zu einem kontinuierlichen Anstieg der Angst auch ohne offensichtlichen Grund beitragen. Der auf ein Individuum lastende physische Druck stellt einen Einflussfaktor für den Angstanstieg dar. Im Fall kontinuierlichen Abfalls oder Anstiegs der Angst wird angenommen, dass sich die Stärke der Angst einem Minimum bzw. Maximum annähert.

Die diskreten Anteile werden durch die Bewertung von Ereignissen der Umwelt initiiert. Ein diskreter Anstieg der Angst eines Individuums wird angenommen, falls es ein Ereignis in seiner Umwelt wahrnimmt und dieses als Bedrohung bewertet. Ein diskreter Abfall wird dagegen unterstellt, falls ein Individuum Beruhigung von einer technischen Informationsquelle oder einem anderen Individuum erfährt. Die sich ergebende Dynamik wird in Bild 50 dargestellt. Die kontinuierlichen Anteile finden sich in den Intervallen $[t_0,t_1[$, $]t_1,t_2[$, $]t_2,t_3]$, $]t_3,t_4]$ und $]t_4,t_n]$. Eine diskrete Zunahme der Angst ist bei Zeitpunkt t_1 zu beobachten, eine diskrete Abnahme bei Zeitpunkt t_2.

Grundlage für die Modellierung von Entstehung und Dynamik von Emotionen ist die *Theory of Cognitive Appraisal for Emotions*. Sie besagt, dass die kognitive Bewertung einer Situation eine notwendige Voraussetzung zum Aufkommen von Emotionen ist. Im vorgeschlagenen Modellierungsansatz bezieht sich das *kognitive Appraisal* nicht nur auf das Aufkommen von Angst, sondern auch auf deren Reduzierung.

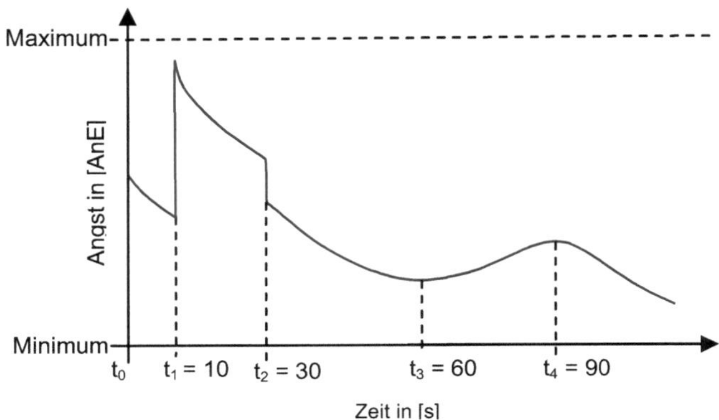

Bild 50: Der angenommene Verlauf der individuellen Angst

Nach Schmidt [Schmidt 2000, S. 31] wird davon ausgegangen, dass eine einzelne Emotion mit einer Zustandsvariable modelliert werden kann, die nicht von anderen Zustandsgrößen abhängt. Die Emotion Angst wird daher durch eine interne Zustandsvariable *Angst* modelliert. Die Hauptgleichung zu ihrer Berechnung wird in Formel 12 dargestellt. Die Parameterbedeutung kommt in Tabelle 47 zur Darstellung[95].

$$Angst' = AngstZu - AngstAb$$

Formel 12: Berechnung der Zustandsvariable *Angst*

Tabelle 47: Parameter zur Berechnung der Zustandsvariable *Angst*

Variable	Einheit	Bereich	Bedeutung
AngstZu	[AnE/h]	R^+	Zustandsvariable: Zunahme der Angst
AngstAb	[AnE/h]	R^+	Zustandsvariable: Abnahme der Angst
Angst	[AnE]	$R_{[0..100]}$	Zustandsvariable: Änderung des Angst- Zustands

---

[95] Die Einheiten von rechter und linker Seite in Formel 12 sind kommensurabel, da es sich um eine Differentialgleichung handelt.

5.2.6.5.1 Kontinuierliche Komponente der Dynamik von Angst

Die kontinuierliche Zunahme der individuellen Angst sowie die kontinuierliche Abnahme der Angst im Fall einer reizarmen Umgebung werden anschaulich nach Formel 13 bestimmt. Hierbei werden das Crowding-Gefühl, die wirkende soziale Kraft und die Druckempfindung als Massenphänomene, wie in den Modellierungsanforderungen enthalten, berücksichtigt.

$$AngstZu = PersK\_AngstZunahme * Angst * Druckempfindung\_indiv *$$

$$Crowding\_indiv * SozialeKraft\_indiv$$

Formel 13: Berechnung der Zustandsvariable *AngstZu*

Zusammen ergibt sich damit Formel 14. Die Bedeutung der Parameter ist in Tabelle 48 festgehalten.

$$Angst' = Angst * Crowding\_indiv * SozialeKraft\_indiv *$$

$$(PersK\_AngstZunahme * Druckempfindung\_indiv -$$

$$PersK\_AngstAbnahme)$$

Formel 14: Sammelgleichung für die Berechnung der Zustandsvariable *Angst*

Tabelle 48: Parameter zur Berechnung der Zustandsvariable *Angst*

Variable	Einheit	Bereich	Wert	Bedeutung
PersK_AngstZunahme	[1/h]	$R_{[0..1]}$	0.03	Individueller Faktor für den Anstieg der Angst
PersK_AngstAbnahme	[1/h]	$R_{[0..1]}$	0.05	Individueller Faktor für den Abfall der Angst
Druckempfindung_indiv	Ø	$R_{[0..100]}$	-	Stärke der individuellen Beurteilung des Drucks
Crowding_indiv	Ø	$R_{[0..100]}$	-	Stärke des individuellen Gefühls von Crowding
SozialeKraft_indiv	Ø	$R_{[0..100]}$	-	Stärke der individuell wirkenden sozialen Kraft

Für den Gradienten gilt[96] damit unter der Annahme, dass *PersK_Angst{Ab,Zu}nahme > 0*:

Abstieg $\Leftrightarrow$ (PersK_AngstZunahme * Druckempfindung_indiv < PersKAngstAbnahme) $\vee$

Druckempfindung_indiv = 0

Anstieg $\Leftrightarrow$ (PersK_AngstZunahme * Druckempfindung_indiv > PersKAngstAbnahme)

Unverändert $\Leftrightarrow$ (PersK_AngstZunahme * Druckempfindung_indiv = PersKAngstAbnahme)

5.2.6.5.2 Diskrete Zunahme der Angst

Als Angst-induzierendes Ereignis dient im Rahmen dieses Modellierungsansatzes das Eintreten eines kritischen Ereignisses. Dessen Wahrnehmung wird durch das gesetzte Attribut *Panikereignis_w* eines Agenten angezeigt. Die individuelle Bewertung der Gefahr spiegelt sich in der Belegung des Attributs *Bedrohungspotenzial* wieder. Je höher dieser Wert, desto größer die eingeschätzte Bedrohung.

Die diskrete Zunahme der Angst durch Wahrnehmung eines kritischen Ereignisses ergibt sich durch die Erhöhung der aktuellen Stärke der Zustandsvariable *Angst* um die Stärke der individuell eingeschätzten Bedrohung durch das kritische Ereignis. Dieser Vorgang wird in Formel 15 dargestellt[97].

$$Angst^\wedge = MIN\,(\,K\_AngstMax\,,\,(\,Angst + Bedrohungspotenzial\,*$$
$$(\,1 + DruckempfindungN\_indiv + CrowdingN\_indiv +$$
$$SozialeKraftN\_indiv\,)\,)\,)$$

Formel 15: Diskrete Angstzunahme durch ein kritisches Ereignis

Das Crowding-Gefühl, die wirkende soziale Kraft und die Druckempfindung treten als verstärkende Faktoren in Erscheinung. Die Parameter *CrowdingN_indiv, SozialeKraftN_indiv* und *DruckempfindungN*, wie durch Formel 16 berechnet, stellen das normierte Crowding-Empfinden die normierte individuell wirkende soziale Kraft und die normierte Druckempfindung dar. Die normierten Werte sind als Prozentangaben zu verstehen.

---

[96] Es gilt zudem stets *Crowding_indiv > 0*, weiterhin *SozialeKraft_indiv > 0* bei *AnzahlAgenten > 0*.

[97] Der *MIN*-Operator wird eingesetzt, um die Überschreitung der maximalen Stärke der Angst durch die diskrete Erhöhung zu vermeiden. Analog kommt der *MAX*-Operator in Formel 17 und Formel 18 zum Einsatz.

$$CrowdingN\_indiv = Crowding\_indiv * 1/100$$

$$SozialeKraftN\_indiv = SozialeKraft\_indiv * 1/100$$

$$DruckempfindungN\_indiv = Druckempfindung\_indiv * 1/100$$

Formel 16: Normierte Parameter *CrowdingN_indiv*, *SozialeKraftN_indiv*, *DruckempfindungN_indiv*

5.2.6.5.3 Diskrete Abnahme der Angst

Die diskrete Abnahme der Stärke individueller Angst resultiert aus der Beruhigung, die ein Agent von anderen Agenten oder einer technischen Informationsquelle erfahren kann, falls er sich in deren Beruhigungssphäre befindet. In diesem Fall wird der Wert der Zustandsvariable *Angst* um einen individuellen Wert herabgesetzt, wie in Formel 17 und Formel 18 gezeigt.

$$Angst^\wedge = MAX\,(\,K\_AngstMin\,,\,(\,Angst - AngstInformation * MAX\,(\,0,\,(\,1 -$$
$$DruckempfindungN\_indiv + CrowdingN\_indiv -$$
$$SozialeKraftN\_indiv\,)\,)\,)\,)$$

Formel 17: Beruhigung durch eine technische Informationsquelle

$$Angst^\wedge = MAX\,(\,K\_AngstMin\,,\,(\,Angst - AngstRefA * MAX\,(\,0,\,(\,1 -$$
$$DruckempfindungN\_indiv + CrowdingN\_indiv -$$
$$SozialeKraftN\_indiv\,)\,)\,)\,)$$

Formel 18: Beruhigung durch einen reflektiven Agenten

Als verstärkender Faktor agiert einzig das Crowding-Gefühl, die Druckempfindung und die soziale Kraft schwächen dagegen Beruhigungsversuche ab.

Die Parameter *AngstInformation* und *AngstRefA* drücken den Einfluss von Beruhigungsversuchen auf die Angst eines Individuums aus. Sie werden wie in Formel 19 dargestellt aus der erzielten Stärke des Beruhigungsversuches der entsprechenden Quelle *EffektiveBeruhigung{TI,RefA}* im Zusammenspiel mit der Empfänglichkeit des Individuums für Beruhigungsversuche bestimmt. Diese wird durch die Belegung der Persönlichkeitskonstante *PersK_Beruhigung{TI, RefA}* bestimmt.

*AngstInformation = PersK_BeruhigungTI * EffektiveBeruhigungTI*
*AngstRefA = PersK_BeruhigungRefA * EffektiveBeruhigungRefA*

Formel 19: Berechnung der Parameter zur Reduzierung der Angst durch Beruhigung

Die Parameter *EffektiveBeruhigung{TI, RefA}* werden aus der maximal möglichen Reduzierung der Angst durch einen Beruhigungsversuch der jeweiligen Quelle, festgehalten im *Attribut K_Beruhigung{TI, RefA}Max*, und der Anzahl bereits erfolgter Beruhigungsversuche bestimmt, die ein Agent im Attribut *Beruhigungsversuche{TI, RefA}* speichert:

$$Agent_j := \{ \ldots,$$
$$(\textbf{BeruhigungsversucheTI, \_beruhigungTI} \in \textbf{N}),$$
$$(\textbf{BeruhigungsversucheRefA, \_beruhigungRefA} \in \textbf{N}),$$
$$\ldots\}$$

Zur Berechnung der erzielten Beruhigung wird folgender Ansatz vorgeschlagen, der in Formel 20 dargestellt und in Abbildung 51 visualisiert wird. Nach einem, vom Agenten registrierten Beruhigungsversuch darf der Parameter *Beruhigungsversuche{TI/RefA}* dabei erst nach der Berechnung der effektiven Beruhigung inkrementiert werden.

$$EffektiveB\,eruhigungT\,I = K\_Beruhigung\,TIMax * \frac{1}{(Beruhigung\,sversucheT\,I + 1)}$$

$$EffektiveB\,eruhigungR\,efA = K\_Beruhigung\,RefAMa\,x * \frac{1}{(Beruhigung\,sversucheR\,efA - 1)}$$

Formel 20: Berechnung der effektiven Beruhigung

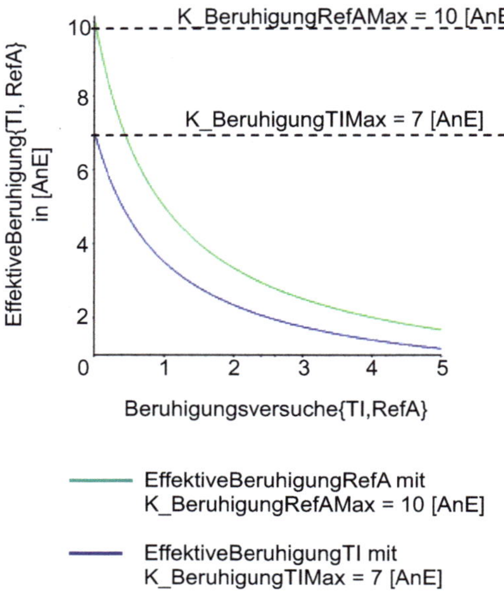

Bild 51: Berechnung der effektiven Beruhigung

Tabelle 49 zeigt die Parameter zur Berechnung der Angstabnahme durch Beruhigungsversuche und die vorgeschlagenen Belegungen in der Zusammenschau auf. Diesem Modellierungsansatz liegt eine Erkenntnis von Latané (1981) zugrunde, wonach die erste Person, mit der ein Kontakt stattfindet, die größte Bedeutung und Wirkung auf ein Individuum hat. Hieraus lässt sich eine abnehmende Einflussfunktion für Beruhigungsversuche ableiten, so dass der erste Versuch den maximal möglichen Einfluss hat, jeder weitere eine stetig schwächere Wirkung erzielt.

Tabelle 49: Parameter zur Bestimmung der Dynamik individueller Angst

Variable	Einheit	Bereich	Wert	Bedeutung
PersK_Beruhigung RefA	Ø	$R_{[0..1]}$	0.5	Individueller Faktor für den Abfall der Angst bei Beruhigung durch einen reflektiven Agenten
PersK_Beruhigung TI	Ø	$R_{[0..1]}$	0.3	Individueller Faktor für den Abfall der Angst bei Beruhigung durch eine technische Informationsquelle
K_Beruhigung RefAMax	[AnE]	$N_{[0..100]}$	10	Maximale Senkung der Angst bei Beruhigung durch einen reflektiven Agenten
K_Beruhigung TIMax	[AnE]	$R_{[0..100]}$	7	Maximale Senkung der Angst bei Beruhigung durch eine technische Informationsquelle
K_AngstMax	[AnE]	$R_{[0..100]}$	100	Maximale Stärke individueller Angst
K_AngstMin	[AnE]	$R_{[0..100]}$	0	Minimale Stärke individueller Angst
Beruhigungsversu- cheTI	Ø	N	0	Anzahl bisheriger Beruhigungsversuche durch eine technische Informationsquelle
Beruhigungsversu- cheRefA	Ø	N	0	Anzahl bisheriger Beruhigungsversuche durch einen reflektiven Agenten
AngstInformation	[AnE]	$R_{[0..100]}$	-	Einfluss einer TI auf den Angstzustand eines Agenten
AngstRefA	[AnE]	$R_{[0..100]}$	-	Einfluss eines refA auf den Angstzustand eines Agenten
EffektiveBeruhi- gungTI	[AnE]	R^{+}	-	Tatsächlich wirkende Beruhigung eines TI
EffektiveBeruhi- gungRefA	[AnE]	R^{+}	-	Tatsächlich wirkende Beruhigung eines refA

5.2.6.5.4 Das Motiv AngstM

Jede interne Zustandsvariable ist mit einem Motiv verbunden, das im Modell durch eine abhängige Variable repräsentiert wird. So wird auch das Motiv *AngstM* aus der Zustandsvariable *Angst* abgeleitet. Durch diese Ableitung wird der Forderung Frijdas (1986) nachgekommen, einer Emotion eine motivationale Wirkung zukommen zu lassen.

Der Modellierung des funktionalen Zusammenhangs wird wie in Formel 21 dargestellt eine verallgemeinerte logistische Wachstumskurve zugrunde gelegt. Die Bedeutung der Parameter wird in Tabelle 50 aufgeführt.

$$AngstM = K\_AngstMMin + \frac{K\_AngstMMax}{1 + e^{-K\_AngstMWachstum*(Angst - K\_AngstMWachstumMax)}}$$

Formel 21: Berechnung der Stärke des Motivs AngstM

Tabelle 50: Parameter zur Berechnung der Motivstärke AngstM

Variable	Einheit	Bereich	Wert	Bedeutung
K_AngstMMax	[MStE]	$R_{[0..100]}$	100	Maximale Stärke des Motivs *AngstM*
K_AngstMMin	[MStE]	$R_{[0..100]}$	0	Minimale Stärke des Motivs *AngstM*
K_AngstMWachs tum	[1/AnE]	$R_{[0..1]}$	0.15	Wachstumsfaktor
K_AngstMWachs tumMax	[AnE]	$R_{[0..100]}$	80	Wendestelle der logistischen Wachstumskurve
Angst	[AnE]	$R_{[0..100]}$	-	Wert der Zustandsvariable *Angst*
AngstM	[MStE]	$R_{[0..100]}$	-	Stärke des Angst-Motivs

Die Belegung der Parameter richtet sich nach den Vorschlägen von Schwarz (2001). Bild 52 zeigt den zugehörigen Kurvenverlauf mit *K_AngstMWachstum* = 0.15[AnE].

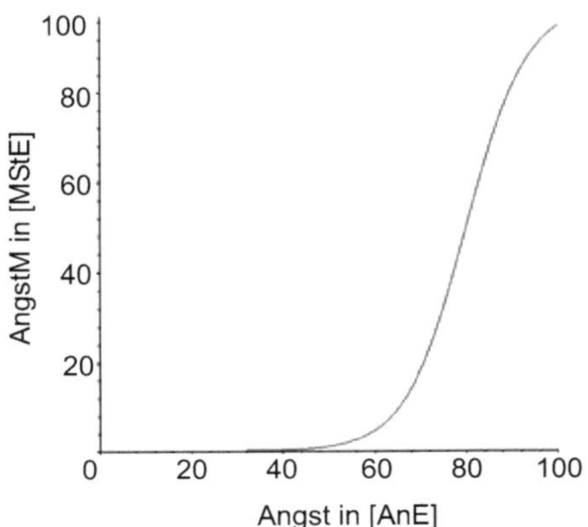

Bild 52: Das Motiv AngstM in Abhängigkeit von der Zustandsvariable Angst

5.2.6.5.5 Emotionale Intelligenz und Kontrolle von Angst

Nach Anforderung /MA3b/ wird **SimPan**-Agenten die Fähigkeit abverlangt, aktiv der eigenen Angst entgegenwirken zu können und ihre Gefühle bewusst zu beherrschen. Derartige Kapazitäten werden beispielsweise Ordnungskräften während realer Katastrophen unterstellt, die fähig scheinen, ihre innere Aufregung zu kontrollieren und durch ihr Verhalten nach außen hin ruhig zu wirken. Diese Fähigkeit wurde **SimPan**-Agenten durch die Umsetzung des Konzeptes der Emotionalen Intelligenz, wie von Mayer und Salovey (1997) vorgeschlagen, verliehen.

Die Umsetzung der Konzepte orientiert sich an den Vorschlägen von Schmidt und Reineke (2002), deren Grundgedanke darin besteht, dass ein Agent seine eigene Angst nur dann senken kann, wenn er über seinen eigenen Zustand reflektiert.

Der Eintritt in derartige reflektive Phasen wird nach Schmidt und Reineke an den Grad der Bedürfnisbefriedigung des Agenten gekoppelt. Der Befriedigungsgrad wird nach Formel 22 durch die Erregung eines Agenten abgebildet, die als abhängige Variable *Erregung_indiv* definiert wird und sich als Summe seiner Motivstärken darstellt.

$$Erregung\_indiv = \sum_{i=1}^{t} Motiv_i$$

Formel 22: Berechnung der Erregung eines Agenten

Zwischen Befriedigungsgrad und Erregung besteht ein umgekehrt proportionaler Zusammenhang: je niedriger die Erregung eines Agenten, desto höher sein Befriedigungsgrad. Es wird angenommen, dass nur Agenten mit hohem Befriedigungsgrad Kapazitäten zur Reflektion haben. Bei niedrigem Befriedigungsgrad geht der Agent vornehmlich seinen Bedürfnissen nach. Dies ist inspiriert durch das hierarchische Motivationsmodell von Maslow (1981), wonach zunächst Bedürfnisse niedriger Ebenen befriedigt werden, bevor sich ein Individuum der Befriedigung von Bedürfnissen höherer Ebenen widmet. Liegt die Stärke der Erregung zu einem Zeitpunkt t unterhalb einer Erregungsschwelle, so wird angenommen, dass der Agent zum Zeitpunkt t Kapazitäten zur Reflektion besitzt. Die Trennlinie zwischen niedrigem und hohem Befriedigungsgrad wird durch die Erregungsschwelle definiert, die durch eine abhängige Variable *ERS* abgebildet wird. Der bestimmende Faktor zur Berechnung der Erregungsschwelle ist der *emotionale Intelligenzquotient EQ* eines Agenten. Schmidt und Reineke sehen den EQ als Zustandsvariable, deren Wert im Verlauf des Lebens eines Agenten ansteigen kann. Ob der geringen Zeitspanne, innerhalb derer sich Schadensereignisse in der Realität abspielen, ist es im Kontext der Modellierung menschlichen Panikverhaltens angebracht, den EQ als für den betrachteten Zeitraum feste Größe mit vordefiniertem Wert abzubilden. Der Zusammenhang zwischen der Erregungsschwelle und dem EQ kommt in Bild 53 zur Darstellung.

Zur Berechnung der Erregungsschwelle wird, wie in Formel 23 ersichtlich, eine verallgemeinerte logistische Wachstumskurve eingesetzt. Dieser Wahl liegt nach Schmidt und Reineke die Annahme zugrunde, dass ein Agent mit hohem EQ auch bei niedrigem Befriedigungsgrad zum Eintritt in eine reflektive Phase fähig ist, ein Agent mit niedrigem EQ jedoch nicht. Die Parameter zur Berechnung der Erregungsschwelle werden in Tabelle 51 erörtert.

$$ERS = K\_ErregungMin + \frac{K\_ErregungMax}{\left(1 + K\_ErregungAsy * e^{-K\_ErregungWachstum*(EQ - K\_ErregungWachstumMax)}\right)^{\frac{1}{K\_ErregungAsy}}}$$

Formel 23: Berechnung der Erregungsschwelle

Tabelle 51: Parameter zur Berechnung der Erregungsschwelle

Variable	Einheit	Bereich	Wert	Bedeutung
Erregung	[MStE]	R^+	-	Erregung des Agenten als Summe seiner Motivstärken
ERS	[MStE]	R^+	-	Erregungsschwelle des Agenten
K_ErregungMax	[MStE]	$R_{[0..(n*100)]}$	177	Maximale Stärke der Erregung[98]
K_ErregungMin	[MStE]	$R_{[0..100]}$	0	Minimale Stärke der Erregung
K_ErregungAsy	[MStE]	$R_{[0..100]}$	20	Asymptote, in deren Nähe maximales Wachstum herrscht
K_ErregungWachstum	[1/EQE]	$R_{[0..1]}$	0.6	Geschwindigkeit des Wachstums
K_ErregungWachstumMax	[EQE]	$R_{[0..100]}$	90	Wendestelle der logistischen Wachstumskurve
EQ	EQE	$R_{[0..100]}$	frei	Individueller EQ eines Agenten

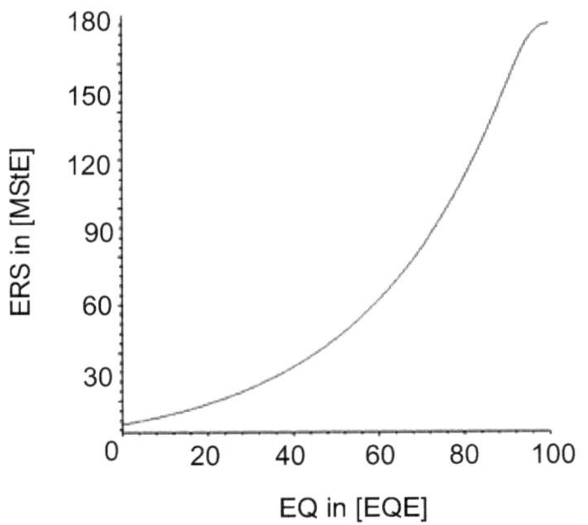

Bild 53: Erregungsschwelle in Abhängigkeit vom EQ

Durch den Eintritt in eine reflektive Phase wird sich ein Agent der Stärke seiner eigenen Angst bewusst[99]. Zudem ist es dem Agenten möglich, die Willensstärke

---

[98] Der Parameter *n* gibt die Anzahl an Motiven an, die jeweils die maximale Stärke 100[MStE] annehmen können.

zu bestimmen mit der er seine emotionalen Motive kontrollieren möchte[100]. Diese Willensstärke wird durch das Kontrollmotiv *AngstKontrolleM* modelliert. Da es sich, ebenso wie das Motiv *AngstM*, aus dem Angst-Zustand eines Agenten ableitet, soll angenommen werden, dass es der Ebene des Sicherheitsbedürfnisses nach Maslow zugeordnet werden kann. Das Kontrollmotiv konkurriert mit den restlichen Motiven des Agenten. Seine Berechnung wird in Formel 24 gezeigt, Tabelle 52 beleuchtet die beteiligten Parameter genauer.

$$AngstKontrolleM =$$

$$K\_AKMMin + \frac{K\_AKMMax * K\_GewichtungEQ * EQ}{(1 + e^{-K\_AKMWachstum*(Angst - K\_AKMWachstumMax)})}$$

Formel 24: Berechnung der Motivstärke zur Angstkontrolle

Tabelle 52: Parameter zur Berechnung des Motivs *AngstKontrolleM*

Variable	Einheit	Bereich	Wert	Bedeutung
K_AKMMax	[MStE]	$R_{[0..100]}$	100	Maximale Stärke des Motivs
K_AKMMin	[MStE]	$R_{[0..100]}$	0	Minimale Stärke des Motivs
K_AKMWachstum	[1/AnE]	$R_{[0..1]}$	0.4	Geschwindigkeit des Wachstums
K_AKMWachstum Max	[AnE]	$R_{[0..100]}$	60	Wendestelle der logistischen Wachstumskurve
K_GewichtungEQ	[1/EQE]	$R_{[0..1]}$	0.01	Gewichtungsfaktor für den Einfluss des EQ
EQ	EQE	$R_{[0..100]}$	frei	Individueller EQ eines Agenten
AngstKontrolleM	[MStE]	$R_{[0..100]}$	-	Stärke des Motivs *AngstKontrolleM*

---

[99] Schmidt und Reineke führen zusätzlich eine, vom *EQ* des Agenten abhängige, Selbstwahrnehmungsschwelle für Angst ein. Liegt die Stärke der Angst unter dieser Schwelle, so nimmt der Agent sie nicht wahr. Es soll jedoch im gegebenen Kontext davon ausgegangen werden, dass die Angst im Verlauf von Paniksituationen stets wahrgenommen werden kann.

[100] Im Ansatz nach Schmidt und Reineke wird diese Phase durch die Aktion *Überwachen* eingeläutet.

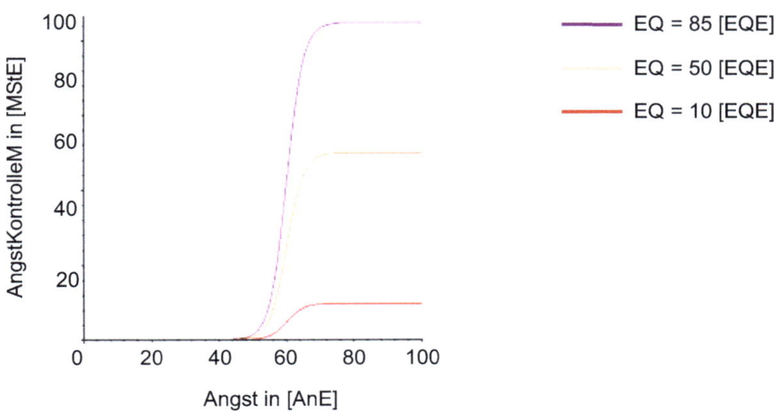

Bild 54: Abhängigkeit des Motivs *AngstKontrolleM* von *Angst* und *EQ*

Abbildung 54 verdeutlicht den fundamentalen Zusammenhang zwischen der Stärke des Motivs *AngstKontrolleM*, dem Motiv *AngstM* und dem EQ: je höher der EQ eines Agenten, desto stärker kann er gegen seine eigene Angst vorgehen. Ist die zu Beginn der reflektiven Phase wahrgenommene Angst in Form der Stärke des Motivs *AngstM* und damit ebenso die Stärke des Motivs *AngstKontrolleM* gering, so wird angenommen, dass der Agent eine Regulierung seiner Angst noch nicht für zwingend nötig erachtet. Ist seine Angst dagegen hoch, steigt die Stärke des Kontrollmotivs stark an, was den Willen des Agenten ausdrückt, gegen seine Angst vorzugehen. Damit der Agent seinen Willen umsetzen kann, muss die Voraussetzung erfüllt sein, dass das Kontrollmotiv im Vergleich mit den anderen Motiven des Agenten die Oberhand gewinnt und handlungsleitend wird. Nur in diesem Fall kann sich der Agent auch tatsächlich ohne fremden Antrieb beruhigen[101]. In der Phase der Beruhigung reguliert der Agent durch hervorgerufene Appraisals die Stärke seines Angst-Motivs. Dies wird umgesetzt durch die Berechnung der Zustandsvariable *Angst* nach einer modifizierten Formel, die einen schnelleren Abfall der Angst erzwingt. Die Stärke der Regulation hängt dabei, wie aus Formel 25 hervorgeht, vom EQ des Agenten ab. Die zugehörigen Parameter werden in Tabelle 53 beschrieben.

$$Angst' = (-PersK\_AngstAbnahme - K\_GewichtungEQ*EQ)*Angst$$

Formel 25: Modifizierte Berechnung der Zustandsvariable *Angst*

---

[101] Der Modellierungsvorschlag nach Schmidt und Reineke sieht hierzu die Aktion *Beruhigen* vor.

Tabelle 53: Parameter zur modifizierten Berechnung der Zustandsvariable *Angst*

Variable	Einheit	Bereich	Wert	Bedeutung
PersK_AngstAbnahme	[1/h]	$R_{[0..1]}$	0.05	Beschreibung der natürlichen Abnahme der Angst
K_Gewichtung EQ	[1/EQE]	$R_{[0..1]}$	0.02	Gewichtung des Einflusses des EQ
EQ	[EQE]	$R_{[0..100]}$	frei	Individueller EQ eines Agenten
Angst	[AnE]	$R_{[0..100]}$	-	Stärke des Angst-Zustands eines Agenten

Nachdem ein Agent seine Emotionen kontrolliert hat, nimmt er seinen emotionalen Zustand erneut bewusst wahr, um die Wirksamkeit seines Beruhigungsversuches festzustellen. Falls der Versuch erfolgreich war, so kann der Agent eine deutliche Senkung der Stärke des Motivs *AngstM* und in Folge dessen auch des Kontrollmotivs *AngstKontrolleM* erfahren. Falls der Versuch nicht den Erwartungen entspricht, so kann der Agent bei noch handlungsleitendem Motiv *AngstKontrolleM* seine Angst weiter reduzieren.

Bild 55 fasst den, im Rahmen der vorliegenden Arbeit verwendeten, Modellierungsansatz zur Abbildung emotional intelligenten Verhaltens zusammen[102].

Die Schwellenwerte werden als individuelle Parameter angenommen, die im Kontext der Modellierung eine feste Größe annehmen. Es ist denkbar, dass die Schwellen durch Erfahrungen eines Menschen oder seinen EQ beeinflusst werden können. Da die vorliegende Arbeit kein allgemeines Modell eines Menschen entwickelt, das seine mentalen Prozesse von der Geburt bis zum Tode abbildet, sondern ein Modell, welches sein Verhalten im Zeitraum eines Schadensereignisses nachvollzieht, kann die Dynamik der Schwellen verlustlos ausgeblendet werden.

---

[102] Eine Beschreibung der Dynamik des Verhaltens eines emotional intelligenten Agenten kann in [Schmidt & Schneider 2004a] eingesehen werden.

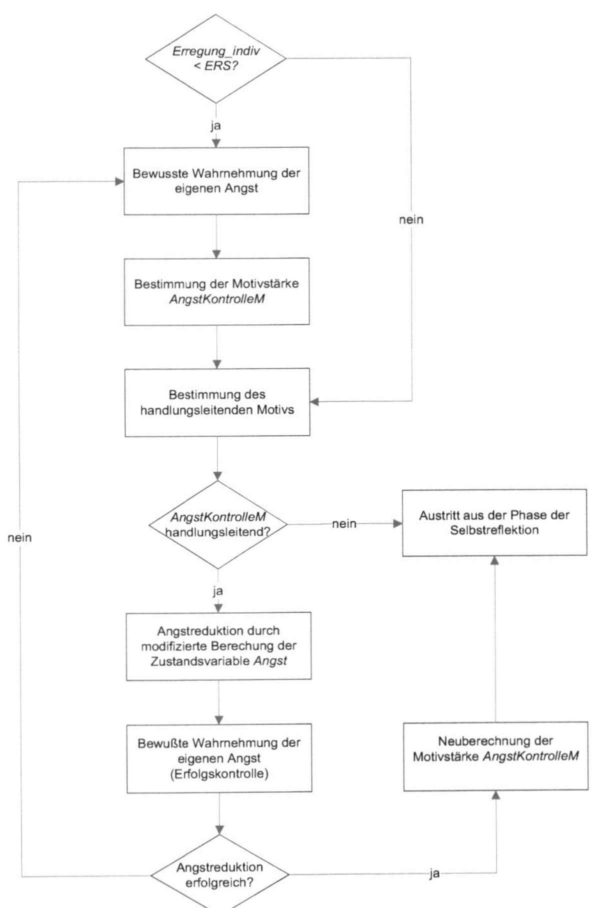

Bild 55: Ablauf des emotional intelligenten Verhaltens

5.2.7 Modellierung von Verhaltensreaktionen

In Anforderung /MA4{b,c,d}/ wurden die verschiedenen menschlichen Verhaltensweisen festgehalten, die während des Verlaufes realer Schadensereignisse beobachtbar sind. Neben der Abbildung dieser Verhaltensweisen muss das Referenzmodell nach Anforderung /MA4e/ einen Mechanismus bereitstellen, der eine Unterscheidung zwischen den verschiedenen Verhaltensweisen abhängig vom internen Zustand eines Individuums ermöglicht.

5.2.7.1 Die Verhaltenskontrolle

Eine Emotion, die ein Mensch verspürt, hat im Allgemeinen eine handlungsmodifizierende Wirkung. Je ängstlicher ein Individuum ist, desto vorsichtiger wird es in seiner Umwelt agieren. Je mehr ein Individuum in eine emotionale, insbesondere ängstliche Stimmung gerät, desto weniger ist es dazu fähig, sein Verhalten zu kontrollieren. Der Modellierungsansatz unterstellt daher einen Zusammenhang zwischen der Stärke der Emotion Angst und der Fähigkeit eines Menschen, sein eigenes Verhalten zu kontrollieren. Dieser Zusammenhang kommt in Bild 56 zur Darstellung.

Das Referenzmodell versteht die Einschränkung der Verhaltenskontrolle als Einschränkung des Spektrums menschlicher Verhaltensreaktionen in Abhängigkeit von der Angst eines Individuums. Eine Verhaltensreaktion wird dabei als Menge von Aktionen verstanden, die ein Individuum abhängig von seinem aktuellen internen Zustand ausführt.

Der vorgeschlagene Modellierungsansatz zur Abbildung der Verhaltenskontrolle sieht vor, dass die Aktionsauswahl eines Agenten in Abhängigkeit von der konkreten Stärke des Motivs *AngstM* geschieht, wenn diese handlungsleitend ist und zudem von äußeren Faktoren wie der Verfügbarkeit von Informationen über mögliche Fluchtziele bestimmt wird. Für die Abgrenzung der Verhaltensweisen werden Schwellenwerte[103] für die Stärke des Motivs *AngstM* definiert. Der Grad an Verhaltenskontrolle, den ein Agent aufweist, lässt sich anhand der Schwellenwerte erkennen.

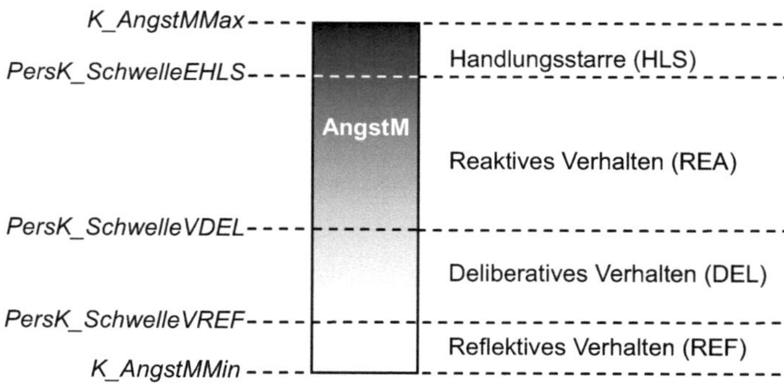

Bild 56: Die Stufen der modellierten menschlichen Verhaltenkontrolle

---

[103] Die Bezeichnungen ergeben sich wie folgt: *EHLS* = Eintreten der Handlungsstarre, *V{REF,DEL}* = Verlust reflektiver/deliberativer Kapazitäten.

Der in Regelwerk 2 definierte Zusammenhang zwischen der Stärke des Angst-Motivs und dem für das Individuum verfügbaren Verhaltensspektrum soll gelten:

[R] AngstM ∈ [PersK_SchwelleEHLS, K_AngstMMax]   ⟺ Spektrum = {HLS}

[R] AngstM ∈ [PersK_SchwelleVDEL, PersK_SchwelleEHLS[⟺ Spektrum = {REA}

[R] AngstM ∈ [PersK_SchwelleVREF, PersK_SchwelleVDEL[⟺ Spektrum = {DEL}

[R] AngstM ∈ [K_AngstMin, PersK_SchwelleVREF[⟺ Spektrum = {REF}

Regelwerk 2: Verhaltenskontrolle

Im reaktiven Spektrum verfallen Agenten entweder in Handlungsstarre, fliehen unbedacht ohne konkretes Ziel und ohne bewussten Einsatz von Planungskapazitäten oder geben sich dem Herdentrieb hin, indem sie ihr Verhalten an das anderer Agenten anpassen. Reaktive Agenten können zwar konkrete Informationen über mögliche Fluchtziele aufnehmen, können diese aber aufgrund ihres internen Zustands nicht verarbeiten.

Der deliberative Bereich befähigt einen Agenten zur selbstständigen Wahl eines Handlungsziels und zur selbstständigen Planung zum Erreichen des Ziels. Durch zielstrebige Flucht sind deliberative Agenten dazu in der Lage, eine Massenflucht auszulösen, wobei sie reaktive Agenten in ihrer Nähe mitreißen. Einem deliberativen Agenten stehen reaktive Verhaltensweisen ebenfalls zur Verfügung, er ist aufgrund seines internen Zustands jedoch nicht darauf angewiesen, diese einzusetzen.

Das reflektive Verhaltensspektrum soll einem Agenten die Möglichkeit eröffnen, seine eigene Angst aus eigenem Antrieb durch den Eintritt in reflektive Phasen zu reduzieren und auf andere Agenten in beruhigender Weise einzuwirken. Reflektiven Agenten stehen die gleichen Planungskapazitäten zur Verfügung wie auch deliberativen Agenten.

Über die individuellen Schwellenwerte lässt sich der interne Panikzustand eines Agenten definieren:

/D28/ **Panikzustand eines Agenten:** Ein Agent weist einen inneren Panikzustand auf, wenn das Motiv *AngstM* handlungsleitend ist und seine Stärke die Schwelle *PersK_SchwelleVDEL* überschritten hat.

5.2.7.2 Verhaltensweise in der Normalphase

Im Rahmen der Grundlagenarbeiten wurde eine Unterscheidung zwischen Normalphase und Panikphase getroffen, die durch Eintreten des kritischen Ereignisses separiert werden. Das Referenzmodell hat seinen Schwerpunkt auf der Abbildung menschlicher Verhaltensweisen während der Panikphase, jedoch soll auch ein Mechanismus zur Abbildung menschlichen Verhaltens in der Normalphase bereitgestellt werden.

In der Normalphase treten menschliche Verhaltensweisen aus dem reaktiven, deliberativen und reflektiven Spektrum auf, jedoch besteht keine Korrelation der Verhaltensweisen mit dem emotionalen Motiv Angst. Vielmehr wird ein Mensch durch alltägliche Bedürfnisse wie beispielsweise Wissbegierigkeit oder Neugier oder Willensakte wie die Absicht, Einkäufe zu erledigen, getrieben. Individuen pendeln zwischen Markständen oder betrachten Schaufensterauslagen, wobei sie eine gewisse Zeit verweilen oder bewegen sich auf ihre Plätze in Theatern oder Fußballstadien zu. Die Gemeinsamkeit besteht darin, dass sich Menschen in der Normalphase frei in ihrer Umwelt bewegen. Für einen Außenstehenden ist es nicht offensichtlich, welches Ziel sie verfolgen oder welchen Ort sie als nächstes aufsuchen.

Diese freie Bewegung in der diskreten Umwelt wird durch Definition verschiedener potenzieller Zielzellen erreicht, die von Agenten während der Normalphase angesteuert und betreten werden können. Erreichen Agenten eine Wunschzelle, so verbleiben sie dort für eine individuelle Zeitspanne und wählen anschließend zufällig ein neues Zielfeld aus. Die Zeitspanne kann ein Agent beispielsweise zufällig bestimmen oder abhängig von seinen modellierten Interessen und Motiven wählen. Durch die sich versammelnde Menschenmenge an attraktiven Orten kann physischer Druck entstehen, der dann zum Ausbruch von Panik führen kann. Ein Effekt, der durch den vorgestellten Mechanismus abgebildet werden kann, ist die Ansammlung vieler Menschen an besonders interessanten und anziehenden Orten, wie dies beispielsweise während des Haddsch beim Steinigungsritual oder der Umrundung der Kaaba in Mekka beobachtbar ist.

5.2.7.3 Verhaltensweisen in der Panikphase

Menschliche Verhaltensweisen in der Panikphase sind durch das Bestreben gekennzeichnet, Umweltveränderungen auszuweichen, die durch das kritische Ereignis initiiert wurden. Das dominierende Motiv in dieser Phase ist das Motiv *AngstM*. Abhängig vom Grad der Selbstkontrolle, also der Stärke des handlungsleitenden Angst-Motivs eines Individuums, ist es dazu fähig, Verhaltensweisen zu zeigen, die dem reaktiven, deliberativen oder reflektiven Verhaltensspektrum zugeordnet werden können.

5.2.7.3.1 Reaktives Spektrum

Das Referenzmodell **SimPan** sieht vier unterschiedliche Verhaltensweisen für das reaktive Spektrum vor: Handlungsstarre, zielloses Umherirren, Sichtannäherung an einen Ausgang und Anschluss an eine Massenflucht. Agenten, die sich im reaktiven Verhaltensspektrum bewegen, wird unterstellt, dass sie aufgrund ihres internen Zustands nicht in der Lage sind, selbstständig ein Fluchtziel zu bestimmen. Ebenso sind sie nicht in der Lage, komplexe Informationen über Fluchtwege zu verarbeiten. In der realen Welt bedeutet dies, dass stark ängstliche Menschen auf möglichst einfache Informationen wie visuell dargereichte Richtungsangaben oder die Beobachtung des Verhaltens anderer Menschen angewiesen sind, um sich in Sicherheit zu bringen. Komplizierte Wegbeschreibungen per Lautsprecherdurchsage können zwar aufgenommen, nicht aber umgesetzt werden. Dem liegt die Annahme Keatings (1982) zugrunde, dass Angst die Aufmerksamkeit eines Menschen fokussiert und es für diesen schwierig macht, große Mengen von Informationen zu verarbeiten.

5.2.7.3.1.1 Handlungsstarre

Grundlage für die Berücksichtigung der Handlungsstarre als Verhaltensreaktion während Schadensereignissen ist die Feststellung, dass die Fähigkeit des Menschen zur Flucht vor einer Bedrohung bei plötzlicher starker Angst oder einem Schock, ausgelöst durch die bewusste Wahrnehmung der Bedrohung, zum Erliegen kommen kann. Das Individuum tritt in eine Handlungsstarre ein und wird zeitweise bewegungsunfähig. Die Starre ist reversibel, kann jedoch schwer ohne äußeres Einwirken gelöst werden. Der Grund hierfür ist durch Betrachtung von Abläufen der biochemischen Ebene erklärbar. Angst und Starre lösen sich erst dann auf, wenn die ausgeschütteten, Angst-verursachenden Endosubstanzen im Gehirn verbraucht sind.

Der Modellierungsansatz sieht für das Eintreten der Handlungsstarre bei einem Agenten zwei Grundvoraussetzungen vor. Einerseits muss die aktuelle Stärke des Motivs *AngstM* über dem individuellen Schwellenwert *PersK_SchwelleEHLS* gemäß Bild 56 liegen. Durch die zweite Voraussetzung[104] wird dem Umstand Rechnung getragen, dass Menschen bei Wahrnehmung von kritischen Ereignissen in eine Starre fallen, dies jedoch ohne erkennbaren Auslöser in der Regel nicht beobachtet wird.

---

[104] Dabei kann es sich um ein beobachtetes kritisches Ereignis handeln oder beispielsweise auch um den Anblick eines toten oder schwer verletzten Menschen.

[BVHLS-S$_1$] AngstM ϵ [PersK_SchwelleEHLS, K_AngstMax]

[BVHLS-S$_2$] Ein Angst- induzierendes Ereignis wurde in unmittelbarer zeitlicher Nähe

vom Agenten wahrgenommen.

Die Handlungsstarre wird als reaktive, zeitverbrauchende interne Aktion modelliert, die alle Handlungsmöglichkeiten eines Agenten ausblendet und genau so lange andauert, bis die Stärke des Motivs *AngstM* den Schwellenwert *PersK_SchwelleEHLS* unterschritten hat. Gründe für das Absinken der Angst kann einerseits in der kontinuierlichen Abnahme der Stärke der Angst liegen, andererseits in Beruhigungsversuchen reflektiver Agenten[105].

5.2.7.3.1.2 Zielloses Umherirren

Grundlage für die Modellierung der Verhaltensweise des ziellosen Umherirrens ist die Beobachtung von Menschen während des Verlaufes realer Schadensereignissen, die sich ohne erkennbares Ziel in eine Richtung bewegen, dort eine gewisse Zeit verharren um sich zu orientieren und anschließend ihre Bewegung in eine andere Richtung fortsetzen. Es wird angenommen, dass umherirrende Menschen einerseits keine Informationen über Richtungen zu möglichen Fluchtzielen besitzen, andererseits mit komplexen Informationen wie verbalen Wegbeschreibungen zu entfernten Ausgängen aufgrund ihres internen Zustandes nicht umgehen können, da zum Erreichen Planungsprozesse nötig wären, die ein reaktiver Agenten per definitionem nicht anstoßen kann. Das Referenzmodell definiert zwei Voraussetzungen, die erfüllt sein müssen damit ein Agent ziellos umherirrt:

[BVREA2-S$_1$] AngstM ϵ [PersK_SchwelleVDEL, PersK_SchwelleEHLS[

[BVREA2-S$_2$] Agent$_i$.Info_{audit,vis}_{x,y} = 0

Sind beide Voraussetzungen erfüllt, so verweilt der Agent zunächst für eine individuelle Zeitspanne auf seiner Position. Nach deren Ablauf bestimmt der Agent zufällig ein Element aus der Menge möglicher Richtungen {N, NO, O, SO, S, SW, W, NW} und bestimmt derart eine temporäre individuelle Vorzugsrichtung. Es folgt ein Bewegungszyklus individuell unterschiedlicher Dauer, in dem der Agent der bestimmten Richtung folgt. Stößt der Agent während eines Bewegungszyklus an eine Hinderniszelle oder Chaoszelle, beendet er seinen Zyklus vorzeitig und bestimmt eine neue Richtung. Dabei kann es durchaus vorkom-

---

[105] Vgl. Abschnitt 5.2.7.3.3.2.

men, dass sich ein Agent im nächsten Zyklus in die genau entgegen gesetzte Richtung im Vergleich zum vorangehenden Zyklus bewegt.

Die Verhaltensweise des ziellosen Umherirrens wird durch eine andere Verhaltensreaktion abgelöst, falls die Stärke des Angst-Motivs des Agenten den reaktiven Bereich verlässt oder der Agent in einen Ausgangsbereich, also die Informationssphäre einer technischen Informationsquelle in unmittelbarer Ausgangsnähe gerät, formal:

$$[\text{BVREA2-E}_1] \text{ AngstM} < \text{PersK\_SchwelleVDEL}$$

$$[\text{BVREA2-E}_2] \text{ AngstM} \geq \text{PersK\_SchwelleEHLS}$$

$$[\text{BVREA2-E}_3] \text{ Agent}_i.\{x,y\} \in \text{Ausgangsbereich}$$

Bedingung *[VREA2-E₃]* ist erfüllt, falls sich der reaktive Agent in einen Ausgangsbereich[106] bewegt hat. In diesem Fall kann er die dort verfügbaren Koordinaten der Ausgangszelle aufnehmen, und zwar nicht im Sinne einer Wegeplanung einsetzen, jedoch dazu verwenden, sich dem Ausgang nach dem *Konzept der Sichtannäherung* zu nähern.

5.2.7.3.1.3 Sichtannäherung an einen Ausgang

Reaktive Agenten können mit komplexen Informationen, wie Wegbeschreibungen zu entfernten Ausgängen in verbaler Art, nicht umgehen. Derartige Informationen stammen aus den Informationssphären von technischen Informationsquellen, die nicht zugleich die Eigenschaft eines Ausgangs aufweisen. Ein reaktiver Agent kann diese Informationen zwar aufnehmen, nicht jedoch verarbeiten. Ist allerdings ein Ausgang in Sicht, d.h. befindet sich der Agent im Einflussbereich eines Ausgangs, so wird davon ausgegangen, dass er diese einfache, visuelle Information nutzen kann, um den Ausgang zu erreichen ohne Planungsprozesse anzustoßen. Die Voraussetzungen für eine Sichtannäherung an einen Ausgang gestalten sich wie folgt:

$$[\text{BVREA3-S}_1] \text{ AngstM} \in [\text{PersK\_SchwelleVDEL}, \text{PersK\_SchwelleEHLS}[$$

$$[\text{BVREA3-S2}] \text{ Agent}_i.\{x,y\} \in \text{Ausgangsbereich}$$

Das Konzept der Sichtannäherung schreibt einem reaktiven Agenten, der sich in einem Ausgangsbereich befindet vor, in jedem Schritt die Differenz seiner eigenen Koordinaten und der Koordinaten des Ausgangs zu verringern. Hierzu kann der Agent das Zellattribut *Info_vis_{x,y}* auslesen und entweder seine x-

---

[106] Vgl. Kapitel 5.1.2.2.3.

Koordinate, seine y-Koordinate oder beide verändern. In jedem weiteren Schritt erfolgt die Entscheidung, welche Zelle als nächstes betreten werden soll, erneut. Die Entscheidung des Agenten basiert auf der Auswertung von Regeln, da keine Planungsalgorithmen zum Einsatz kommen dürfen. Bild 57 illustriert die Vorgehensweise eines reaktiven Agenten im Ausgangbereich. Blau unterlegte Zellen tragen die Koordinaten (x,y) des Ausgangs in den Attributen *Info_vis_{x,y}*. Die Pfeile geben die Bewegungsrichtung an, durch die der Agent die Distanz zum Ausgang verringern kann.

Falls ein reaktiver Agent keine freie Zelle im Ausgangsbereich ausfindig machen kann, auf die er sich dem *Konzept der Sichtannäherung* folgend bewegen könnte, so wechselt er zur aggressiven Bewegung und versucht zunächst, Drängelaktionen gegen Agenten auszuüben, welche sich auf dem kürzesten Weg zum Ausgang befinden. Falls er auch damit keinen Erfolg verzeichnen kann, übt er Druck auf dieses Feld aus.

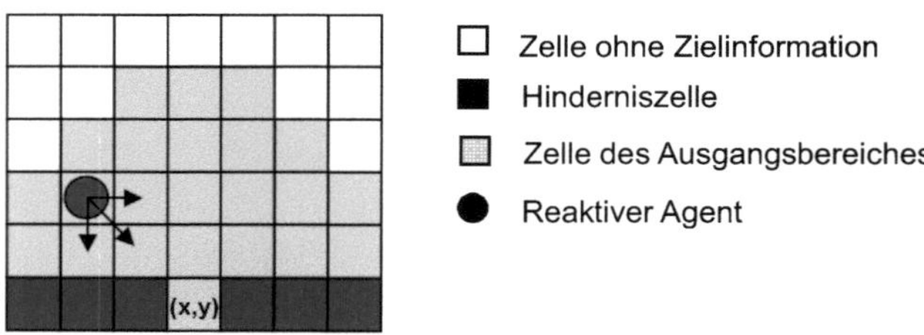

Bild 57: Ausgänge und das Konzept der Sichtannäherung

5.2.7.3.1.4 Teilnahme an einer Massenflucht

Voraussetzung für die Teilnahme eines Individuums an einer Massenflucht ist die Beobachtung anderer, fliehender Menschen bei gleichzeitiger Abwesenheit eigener Informationen über ein mögliches Fluchtziel:

[BVREA4-S$_1$] AngstM $\in$ [PersK_SchwelleVDEL, PersK_SchwelleEHLS[

[BVREA4-S2] Agent$_i$.Info_vis_{x,y} > 0

Reaktive Agenten haben keine Kenntnis vom Ziel der Massenbewegung und können keine Planungsprozesse einsetzen, sondern werden von einer Masse mitgerissen und müssen ihre eigene Bewegung an der Bewegung ihrer Nachbarn in der Masse ausrichten.

Als Leitfiguren während einer Massenflucht agieren deliberative und reflektive Agenten. Die Beobachtung einer fliehenden Masse wird durch Aufnahme von

Richtungsinformationen aus der Informationssphäre[107] eines deliberativen oder reflektiven Agenten modelliert, die sich der Masse voraus einem Ausgang entgegen bewegen. Unter Richtungsinformationen werden die Koordinaten derjenigen Zelle verstanden, die der reaktive Agent im nächsten Schritt ansteuern muss, um dem deliberativen oder reflektiven Agenten, in dessen Informationssphäre er sich befindet, folgen zu können.

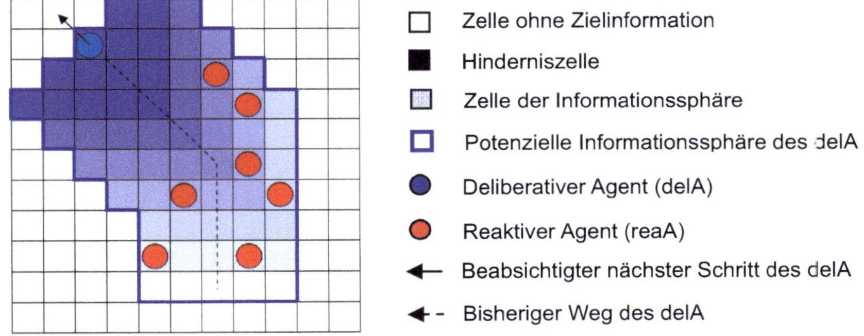

Bild 58: Massenflucht durch Verfolgen eines deliberativen Agenten

Reaktive Agenten können sich zwar einer Massenbewegung anschließen, kennen aber das Ziel der Flucht nicht. Es kann daher vorkommen, dass es einem reaktiven Agenten zunächst gelingt, sich einer Massenflucht anzuschließen, später jedoch den Anschluss an die Masse verliert und aufgrund fehlender Richtungsinformationen wieder ziellos umherirrt.
Falls sie den Anschluss halten können, folgen reaktive Agenten der Masse bis sie in einen Ausgangsbereich gelangen. Dort angekommen, zeigen sie die Verhaltensweise der Sichtannäherung an den Ausgang.

5.2.7.3.1.5 Drängeln und Drücken
Der Modellierungsvorschlag zur Abbildung von Drängelaktionen richtet sich im Wesentlichen nach den Vorschlägen von Schmidt und Becker (2005). Im Kontext der Modellierung menschlichen Verhaltens in Paniksituationen beginnen reaktive Agenten zu drängeln, wenn sie sich in einem Ausgangsbereich befinden, jedoch durch friedfertige Bewegung keine Möglichkeit haben, dem Ausgang durch Sichtannäherung näher zu kommen. Ein Agent hat in diesem Fall die Möglichkeit, Drängelaktionen gegen andere Agenten auszuführen. Die Drängel-

---

[107] Aufbau und Dynamik der Informationssphären werden im Kapitel 5.2.7.3.2.3.1 beschrieben.

aktion eines Agenten A_a auf Zelle Z_a kann nur gegen einen Agenten A_b auf Zelle Z_b durchgeführt werden, falls folgende Bedingungen erfüllt sind:

[B1] $AgentA_b.x = AgentA_a.(x+/-1)$ & $AgentA_b.y = AgentA_a.(y+/-1)$

[B2]   Distanz($ZelleZ_b$, Ausgang) < Distanz($ZelleZ_a$, Ausgang)

[B3] $AgentA_b.PersK\_Standfestigkeit < AgentA_a.PersK\_Draengelkraft$

Eine Strategie zur Bestimmung der Distanz einer Zelle zum Ziel des Agenten wird durch das Referenzmodell **SimPan** nicht vorgegeben, Wahl und Umsetzung obliegen dem Anwender. Die Persönlichkeitskonstante *PersK_Draengelkraft* gibt die Kraft an, mit der Agent A_a seine Drängelaktion ausführen kann und wird mit der Persönlichkeitskonstanten PersK_Standfestigkeit des bedrängten Agenten A_b verglichen. Die Regeln [B1] bis [B3] stellen sicher, dass Agenten nicht wahllos, sondern zielgerichtet drängeln. Das Referenzmodell gibt weiterhin die in Regelwerk 3 festgehaltenen Regeln für die Implikationen erfolgter Drängelversuche auf die Umwelt vor:

[R_{D1}]   Falls zwei Agenten zur selben Zeit in die gleiche Zelle drängeln, so gewinnt der stärkere der beiden. Der Schwächere muss in seine letzte Zelle zurückkehren.

[R_{D2}]   Erfolgt die Drängelaktion von einem Agent gegen eine Zelle, die bereits von einem anderen Agenten besetzt ist, so erfolgt ein Platztausch.

Regelwerk 3: Drängeln

Drängeln ist reaktiven und deliberativen Agenten vorbehalten. Reflektive Agenten repräsentieren Menschen, die in Krisensituationen besonnen agieren und über Vorbildcharakter verfügen. Der Einsatz aggressiver Strategien ist ihnen daher verwehrt.

Falls ein Agent die Absicht zu drängeln aufweist, jedoch keine Zelle gefunden wird, für welche die Bedingungen [B1] bis [B3] erfüllt sind, verbleibt der aggressive Agent auf seiner aktuellen Position und übt aktiv Druck[108] auf die erste benachbarte Zelle und indirekt den darauf befindlichen Agenten aus, die auf dem kürzesten Weg zu seinem räumlichen Ziel liegt. Die Stärke des durch den Agenten erzeugbaren Drucks wird über die Persönlichkeitskonstante *PersK_Druckkraft* definiert.

Druck in der Umwelt schränkt die Bewegungsgeschwindigkeit von Agenten ein. Die Maximalgeschwindigkeit, mit der ein Agent eine Zelle Z in Abhängigkeit

---

[108] Vgl. Kapitel 5.1.5.

vom einwirkenden Druck überqueren kann, berechnet sich nach Formel 26 unter Annahme einer Exponentialverteilung:

$$Z.GeschwindigkeitMAX(Gesamtdruck) =$$

$$(1 - K\_GRK)^{\left(\frac{1}{K\_DZK}\right)*Gesamtdruck} * GeschwindigkeitOPT$$

Formel 26: Berechnung der maximalen Bewegungsgeschwindigkeit

Die Geschwindigkeit, mit der ein Agent A eine bestimmte Zelle Z tatsächlich überquert wird nach Formel 27 berechnet und im Agenten-Attribut *Geschwindigkeit* gespeichert.

$$A.Geschwindigkeit =$$

$$MIN(Z.GeschwindigkeitMAX(Gesamtdruck),\ A.Wunschgeschwindigkeit))$$

Formel 27: Berechnung der tatsächlichen Bewegungsgeschwindigkeit

Das Attribut *Wunschgeschwindigkeit* modelliert die zu einem bestimmten Zeitpunkt von einem Agenten bevorzugte Bewegungsgeschwindigkeit. Das Referenzmodell bietet den Freiraum, die Wunschgeschwindigkeit eines Agenten von beliebigen Gegebenheiten abhängig zu machen. Derart kann diese beispielsweise nach Eintreten eines kritischen Ereignisses diskret erhöht werden.

Tabelle 54: Parameter zur Bestimmung des Druck- und Drängelverhaltens

Attribut	Einheit	Bereich	Wert	Bedeutung
Agent				
PersK_Standfestigkeit	[N]	R^+	40	Widerstandskraft eines Agenten gegen physischen Druck
PersK_Draengelkraft	[N]	R^+	100	Kraft, mit der ein Agent Drängelaktionen ausführen kann
PersK_Druckkraft	[N]	R^+	100	Kraft, mit der ein Agent physischen Druck ausüben kann
Wunschgeschwindigkeit	[m/s]	R^+	1	Bevorzugte Bewegungsgeschwindigkeit eines Agenten
Geschwindigkeit	[m/s]	R^+	-	Tatsächliche Bewegungsgeschwindigkeit eines Agenten
Zelle				
K_GRK	Ø	$R_{]0..1[}$	0.15	Koeffizient zur Angabe Geschwindigkeitsreduzierung in Abhängigkeit von der Druckerhöhung
K_DZK	[N]	$R_{>0}$	100	Koeffizient zur Angabe der anteiligen Erhöhung des Drucks
Gesamtdruck	[N]	R^+	-	Der auf eine Zelle wirkende Gesamtdruck
GeschwindigkeitOPT	[m/s]	R^+	1	Geschwindigkeit mit der die Zelle unter optimalen Bedingungen überquert werden kann
GeschwindigkeitMAX	[m/s]	R^+	-	Maximale Geschwindigkeit mit der die Zelle abhängig vom vorherrschenden Druck überquert werden kann

Schmidt und Becker weisen auf die Problematik nicht verfügbarer empirischer Daten über die Auswirkungen von Druck auf die Bewegungsgeschwindigkeit von Menschen in einer Menschenmenge hin und schlagen wie in Tabelle 54 zusammengefasst die Belegung der Parameter *K_GRK* und *K_DZK* wie folgt vor: *K_GRK* = 0.15, *K_DZK* = 100[N]. Dem liegt die Annahme zugrunde, dass eine Druckzunahme von 100[N] auf einen Menschen sich in einer Reduktion seiner Bewegungsgeschwindigkeit um 15% manifestiert. Bild 59 zeigt den von Schmidt und Becker unterstellten Zusammenhang zwischen Druck und der Bewegungsgeschwindigkeit mit den vorgeschlagenen Parameterbelegungen und $v(0) = 1[m/s]$. Der gewählte Ansatz abstrahiert von der Masse eines Menschen und lässt diese implizit in dessen Standfestigkeit und der Geschwindigkeit aufgehen.

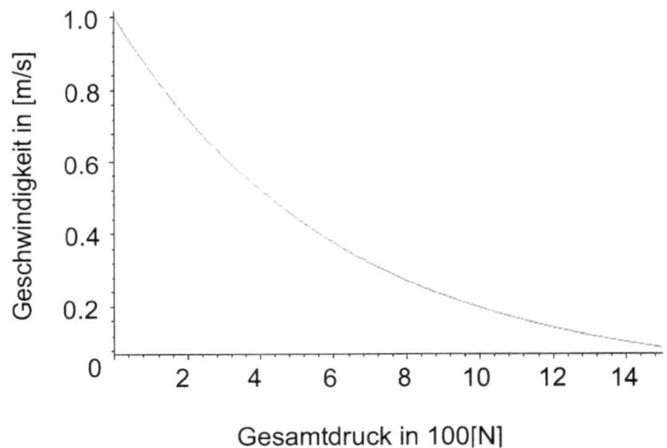

Bild 59: Bewegungsgeschwindigkeit in Abhängigkeit von Druck

5.2.7.3.2 Das deliberative Spektrum: Zielgerichtete Flucht

Falls sich die Stärke des Motivs *AngstM* eines Agenten im deliberativen Spektrum befindet, so zeigt er zielgerichtetes Fluchtverhalten.

[B] AngstM ∈ [PersK_SchwelleVREF, PersK_SchwelleVDEL[

Die zielgerichtete Flucht besitzt drei Merkmale: eigenständige Wahl eines Fluchtziels, selbstständige Wegeplanung um das gewählte Ziel zu erreichen und Bereitstellung von Informationen um eine Massenflucht anzuführen.

5.2.7.3.2.1 Eigenständige Wahl eine Fluchtziels

Deliberative Agenten können entweder, falls vorhanden, auf eigene Informationen aus dem Gedächtnis zugreifen, um ein Fluchtziel zu bestimmen oder komplexe Informationen über Fluchtziele von technischen Informationsquellen verarbeiten, falls sie sich in deren Informationssphäre befinden. Die Darbietung der Information erfolgt in Form der Koordinaten des empfohlenen Ziels, die in den Zellattributen *Info_{audit,vis}_{x,y}* bereitgestellt wird. Die Wahl des Fluchtziels kann unter Berücksichtigung von Gütekriterien erfolgen, wie beispielsweise niedrig zu erwartender Andrang am gewählten Ausgang oder geringe Distanz zwischen der aktuellen Position des Agenten und dem Ausgang. Ein deliberativer Agent verwirft ein gewähltes Ziel während seiner Flucht nicht mehr, kann seine Route zum Ziel jedoch abhängig von möglichen Veränderungen des Zustands der Umwelt dynamisch anpassen. Auch bei Annäherung an einen für den Agenten erkennbar überlasteten Ausgang, zieht dieser keine alternativen Fluchtmöglichkeiten in Betracht und stößt dementsprechend keine weiteren Planungsprozesse an.

5.2.7.3.2.2 Selbstständige Wegeplanung

Da deliberative Agenten im Gegensatz zu reaktiven Agenten Planungsprozesse einsetzen können, sind sie nicht darauf angewiesen, jeden ihrer Schritte nach einer Vorzugsrichtung zu bestimmen, ohne das Ziel zu kennen. Stattdessen können sie einen Handlungsplan von einer Startposition bis zum Ziel aufstellen und diesen sukzessive verfolgen. Zielwahl und Handlungspläne berücksichtigen die Beschaffenheit der Umwelt und können Gütekriterien genügen, beispielsweise hinsichtlich der zurückzulegenden Weglänge. Deliberative Agenten erkennen das Scheitern eines Handlungsplans und sind in der Lage, flexibel auf Veränderungen der Umwelt zu reagieren und ihre Wegeplanung unter Beibehaltung des ursprünglichen Ziels entsprechend anzupassen.

Das Referenzmodell schreibt keine konkreten Algorithmen für Zielwahl oder Wegeplanung vor, um dem Anwender größtmögliche Flexibilität bei der Ausgestaltung der Agentenintelligenz zu bieten.

5.2.7.3.2.3 Anführen einer Massenflucht

Dem Konzept des Anführens einer Massenflucht liegt das psychologische Konzept des informativen sozialen Einflusses zugrunde. Der Modellierungsansatz schlägt vor, dass deliberative Agenten gemeinsam mit reflektiven Agenten während des Verlaufes von Evakuierungen als Leitfiguren agieren können, die das Potenzial haben, reaktive Agenten dazu zu stimulieren, ihrem Herdentrieb nachzugeben und sich einer bewegenden Masse anzuschließen. Diese Stimulation erfolgt bei deliberativen Agenten passiv und zufällig, indem sie ihre eigenen Ziele verfolgen und reaktiven Agenten dadurch unbewusst ein Verhaltensmuster präsentieren, das sie imitieren können. Bei reflektiven Agenten soll die Stimulation reaktiver Agenten als aktiv und beabsichtigt durch persönliches Einwirken angenommen werden. Durch Verfolgen deliberativer oder reflektiver Agenten können reaktive Agenten ohne Kenntnis des genauen Ziels und ohne eigene Planungsprozesse anzustoßen einen Ausgang erreichen und in Sicherheit gebracht werden.

Eine ähnliche Annahme trifft Chu (2005) in seinem Modell zur Abbildung von Fluchtpaniken vor dem Hintergrund asymmetrischer Informationsverteilung in einer Menschenmenge. Zentraler Bestandteil seines Ansatzes ist die Existenz von *Super-Agents*, die mit der Umgebung vollständig vertraut sind. Sobald derartigen Agenten das Eintreten einer Katastrophe klar wird, begeben sie sich unverzüglich einem Ausgang entgegen. Durch die Bewegung der *Super-Agents* wird deren Information auch über die restliche Agentenmasse verteilt.

Der gewählte Modellierungsansatz in der vorliegenden Arbeit wurde inspiriert vom Grundprinzip der Wanderung von Ameisen. Es besteht darin, dass die breite Masse der Insekten einer kleinen Vorhut folgt, die eine Pheromonspur legt, anhand derer sich die Nachhut orientiert. Die Stärke der Pheromonspur kann abhängig von der vergangenen Zeit zwischen dem Verlassen eines Ortes durch die Vorhut und das Erreichen des Ortes durch die Nachhut und den vorherrschenden Witterungsverhältnissen an Intensität verlieren. Dieses Konzept wurde mit Hilfe des Konzeptes der Datenhaltung in Zellen und dem Konzept der Einflussbereiche umgesetzt.

Kirchner (2002) verwendet einen ähnlichen Mechanismus zur Abbildung einer Massenbewegung in der diskreten Umwelt. Er verwendet ein statisches und ein dynamisches Zellattribut. Der Wert des statischen Attributs ist ein Gradient, der die kürzeste Entfernung von der Zelle zu einem Ausgang angibt. Das dynamische Attribut ist ein Maß für die Agentenbewegung über die betreffende Zelle. Jeder Agent, der sich über eine Zelle bewegt, inkrementiert deren dynamisches Attribut. Durch Zugriff auf das dynamische Attribut können Agenten der Spur anderer Agenten folgen. Der Wert des dynamischen Attributs kann über die Zeit hinweg auch abnehmen, falls die Zelle nicht mehr betreten wird.

5.2.7.3.2.3.1 Bestimmung der Informationssphäre: Vorbereich und Sichtschatten

Die potenzielle Informationssphäre eines deliberativen Agenten soll als *IS-P* bezeichnet werden. Sie umfasst alle Zellen in einem Quadrat mit Seitenlänge n, sodass der Agent die zentrale Zelle des Quadrats besetzt und folgende Bedingung erfüllt ist:

$$[B] \quad n > 1 \wedge (n \bmod 2) = 1$$

Die aktuelle Informationssphäre *IS-A* ist eine Teilmenge der potenziellen Informationssphären *IS-P* und enthält keine Zellen aus dem Vorbereich des Agenten und keine Zellen, die sich in dessen Sichtschatten befinden. Hindernisfelder werden zur *IS-A*, da im Fall des Übergangs einer Hinderniszelle in eine neutrale Zelle Richtungsinformation auf der Zelle bereitgestellt werden muss, falls sich die Hinderniszelle in der Informationssphäre einer Informationsquelle befand. Der Vorbereich eines Agenten ergibt sich aus allen Zellen aus *IS-P*, die in Marschrichtung des deliberativen Agenten vor diesem liegen. Durch Ausschluss der entsprechenden Zellen wird verhindert, dass reaktive Agenten, die sich in

Marschrichtung vor dem deliberativen Agenten befinden und auf diesen zulaufen. Da sie das Ziel der Flucht nicht kennen, können sie sich der Flucht erst anschließen, wenn sie vom deliberativen Agenten eingeholt wurden. Abbildung 60 zeigt die Menge der Zellen aus dem Vorbereich eines deliberativen Agenten abhängig von seiner Bewegungsrichtung.

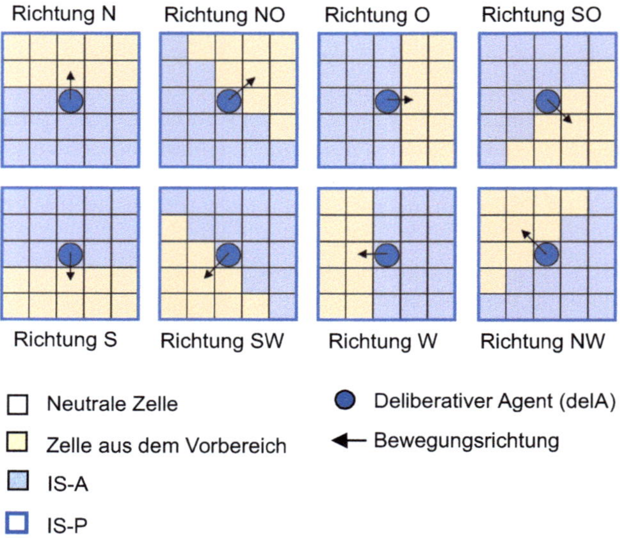

Bild 60: Vorbereiche eines deliberativen Agenten

Der Sichtschatten eines Agenten umfasst alle Zellen von *IS-P*, von denen aus der deliberative Agent nicht gesehen werden kann. Sichtschatten, wie in Bild 61 gekennzeichnet, ergeben sich durch die Anwesenheit von Hindernissen wie Wänden oder Säulen. Durch die Ausnahme des Sichtschattens wird sichergestellt, dass reaktive Agenten sich nur von einem deliberativen Agenten mitreißen lassen falls sie ihn, und damit implizit die mit ihm fliehende Masse, sehen können. Dem liegt die Annahme zugrunde, dass die Teilnahme an einer Massenflucht durch Beobachtung anderer Individuen ausgelöst wird.

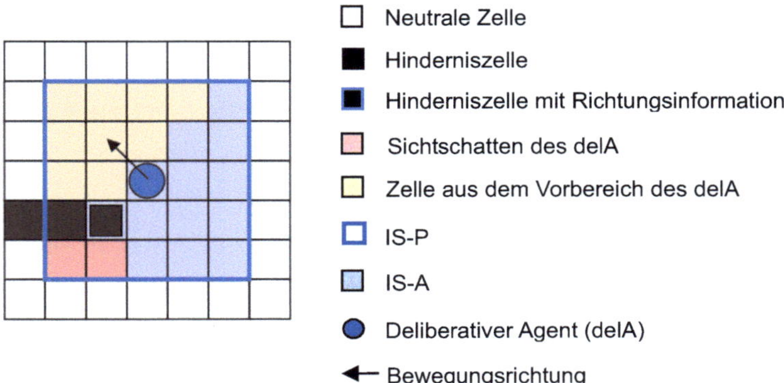

Bild 61: Der Sichtschatten eines deliberativen Agenten

5.2.7.3.2.3.2 Richtungsangaben für die Informationssphäre

Ein deliberativer Agent bestimmt zunächst in jedem seiner Schritte die Zellen, die zu seiner Informationssphäre gehören. Anschließend setzt er die Attribute *Info_vis_{x,y}* der Zellen mit aktualisierten Koordinaten. Die eingetragenen Koordinaten dieser Attribute in Zelle Z_a des Informationsbereiches geben diejenige Zelle Z_b an, die ein reaktiver Agent im nächsten Schritt betreten müsste, um dem deliberativen Agenten genau zu folgen[109].

Bild 62 gibt einen Überblick über die Richtungsinformationen in der Informationssphäre eines deliberativen Agenten. Ein blauer Pfeil in einer Zelle Z_a nach SO in Richtung der Zelle Z_b steht dabei für folgende Belegung der Attribute *Info_vis_{x,y}*:

$$Z_b.\text{Info\_vis\_x} = Z_a.\text{Info\_vis\_(x)}+1$$

$$Z_b.\text{Info\_vis\_y} = Z_a.\text{Info\_vis\_(y)}-1$$

Mit jedem Schritt, den der deliberative Agent unternimmt, erzeugt er eine neue Informationssphäre $IS_{(n+1)}$ mit aktuellen Informationen. Die Anteile der zuletzt erzeugten Informationssphäre IS_n, die sich mit $IS_{(n+1)}$ decken, werden durch neue Informationen überschrieben.

---

[109] *"Z_a zeigt auf Z_b".*

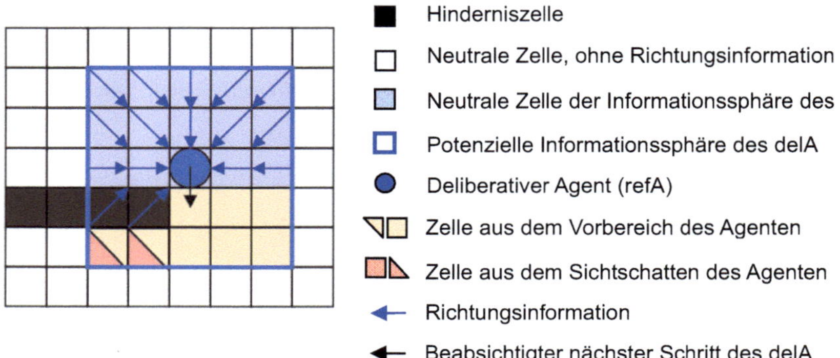

Bild 62: Richtungsinformationen in der Informationssphäre

5.2.7.3.2.3.3 *Verblassen der Informationsspur*

Gemäß der Vorlage aus der Natur verlieren veraltete Informationssphären $IS_{(n-x)}$ bis $IS_{(n-1)}$ nicht unmittelbar ihre Wirkung, sondern bleiben eine gewisse Zeit aktiv. Der Wert der Größe x hängt daher von einer frei definierbaren Zeitspanne ab. Sobald $IS_{(n-x)}$ seine Wirkung verliert, werden die Attribute *Info_vis_{x,y}* der zugehörigen Zellen auf den Wert 0 zurückgesetzt.

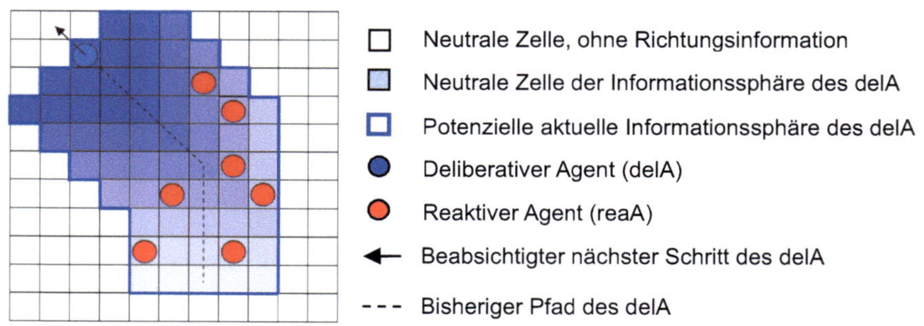

Bild 63: Aufbau und Gültigkeit von Informationssphären

Bild 63 zeigt das Verblassen der Informationsspur eines deliberativen Agenten. Je transparenter Zellen aus Informationsbereichen dargestellt werden, desto näher ist der Zeitpunkt, zu dem der sie umfassende Teil der Informationssphäre ihre Wirkung verliert.

5.2.7.3.2.3.4 Gegenseitige Beeinflussung von Agenten

Die Beeinflussbarkeit von Agenten durch Eintritt in Informationssphären wird abhängig vom Grad der Verhaltenskontrolle wie folgt abgebildet:

Tabelle 55: Beeinflussung - Information/Herdenbewegung

Agententyp	Quelle TI	Quelle refA	Quelle delA
refA	nein	nein	nein
delA	ja	nein	nein
reaA	ja	ja	ja

Aus Tabelle 55 geht hervor, dass reflektive Agenten keine Informationen über potenzielle Fluchtziele oder Fluchtrichtungen aufnehmen, da sie stets ihre eigenen Ziele verfolgen. Deliberative Agenten nehmen Information von technischen Informationsquellen auf und verwenden diese, um selbst eine Massenbewegung auszulösen. Sie schließen sich jedoch nicht Massenbewegungen an, die von anderen deliberativen oder reflektiven Agenten angeführt werden, da sie in der Lage sind, ihre eigenen Ziele zu verfolgen. Reaktive Agenten akzeptieren Richtungsinformationen von allen verfügbaren Quellen.

5.2.7.3.3 Reflektives Spektrum

Voraussetzung für die Verwendung reflektiver Kapazitäten ist ein sehr hoher Grad an Verhaltenskontrolle:

$$[B] \ AngstM \ \epsilon \ [K\_AngstMMin, PersK\_SchwelleVREF[$$

Reflektive Agenten zeichnen sich durch ihre Fähigkeit aus, über uneingeschränkte Verhaltenskontrolle zu verfügen. Das reflektive Spektrum umfasst das deliberative Spektrum vollständig und erweitert es um zwei grundlegende Fähigkeiten. Einerseits können reflektive Agenten nicht nur Handlungspläne anpassen, sondern auch abhängig von den Erfolgsaussichten ihres aktuellen Plans neue Ziele generieren, die den Erfordernissen der jeweiligen Situation besser gerecht werden. Andererseits sind reflektive Agenten in der Lage, bewusst die Rolle eines Anführers wahrzunehmen, um reaktive Agenten zu beruhigen, sie anzuleiten und dadurch zu rationalem Verhalten zu stimulieren. Grundsätzlich existieren nach Mann (1999) zwei verschiedene Theorien, die das Aufkommen von Führung und Führern erklären. Die *Great Man Theory* versteht Führung im Wesentlichen als das Resultat von Führungspersönlichkeit, einer Symbiose aus Geschick und Charaktereigenschaften, die einen Führer aus der Masse heraushebt. Die *Situationstheorie der Führung* definiert eine Korrelation zwischen

Führung und den Erfordernissen der aktuellen Situation. Durch sich stetig verändernde Gruppenbedürfnisse werden diejenigen Individuen zu Führern, welche den aktuellen Bedürfnissen am besten gerecht werden. Nach Mann hat die *Great Man Theory* die geringere Beweiskraft.

Der vorgestellte Modellierungsansatz zur Stimulation und Führung reaktiver Agenten durch reflektive Agenten basiert auf der *Situationstheorie der Führung*. In einer Krisensituation ist die Fähigkeit zu besonnenem Handeln von herausragender Wichtigkeit und legitimiert die Übernahme der Anführerrolle. Besonnenheit wiederum ist eine Qualität reflektiver Agenten.

5.2.7.3.3.1 Reflektive Phasen

Die Kontrolle eigener Emotionen durch emotionale Intelligenz zählt nicht zu den Verhaltensweisen des reflektiven Spektrums, da diese Fähigkeit grundsätzlich nicht nur reflektiven Agenten vorbehalten ist. Die Fähigkeit zum Eintritt in reflektive Phasen[110] wird von der Stärke des EQ im Zusammenspiel mit dem Grad der Verhaltenskontrolle gesteuert. Reaktiven Agenten wird dies jedoch selbst bei einem hohen EQ nicht gelingen. Die Gründe hierfür liegen in der hohen Erregung des Agenten aufgrund der überwältigenden Stärke des Motivs *AngstM* und dem daraus resultierenden niedrigen Grad an Bedürfnisbefriedigung, der den Eintritt in reflektive Phasen verhindert. Somit erhält das Kontrollmotiv *AngstKontrolleM* bei reaktiven Agenten nicht die Möglichkeit, das Motiv *AngstM* als handlungsleitendes Motiv abzulösen.

5.2.7.3.3.2 Beruhigung anderer Agenten

Beruhigungsversuche reflektiver Agenten haben das Ziel, die Handlungsstarre anderer Agenten zu lösen oder ihnen abhängig von der Effektivität des Beruhigungsversuches dabei zu helfen, ihre deliberativen Fähigkeiten zurück zu erhalten.

Ein reflektiver Agent besitzt, wie eine technische Informationsquelle auch, neben der Informationssphäre auch eine Beruhigungssphäre gleicher Ausdehnung. Im Gegensatz zu einer technischen Informationsquelle sind Informationssphäre und Beruhigungssphäre eines reflektiven Agenten nicht statisch, sondern wandern mit der Bewegung des Agenten. Zellen, die zur Beruhigungssphäre eines reflektiven Agenten gehören, werden gekennzeichnet, indem das Zellenattribut *BeruhigungRefA* auf die *ID* des Agenten gesetzt wird. Wandert die Beruhigungssphäre weiter, so wird das Zellenattribut zurückgesetzt, die Zelle verliert ihre beruhigende Eigenschaft. Die Beruhigungssphäre ergibt sich aus den Zellen der potenziellen Beruhigungssphäre abzüglich der Zellen im Sichtschatten des Agen-

---

[110] Vgl. Kapitel 5.2.6.5.5.

ten. Dadurch wird verhindert, dass ein reflektiver Agent ohne direkte Sichtlinie zu anderen Agenten auf diese einwirken kann.

Agenten, welche in die Beruhigungssphäre eines reflektiven Agenten geraten, speichern die ID des beruhigenden Agenten und erfahren eine diskrete Abnahme[111] des Wertes der Zustandsvariable *Angst*. Agenten reagieren auf lediglich einen Beruhigungsversuch von jedem reflektivem Agenten. Sie können sich jedoch von anderen reflektiven Agenten erneut beruhigen lassen. Jeder weitere Beruhigungsversuch durch andere Agenten erzielt dann jedoch nicht mehr den maximalen Erfolg. Agenten speichern dazu die Anzahl an erfolgten Beruhigungsversuchen im Attribut *Beruhigungsversuche*.

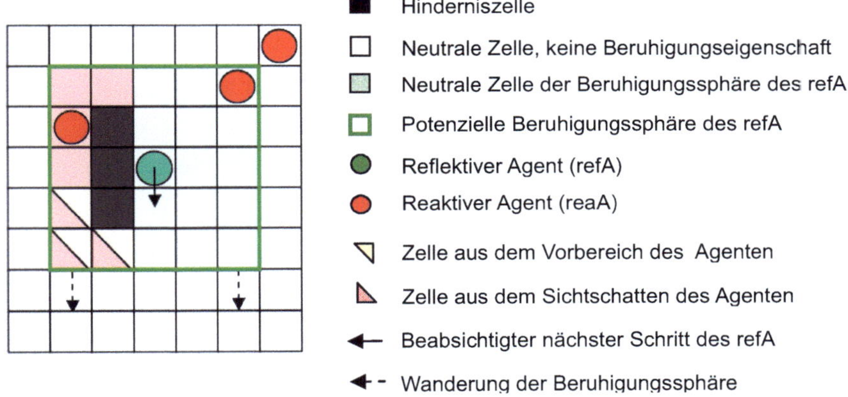

Bild 64: Konstruktion der Beruhigungssphäre eines reflektiven Agenten

5.2.7.3.3.3 Wirksamkeit der Beruhigungssphäre auf Agententypen

Das Referenzmodell **SimPan** sieht vor, dass reflektive Agenten sich nicht durch externe Quellen beeinflussen lassen, da sie den höchsten Grad an Verhaltenskontrolle aufweisen und selbst in der Lage sind, ihre Emotionen zu kontrollieren. Deliberative Agenten lassen sich ausschließlich durch persönlichen Kontakt mit reflektiven Agenten beruhigen, reaktive Agenten lassen sich von jeder verfügbaren Quelle beruhigen. Tabelle 56 fasst diesen Sachverhalt zusammen

---

[111] Vgl. Kapitel 5.2.6.4.3.

Tabelle 56: Empfänglichkeit der Agententypen für Beruhigungsversuche

Agententyp	Quelle TI	Quelle refA
refA	nein	nein
delA	nein	ja
reaA	ja	ja

5.2.7.3.3.4 Überschneidung von Informations- und Beruhigungssphären

Da technische Informationsquellen, deliberative und reflektive Agenten über Einflussbereiche verfügen, können durch Agentenbewegung in der gemeinsamen Umwelt Überschneidungen von Einflussbereichen auftreten. Tabelle 57 ordnet technischen Informationsquellen und Agententypen zusammenfassend ihre Einflussbereiche zu.

Tabelle 57: Zusammenfassung der Einflussbereichsarten

Quelle	Informationssphäre	Beruhigungssphäre
TI	ja	ja
refA	ja	ja
delA	ja	nein
reaA	nein	nein

Für eine Zelle können folgende Überschneidungen eintreten:

$$\text{Zelle}_i \in \text{Informationssphäre(refA v delA v TI)}$$

$$\text{Zelle}_i \in \text{Beruhigungssphäre(refA v TI)}$$

Ein reaktiver Agent, der eine derartige Zelle betritt, muss sich entscheiden, welche Informationen er aufnimmt und verarbeitet. Es gilt daher diese Überschneidungen aufzulösen, indem eine Hierarchie für Informationen definiert wird. Das Referenzmodell sieht daher die in Regelwerk 4 belegte Rangfolge für Informationssphären vor. Regel $[R_{I1}]$ definiert die Dominanz der Informationssphäre eines reflektiven Agenten gegenüber der eines deliberativen Agenten. Hierbei liegt die Annahme zugrunde, dass stark ängstliche Menschen zu Helfern Vertrauen fassen, diese als Quelle für Informationen bevorzugen und sich ihnen anschließen. $[R_{I2}]$ verhindert, dass reaktive Agenten, die sich bereits in einem Ausgangsbereich befinden, durch vorbeiziehende refA oder delA sich wieder von diesem fortbewegen. Regel $[R_{B1}]$ definiert eine Reihenfolge unter den Beruhigungsbereichen. Diese Regel basiert auf der Annahme, dass ängstliche Menschen durch persönlichen Kontakt mit Helfern stärker beruhigt werden können als dies durch Lautsprecherdurchsagen möglich wäre. Ein Agent, der eine Zelle mit gleichzeitig gesetzten Attributen *BeruhigungTI* und *BeruhigungRefA* betritt, reagiert demnach ausschließlich auf den letztgenannten Stimulus.

$$[R_{I1}] \quad refA \rightarrow delA$$

$$[R_{I2}] \quad TI \rightarrow (refA, delA)$$

$$[R_{B1}] \quad refA \rightarrow TI$$

Regelwerk 4: Auflösung von Überschneidungen von Informationssphären

5.2.7.4 Anmerkung zur Ausführung von Handlungen

Das Referenzmodell **SimPan** schlägt vor, die zur Ausführung kommenden reaktiven, deliberativen und reflektiven Verhaltensweisen jeweils in einzelne Aktionen *Aktion_{rea,del,ref}* aufzuteilen. Im Fall von deliberativen und reflektiven Verhaltensweisen bauen die zugehörigen Aktionen logisch aufeinander auf und fügen sich zu Handlungsplänen zusammen, die durch Planungsprozesse des Agenten erzeugt werden. Zur Koordination der Verhaltensweisen wird vorgeschlagen, eine Warteschlange für *Q_rea* für reaktive Aktionen und eine Warteschlange *Q_delref* einzurichten, welche Handlungspläne aufnimmt. Es wird vorgeschlagen, beide Warteschlangen nach dem *FIFO*-Prinzip zu organisieren und beide Warteschlangen wie in Regelwerk 5 gezeigt in eine Hierarchiebeziehung zu setzen:

$$[R_{AH1}] \quad Q\_rea \neq \emptyset \rightarrow \text{Aktion aus Q\_rea ausführen}$$

$$[R_{AH2}] \quad Q\_rea = \emptyset \wedge Q\_delref \neq \emptyset \rightarrow \text{Aktion aus Q\_delref ausführen}$$

$$[R_{AH3}] \quad AngstM < PersK\_SchwelleVDEL \wedge Q\_delref \neq \emptyset \rightarrow Q\_rea \text{ leeren,}$$
$$\text{Aktion aus Q\_delref ausführen}$$

Regelwerk 5: Ausführung von Handlungen

Die Regeln $[R_{AH1}]$ und $[R_{AH2}]$ implizieren, dass laufende Handlungspläne durch reaktive Aktionen unterbrochen und vollständig verworfen werden. Nach Abarbeitung der reaktiven Warteschlange muss sich ein Agent entsprechend neu orientieren und, falls er dazu in der Lage ist, einen neuen Handlungsplan erstellen. Durch das Konzept der Verhaltenskontrolle[112] wird sichergestellt, dass die War-

---

[112] Vgl. Abschnitt 5.2.7.1.

teschlange *Q_delref* nicht befüllt wird, falls sich der Agent im reaktiven Verhaltensspektrum befindet. Mit Regel [R_{AH3}] wird sichergestellt, dass der Agent bei einem Wechsel der Verhaltenskontrolle von reaktiv auf deliberativ auch sein reaktives Verhaltensmuster abbricht, falls bereits ein Handlungsplan erzeugt wurde und er nicht gezwungen ist, seine reaktive Warteschlange restlos abzuarbeiten.

Die Wahl einer konkreten Datenstruktur für Aktionen und Warteschlangen im Zuge der Implementierung hängt von den Eigenschaften und Möglichkeiten der zur Umsetzung verwendeten Simulationsplattform ab und kann nicht durch das Referenzmodell **SimPan** vorgegeben werden. *Simplex3* beispielsweise bietet für diesen Zweck mobile Komponenten und Locations an.

5.2.8 Übersicht über berücksichtigte Verhaltensweisen

Bild 65 skizziert die durch das Referenzmodell **SimPan** abgedeckten Verhaltensweisen von reaktiven, deliberativen und reflektiven Agenten.

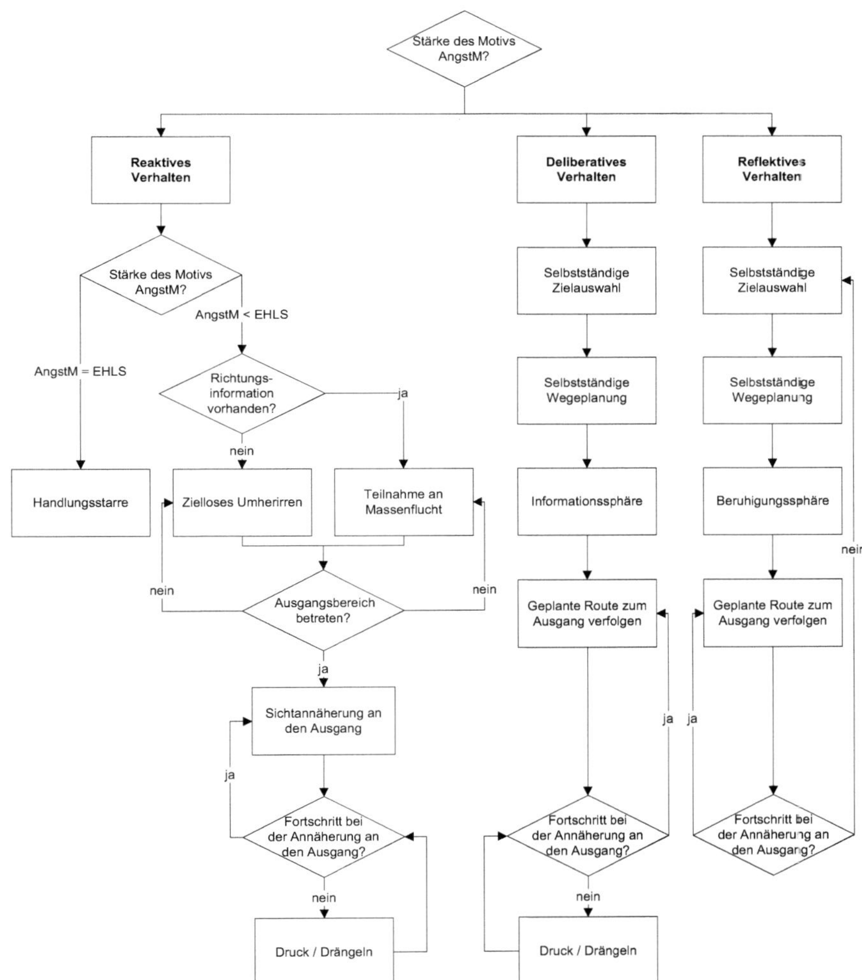

Bild 65: Berücksichtigte Verhaltensweisen im Überblick

5.3 Zusammenfassung der Agentenattribute

Tabelle 58 fasst die benötigten Agentenattribute zur Modellierung der beschriebenen Aspekte Wahrnehmung von Information, Dynamik kognitiver und emotionaler Motive, Kontrolle emotionaler Motive, Erregung sowie die Aspekte Crowding und soziale Kraft zusammen:

Tabelle 58: Zusammenfassung der Agentenattribute

Attribut	Typ	Einheit	Bereich	Bedeutung
Mentales Weltbild				
x	AV	Ø	R^+	Position des Agenten in x-Richtung
y	AV	Ø	R^+	Position des Agenten in y-Richtung
Standort_bek	AV	Ø	{T,F}	Angabe, ob ein Agent sich seines Standorts bewusst ist
Ausgang_w	AV	Ø	N>0	Identifikation eines Ausgangs
Ausgang_passierbar_w	AV	Ø	{T,F}	Feststellung der Passierbarkeit eines Ausgangs
Zielzelle_NP_w	AV	Ø	{T,F}	Identifikation einer Zielzelle während der Normalphase
Typ_w	AV	Ø	{ZELL-TYPEN}	Wahrgenommener Typ der Zelle, auf der sich der Agent befindet
Wahrnehmung kritischer Ereignisse				
Panikereignis_w	AV	Ø	$N_{[0..3]}$	Entfernung vom Ursprungsort eines kritischen Ereignisses bei Kenntnisnahme
Bedrohungspotenzial	AV	Ø	$R_{[0..100]}$	Grad der eingeschätzten Bedrohung
Aufnahme von Richtungsinformationen				
Info_audit_x_w	AV	Ø	$N_{>0}$	Auditiv wahrgenommene x- Zielkoordinate
Info_audit_y_w	AV	Ø	$N_{>0}$	Auditiv wahrgenommene y- Zielkoordinate
Info_vis_x_w	AV	Ø	$N_{>0}$	Visuell wahrgenommene x- Zielkoordinate
Info_vis_y_w	AV	Ø	$N_{>0}$	Visuell wahrgenommene y- Zielkoordinate
Wahrnehmung eines Beruhigungsversuches (Teil 1)				
Beruhigung_w	AV	Ø	{T,F}	Indikator für den Eintritt in eine beruhigende Sphäre
BeruhigungsversucheTI	AV	Ø	N	Anzahl erfahrener Beruhigungsversuche von technischen Informationsquellen (TI)
Beruhigungsversuche RefA	AV	Ø	N	Anzahl erfahrener Beruhigungsversuche von reflektiven Agenten (refA)

Attribut (Teil 2)	Typ	Einheit	Bereich	Bedeutung
Wahrnehmung eines Beruhigungsversuches (Teil 2)				
EffektiveBeruhigungTI	AV	[AnE]	R^+	Effektive Beruhigung durch eine TI
EffektiveBeruhigung RefA	AV	[AnE]	R^+	Effektive Beruhigung durch einen refA
Crowding				
PersK_Crowding	K	$\varnothing$	$R_{[0..1]}$	Individuelle Neigung zur Empfindung von Crowding
K_CrowdingMax	K	[CrE]	$R_{[1..100]}$	Maximale Stärke des gefühlten Crowdings
K_CrowdingMin	K	[CrE]	$R_{[1..100]}$	Minimale Stärke des gefühlten Crowdings
K_CrowdingWachstum Max	K	[CrE]	$R_{[0..100]}$	Wendestelle der logistischen Wachstumskurve
N	K	$\varnothing$	$N_{>0}$	Größe der Umwelt (vgl. Environment.K_AnzahlZellen)
A	AV	$\varnothing$	$N_{>0}$	Anzahl Agenten (vgl. Environment.AnzahlAgenten)
Crowding_indiv	AV	[CrE]	$R_{[0..100]}$	Von einem Agenten individuell empfundenes Crowding
Agentendichte	AV	$\varnothing$	$R_{[0..100]}$	Objektive Agentendichte ausgedrückt in Prozent
Soziale Kraft				
PersK_SozialeKraft	K	$\varnothing$	$R_{[0..1]}$	Individuelle Empfänglichkeit für soziale Beeinflussung
K_SozialeKraftMax	K	[SKE]	$R_{[1..100]}$	Maximale Stärke der beeinflussenden sozialen Kraft
K_SozialeKraftMin	K	[SKE]	$R_{[1..100]}$	Minimale Stärke der beeinflussenden sozialen Kraft
K_SozialeKraftWachs tumMax	K	[SKE]	$R_{[0..100]}$	Wendestelle der logistischen Wachstumskurve
I	AV	[MStE]	$R_{[0..100]}$	Gemittelte Stärke des Angst-Motivs aller Agenten
SozialeKraft_indiv	AV	[SKE]	$R_{[0..100]}$	Auf einen Agenten individuell wirkende soziale Kraft

Attribut (Teil 3)	Typ	Einheit	Bereich	Bedeutung
Physische Merkmale				
PersK_DruckMaxT	K	[s]	R^+	Maximale Zeitspanne, die der maximale Druck auf einen Agenten überschritten werden darf
PersK_Standfestigkeit	K	[N]	R^+	Individuelle Standfestigkeit
PersK_Draengelkraft	K	[N]	R^+	Kraft, mit der ein Agent Drängelaktionen ausführen kann
PersK_Druckkraft	K	[N]	R^+	Kraft, mit der ein Agent physischen Druck ausüben kann
PersK_DruckMax	K	[N]	R^+	Maximaler Druck, der auf einem Agenten lasten darf
PersK_DruckHoch	K	[N]	R^+	Schwelle für starke Druckempfindung
PersK_DruckMittel	K	[N]	R^+	Schwelle für mittlere Druckempfindung
PersK_DruckGering	K	[N]	R^+	Schwelle für schwache Druckempfindung
Energie	AV	[EE]	$R_{[0..100]}$	Energieniveau als Maß für die Lebenskraft eines Agenten
Wunschgeschwindigkeit	AV	[m/s]	R^+	Wunschgeschwindigkeit eines Agenten
Geschwindigkeit_w	AV	[m/s]	R^+	Höchstgeschwindigkeit, abhängig vom Terrain
Geschwindigkeit	AV	[m/s]	R^+	Tatsächliche Geschwindigkeit eines Agenten
Druck_w	AV	[N]	R^+	Wahrgenommener Druck auf den Agenten
Druckempfindung_indiv	AV	Ø	$N_{[0..100]}$	Individuelle Druckempfindung eines Agenten
Kognitives Motiv, handlungsleitend in der Normalphase				
K_AnzahlZielzellen	K	Ø	$N_{[0..N]}$	Anzahl potenzieller Zielzellen in der Umwelt
PersK_BBSWissen	K	[MStE]	$R_{[0..100]}$	Bedürfnisbefriedigungsschwelle für Wissensdefizit
Wissensdefizit	AV	Ø	$N_{[0..100]}$	Bedürfnis nach Wissen
Wissensstand	AV	Ø	$N_{[0..100]}$	Anzahl bereits besuchter Zielzellen
NeugierM	AV	[MStE]	$N_{[0..100]}$	Motiv, das sich aus dem Bedürfnis nach Wissen ergibt
Angst- Zustand				
PersK_AngstZunahme	K	[1/h]	$R_{[0..1]}$	Individueller Faktor für den Anstieg der Angst
PersK_AngstAbnahme	K	[1/h]	$R_{[0..1]}$	Individueller Faktor für den Abfall der Angst
PersK_BeruhigungRefA	K	Ø	$R_{[0..1]}$	Individueller Faktor für den beruhigenden Einfluss (refA)

Attribut (Teil 4)	Typ	Einheit	Bereich	Bedeutung
Angst- Zustand (Teil 2)				
PersK_BeruhigungTI	K	Ø	$R_{[0..1]}$	Individueller Faktor für den beruhigenden Einfluss (TI)
PersK_BBSAngst	K	[MStE]	$R_{[0..100]}$	Bedürfnisbefriedigungsschwelle für Angst
K_BeruhigungRefAMax	K	[AnE]	$R_{[0..100]}$	Maximale Stärke der individuellen Beruhigung durch einen reflektiven Agenten
K_BeruhigungTIMax	K	[AnE]	$R_{[0..100]}$	Maximale Stärke der individuellen Beruhigung durch eine technische Informationsquelle
K_AngstMax	K	[AnE]	$R_{[0..100]}$	Maximale Stärke individueller Angst
K_AngstMin	K	[AnE]	$R_{[0..100]}$	Minimale Stärke individueller Angst
Angst	ZV	[AnE]	$R_{[0..100]}$	Zustand des Agenten, der seine Angst angibt
AngstZu	AV	[AnE/h]	$R_{[0..100]}$	Zunahme der Angst eines Agenten
AngstAb	AV	[AnE/h]	$R_{[0..100]}$	Abnahme der Angst eines Agenten
AngstInformation	AV	[AnE]	$R_{[0..100]}$	Einfluss einer TI auf den Angstzustand eines Agenten
AngstRefA	AV	[AnE]	$R_{[0..100]}$	Einfluss eines refA auf den Angstzustand eines Agenten
EffektiveBeruhigungTI	AV	[AnE]	R+	Aktuelle Effektivität der Beruhigung durch eine TI
EffektiveBeruhigung RefA	AV	[AnE]	R+	Aktuelle Effektivität der Beruhigung durch einen refA
CrowdingN_indiv	AV	Ø	$R_{[0..1]}$	Genormte Stärke des individuellen Gefühls von Crowding
SozialeKraftN_indiv	AV	Ø	$R_{[0..1]}$	Genormte Stärke der individuell wirkenden sozialen Kraft
DruckempfindungN_indiv	AV	Ø	$R_{[0..1]}$	Genormte Stärke der individuellen Druckempfindung
Angst- Motiv				
K_AngstMMax	K	[MStE]	$R_{[0..100]}$	Maximale Stärke des Angst- Motivs
K_AngstMMin	K	[MStE]	$R_{[0..100]}$	Minimale Stärke des Angst- Motivs
K_AngstMWachstum	K	[1/AnE]	$R_{[0..1]}$	Wachstumsfaktor
K_AngstMWachstum Max	K	[AnE]	$R_{[0..100]}$	Wendestelle der logistischen Wachstumskurve
AngstM	AV	[MStE]	$R_{[0..100]}$	Das aus dem Zustand Angst resultierende Motiv

Attribut (Teil 5)	Typ	Einheit	Bereich	Bedeutung
Erregung				
K_ErregungMax	K	[MStE]	$R_{[0..m*100)]}$	Maximale Stärke der Erregung
K_ErregungMin	K	[MStE]	$R_{[0..100]}$	Minimale Stärke der Erregung
K_ErregungAsy	K	[MStE]	$R_{[0..1]}$	Asymptote, in deren Nähe maximales Wachstum herrscht
K_ErregungWachstum	K	[1/EQE]	$R_{[0..1]}$	Geschwindigkeit des Wachstums
K_ErregungWachstumMax	K	[EQE]	$R_{[0..100]}$	Wendestelle der logistischen Wachstumskurve
Erregung	AV	[MStE]	R^+	Aktuelle Erregung eines Agenten
ERS	AV	[MStE]	R^+	Aktuelle Erregungsschwelle eines Agenten
EQ	K	[EQE]	$R_{[0..100]}$	Individueller EQ eines Agenten
Angst- Kontrollmotiv				
K_GewichtungEQ	K	[1/EQE]	$R_{[0..1]}$	Gewichtungsfaktor für den Einfluss des EQ
K_AKMMax	K	[MStE]	$R_{[0..m*100)]}$	Maximale Stärke des Motivs AngstKontrolleM
K_AKMMin	K	[MStE]	$R_{[0..100]}$	Minimale Stärke des Motivs AngstKontrolleM
K_AKMWachstum	K	[1/AnE]	$R_{[0..1]}$	Geschwindigkeit des Wachstums des Kontrollmotivs
K_AKMWachstumMax	K	[AnE]	$R_{[0..100]}$	Wendestelle der logistischen Wachstumskurve
AngstKontrolleM	AV	[MStE]	$R_{[0..100]}$	Motiv des Agenten, seine eigene Angst zu kontrollieren
Verhaltenskontrolle				
PersK_SchwelleEHLS	K	[AnE]	$R_{[0..100]}$	Schwelle zur Auslösung der Handlungsstarre
PersK_SchwelleVDEL	K	[AnE]	$R_{[0..100]}$	Verlust des deliberativen Verhaltensspektrums
PersK_SchwelleVREF	K	[AnE]	$R_{[0..100]}$	Verlust des reflektiven Verhaltensspektrums
Anordnung und Ausführung von Handlungen				
Aktion_rea	AV	Ø	AKTION	Reaktiv angeordnete Aktion eines Agenten
Aktion_del	AV	Ø	AKTION	Deliberativ angeordnete Aktion eines Agenten
Aktion_ref	AV	Ø	AKTION	Reflektiv angeordnete Aktion eines Agenten

5.4 Zusammenschau: Das Referenzmodell SimPan

Das Referenzmodell **SimPan** umfasst gemäß Tabelle 29 Modellierungskonzepte für die Abbildung von Umwelt und Agenten. Für beide Bestandteile definiert es grundlegende Modellgrößen und liefert eine Beschreibung zur Bestimmung deren Dynamik. Das Referenzmodell beinhaltet damit strukturelle und funktionale Elemente. Im Folgenden werden die Vorgaben des Referenzmodells zur Modellierung von Umwelt und Agenten zusammengefasst.

5.4.1 Konzepte für die Modellierung der Umwelt

Die Basis für die Abbildung der Umwelt im Modell stellt das mit dem raumdiskreten Ansatz konforme *Zellenkonzept* dar, welches den Aufbau der Umwelt aus einer Menge einzelner Zellen vorsieht. Auf diesem setzt das *Konzept der Datenhaltung in Zellen* auf. Dabei werden Werte zu den in Tabelle 38 angezeigten Attributen in jeder Zelle gehalten. Folgende Konzepte sind integrale Bestandteile des Referenzmodells, welche die Zustandsübergänge in Form der Belegung von Attributen einer Zelle definieren: *Konzept der Einflussbereiche, Konzept der Informationssphäre, Konzept der Beruhigungssphäre, Konzept zur Abbildung von Druck, Kenntnis-Konzept* und das *Konzept der Zelldynamik*.

5.4.2 Konzepte für die Modellierung von Agenten

Das Referenzmodell **SimPan** sieht für die Modellierung eines Agenten *Zustände* und *Motive* als elementare Faktoren vor. Es spezifiziert die Dynamik der Zustände durch Definition der Wirkung der Einflussgrößen *Crowding, soziale Kraft* und *Druck* und beschreibt die Verbindung zwischen Zuständen und zugehörigen Motiven. Das Referenzmodell umfasst den *Mechanismus der Motivselektion* und der *Verhaltensauswahl* und definiert die Modellierung grundsätzlicher Verhaltensweisen aus dem reaktiven, deliberativen und reflektiven Spektrum. Die Struktur des Referenzmodells kommt in Bild 66 zur Darstellung.

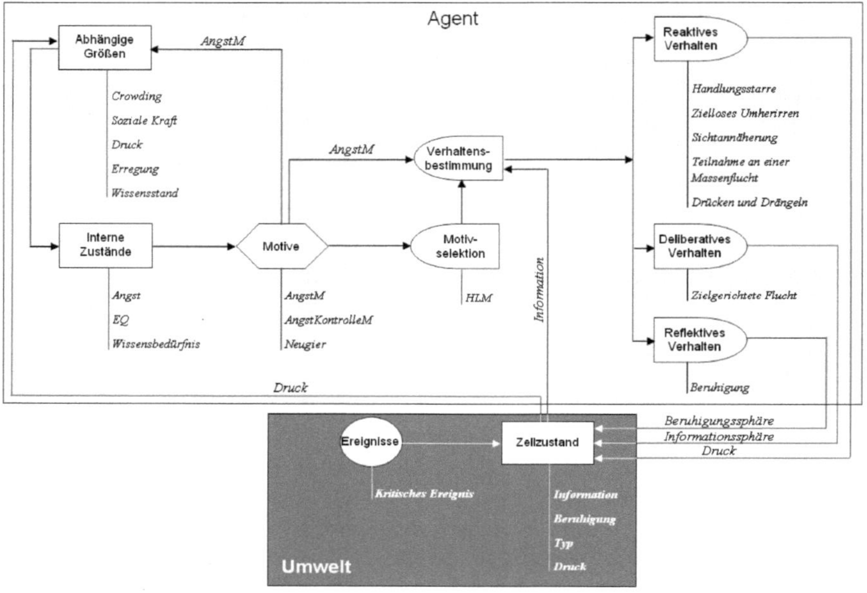

Bild 66: Darstellung des Referenzmodells **SimPan**

Die zur Berechung der vorgesehenen Modellgrößen relevanten Parameter werden in Bild 66 jeweils unterhalb der Darstellung für die jeweilige Größe annotiert. Die durch das Referenzmodell berücksichtigten Verhaltensausprägungen aus dem reaktiven, deliberativen und reflektiven Spektrum werden in gleicher Weise ihrer jeweiligen Verhaltensklasse zugeordnet. Pfeile zwischen Modellgrößen untereinander sowie zwischen Verhaltensklassen und Modellgrößen repräsentieren kausale Abhängigkeiten bzw. kausale Zusammenhänge.

5.5 SimPan und die Merkmale eines Referenzmodells

Der Anwendungsbereich des Referenzmodells **SimPan** ist durch die Modellierung menschlichen Verhaltens in Paniksituationen unter Berücksichtigung psychologischer Theorien gegeben, wobei der Begriff *Panik* wie in Kapitel 2 beschrieben verstanden werden soll (/ER1/).
Das Referenzmodell ist auf der konzeptuellen Ebene angesiedelt und deckt sämtliche Modellierungsanforderungen an Modellumwelt (/MU[1..4]/) und Agenten (/MA[1..6]/) ab. Es gibt grundlegende Elemente wie beispielsweise Zustände

und Motive des Agenten vor, zeigt die kausalen Abhängigkeiten zwischen den verschiedenen Größen auf und beschreibt Übergänge zwischen Zuständen von Agent und Umwelt in Form mathematischer Formeln, wodurch das Referenzmodell einen allgemeingültigen Charakter erhält (/ER4/). Die einzelnen Elemente und ihre Verbindungen bilden eine übersichtliche und modulare Struktur (/ER7/). Die Modellierungsansätze sind psychologisch fundiert und damit nachvollziehbar (/ER5/).

Weiterhin gibt das Referenzmodell Empfehlungen für die Belegung der, in den Formeln enthaltenen, Konstanten als Vorlage für konkrete Umsetzungen (/ER3/). Aussagen über die konkrete Umsetzung der enthaltenen Modellierungskonzepte in eine Softwarespezifikation erfolgen explizit nicht (/ER2/).

Das Referenzmodell gibt ein Grundgerüst vor, das durch einen Anwender innerhalb der definierten Regeln beliebig erweitert werden kann. So ist es möglich, neue Zustände einzuführen, falls daraus auch neue Motive abgeleitet werden können. Persönlichkeitskonstanten und individuelle Schwellenwerte können an spezielle Szenarien angepasst werden, ebenso ist es möglich, neue Verhaltensweisen einzuführen und derart die vorgegebenen Verhaltenskategorien zu erweitern. Das Referenzmodell lässt sich daher für den Einsatz zur Abbildung verschiedenster Katastrophenereignisse mit dem Fokus auf der Abbildung menschlichen Verhaltens anpassen (/ER6/). Das Referenzmodell wurde exemplarisch in Form eines Agenten-basierten Simulationsmodells für das Simulationssystem *Simplex3* umgesetzt (/ER8/). Eine ausführliche Beschreibung der Abbildung ausgewählter Konzepte des Referenzmodells auf die Implementierungsebene kann in [Ruhland 2006] eingesehen werden. Die bei der Umsetzung vorgenommenen Anpassungen des Referenzmodells **SimPan** werden in Kapitel 7 kurz umrissen[113].

Zusammenfassend kann festgehalten werden, dass **SimPan** die Eigenschaften /ER1/ bis /ER8/ aus Tabelle 2 vollumfänglich erfüllt und Definition /D7/ nachkommt. Damit ist **SimPan** ein gültiges Referenzmodell im Sinne des Begriffsverständnisses der vorliegenden Arbeit.

---

[113] Die durch ein Referenzmodell zu erfüllenden Eigenschaften entstammen Tabelle 2. Modellierungsanforderungen im Kontext der Paniksimulation werden in Tabelle 29 zusammengetragen.

6 Eine Agenten-Architektur zur Umsetzung von SimPan

Das Referenzmodell **SimPan** ist modular aufgebaut, in sich strukturiert und auf der konzeptuellen Ebene angesiedelt. Es definiert Einflussfaktoren für menschliches Verhalten in Paniksituationen und beschreibt deren funktionale Zusammenhänge, macht jedoch keine Aussagen über die Struktur, die ein auf diesen Konzepten basierendes Simulationsmodell aufweisen sollte. Daher gilt es, eine geeignete Agentenarchitektur für den strukturierten Aufbau eines Agenten-basierten Modells vorzuschlagen, in welche die Konzepte des Referenzmodells **SimPan** eingepasst werden können.

Durch die in Kapitel 3 festgehaltenen Modellierungsanforderungen wird deutlich, dass die Architektur der Wahl physische, emotionale, kognitive und soziale Aspekte bei der Modellierung eines Agenten berücksichtigen muss. Die Architektur *PECS*[114] nach Urban (2007) wird diesen Anforderungen in bester Weise gerecht und soll daher als geeignete Plattform zur Umsetzung des **SimPan**-Referenzmodells empfohlen werden. Da das Referenzmodell **SimPan** jedoch keine Anforderung an den strukturellen Aufbau eines Simulationsmodells stellt, können auch andere Agentenarchitekturen verwendet werden. Die Verwendung von *PECS* ist daher als begründete Empfehlung zu verstehen.

6.1 Das Referenzmodell PECS

Das Referenzmodell *PECS* definiert eine Struktur zum Aufbau Agenten-basierter Simulationsmodelle zur Abbildung menschlichen Verhaltens. Das Referenzmodell setzt auf dem Konzept des komponentenorientierten und hierarchischen Modellaufbaus auf. Die *PECS*-Struktur wird durch Definition von Modellkomponenten und Verbindungen dieser untereinander definiert. Die resultierende Architektur gliedert sich in drei Schichten: Eingabeschicht, interne Schicht und Ausgabeschicht. Jede der Schichten besteht wiederum aus einzelnen Komponenten.

Das Gesamtmodell wird, dem komponentenorientierten Ansatz nach, aus verschiedenen Modellkomponenten zusammengesetzt, die eigenständig arbeiten und miteinander in Beziehungen stehen. Diese Beziehungen werden durch kausale Abhängigkeiten und diskrete Informationsflüsse[115] zwischen den Kompo-

---

¹¹⁴ *Physis, Emotion, Cognition, Social Characteristics.*
¹¹⁵ Vgl. hierzu [Urban 2007], S. 70f.

nenten beschrieben. Zur Strukturierung der Menge der Modellkomponenten bietet das Referenzmodell die Möglichkeit, Strukturkomponenten anzulegen, die eine übergeordnete Abstraktionsebene definieren und jeweils eine Teilmenge vorhandener Modellkomponenten zusammenfassen und miteinander in Beziehung setzen, indem sie Pfade für kausale Abhängigkeiten und diskrete Informationsflüsse zwischen den Elementen der Teilmenge einrichten.

Das *PECS*-Referenzmodell gibt drei Hierarchieebenen vor. Aus Bild 67 geht hervor, dass ein nach *PECS* strukturiertes Modell beliebig viele Komponenten des Typs *Agent* als Repräsentanten für Menschen, eine Komponente *Environment* zur Abbildung ihrer gemeinsamen Umwelt, und eine *Connector*-Komponente enthält, welche direkte wie auch indirekte Kommunikation zwischen den Agenten-Instanzen ermöglicht. Die Komponente *PECS_World* verbindet diese Modellkomponenten miteinander.

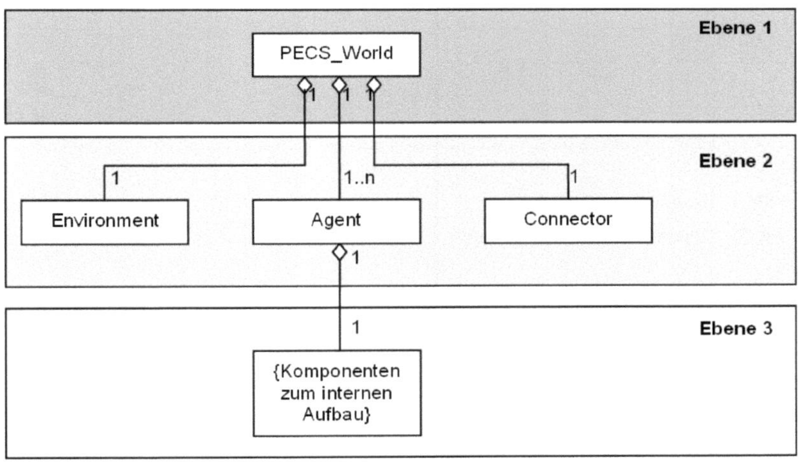

Bild 67: Komponentenhierarchie des *PECS*-Referenzmodells[116]

Die Modellkomponente *Agent* weist selbst wiederum einen hierarchischen Aufbau auf und lässt sich oberflächlich betrachtet in drei verschiedene Schichten teilen: Eingabeschicht, interne Schicht und Ausgabeschicht. Die Eingabeschicht umfasst die Komponenten *Sensor* und *Perception*. Die interne Schicht setzt sich aus den Komponenten *Physis*, *Emotion*, *Cognition* und *Social Characteristics*

---

[116] Die Zeichnung ist an die Abbildung 6.1 aus [Urban 2007], S. 76, angelehnt.

zusammen. Die Ausgabeschicht enthält die Komponenten *Behaviour* und *Actor*.
Bild 68 zeigt die Komponenten der *PECS*-Architektur[117].

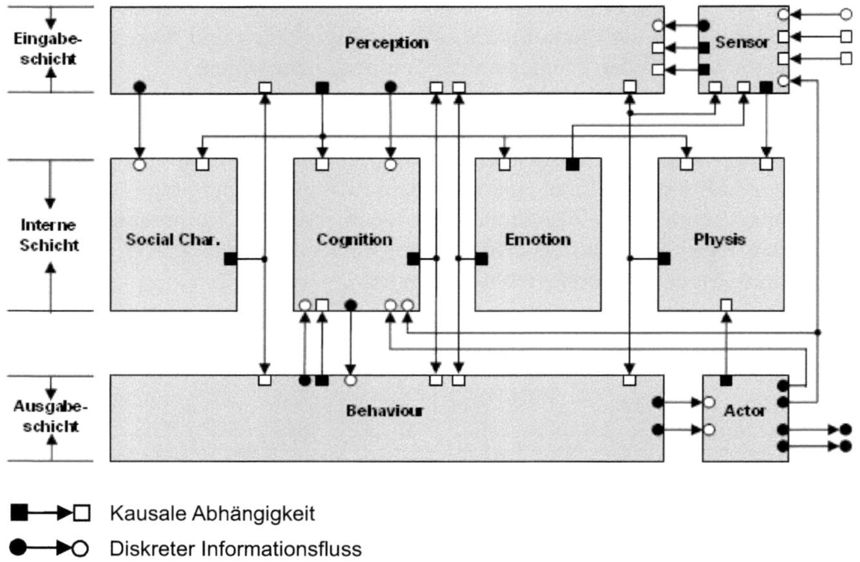

Bild 68: Der interne Aufbau eines *PECS*-Agenten

Die Komponente Sensor dient der Aufnahme von Informationen aus der Umwelt
und von anderen Agenten über die *Connector*-Komponente, sowie der Bereitstellung der Informationen für die interne Weiterverarbeitung.

Die Komponente *Perception* beinhaltet die Funktionalität der Transformation
von Wahrnehmungsinhalten in Perzepte und die Weiteleitung dieser an die
betreffenden Komponenten der internen Schicht. Die Transformation beinhaltet
eine Vorverarbeitung eingehender Informationen, beispielsweise in Form einer
Filterung auf Basis der zustandsabhängigen Aufmerksamkeitsdynamik eines
Menschen, und muss nicht verlustlos erfolgen. Die *Perception*-Komponente
ermöglicht einem Agenten die Wahrnehmung seines eigenen internen Zustandes
über kausale Abhängigkeiten, die von den Komponenten der internen Schicht
zur *Perception*-Komponente definiert wurden.

---

[117] Die kausale Abhängigkeit zwischen den Komponenten *Emotion* und *Sensor* ist im Originalentwurf
von Urban (2007) nicht enthalten. Sie wurde im Rahmen der Modellierung emotionaler Intelligenz
durch Reineke (2002) ergänzt.

Die Komponente *Cognition* bietet Raum, um die breite Vielfalt kognitiver Fähigkeiten eines Menschen abzubilden, darunter auch seine Fähigkeit zur Generierung von Wissen. Sie stellt eine aktuelle mentale Repräsentation der Umwelt bereit ebenso wie das Selbstbild des Agenten, verwaltet Handlungsziele und verwendet Mechanismen, um auf der Basis von internem Zustand und bestehendem Wissen Handlungspläne zum Erreichen individueller Ziele zu erarbeiten.

Die Komponente *Emotion* dient der Abbildung der menschlichen Emotionsdynamik. Sie kann mit Zustandsvariablen ausgestaltet werden, welche Emotionen des Menschen repräsentieren. Über Mechanismen zur Entstehung von Emotionen und die zugrunde liegenden psychologischen Theorien macht das Referenzmodell *PECS* keine Aussage, sie können vom Anwender frei gewählt werden.

Die Komponente *Physis* bietet die Möglichkeit, physiologische Aspekte in die Modellierung eines Menschen einfließen zu lassen. So wäre es denkbar, die Modellierung der Dynamik physischer Ressourcen abzubilden, die den Handlungsspielraum eines Agenten bei starker Reduzierung in beobachtbarem Umfang einschränken.

Soziale Charakteristika eines Menschen können in der Komponente *Social Characteristics* abgebildet werden. Persönlichkeitseigenschaften wie Charisma, die einem Menschen die Übernahme einer Anführerrolle ermöglichen, können genauso dargestellt werden wie der Wunsch nach Geselligkeit.

In der Komponente *Behaviour* können Mechanismen zur Verhaltenssteuerung untergebracht werden. Diese koordinieren reaktive und deliberative Verhaltensweisen mit Hilfe von Verhaltensregeln. So werden beispielsweise Handlungspläne, die von der *Cognition*-Komponente erzeugt wurden, abgearbeitet, indem die Komponente *Behaviour* schrittweise einzelne Aktionen daraus zur Ausführung anordnet.

Die Komponente *Actor* dient der Ausführung von Aktionen, die in der *Behaviour*-Komponente zur Ausführung angeordnet wurden. Die *Actor*-Komponente kann damit als Effektor eines Agenten betrachtet werden, mit dessen Hilfe auf die Umwelt oder, durch Ausführung interner Aktionen, auf sich selbst eingewirkt werden kann. Eine detaillierte Beschreibung der Komponenten ist in [Urban 2007] enthalten.

6.2 Einbettung von SimPan in das PECS-Muster

Die durch das *PECS*-Referenzmodell definierte Struktur aus Komponenten und Verbindungen zwischen Komponenten kann durch Einfügen der strukturierten Inhalte des **SimPan**-Referenzmodells mit Innenleben gefüllt werden. Der folgende Abschnitt beschreibt eine exemplarische Projektion von Inhalt auf Struktur. Die folgenden Darstellungen abstrahieren von der konkreten Implementierung und zeigen exemplarisch auf, wie die benötigten Parameter zur Umsetzung der Modellierungskonzepte des Referenzmodells **SimPan** in der *PECS*-Struktur verteilt werden können, so dass die definierten Verbindungen zwischen den *PECS*-Komponenten genützt werden können. Die in den folgenden Abbildungen angeführten Modellgrößen richten sich nach den benötigten Parametern zur Modellierung von Umwelt und Agent, die in Tabelle 38 und Tabelle 58 des Kapitels 5 festgehalten wurden.

6.2.1 Environment

Die Komponente Environment enthält die Zellen der Umwelt, berechnet deren Dynamik und stellt den in der Umwelt befindlichen Agenten Informationen über ihren aktuellen Aufenthaltsort zur Verfügung. Dabei handelt es sich um elementare Eigenschaften der betreffenden Zelle wie ihren Typ, die Geschwindigkeit mit der die Zelle überquert werden kann oder den auf der Zelle lastende Druck. Auch kann ein Agent erfassen, ob er sich auf einer attraktiven Zelle befindet, auf der er eine individuelle Zeit verweilen möchte oder auf einem Ausgang und ob dieser gegenwärtig geöffnet ist.

Darüber hinaus vermittelt jede Zelle die Information, ob sie zu einem Kenntnisbereich gehört, der den Eintritt eines kritischen Ereignisses kennzeichnet. Ein Agent hat zudem die Möglichkeit, Richtungsinformationen auszulesen, falls seine aktuelle Zelle einer Informationssphäre angehört, oder beruhigende Einflüsse wahrzunehmen, falls er in die Beruhigungssphäre eines reflektiven Agenten oder einer Informationsquelle geraten ist.

Die Umwelt der Agenten stellt zusätzlich Informationen bereit, die nicht in einer Zelle liegen, sondern global verfügbar sind. Zu diesen Informationen zählen die gemittelte Stärke des Angst-Motivs aller Agenten *(I)*, die objektive Größe der Umwelt *(K_AnzahlZellen)* und die aktuelle Zahl anwesender Agenten *(AnzahlAgenten)*. Die Darstellung der Komponente *Environment* in Bild 69 abstrahiert insbesondere von der konkreten Implementierung. Im oberen Teil der Komponentendarstellung finden sich Attribute der aktuellen Zelle eines Agenten, im unteren Teil die global verfügbaren Daten der Umwelt.

Zusätzlich wird ein diskreter Informationsfluss zwischen *Actor* und *Environment* etabliert. Über diesen werden externe Aktionen des Agenten transportiert. Durch diese Aktionen, reaktiv *(Aktion_rea)*, deliberativ oder reflektiv *(Aktion_delref)* kann der Agent auf seine Umwelt einwirken.

Die Werte von Sensorgrößen einer Komponente, wie im Fall der Größe *Aktion* in Bild 69, hängen von der, in einer anderen Komponente definierten Dynamikbeschreibung für die entsprechende Modellgröße ab und werden durch diese aktualisiert.

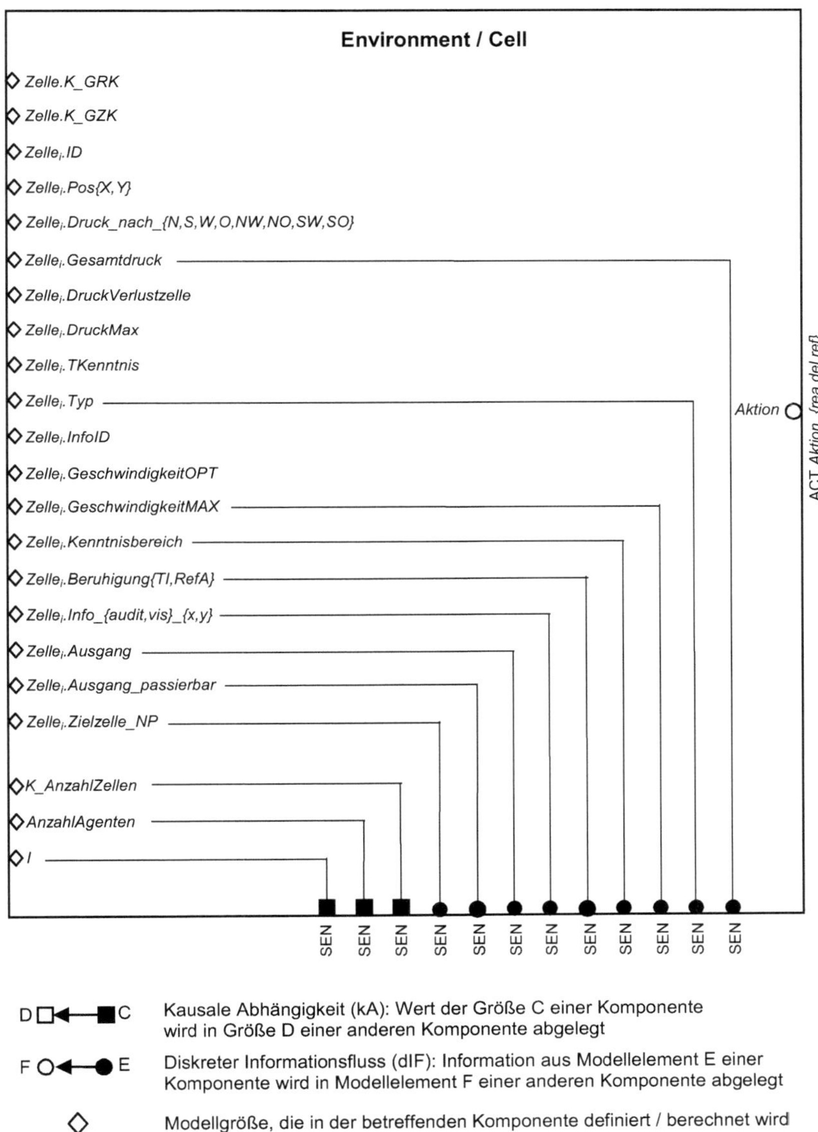

D ☐◄━■ C   Kausale Abhängigkeit (kA): Wert der Größe C einer Komponente wird in Größe D einer anderen Komponente abgelegt

F ○◄━● E   Diskreter Informationsfluss (dIF): Information aus Modellelement E einer Komponente wird in Modellelement F einer anderen Komponente abgelegt

◇   Modellgröße, die in der betreffenden Komponente definiert / berechnet wird

Bild 69: Modellgrößen der Komponenten *Environment/Cell*

6.2.2 Sensor

Informationen aus der Umwelt, die von der aktuell betretenen Zelle eines Agenten bereitgestellt werden, nimmt dieser durch die Komponente *Sensor* verlustfrei auf. Darüber hinaus wird der physische Zustand des Agenten von der *Actor*-Komponente in Form eines diskreten Informationsflusses, der das verbleibende Energieniveau beinhaltet, abgegriffen. Sinkt dieser unter einen Minimalwert, so stellt die Komponente *Sensor*, wie auch alle anderen Komponenten, ihren Dienst ein. Über einen diskreten Informationsfluss zwischen *Actor, Sensor, Perception und Cognition* ist der Agent in der Lage, reflektiv angeordnete interne Aktionen (*Aktion_ref*) anzuordnen, und über deren Abarbeitung auf seinen eigenen internen Zustand einzuwirken. Der Informationsfluss zwischen *Environment* und *Sensor* wird in Bild 70 dargestellt.

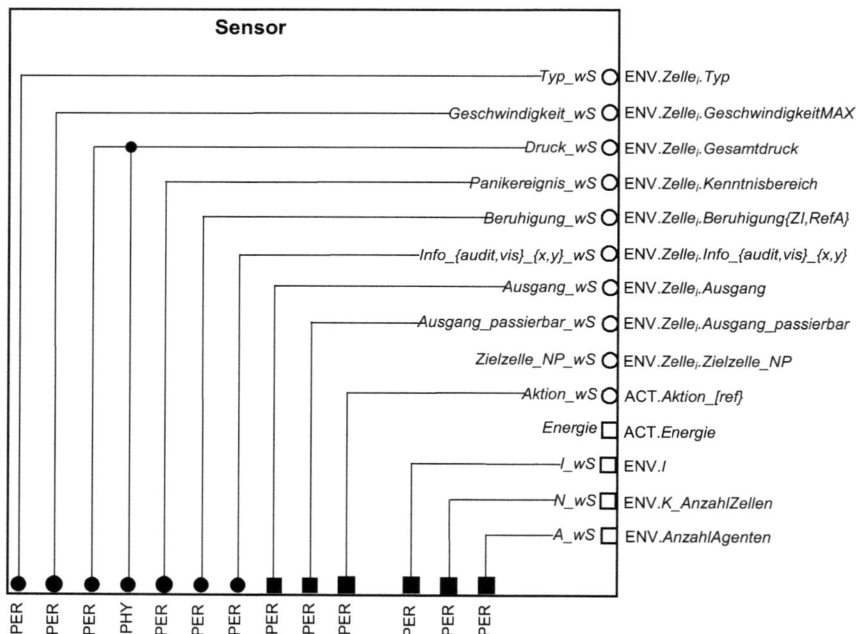

Bild 70: Die Komponente *Sensor*

6.2.3 Perception

Informationen, die vom *Sensor* aufgenommen wurden, werden zunächst zur *Perception*-Komponente durchgeschleift. Hier wird der objektiven Information über ein wahrgenommenes kritisches Ereignis oder den vorherrschenden physischen Druck durch die Bestimmung der Größen *Bedrohungspotenzial* und *Druckempfindung_indiv* eine subjektive Bedeutung zugeordnet, die der Komponente *Emotion* zur weiteren Verarbeitung bereit gestellt wird. Das *PECS*-Referenzmodell eignet sich damit insbesondere zur Abbildung des zweistufigen Wahrnehmungsprozesses, den das **SimPan**-Referenzmodell vorsieht. Die restlichen Parameterwerte erfahren keine Modifikation und werden von Komponenten der internen Schicht zur weiteren Verarbeitung abgegriffen. Diese Vorgänge werden in Bild 71 dargestellt.

Das *PECS*-Referenzmodell sieht die Möglichkeit der Wahrnehmung interner Zustände über die *Perception*-Komponente vor. Dazu sind die Komponenten der internen Schicht bidirektional mit der *Perception*-Komponente verschaltet. Dieses Konzept wird zur Umsetzung der **SimPan**-Konzepte aufgegriffen, indem die individuell wirkende soziale Kraft *SozialeKraft_indiv* aus der Komponente *Social Characteristics* und das individuelle Crowding-Gefühl *Crowding_indiv* aus der Komponente *Cognition* seinen Weg über die *Perception*-Komponente zur *Emotion*-Komponente findet. Die verfügbare Energie eines Agenten wird von der Komponente *Physis* abgegriffen und an die restlichen Komponenten der internen Schicht weitergegeben.

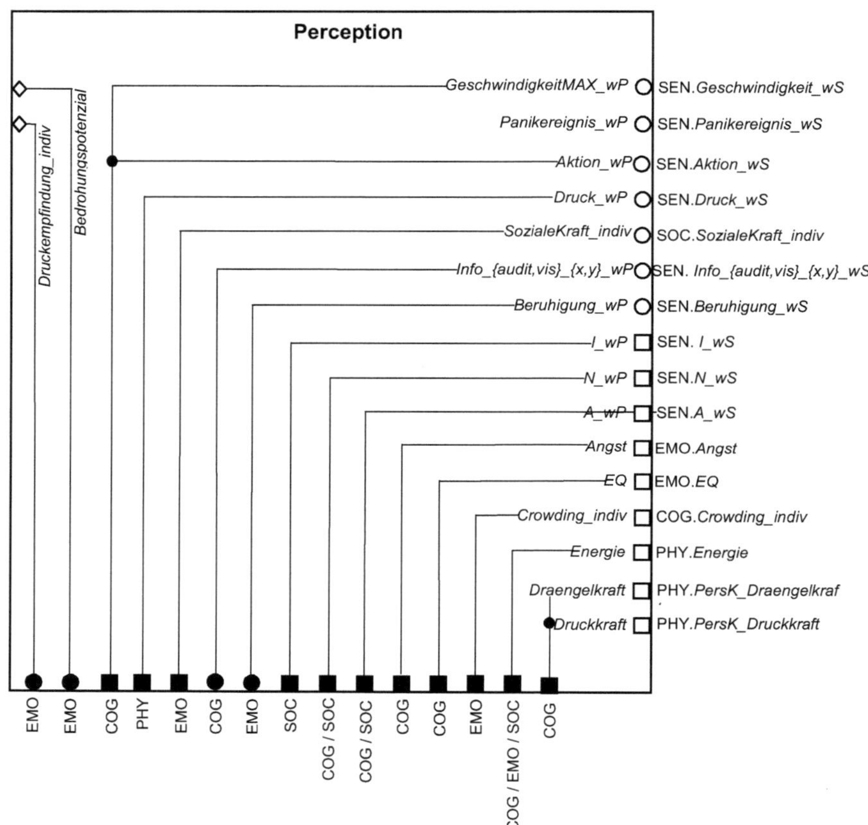

Bild 71: Aufbau der Komponente *Perception*

6.2.4 Social Characteristics

Die Komponente *Social Characteristics* ist zuständig für die Berechnung der individuell wirkenden sozialen Kraft *SozialeKraft_indiv*. Der bestimmte Wert wird an die Komponente *Perception* weitergeleitet.

Die Konstanten zur Modellierung des Kurvenverlaufs für die soziale Kraft, *K_SozialeKraftMax*, *K_SozialeKraftMin*, *K_SozialeKraftWachstum*, werden bei Simulationsstart einmalig aus der Komponente *Environment* eingelesen. Die Konstante *PersK_SozialeKraft* ist eine Persönlichkeitskonstante und wird in der Komponente *Social Characteristics* gehalten.

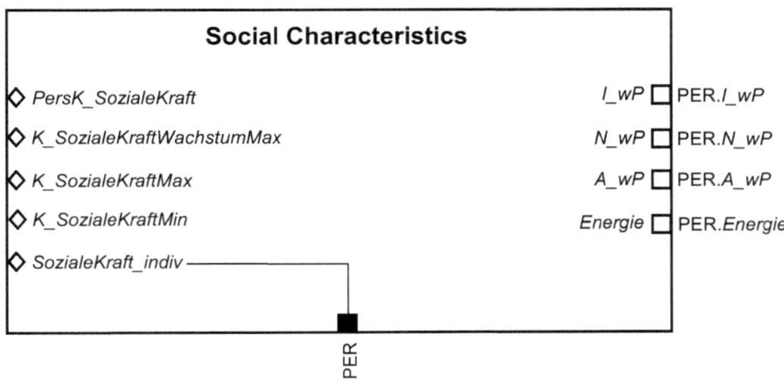

Bild 72: Aufbau der Komponente Social *Characteristics*

6.2.5 Cognition

Die Aufgaben der Komponente *Cognition* sind vielfältig. Sie bestimmt das individuell wirkende Crowding-Gefühl, repräsentiert durch die Modellgröße *Crowding_indiv*, bestimmt die Stärke der kognitiven Motive *NeugierM* und *AngstKontrolleM*, bestimmt Handlungspläne für deliberative und reflektive Agenten auf Basis von Informationen aus dem mentalen Weltbild und führt Änderungen des internen Zustands des Agenten auf Basis interner Aktionen herbei. Handungspläne werden als Summe einzelner Aktionen *(Aktion{del,ref})* in der *Cognition*-Komponente erstellt und wie in Bild 73 dargestellt in diskreten Informationsflüssen an die *Behaviour*-Komponente übergeben. Darüber hinaus berechnet die *Cognition*-Komponente die aktuelle Wunschgeschwindigkeit, mit der sich der Agent, den Verhältnissen in seiner Umwelt entsprechend, fortbewegen möchte. Die von der *Perception*-Komponente erhaltenen Werte der Parameter *PersK_Druckkraft* und *PersK_Draengelkraft* fließen in die Erstellung entsprechender Handlungspläne ein.

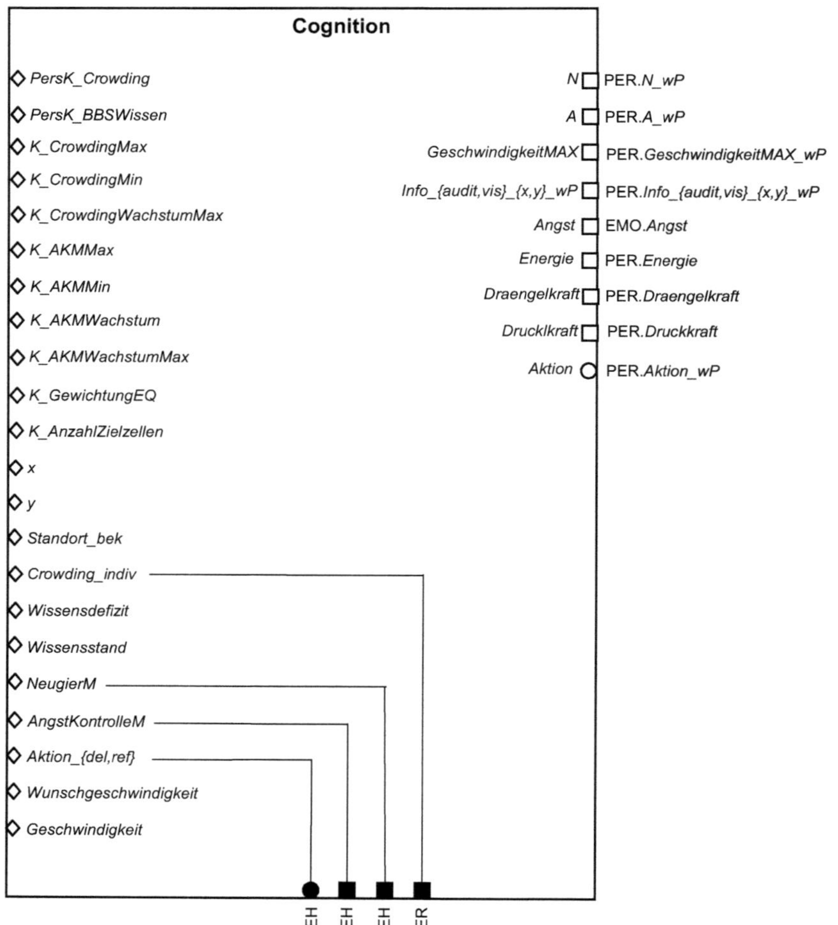

Bild 73: Aufbau der Komponente *Cognition*

6.2.6 Emotion

Hauptaufgabe der Komponente *Emotion* ist die Berechnung der Emotionsdynamik. Sie nimmt die aktuellen Werte der Einflussgrößen *Bedrohungspotenzial, Druckempfindung_indiv, Crowding_indiv* und *SozialeKraft_indiv* über die *Perception*-Komponente auf. Die letztgenannten Größen werden entsprechend der Konzepte zur Bestimmung des individuellen Crowding-Gefühls und der individuell wirkenden sozialen Kraft in die Größen *CrowdingN_indiv* und *Sozia-leKraftN_indiv* transformiert. Darauf basierend werden die Zustandsvariable *Angst* und das Motiv *AngstM* als abhängige Variablen berechnet.

Der Wert der Zustandsvariable *Angst* und der emotionale Intelligenzquotient *EQ* sind durch Verschaltung mit der *Perception*-Komponente in zweiter Instanz durch die *Cognition*-Komponente abgreifbar. Der Wert des Motivs *AngstM* wird der Komponente *Behaviour* im Zuge der Bestimmung des handlungsleitenden Motivs zur Verfügung gestellt. Diese Vorgänge werden in Bild 74 dargelegt.

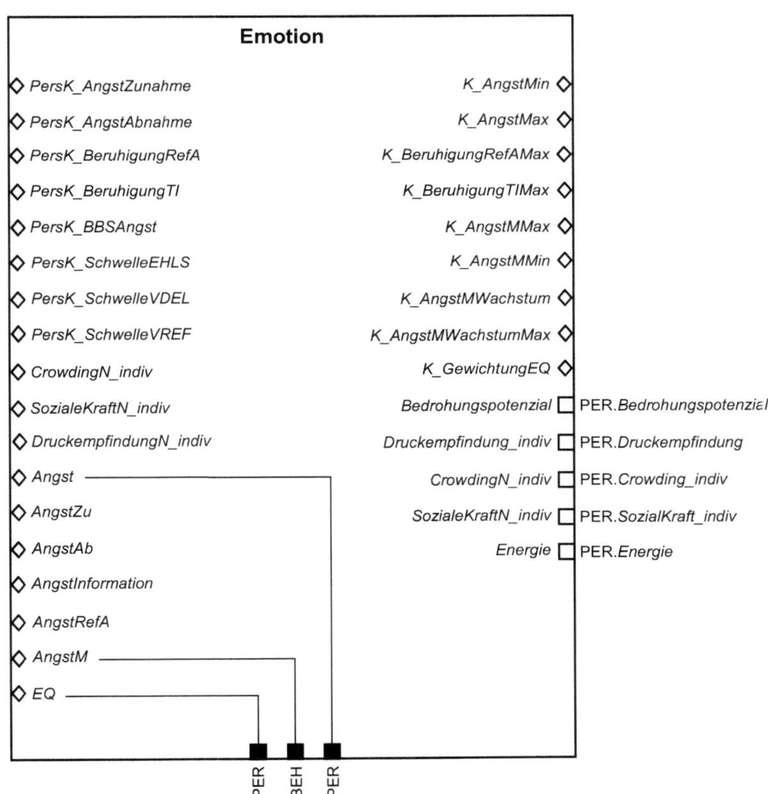

Bild 74: Aufbau der Komponente *Emotion*

6.2.7 Physis

In der Komponente *Physis* wird der physische Zustand eines des Agenten verwaltet. Dieser spiegelt sich im Rahmen des **SimPan**-Modellierungsansatzes in seiner verbleibenden Energie wider. Der physische Zustand des Agenten wird an alle Komponenten der Eingabeschicht, der internen Schicht und der Ausgabeschicht propagiert. Unterschreitet die Energie des Agenten einen Minimalwert, so wird er deaktiviert, seine Komponenten stellen die Arbeit ein. Weiterhin werden die Persönlichkeitskonstanten zur Definition individueller Schwellenwerte zur Druckempfindung sowie die Persönlichkeitsparameter zur Bestimmung der individuellen Druckempfindung selbst der *Physis*-Komponente zugeordnet und der *Perception*-Komponente zugänglich gemacht. Die in der *Perception*-Komponente gehaltenen Parameter kommen in Bild 75 zur Darstellung.

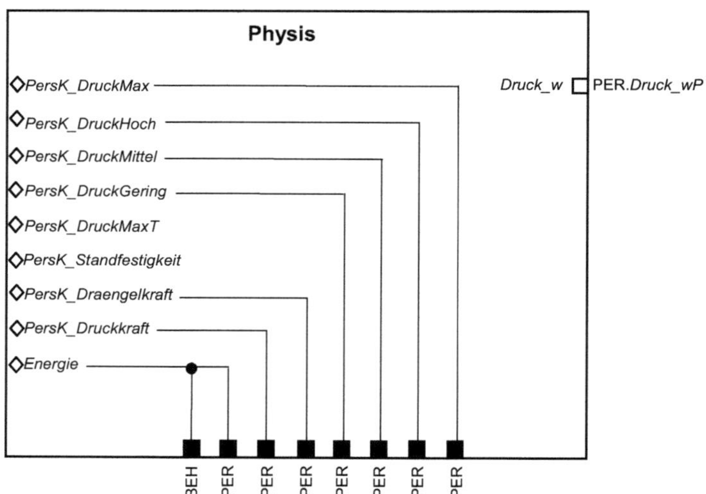

Bild 75: Aufbau der Komponente *Physis*

6.2.8 Behaviour

In der *Behaviour*-Komponente wird die Koordination der Verhaltensweisen durch Bestimmung des handlungsleitenden Motivs abgebildet. Dazu müssen der Komponente die in anderen Modellkomponenten bestimmten aktuellen Motivstärken zur Verfügung gestellt werden. Weiterhin erfolgt die Bestimmung der psychologischen Erregung auf Basis der Motivstärken, auf welche die Komponente *Cognition* im Rahmen der Berechnung der Stärke des Motivs *AngstKontrolleM* zugreift.

Einzelne Aktionen *(Aktion{del,ref})* als Teile von Handlungsplänen deliberativer oder reflektiver Agenten werden von der *Cognition*-Komponente an die *Behaviour*-Komponente übergeben. Diese koordiniert die Aktionen aus Handlungsplänen mit einzelnen, durch die *Behaviour*-Komponente angeordneten reaktiven Aktionen *(Aktion_rea)* und stellt diese der *Actor*-Komponente zur Verfügung. Die *Actor*-Komponente wird zusätzlich durch einen diskreten Informationsfluss über den physischen Zustand des Agenten informiert. Bild 76 veranschaulicht diese Vorgänge.

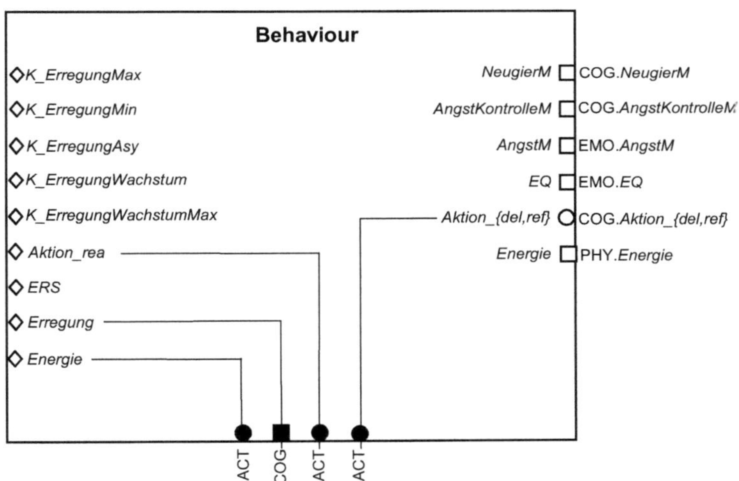

Bild 76: Aufbau der Komponente *Behaviour*

6.2.9 Actor

Die Komponente *Actor* empfängt von der *Behaviour*-Komponente zur Ausführung angeordnete reaktive, deliberative oder reflektive Aktionen und leitet diese an die Folgekomponenten *Environment* (externe Aktion) oder *Sensor* (interne Aktion) weiter. Die *Actor*-Komponente wird über den physischen Zustand des Agenten informiert und gibt diese Information an die *Sensor*-Komponente weiter. Dieser Informationsweg richtet sich streng nach dem *PECS*-Referenzmodell, welches keine Möglichkeit vorsieht, um direkt kontinuierlich Informationen zwischen Komponente *Physis* und den Komponenten *Actor* oder *Sensor* zu übertragen.

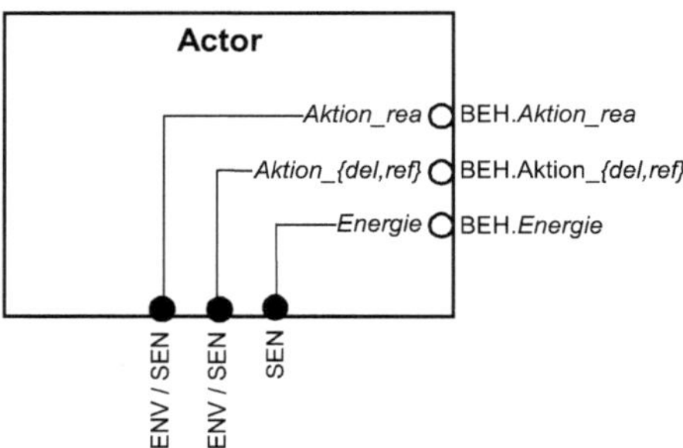

Bild 77: Aufbau der Komponente *Actor*

6.2.10 Verwendung der Connector- Komponente

Die *Connector*-Komponente dient im Originalentwurf des Referenzmodells von Urban (2007) der Abbildung von direkter Kommunikation zwischen Agenten in expliziter Form. Urban berücksichtigt dabei Kommunikation im unicast-, multicast- und broadcast- Verfahren, wie auch Blackboard-Kommunikation. Der **SimPan**- Modellierungsansatz bildet Interaktion und insbesondere Kommunikation von Agenten, jedoch ausschließlich in impliziter Form, und das *Konzept der Datenhaltung in Zellen* ab.

Es wird vorgeschlagen, die *Connector*-Komponente als Schnittstelle zwischen Agenten und den Zellen der Umwelt zu verwenden, über die bidirektional Nachrichten ausgetauscht werden können. Die *Connector*-Komponente könnte derart eingehende Nachrichten technischer Art an die jeweiligen Adressaten, bestimmte Agenten oder Zellen, verteilen. Derart könnten Zellen von Agenten über deren Aktionen in der Umwelt oder über dessen Druck- und Drängelkräfte informiert werden. In der Gegenrichtung könnten Zellen die maximale Geschwindigkeit zu ihrer Überquerung oder den wirkenden Gesamtdruck auf die Zelle an einen, sich auf der Zelle befindlichen Agenten übermitteln.

Konkrete Funktionsweise und Umsetzung der *Connector*-Komponente hängen von den Möglichkeiten der verwendeten Simulationsplattform ab. Das Referenzmodell muss dem Anwender daher Freiraum zur konzeptuellen Ausgestaltung dieser technischen Komponente lassen.

7 Experimente, Funktionalitätstests, Plausibilitätsbetrachtungen

Das folgende Kapitel beschreibt die im Rahmen der Phase der Plausibilitätsbetrachtungen durchgeführten Arbeiten. Zu Beginn des Kapitels werden Zielsetzung und Vorgehensweise dieser Phase der Forschungsarbeit erläutert. Weiter erfolgt eine Begriffsbestimmung durch die ein Verständnis für die Begriffe *Plausibilität* und *Plausibilitätsbetrachtung* im Kontext der Modellbildung und Simulation vermittelt werden soll. Im Anschluss werden Ergebnisse von Funktionalitätstests und Plausibilitätsbetrachtungen offen gelegt. Zum Abschluss des Kapitels werden die erzielten Ergebnisse zusammenfasst und bewertet.

7.1 Zielsetzung und Vorgehensweise

Das Ziel der Phase der Plausibilitätsbetrachtungen liegt darin begründet, das Referenzmodell **SimPan** als Zusammenschau seiner Modellierungskonzepte auf seine Tauglichkeit als Muster für den Aufbau Agenten-basierter Simulationsmodelle für das Anwendungsgebiet der Simulation menschlichen Verhaltens in Paniksituationen zu überprüfen.

Aussagen über die Tauglichkeit des Referenzmodells lassen sich nur mittelbar gewinnen. Es ist dazu nötig, das Referenzmodell exemplarisch in ein Simulationsmodell zu überführen und mittels Experimenten mit Szenarien aus dem Anwendungskontext den Grad an Ähnlichkeit zwischen Modellverhalten und dokumentierten Beobachtungen aus realen Paniksituationen oder Erwartungen an reales Verhalten in entsprechenden Situationen festzustellen. Völlige Übereinstimmung wird dabei aufgrund von Abstraktion und Idealisierung im Modellierungsprozess in der Regel nicht erzielt werden können.

Um eine Aussage hinsichtlich des Grades an Ähnlichkeit zwischen Realdaten bzw. Erwartungen und den Modelldaten zu erzielen, sind zwei Schritte nötig. In einem ersten Schritt gilt es zu demonstrieren, dass die durch das Referenzmodell vorgegebenen Modellierungskonzepte im Simulationsmodell korrekt umgesetzt sind und gemäß Vorgabe durch das Referenzmodell korrekt zusammenspielen. Derartigen Funktionalitätstests liegt primär die Frage zugrunde, ob Agenten in der Simulation als Repräsentanten für Menschen in realen Krisensituationen entsprechend der vorgegebenen Modellierungskonzepte agieren. Bereits im Rahmen der Funktionalitätstests können als Nebenprodukt der Untersuchungen für isoliert betrachtete Aspekte des Modellverhaltens zudem bereits allgemeine Aussagen über deren Plausibilität abgegeben werden.

In einem zweiten Schritt wird durch Simulation einer an ein reales Panikereignis angelehnten Situation nachvollzogen, ob das Modellverhalten in der Gesamtheit betrachtet Erwartungen an das Verhalten von Menschen in Paniksituationen plausibel wiedergibt. Dieser Schritt setzt die Korrektheit der Umsetzung der Modellierungskonzepte voraus und muss den Funktionalitätstests nachgeschaltet sein.

Die Durchführung von Experimenten im Rahmen der vorliegenden Arbeit erfolgte mit einem Agenten-basierten Simulationsmodell (Demonstrator), dessen Struktur sich an die Vorschläge aus dem vorangegangenen Kapitel anlehnt. Der Demonstrator wurde auf dem Framework *Simplex3* umgesetzt[118], die Simulationsläufe wurden im Animations-Framework *Anina3*[119] visualisiert. Die Analyse der Dynamik ausgewählter Modellgrößen erfolgte durch Verwendung der Analysewerkzeuge von *Simplex3*.

7.2 Begriffsbestimmung: Plausibilität und Plausibilitätsbetrachtung

Der Begriff *Plausibilität* (lat. *plausibilis*: beifallswürdig) bedeutet Stimmigkeit bzw. Richtigkeit. Das zugehörige Adjektiv *plausibel* findet Verwendung, um eine Sache als annehmbar, einleuchtend und nachvollziehbar zu charakterisieren.

Unter dem Begriff *Plausibilitätsbetrachtung* soll in Anlehnung an [Wikipedia 2007a] ein Verfahren verstanden werden, durch welches Ergebnisdaten anhand von Vergleichsdaten überschlagsmäßig auf Plausibilität geprüft werden. Vergleichsdaten können beispielsweise von Domänenexperten zur Verfügung gestellt oder auch aus der individuellen Erfahrung des Prüfers bezogen werden. Das Ziel einer Plausibilitätsprüfung ist durch die Ermittlung offensichtlich unrealistischer Ergebnisse gegeben. Konkretisiert auf die Anwendung des Verfahrens auf ein Simulationsmodell soll damit überprüft werden, ob ein berechnetes Simulationsergebnis in einem angemessenen und nachvollziehbaren Wertebereich liegt. Die absolute Korrektheit dieses Ergebnisses soll und kann durch Toleranz nicht notwendiger Weise exakter Vergleichswerte bei Verwendung dieses Verfahrens nicht festgestellt werden.

---

[118] Die Basis für das entwickelte Simulationsmodell wurde im Rahmen zweier Diplomarbeiten am Lehrstuhl für Operations Research und Systemtheorie der Fakultät für Informatik und Mathematik der Universität Passau gelegt, vgl. [Becker 2005] und [Ruhland 2006].

[119] Aufbau und Möglichkeiten des Animationsframeworks *Anina3* werden in [Schneider 2004] zusammengefasst.

Der maßgebliche Vorteil der Plausibilitätsprüfung liegt in ihrer Anwendbarkeit auch bei Absenz von Realdaten in ausreichender Quantität und Qualität begründet. Der Nachteil besteht darin, dass weniger offensichtliche Unstimmigkeiten oder Fehler nicht erkannt werden können.

7.3 Abgrenzung

Der von Wang und Lehmann (2007) ausführlich beschriebene VV&A-Prozess wurde im Verlauf der Forschungsarbeit nicht durchlaufen, da der Schwerpunkt der Arbeit auf der Entwicklung des Referenzmodells ruht und die Entwicklung eines darauf basierenden Simulationsmodells als Nebenprodukt der Forschungsarbeit anzusehen ist. Dieses entstand ohne Vorgabe einer exakt definierten Aufgabenstellung durch einen Auftraggeber und entsprechend ohne die exakte Definition von Akzeptanzkriterien, deren Erfüllung zur Abnahme des Modells festgestellt werden müsste. Ziel der Phase der Plausibilitätsbetrachtungen ist es daher ausdrücklich nicht, das entstandene Simulationsmodell zu verifizieren, validieren und zu akkreditieren. Der Begriff *Akkreditierung* soll dabei verstanden werden als *"Vorgang, bei dem entschieden wird, ob das Risiko, welches mit der Benutzung eines Modells und dessen Ergebnissen einhergeht, geringer ist, als das vom Modellanwender maximal akzeptierte Risiko [...]"* ([Pohl 2005], S. 9).

7.4 Funktionalitätstest

Funktionalitätstests mit dem entwickelten Simulationsmodell sichern die Grundlage für die später folgenden Plausibilitätsbetrachtungen dar. Die zu prüfenden Modellfunktionen ergeben sich aus den in Kapitel 3 ermittelten Modellierungsanforderungen[120]. Tabelle 59 referenziert auf diese Anforderungen und fasst sie zu Prüfaspekten zusammen.

---

[120] Vgl. Tabelle 29.

Tabelle 59: Prüfaspekte für Funktionalitätstests

Prüfaspekte			
Umwelt	/PU1/	Veränderlichkeit infrastruktureller Merkmale	/MU1d/
	/PU2/	Etablierung von Wirkbereichen bei Eintreten kritischer Ereignisse	/MU2[a..c]/
	/PU3/	Funktion technischer Informationsquellen	/MU3{a,b}/
	/PU4/	Entstehung und Dynamik von physischem Druck	/MU4/
Agent	/PA1/	Wahrnehmung des Eintretens kritischer Ereignisse	/MA1a/
	/PA2/	Wahrnehmung der Aktionen anderer Agenten	/MA1b/, /MA4f/
	/PA3/	Wahrnehmung von Informationen technischer Informationsquellen	/MA1{c,d}/
	/PA4/	Dynamik und Verwendung des mentalen Weltbilds	/MA2a/
	/PA5/	Dynamik des Angstzustands	/MA2b/, /MA3[a..d]/
	/PA6/	Motivwechsel	/MA4a/, /MA4e/
	/PA7/	Verschiedene Ausprägungen von Verhaltensweisen	/MA4[b..d]/
	/PA8/	Veränderlichkeit des physiologischen Zustands	/MA5/
	/PA9/	Auswirkungen von Persönlichkeitseigenschaften auf das Verhalten	/MA6/

7.4.1 Exemplarische Umsetzung des Referenzmodells

Tabelle 60 gibt einen Überblick über die Umsetzung der erarbeiteten Modellierungskonzepte des Referenzmodells **SimPan** im Demonstratormodell. Die in der Tabelle gekennzeichneten Anpassungen werden im Folgenden erörtert.

Tabelle 60: Umsetzung des Referenzmodells

Umsetzung des Referenzmodells		
Umwelt/	Zellenkonzept (alle Zelltypen)	U
	Konzept der Einflussbereiche	U
	Konzept der Datenhaltung in Zellen	U
	Konzept zur Abbildung von Druck	U
	Konzept der Informationssphäre	A
	Konzept der Beruhigungssphäre	U
	Konfliktbehandlung bei Überschneidung von Informations- und Beruhigungssphären	U
	Wirkbereich kritischer Ereignisse	A
	Kenntnisbereiche	A
	Konzept der Zelldynamik (Veränderlichkeit infrastruktureller Merkmale)	U
Agent	Wahrnehmung kritischer Ereignisse	A
	Wahrnehmung von Druck	U
	Wahrnehmung der Aktionen anderer Agenten	U
	Aufbau und Bewertung eines mentalen Weltbilds	A
	Dynamik des Motivs NeugierM	A
	Dynamik des Zustands Angst und des Motivs AngstM	U
	Emotionale Intelligenz und Kontrolle von Angst (reflektive Phasen)	U
	Sozialer Einfluss	U
	Einfluss von Crowding	U
	Motivselektion	A

Umsetzung des Referenzmodells (Teil II)		
	Verhalten in der Normalphase	U
	Handlungsstarre	U
	Zielloses Umherirren	U
	Sichtannäherung an einen Ausgang	U
Agent	Teilnahme an einer Massenflucht	U
	Drängeln und Drücken	U
	Zielgerichtete Flucht	U
	Beruhigung anderer Agenten	U
	Koordination von Verhaltensweisen (Verhaltenskontrolle)	U
	Physiologischer Zustand	A
Modell	Orientierung am Referenzmodell PECS	U
Legende		
U	Modellierungskonzept wurde exakt gemäß Vorschlag des Referenzmodells umgesetzt	
A	Modellierungskonzept wurde im Zuge der Demonstratorentwicklung angepasst	

Das *Konzept der Informationssphäre* wurde im Rahmen des Demonstratoraufbaus angepasst, indem nicht zwischen auditiver und visueller Verbreitung von Information unterschieden wird. Der Wirkbereich kritischer Ereignisse wurde ausschließlich statisch gestaltet, sodass keine räumliche Expansion möglich ist. Das Konzept der *Kenntnisbereiche* wurde vereinfacht umgesetzt, indem nur ein Kenntnisbereich definiert wurde. Alle Agenten erhalten dem entsprechend zum Zeitpunkt des Eintretens des kritischen Ereignisses auf dieselbe Art Kenntnis von diesem. Die Wahrnehmung kritischer Ereignisse durch Agenten wurde vereinfacht, indem das *Bedrohungspotenzial*, welches den diskreten Anstieg der Angst eines Agenten nach Eintreten eines Ereignisses maßgeblich bestimmt, für jeden Agenten individuell parametrisiert werden kann und nicht durch Funktion der Distanz zum kritischen Ereignis bestimmt wird. Weiterhin greifen alle Agenten auf eine gemeinsame Repräsentation der Umwelt zu, die Zellen jedes Typs umfasst. Das initiale Weltbild der Agenten unterscheidet sich hinsichtlich vorhandenen Wissens über die Existenz alternativer Ausgänge. Das mentale Weltbild eines Agenten erfährt Individualität gemäß der Konzepte des Referenzmodells durch Einbettung eigener Wahrnehmungen.
Von der expliziten Darstellung des Energieniveaus eines Agenten wurde abgesehen. Der Tod eines Agenten tritt ausschließlich dann ein, wenn der auf ihn las-

tende Druck einen individuellen Schwellenwert für eine vordefinierte Zeitspanne überschreitet, oder sich der Agent zum Zeitpunkt des Eintretens eines kritischen Ereignisses in dessen initialem Wirkbereich befindet.

Dem Motiv *NeugierM* liegt im Demonstratormodell keine Dynamik zugrunde. Seine Motivstärke wird als konstant angenommen. Das Konzept zur Beseitigung des Motivflatterns durch Einführung des Bedürfnisbefriedigungsgrades für Zustände des Agenten wurde aus Gründen der Vereinfachung nicht umgesetzt.

Das prototypische Simulationsmodell ist auf die Umsetzung von Szenaren mit geringer Größe der Umwelt und geringer Anzahl von Agenten ausgelegt. Die vorgenommenen Vereinfachungen der Modellierungskonzepte sind im Sinne der Referenzmodellierung und für die Simulation kleinerer Szenarien, wie sie für die Durchführung von Funktionalitätstests sowie Plausibilitätsprüfungen ausreichen, als verlustfrei anzusehen und daher für den Anwendungszweck zulässig.

7.4.2 Beschreibung des Prüfszenars

Zur Überprüfung der Funktionalität des Demonstratormodells wurde das in Tabelle 61 festgehaltene Basisszenar *Prüfszenar* definiert und simuliert. Es repräsentiert den Ausschnitt einer Etage in einem Kaufhaus. Zugunsten der Übersichtlichkeit werden nur die maßgeblichen Szenarparameter dargestellt.

Tabelle 61: Szenardefinition *Prüfszenar*

Element	Wert	Element	Wert
Umwelt			
Größe in Zellen	20x20	Eintritt des kritischen Ereignisses	T = 0[s]
Seitenlänge einer Zelle	0.5m	Öffnung des Ausgangs	T = 15[s]
Hindernisse	3	Technische Informationsquellen	1
Ausgänge	1	Trümmerbereich in Zellen	24
Agenten			
Anzahl insgesamt	20	Initiales Verhalten: rea/del/ref	10/6/4
Anzahl Drängler	4	Anzahl emotional intelligenter Agenten	2

Bild 78 zeigt die grafische Oberfläche der entwickelten Visualisierung im Framework *Anina3* mit eingebetteter grafischer Repräsentation des initialen Zustands des Basisszenars.

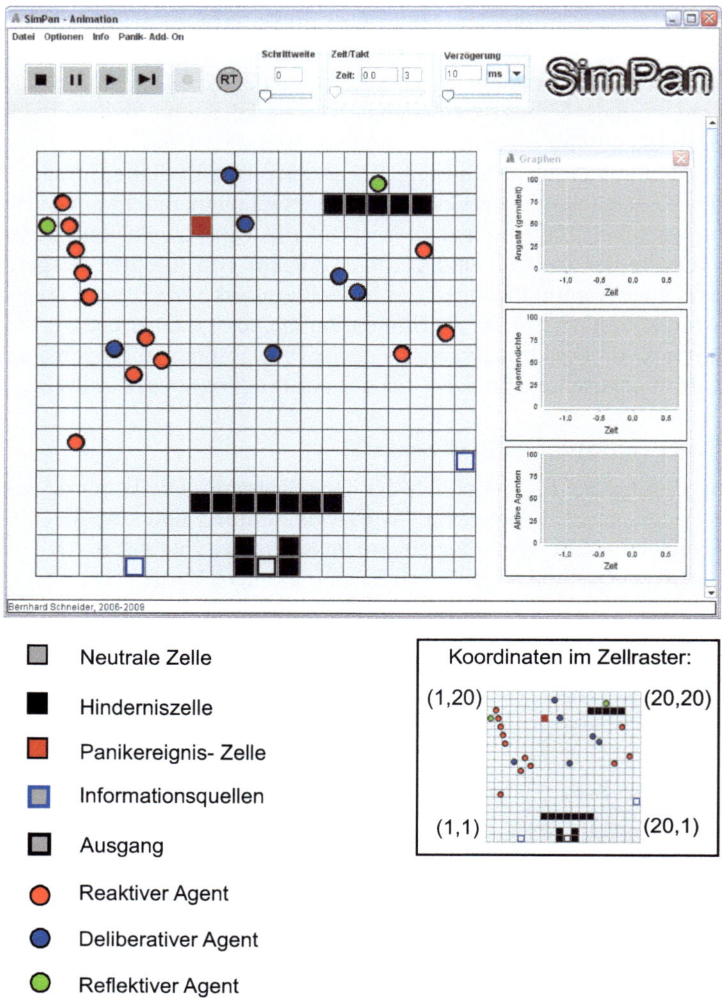

Bild 78: Visualisierung des initialen Zustands des Prüfszenars

Die in der Modellumwelt enthaltenen technischen Informationsquellen befinden sich auf den Zellen mit den Koordinaten (5, 1) und (20, 6) und deuten auf den einzigen Ausgang bei den Koordinaten (11, 1). Die definierten Hindernisstrukturen können als Theken oder Auslagen im Kaufhaus interpretiert werden.

Um den Simulationsverlauf nachvollziehen zu können, werden drei unterschiedliche Hilfsmittel eingesetzt: textuelle Ausgaben des Demonstrators während des Simulationslaufs, grafische Darstellung der Wertänderungen von Modellparametern, welche über die Simulationszeit hinweg aufgezeichnet werden und Offline-Visualisierung des Simulationslaufs im Hinblick auf das Bewegungsverhalten von Agenten und den Umweltzustand in Form einer entwickelten Offline-Visualisierung.

7.4.3 /PU2/: Etablierung von Einflussbereichen kritischer Ereignisse

Gemäß Szenardefinition tritt zum Zeitpunkt T=0.0[s] ein kritisches Ereignis bei den Koordinaten (8, 17) ein. Dies wird in Bild 79 durch textuelle Ausgaben des Simulationsmodells belegt. Zum Zeitpunkt T=0.0[s] breitet sich zwischen den Takten[121] 29 und 52 der statische Trümmerbereich um die designierte Panikereignis-Zelle aus. Der Zustand der Umwelt zum Simulationszeitpunkt T=0.0[s] Takt 56 ist in Bild 80 dargestellt.

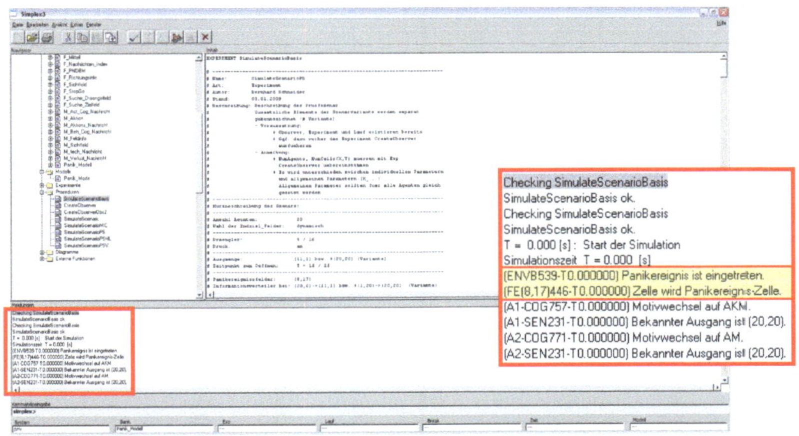

Bild 79: Textausgabe des Demonstrators bei Eintreten des kritischen Ereignisses

---

[121] Simulationszeitpunkte werden im Simulationssystem *Simplex3* in eine Menge von Takten unterteilt. Das Taktkonzept ermöglicht die reihenfolgenunabhängige Ausführung bedingter Ereignisse, die im gleichen Simulationszeitpunkt schalten.

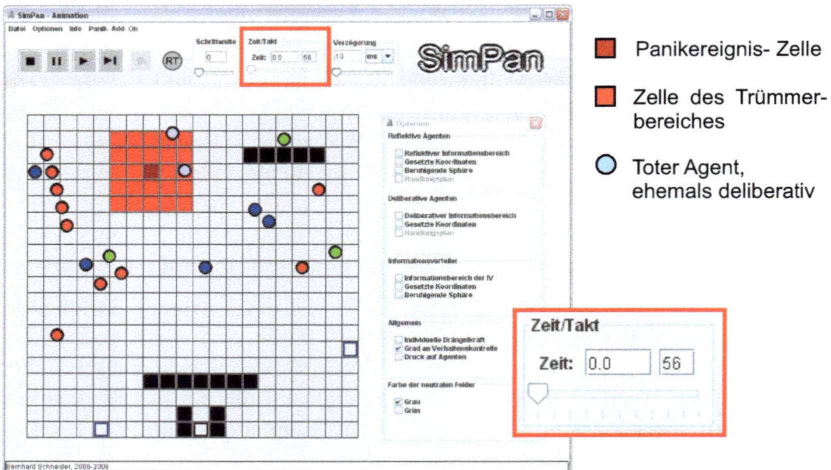

Bild 80: Ausprägung eines Trümmerbereiches

Der Aufbau des Trümmerbereiches wird, wie in Protokollauszug 1 dargestellt, durch textuelle Ausgaben des Demonstrators kommentiert.

(FE(9,18)531-T0.000000) Zelle wird Chaoszelle.	(1)		(FE(7,15)531-T0.000000) Zelle wird Chaoszelle.	(16)
(FE(9,17)531-T0.000000) Zelle wird Chaoszelle.	(2)		(FE(6,15)531-T0.000000) Zelle wird Chaoszelle.	(17)
(FE(9,16)531-T0.000000) Zelle wird Chaoszelle.	(3)		(FE(6,16)531-T0.000000) Zelle wird Chaoszelle.	(18)
(FE(8,16)531-T0.000000) Zelle wird Chaoszelle.	(4)		(FE(6,17)531-T0.000000) Zelle wird Chaoszelle.	(19)
(FE(7,16)531-T0.000000) Zelle wird Chaoszelle.	(5)		(FE(6,18)531-T0.000000) Zelle wird Chaoszelle.	(20)
(FE(7,17)531-T0.000000) Zelle wird Chaoszelle.	(6)		(FE(6,19)531-T0.000000) Zelle wird Chaoszelle.	(21)
(FE(7,18)531-T0.000000) Zelle wird Chaoszelle.	(7)		(FE(7,19)531-T0.000000) Zelle wird Chaoszelle.	(22)
(FE(8,18)531-T0.000000) Zelle wird Chaoszelle.	(8)		(FE(8,19)531-T0.000000) Zelle wird Chaoszelle.	(23)
(FE(10,19)531-T0.000000) Zelle wird Chaoszelle.	(9)		(FE(9,19)531-T0.000000) Zelle wird Chaoszelle.	(24)
(FE(10,18)531-T0.000000) Zelle wird Chaoszelle.	(10)		…	
(FE(10,17)531-T0.000000) Zelle wird Chaoszelle.	(11)			
(FE(10,16)531-T0.000000) Zelle wird Chaoszelle.	(12)			
(FE(10,15)531-T0.000000) Zelle wird Chaoszelle.	(13)			
(FE(9,15)531-T0.000000) Zelle wird Chaoszelle.	(14)			
(FE(8,15)531-T0.000000) Zelle wird Chaoszelle.	(15)			

Protokollauszug 1: Aufbau des Trümmerbereiches

In Tabelle 62 werden Meldungstypen des Demonstrators und deren grundsätzlicher Aufbau am Beispiel von Meldungen aus Bild 79 und Protokollauszug 1 erläutert.

Tabelle 62: Bestandteile textueller Ausgaben des Demonstrators

Bestandteil	Meldung (Agent)	Meldung (Zelle)	Meldung (Steuerkomponente)
Identifikator	A1	(8,17)	-
Modellkomponente	COG	FE	ENVB
Codezeile	771	446	539
Zeitindex	T0.000000	T0.000000	T0.000000
Meldungstext	Motivwechsel auf AM	Zelle wird Panik-ereignis- Zelle	Panikereignis eingetreten

7.4.4 /PU1/: Strukturelle Veränderung der Umwelt

Im Simulationsverlauf ist die Bewegung der Agenten in Richtung des bis zum Zeitpunkt T=16.0[s] versperrten Ausgangs auf der Zelle mit den Koordinaten (11, 1) beobachtbar. Abbildung 81 zeigt drei verschiedene Momentaufnahmen des Umweltzustands. Bild A repräsentiert diesen bei T=8.0[s], Bild B bei T=12.2[s] und Bild C bei T=18.1[s]. In Bild B drängen sich Agenten bereits vor dem Ausgang und üben Druck auf die Hindernisse rechts und links neben der Ausgangszelle aus, welche diesem letztlich nachgeben. In der Konsequenz werden die entsprechenden Zellen wieder durch Agenten betretbar.

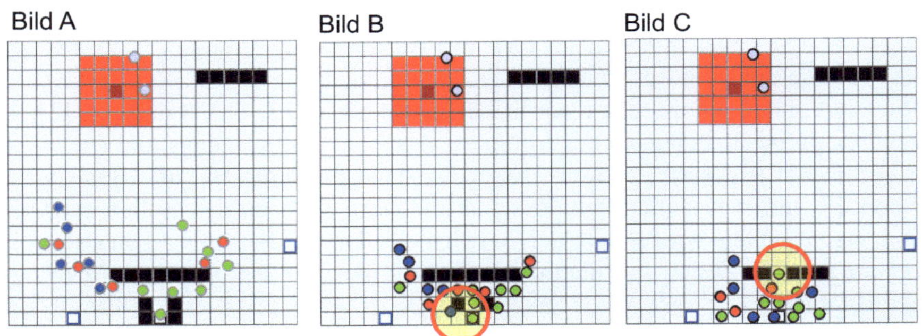

Bild 81: Veränderung infrastruktureller Merkmale

Das Simulationsmodell gibt dazu die in Protokollauszug 2 dargestellten Meldungen aus.

...
(FE(10,1)929-T9.537000) Hindernis umgerannt.   (1)

...
(FE(12,1)929-T9.657000) Hindernis umgerannt.   (2)

...
(FE(11,4)929-T16.580000) Hindernis umgerannt.   (3)

Protokollauszug 2: Umrennen von Hindernissen

Das Modellverhalten hinsichtlich des Ausnützens neu eröffneter Fluchtwege wie vor allem in Bild C der Bild 81 gezeigt, erscheint plausibel[122]. Ausschließlich deliberative und reflektive Agenten, denen die Kapazität zum Erhalt eines Überblicks über die Situation unterstellt werden kann, reagieren zielgerichtet auf Veränderungen infrastruktureller Merkmale wohingegen reaktive Agenten in ihrem Verhaltensmuster unabhängig von diesen folgen.

7.4.5 /PU3/: Funktion technischer Informationsquellen

Unmittelbar nach dem Eintreten des kritischen Ereignisses bei T=0[s] werden die im Szenar definierten technischen Informationsquellen aktiviert. Die von ihnen erzeugte Informationssphäre hat im Idealfall eine Ausdehnung von jeweils zwei Zellen in alle Richtungen innerhalb der Szenarfläche und ist in Bild 82 als blaue Fläche hinterlegt. Jede Zelle der Informationsshpäre stellt die Koordinaten des Ausgangs (11, 1) für Agenten bereit.

Der Ausgang selbst verfügt konzeptgemäß ebenfalls über einer Informationssphäre gleicher Ausdehnung. Durch die Hindernisse zu den Seiten des Ausgangs liegen einige Zellen im Sichtschatten des Ausgangs und werden daher aus der Informationssphäre ausgenommen.

Die Hinderniszellen mit den Koordinaten (10, {1,2}), (12, {1,2}) und ([9..13], 4) gehören grundsätzlich auch zur Informationssphäre des Ausgangs und speichern daher ebenfalls dessen Position. Dieser Umstand gewinnt erst dann Bedeutung, wenn die Hinderniszellen eine Zustandsänderung zu neutralen Zellen erfahren und von Agenten wieder betreten werden dürfen. In diesem Fall müssen die entsprechenden Zellen Informationen über die Position des nächsten Ausgangs bereitstellen.

---

[122] „Plausibel" meint hier und im Folgenden den Erwartungen des Autors auf Basis der Erkenntnisse aus den durchgeführten Grundlagenarbeiten entsprechend.

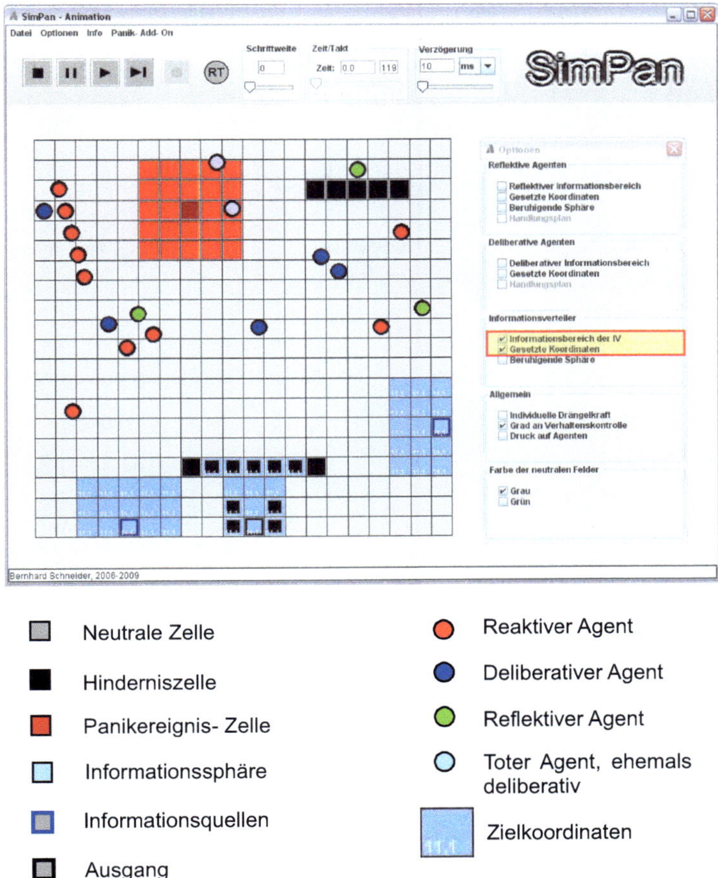

Bild 82: Aktivierung der technischen Informationsquellen

7.4.6 /PU4/: Entstehung und Dynamik von physischem Druck

Durch die Traubenbildung vor dem Ausgang bei den Koordinaten (11, 1) ab dem Zeitpunkt 9.2[s] in Verbindung mit Druck- und Drängelaktionen vereinzelter Agenten, wie am Beispiel der Verdrängung von Agent *A8* durch Agent *A19* zum Zeitpunkt T=12.2[s] von der Ausgangszelle in Tabelle 63 ersichtlich, entsteht physischer Druck, der mit Abnahme der Distanz zum Ausgang zunimmt. Bild 83 zeigt drei Momentaufnahmen der Modellumwelt zu den Zeitpunkten T=9.2[s] (Bild A), T=14.8[s] (Bild B) und T=17.0[s] (Bild C).

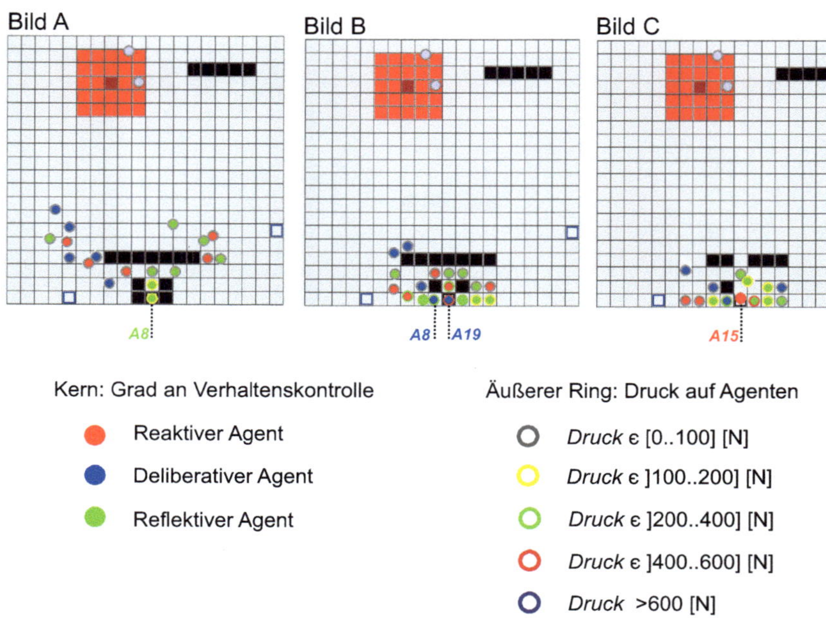

Bild 83: Ausbildung von physischem Druck

Tabelle 63: Druckverhältnisse in Nähe des Ausgangs

Position (Koordinaten)	T=9.2		T=14.8		T=17.0	
	Agent	Druck in [N]	Agent	Druck in [N]	Agent	Druck in [N]
(8,1)	-	-	11	0	11	0
(9,1)	-	-	8	130	8	130
(10,1)	Hindernis		18	540	18	220
(11,1) (Ausgang)	8	160	19	640	15	470
(12,1)	Hindernis		7	590	7	510
(13,1)	-	-	6	230	6	110
(14,1)	-	-	2	100	2	0

Position	T=9.2		T=14.8		T=17.0	
(Koordinaten)	Agent	Druck in [N]	Agent	Druck in [N]	Agent	Druck in [N]
(14,2)	-	-	14	0	14	0
(13,2)	-	-	9	0	9	100
(12,2)	Hindernis		Hindernis		-	-
(11,2)	5	100	15	300	5	200
(10,2)	Hindernis		Hindernis		Hindernis	
(9,2)	-	-	20	0	16	0
(8,2)	20	0	13	0	1	0

Die stärkste Einwirkung von Druck erfährt, wie in Bild 84 gezeigt, Agent *A19* bei T=14.8[s] mit 760[N] unmittelbar vor dem Öffnen des Ausgangs. Nach dem Verlassen der Modellumwelt fällt der Druck auf Agent *A19* auf 0[N] ab.

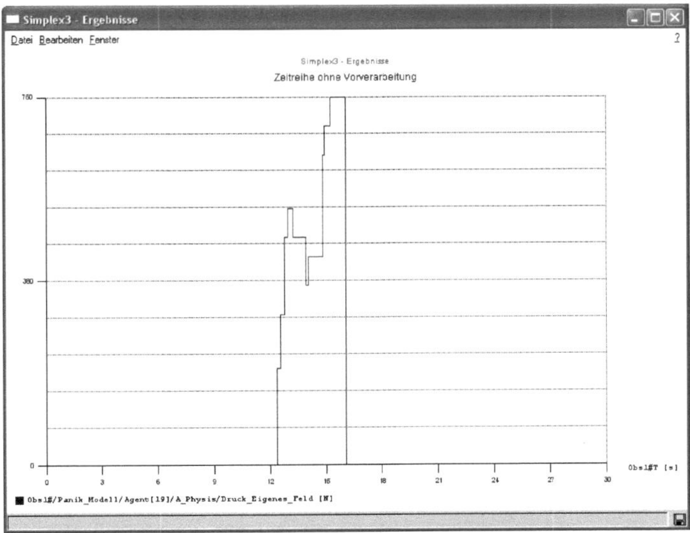

Bild 84: Druckbelastung auf einen Agenten auf der Ausgangszelle

Die Druckverhältnisse auf der Ausgangszelle über die gesamte Simulationszeit werden in Bild 85 dargestellt. Nach dem Öffnen des Ausgangs bei T=15.0[s] reduziert sich der Druck auf den jeweiligen Agenten, der das Ausgangsfeld besetzt. Dieser Umstand wird durch die kontinuierlich geringeren Druckspitzen auf der Ausgangszelle bis zum Simulationsende deutlich.

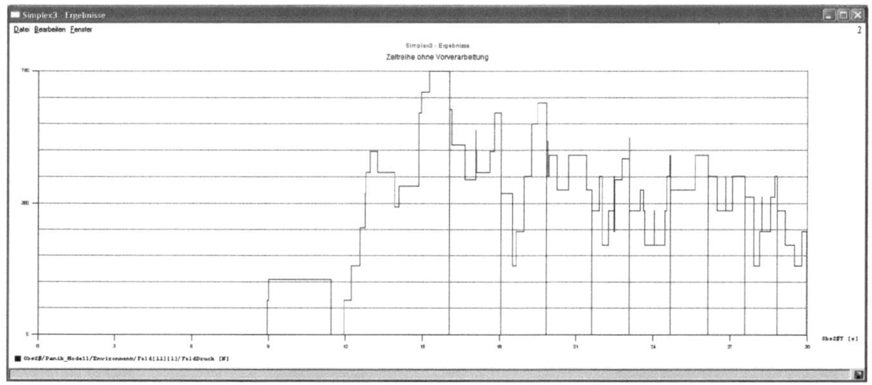

Bild 85: Zeitliche Entwicklung des Druckaufbaus auf der Ausgangszelle

Die Druckdynamik in der Modellumwelt, insbesondere an den Orten, an denen sich eine Anzahl an Agenten zusammenfinden wie dies im vorgestellten Szenar am Ausgang erfolgt, erscheint unabhängig von den in der Simulation erreichten konkreten Druckwerten betrachtet plausibel. Diese Unabhängigkeit wird dadurch erzwungen, dass keine konkreten Daten zur Kalibrierung der Druck- und Drängelkraft der Agenten im Szenar vorliegen und daher Annahmen getroffen wurden.

7.4.7 /PA1/: Wahrnehmung kritischer Ereignisse

Der Eintritt eines kritischen Ereignisses geschieht per Definition in der Szenarbeschreibung zum Zeitpunkt T=0.0[s]. Das Ereignis wird auf der Zelle mit den Koordinaten (8, 17) lokalisiert. Da der Kenntnisbereich in der prototypischen Umsetzung des Referenzmodells **SimPan** die gesamte Umwelt umfasst, nehmen alle Agenten zeitgleich Notiz vom Eintreten des kritischen Ereignisses. Dies kommt in Protokollauszug 3 zur Darstellung.

<pre>
(A1-EMO468-T0.000000) Kognitives Appraisal: Kritisches Ereignis registriert.   (1)
(A2-EMO468-T0.000000) Kognitives Appraisal: Kritisches Ereignis registriert.   (2)
(A3-EMO468-T0.000000) Kognitives Appraisal: Kritisches Ereignis registriert.   (3)
(A4-EMO468-T0.000000) Kognitives Appraisal: Kritisches Ereignis registriert.   (4)
...
(A20-EMO468-T0.000000) Kognitives Appraisal: Kritisches Ereignis registriert.   (5)
...
</pre>

Protokollauszug 3: Registrierung eines kritischen Ereignisses

7.4.8 /PA{2,3}/: Wahrnehmung der Aktionen von Agenten

Das Referenzmodell **SimPan** konzentriert sich bei der Modellierung der Wahrnehmung der Aktionen von Agenten auf die Registrierung beruhigender Stimuli und die Aufnahme von Informationen über die Bewegungsrichtung einer Agentenmenge sowie die Aufnahme konkreter Zielkoordinaten.

Zur Überprüfung der Korrektheit der Umsetzung entsprechender Konzepte wurde eine Variante des Basisszenars erzeugt. In der Variante *PrüfszenarVariante* wird ein neuer Ausgang bei den Koordinaten (20, 20) angelegt. Zusätzlich wird eine weitere technische Informationsquelle bei den Koordinaten (1, 20) eingeführt, die auf den neu angelegten Ausgang verweist. Die Szenarbeschreibung kann im Anhang A.10.2 eingesehen werden. Die Ausgangssituation in der Umwelt zum Zeitpunkt T=0[s] ist in Bild 86 dargestellt. Die Funktionsweise der Wahrnehmung von Agenten soll im Folgenden anhand der exemplarischen Betrachtung der Aktionen der Agenten *A1* und *A16* geprüft werden

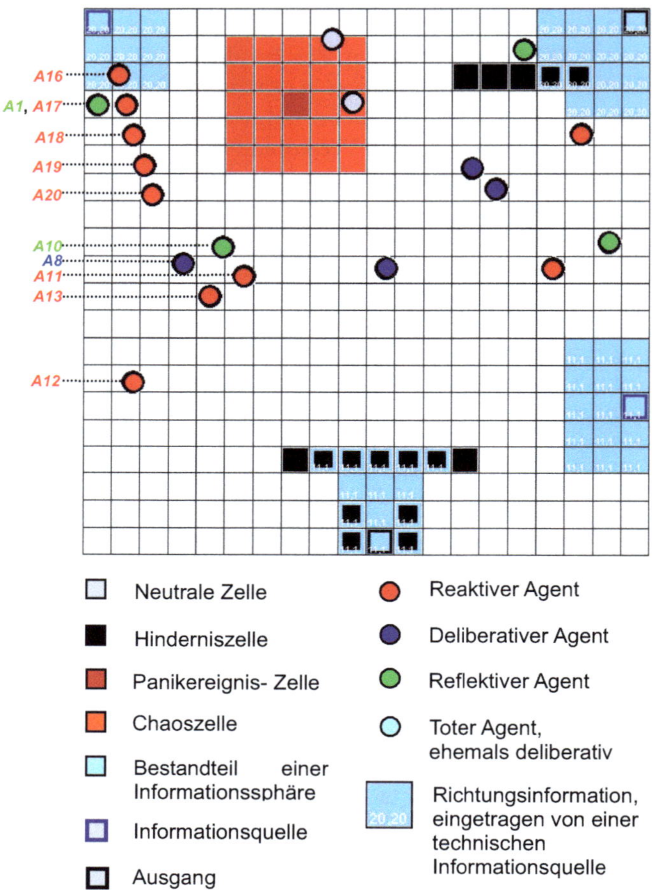

Bild 86: Ausgangssituation im Szenar PrüfszenarVariante

7.4.8.1 Beruhigende Stimuli

Am Beispiel der Protokollmeldungen von Agent *A16* in Protokollauszug 4 soll die Wahrnehmung beruhigender Stimuli von reflektiven Agenten und technischen Informationsquellen demonstriert werden. Der Agent befindet sich unmittelbar nach Eintreten des kritischen Ereignisses im reaktiven Verhaltensspektrum. Sein mentales Weltbild enthält lediglich den Ausgang bei den Koordinaten (11, 1) (vgl. 2). Der Aufenthalt in der Informationssphäre der technischen Informationsquelle auf den Koordinaten (1, 20) führt zu einem ersten beruhigenden

Stimulus (vgl. 4). Dieser hat eine zu geringe Wirkung auf den Agenten, um ihn in das deliberative Verhaltensspektrum zu bringen. Er bleibt weiterhin im Verhalten Herdentrieb behaftet (vgl. 5). Erst ein beruhigender Stimulus von Agent *A17* lässt den Agenten in das deliberative Spektrum eintreten (vgl. 7, 8).

```
...
(A1-SEN231-T0.000000) Bekannter Ausgang ist (20,20).                          (1)
(A16-SEN231-T0.000000) Bekannter Ausgang ist (11,1).                          (2)
...
(A16-EMO468-T0.000000) Kognitives Appraisal: Kritisches Ereignis registriert. (3)
...
(A16-EMO566-T0.181000) Beruhigung durch IV 2.                                 (4)
...
(A16-COG1034-T0.181000) Verhaltenskontrolle = rea(H).                 (5)
...
(A16-EMO534-T0.861000) Beruhigung durch refA 1.                               (6)
(A16-COG960-T0.861000) Verhaltenskontrolle = del.                             (7)
...
(A16-COG1282-T0.861000) Wegeplan wird bestimmt.                               (8)
```

Protokollauszug 4: Beruhigung eines Agenten

Bild 87 zeigt die Auswirkungen der beruhigenden Stimuli auf die Dynamik des Angstzustands des Agenten *A16* und auf den Verlauf der Intensität seines Motivs *AngstM*, beginnend beim Zeitpunkt des Eintretens des kritischen Ereignisses.

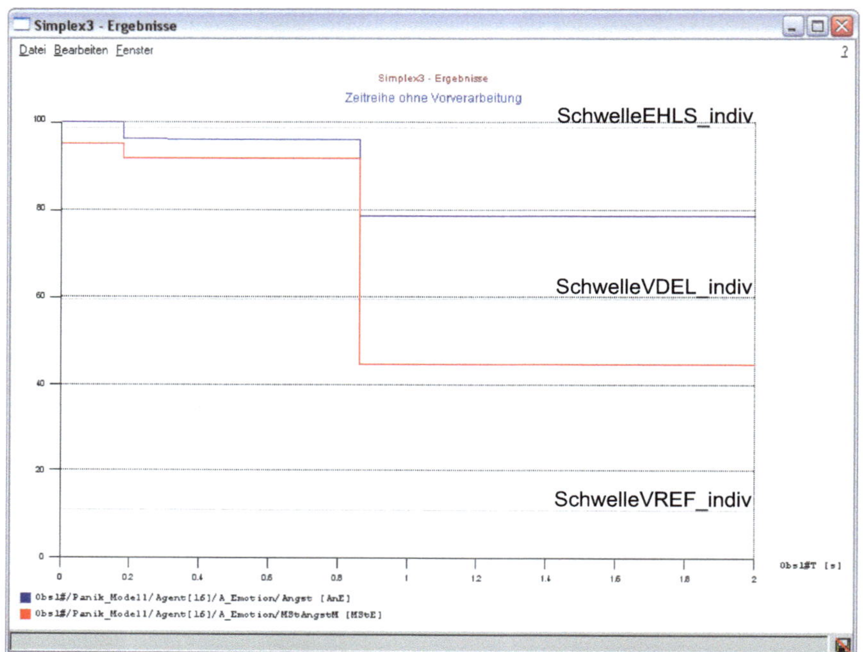

Bild 87: Dynamik des Angstzustands, diskreter Anteil

Bild 87 verdeutlicht, dass der erste Stimulus alleine nicht ausreichte, um dem Agenten das deliberative Verhaltensspektrum zu eröffnen. Dies wird erst durch den zweiten Stimulus ermöglicht.

Die Belegung der, für die gegebene Situation relevanten Modellparameter, wird in Codefragment 3 gezeigt. Es handelt sich dabei im Einzelnen um die maximale Wirksamkeit beruhigender Stimuli (vgl. 1, 2), die Stärke des Anstiegs des Angstzustands bei Wahrnehmung eines kritischen Ereignisses (vgl. 3), Schwellwerte zur Definition des Grades an Verhaltenskontrolle (vgl. 4, 5, 6) und die Stärke des initialen Angstzustands (vgl. 7) bei T=0.0[s].

```
<Agent{t8 OF 16..20}/A_Emotion/K_BeruhigungRefAMax>    := 20;        (1)
<Agent{t10 OF 16..20}/A_Emotion/K_BeruhigungTIMax> := 5;             (2)
...
<Agent{u1 OF 1..20}/A_Emotion/Bedrohungspotenzial>        := 40.0;   (3)
...
<Agent{u8 OF 1..20}/A_Emotion/SchwelleEHLS_indiv>         := 97.0;   (4)
...
<Agent{u11 OF 11..20}/A_Emotion/SchwelleVDEL_indiv> := 60.0;         (5)
<Agent{u12 OF 11..20}/A_Emotion/SchwelleVREF_indiv> := 10.0;         (6)
...
<Agent{u16 OF 11..20}/A_Emotion/Angst>                   := 70; # REA(7)
```

Codefragment 3: Definition von Schwellwerten für die Verhaltenskontrolle

Die Auswirkungen beruhigender Stimuli, insbesondere die Erfolglosigkeit eines ersten Beruhigungsversuchs und den stärkeren Einfluss einer direkten Interaktion mit einem anderen Agenten wie im Simulationsverlauf beobachtet erscheinen, bezogen auf den zugrunde liegenden Mechanismus, durchaus plausibel.

7.4.8.2 Zielkoordinaten

Bild 88 zeigt die Bewegung der Agenten *A16* und *A1* ab dem Eintreten des kritischen Ereignisses bei T=0.0[s]. Bild A zeigt den reaktiven Agenten *A16* nach Registrierung des beruhigenden Stimulus von der technischen Informationsquelle auf den Koordinaten (20, 20). Bild B zeigt die Änderung des Grades der Verhaltenskontrolle bei Agent *A16* nach einem beruhigenden Stimulus von Agent *A1*. In Bild C ist die Bewegung beider Agenten in Richtung des Ausgangs bei den Koordinaten (20, 20) dargestellt. Erst durch den Eintritt in das deliberative Verhaltensspektrum kann Agent *A16* Richtungsinformationen in Form von Zielkoordinaten von der technischen Informationsquelle aufnehmen und einen Weg zum Ausgang planen. Agent *A16* hatte zu Beginn des Szenars keine Kenntnis von diesem, von seiner Position aus am schnellsten zu erreichenden Ausgang, sondern erhielt die Koordinaten von der technischen Informationsquelle. Es bleibt anzumerken, dass sich Agent *A16* im Simulationsverlauf, wie in Bild C der Bild 88 dargestellt, stets vor Agent *A1* bewegt und seinen eigenen Handlungsplan verfolgt. Er richtet seine Handlungen konzeptgemäß nicht nach dem Muster des reflektiven Agenten aus.

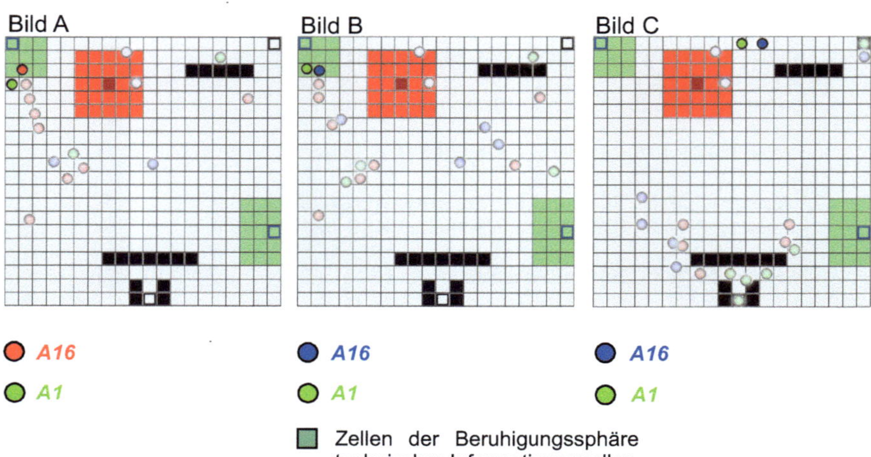

Bild 88: Beruhigung durch einen reflektiven Agenten und selbstständige Zielwahl

7.4.9 Dynamik und Verwendung des mentalen Weltbilds

Die Dynamik des mentalen Weltbilds und dessen Verwendung wird anhand der
Erstellung situationsangemessener Handlungspläne durch deliberative und reflektive Agenten deutlich. Handlungspläne stellen im Fall der Flucht vor den
Auswirkungen eines kritischen Ereignisses individuelle Fluchtpfade dar. Das
Ziel eines Handlungsplans ist eine Zelle in sicherer Entfernung zum Ausgangsfeld des kritischen Ereignisses. Die Erweiterung des mentalen Weltbilds um neue
Informationen wird implizit bei der Erstellung neuer Handlungspläne und, dem
vorausgehend, dem Erkennen der Notwendigkeit des Verwerfens eines bestehenden Handlungsplans zugunsten eines erfolgversprechenderen sichtbar. In
Bild A der Bild 89 wird der initiale Handlungsplan eines reflektiven Agenten
nach dem Eintreten des kritischen Ereignisses bei T=0.1[s] gezeigt. Der Handlungsplan stellt den kürzesten Pfad und damit die aus Sicht des Agenten zum
gegebenen Zeitpunkt optimale Route zum einzigen Ausgang dar. Bild B zeigt die
Lage in der Umwelt bei T=28.6[s]. Der reflektive Agent hat sich plangemäß an
den Ausgang angenähert, trifft dort jedoch auf eine Menschentraube, die den
Ausgang blockiert und der weiteren Ausführung seines ursprünglichen Handlungsplans entgegensteht. Nachdem der erste Versuch des Agenten, sich dem
Ausgang von der rechten Seite der Wand entlang anzunähern, fehlschlägt, konstruiert er einen alternativen Handlungsplan, der ihn zunächst vom Ausgang
entfernt. Der neue Handlungsplan berücksichtigt die im Simulationsverlauf ent-

standene Lücke im Hindernis bei den Koordinaten (11, 4) direkt vor dem Ausgang.

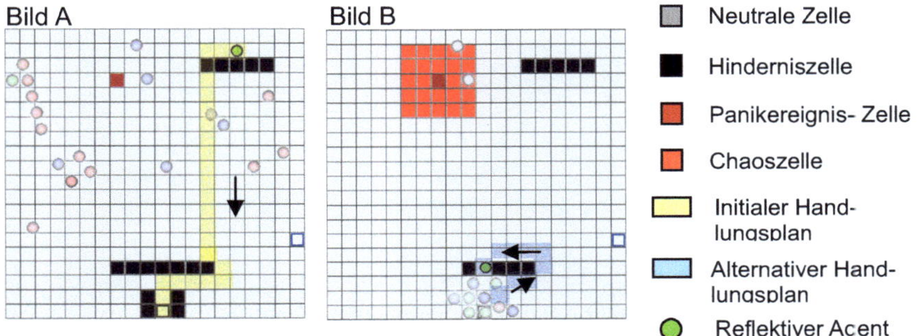

Bild 89: Erstellung alternativer Handlungspläne

Dieses Beispiel belegt die Fähigkeit eines Agenten, dynamische Veränderungen der Umwelt zu registrieren, entsprechende Informationen in sein mentales Weltbild zu integrieren und sein Handeln flexibel anzupassen.

7.4.10 /PA5/: Dynamik des Angstzustands

Die Funktionsweise von Mechanismen zur Umsetzung des diskreten Anteils der Dynamik des Angstzustands von Agenten wurde bereits im Zuge des Tests der Wahrnehmungsfähigkeit von Agenten überprüft. Die zugehörigen Anteile der Dynamik der Zustandsvariable *Angst*, Angstanstieg durch Wahrnehmung des kritischen Ereignisses, Angstabfall durch Aufenthalt in der beruhigenden Sphäre reflektiver Agenten sowie durch Aufenthalt in der beruhigenden Sphäre von technischen Informationsquellen wurden exemplarisch in Bild 87 dargestellt.

Um den kontinuierlichen Anteil der Angstdynamik zu prüfen werden exemplarisch die Verläufe des individuellen Crowding-Gefühls, der individuell wirkenden sozialen Kraft und des individuellen Druckempfindens sowie deren Einfluss auf den Angstzustand der Agenten *A14* und *A15* einer Betrachtung unterzogen. Erneut wird die Variante des Basisszenars *PrüfszenarVariante* unterlegt. Bild 90 gibt einen Überblick über den Zustand der Umwelt zu den Zeitpunkten T=0.0[s] (Bild A), T=8.5[s] (Bild B) und T=18.0[s] (Bild C).

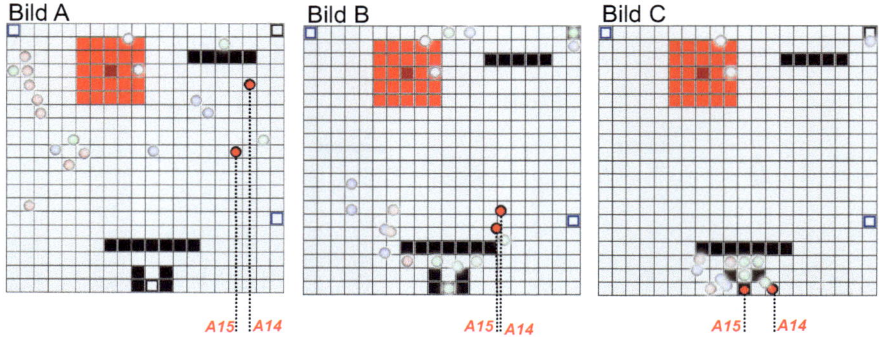

Bild 90: Bewegung ausgewählter Agenten im Simulationsverlauf

Die Belegung der Persönlichkeitskonstanten *PersK_{SozialeKraft, Crowding}* für die Agenten *A14* und *A15* in der zugehörigen Experimentbeschreibung wird in Codefragment 4 belegt.

```
<Agent[14]/A_SocialC/PersK_SozialeKraft>   := 0.1;   (1)
<Agent[15]/A_SocialC/PersK_SozialeKraft>   := 0.15;  (2)
...
<Agent[14]/A_Cognition/PersK_Crowding>     := 0.1;   (3)
<Agent[15]/A_Cognition/PersK_Crowding>     := 0.15;  (4)
...
```

Codefragment 4: Persönlichkeitskonstanten zur Berechnung von Crowding und sozialer Kraft

7.4.10.1 Crowding

Der wesentliche Einflussfaktor zur Berechnung des individuellen Crowding-Gefühls ist der Besetzungsgrad der Umwelt mit Agenten, welcher sich im Parameter *Agentendichte* widerspiegelt. Bild 91 zeigt den Verlauf des Crowding-Gefühls der Agenten *A14* und *A15* in Abhängigkeit von der Agentendichte. Es wird deutlich, dass die Stärke des Crowding-Gefühls beider Agenten mit der Agentendichte als Referenzgröße abnimmt, beginnend mit dem Austritt des ersten Agenten aus dem Szenar bei T=15.1[s]. Die Stärke der Abnahme wird von der Belegung der Persönlichkeitskonstante *PersK_Crowding* bestimmt.

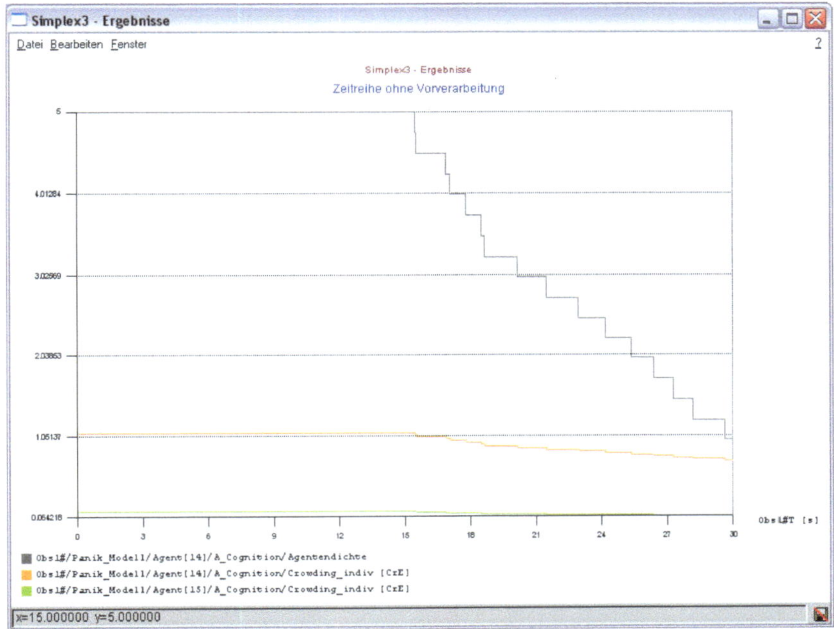

Bild 91: Agentendichte und individuelles Crowding-Gefühl

Der Zusammenhang der Abnahme der Stärke des individuell empfundenen
Crowding mit der Anzahl an Agenten im Szenar scheint offensichtlich plausibel.
Von einem lokal begrenzten Anstieg des Crowding-Gefühls in Clusterungen von
Agenten in Ausschnitten der Modellumwelt abstrahiert der Modellierungsansatz.

7.4.10.2 Soziale Kraft

Die Stärke der Beeinflussung eines Agenten durch die soziale Kraft hängt maßgeblich von der gemittelten Stärke des Motivs *AngstM* aller lebenden Agenten
ab, welche sich im Szenar befinden. Bild 92 zeigt die Tendenz der individuell
wirkenden sozialen Kraft auf, der Abnahme der gemittelten Stärke des Angst-
Motivs zu folgen. Deren Anstieg ab dem Zeitpunkt T=22.6[s] ist dem Anstieg
des individuellen Druckempfindens der noch im Szenar befindlichen Agenten
zuzuschreiben.

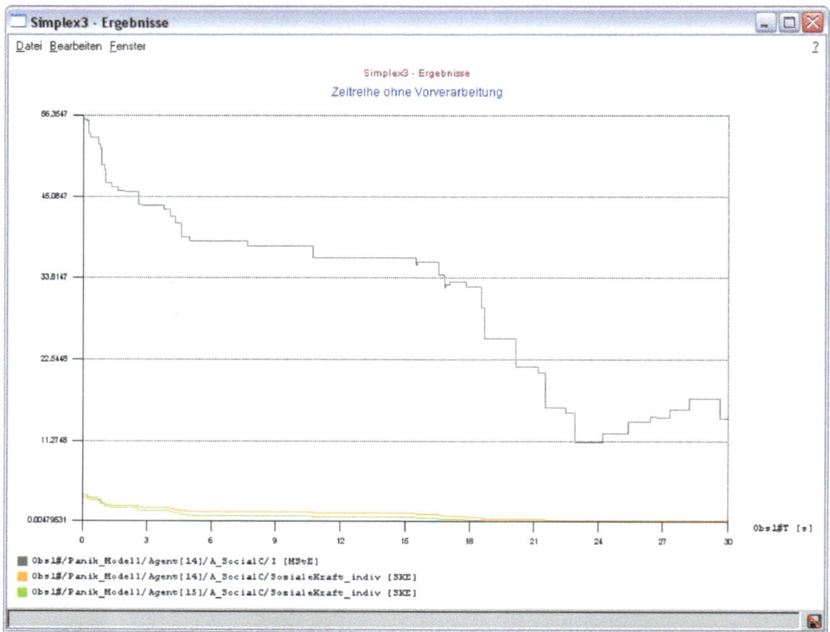

Bild 92: Gemittelte Stärke des Angst-Motivs und soziale Kraft

Bild 93 gibt eine Gesamtübersicht über die Einflussfaktoren individuelles Crowding-Gefühl, individuelles Druckempfinden und individuell wirkende soziale Kraft, sowie den Verlauf des Angst-Zustands von Agent *A14*, jeweils mit eigener Skalierung. Trotz fallender Intensität des Crowding-Gefühls und der sozialen Kraft offenbart Bild A der Bild 94 einen sanften, kontinuierlichen Abstieg der Stärke des Angst-Zustands bei T=16.9[s] und einen sanften Anstieg in Bild B bei T=22.4[s]. Diese sind dem An- bzw. Abstieg des individuellen Druckempfindens wie in Bild 93 dargestellt, zuzuschreiben.

Unter Berücksichtigung der zeitlichen Verteilung der Austritte von Agneten aus dem Szenar und der Druckentwicklung am Ausgang kann der Verlauf des Graphen zur Darstellung der gemittelten Stärke des Angst-Motivs als plausibel festgehalten werden.

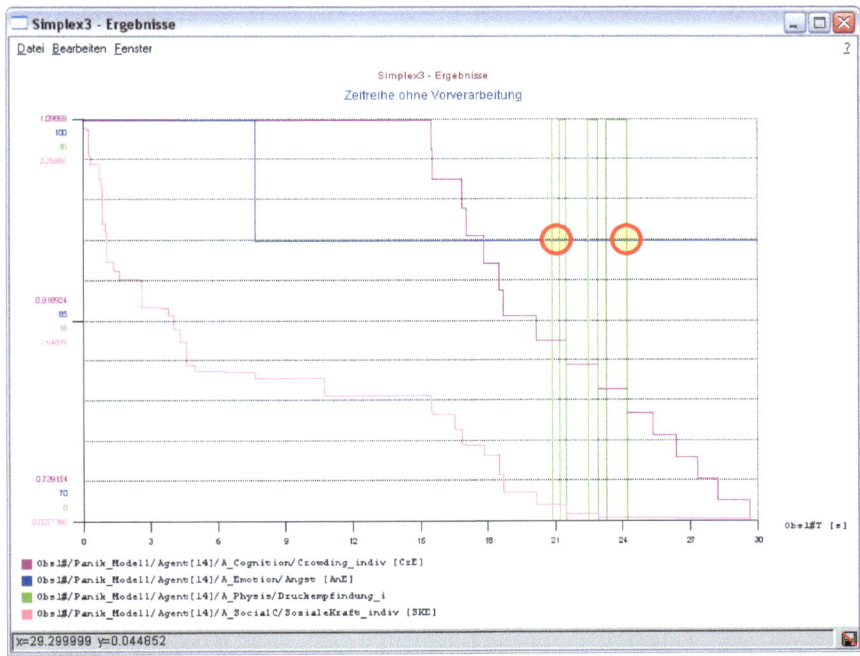

Bild 93: Einflussgrößen für den Angst-Zustand eines Agenten

Bild A

Bild B

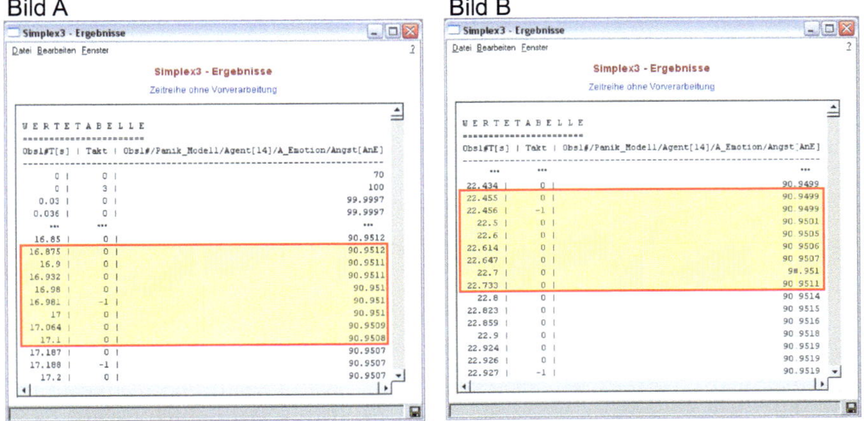

Bild 94: Kontinuierliche Zu- und Abnahme der Intensität des Angst-Zustands

Die in Bild 93 dargestellten Graphen weisen jeweils die erwartete Dynamik auf. Insbesondere der Verlauf der Intensität des Angst- Zustands des Agenten lässt sich plausibel aus der Dynamik ihrer Einflussgrößen erschließen.

7.4.10.3 Emotionale Intelligenz

Das kontinuierliche Absinken der Intensität des Angst-Zustands eines Agenten, wie durch die rote Kurve in Bild 95 dargestellt, kann auch durch den Eintritt des Agenten in eine reflektive Phase herbeigeführt werden. Ist dies der Fall, so erfolgt die Berechung der kontinuierlichen Abnahme der Intensität des Angst-Zustands des Agenten konzeptgemäß auf modifizierte Weise.

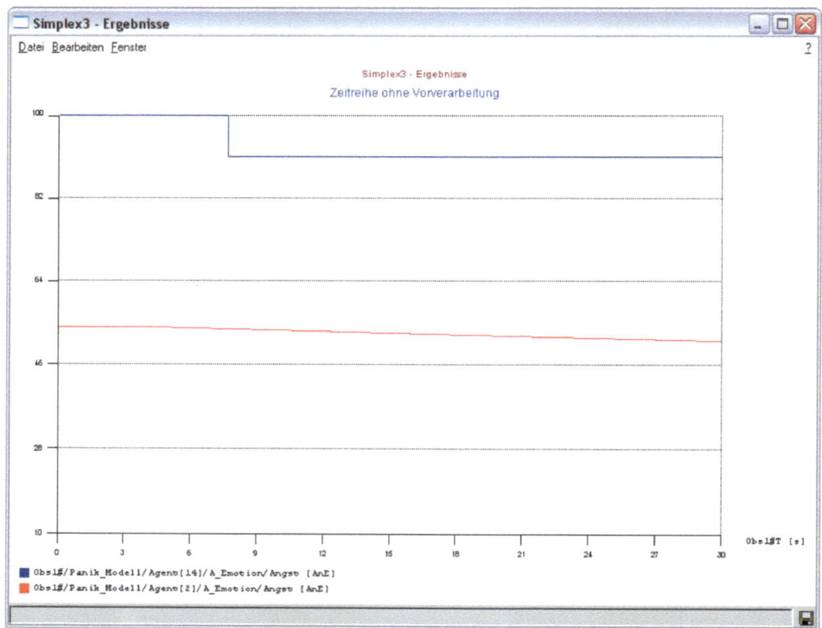

Bild 95: Modifizierte Berechnung der Angstabnahme in reflektiven Phasen

7.4.12 Motivwechsel und Verhaltensänderung

Zu Beginn des Simulationslaufs ist das Motiv *NeugierM* bei allen Agenten handlungsleitend. Der Prozess der Motivselektion wird zum Zeitpunkt T=0.0[s] erstmalig durch ein kognitives Appraisal, wie in Protokollauszug 3 dargestellt, ausgelöst. Durch diesen bedingt wechselt das handlungsleitende Motiv wie in Protokollauszug 5 (vgl. 5-10) gezeigt abhängig vom internen Zustand des jeweiligen

Agenten auf das Motiv *AngstM* (AM) oder das Motiv *AngstKontrolleM* (AKM). Da der Prozess der Motivselektion zyklisch angestoßen wird, können sich während des Simulationsverlaufs weitere Änderungen ergeben, beispielsweise durch Beruhigung eines Agenten durch Einsatz seiner Mechanismen der emotionalen Intelligenz.

```
(A1-COG771-T0.000000) Motivwechsel auf AM.        (1)
(A2-COG771-T0.000000) Motivwechsel auf AM.        (2)
(A3-COG771-T0.000000) Motivwechsel auf AM.        (3)
(A4-COG771-T0.000000) Motivwechsel auf AM.        (4)
(A5-COG771-T0.000000) Motivwechsel auf AM.        (5)
(A6-COG771-T0.000000) Motivwechsel auf AM.        (6)
(A7-COG771-T0.000000) Motivwechsel auf AM.        (7)
(A8-COG771-T0.000000) Motivwechsel auf AM.        (8)
(A9-COG757-T0.000000) Motivwechsel auf AKM.       (9)
(A10-COG757-T0.000000) Motivwechsel auf AKM.      (10)
(A11-COG757-T0.000000) Motivwechsel auf AKM.      (11)
(A12-COG757-T0.000000) Motivwechsel auf AKM.      (12)
(A13-COG757-T0.000000) Motivwechsel auf AKM.      (13)
(A14-COG757-T0.000000) Motivwechsel auf AKM.      (14)

(A15-COG757-T0.000000) Motivwechsel auf AKM.      (15)
(A16-COG757-T0.000000) Motivwechsel auf AKM.      (16)
(A17-COG757-T0.000000) Motivwechsel auf AKM.      (17)
(A18-COG757-T0.000000) Motivwechsel auf AKM.      (18)
(A19-COG757-T0.000000) Motivwechsel auf AKM.      (19)
(A20-COG757-T0.000000) Motivwechsel auf AKM.      (20)
...
(A7-COG757-T0.030000) Motivwechsel auf AKM.       (21)
(A9-COG771-T0.030000) Motivwechsel auf AM.        (22)
(A5-COG757-T0.122000) Motivwechsel auf AKM.       (23)
(A8-COG757-T0.152000) Motivwechsel auf AKM.       (24)
(A6-COG757-T0.210000) Motivwechsel auf AKM.       (25)
(A10-COG771-T0.281000) Motivwechsel auf AM.       (26)
...
```

Protokollauszug 5: Motivwechsel

7.4.12 Verschiedene Ausprägungen von Verhaltensweisen

Während des Simulationslaufs zeigen Agenten abhängig von ihrem internen Zustand verschiedene Verhaltensweisen. Ebenso ist der Wechsel zwischen verschiedenen Verhaltensweisen bei Agenten während des Szenarverlaufs beobachtbar.

7.4.12.1 Handlungsstarre

Zur Demonstration der Handlungsstarre wird das Szenar *PrüfszenarVariante* modifiziert. Auf die Zelle mit den Koordinaten (16, 11) wird Agent *A21* platziert. Im Gegensatz zu den restlichen Agenten wird der Parameter *Bedrohungspotenzial* für diesen Agenten wie in Codefragment 5 gezeigt erhöht. Hierdurch wird ein sehr schreckhafter Agent erzeugt, der hinsichtlich der Dynamik seines Angst-Zustands extrem auf die Wahrnehmung eines kritischen Ereignisses reagiert.

```
<Agent[21]/A_Emotion/Bedrohungspotenzial>        := 90;
```

Codefragment 5: Erzeugung eines Agenten mit extremer Angstreaktion

Bei Eintreten des kritischen Ereignisses steigt die Intensität des Motivs *AngstM* von Agent *A21* über die individuelle Schwelle für den Eintritt in die Handlungsstarre *PersK_SchwelleEHLS*, welche im Szenar *PrüfszenarVariante* einheitlich für alle restlichen Agenten bei 97.0[AnE] liegt. Die Handlungsstarre von Agent *A21* bleibt bis zum Zeitpunkt T= 4.3[s] aufrecht erhalten, danach folgt er seinem

Herdentrieb. Bild 96 zeigt eine Reihe von Momentaufnahmen der Modellumwelt zu den Zeitpunkten T=0.0[s] (Bild A), T=2.7[s] (Bild B) und T=4.3[s] (Bild C). Deutlich erkennbar verbleibt Agent *A21* bis zum Zeitpunkt T=4.3[s] in Handlungsstarre auf seiner Position.

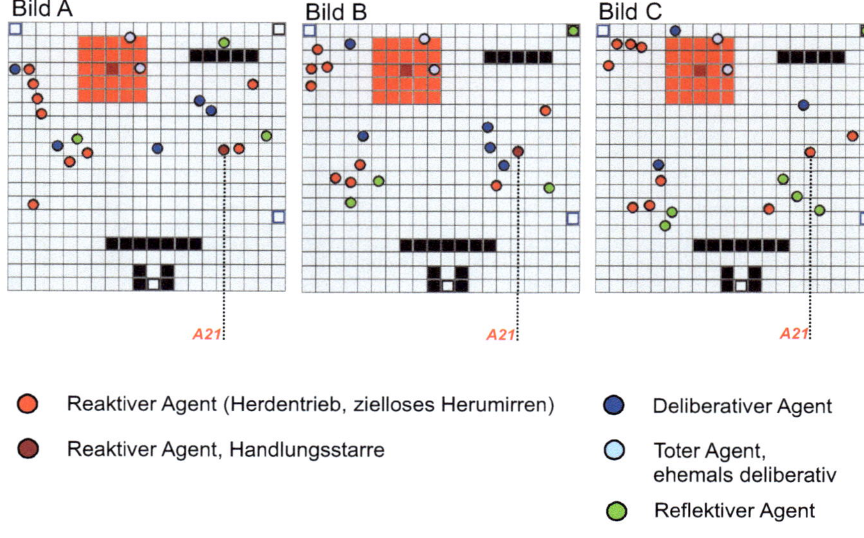

Bild 96: Handlungsstarre und Herdentrieb

Die Situation erfordert eine ausführlichere Analyse um den Grund für das Auflösen der Handlungsstarre zu ermitteln. Die kontinuierliche Verringerung der Intensität des Angst-Zustands kann aufgrund der geringen Zeitspanne von 4.3[s] und des geringen kontinuierlichen Abfalls des Angst-Zustands ausgeschlossen werden. Entsprechend muss Agent *A21* einen beruhigenden Stimulus erfahren haben, der die Stärke des Zustands *Angst* und damit einhergehend des Motivs *AngstM* diskret reduzierte. Diese Vermutung wird durch die Graphen für den Zustand *Angst* und das zugehörige Motiv *AngstM* von Agent *A21* in Bild 97 untermauert.

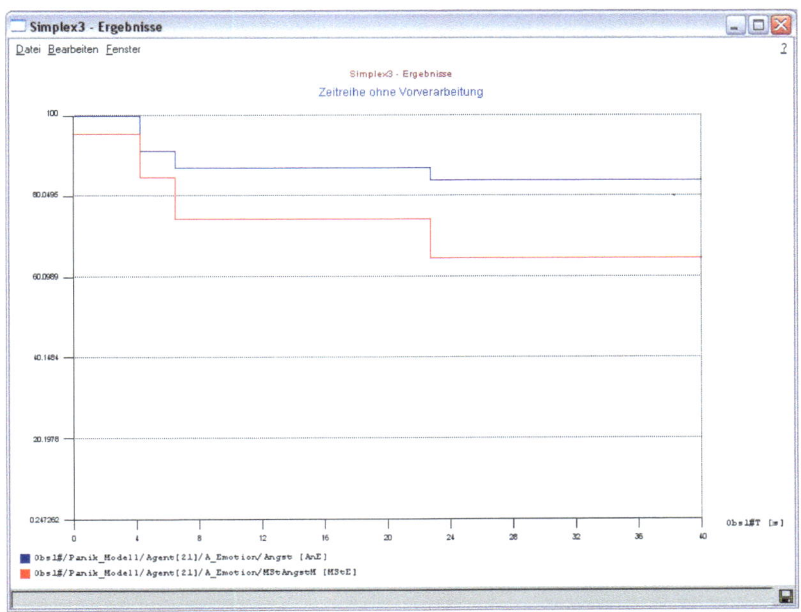

Bild 97: Auflösung einer Handlungsstarre

Von besonderem Interesse ist das Zustandekommen des ersten beruhigenden Stimulus. Zur Erklärung werden die Einflüsse von Agenten betrachtet, welche sich zeitweise in räumlicher Nähe des Agent *A21* befinden. Bild A der Bild 98 zeigt die Verteilung von Agenten in einem betrachteten Ausschnitt der Modellumwelt zum Zeitpunkt T=3.8[s]. Die Bilder (B-G) zeigen den zeitlichen Verlauf der Ausdehnung der Beruhigungssphären im betrachteten Umweltausschnitt von T=3.8[s] bis T=4.6[s].

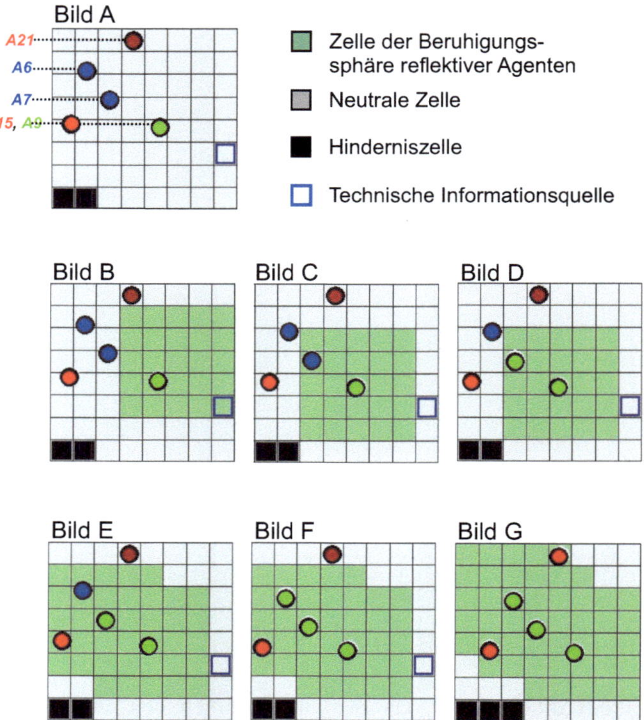

Bild 98: Nicht-linearer Effekt bei der Auflösung einer Handlungsstarre

Aus der Bildabfolge wird ersichtlich, dass die Beruhigung von Agent *A21* die Folge einer Kettenreaktion von Beruhigungsaktionen mehrerer Agenten ist. Die Kette beginnt bei Agent *A9*, der für den Zustandswechsel von Agent *A7* verantwortlich ist (vgl. Bilder C, D). Die entstehende Beruhigungssphäre dieses Agenten eröffnet Agent *A6* den Eintritt in das reflektive Verhaltensspektrum (vgl. Bilder E, F). Erst jetzt befindet sich Agent *A21* ebenfalls in einer Beruhigungssphäre und löst seine Handlungsstarre. Das Modellverhalten in der dargestellten Situation kann somit plausibilisiert werden. Dies ist zudem ein Beispiel für das Auftreten nicht-linearer Effekte im Modell.

7.4.12.2 Teilnahme an einer Massenflucht

Reaktive Agenten, die sich in der Informationssphäre eines reaktiven oder deliberativen Agenten befinden, folgen diesem konzeptgemäß, ohne Kenntnis vom konkreten Ziel des verfolgten Agenten zu haben. Bild 99 zeigt eine Momentaufnahme der Modellumwelt zum Zeitpunkt T=3.9[s]. Von besonderem Interesse sind die blau unterlegten Zellen, die der Informationssphäre von deliberativen und reflektiven Agenten angehören. Reaktive Agenten, die sich auf entsprechenden Zellen befinden müssen die von diesen Zellen bereitgestellten Richtungsinformationen berücksichtigen und sich an einer Massenflucht beteiligen.

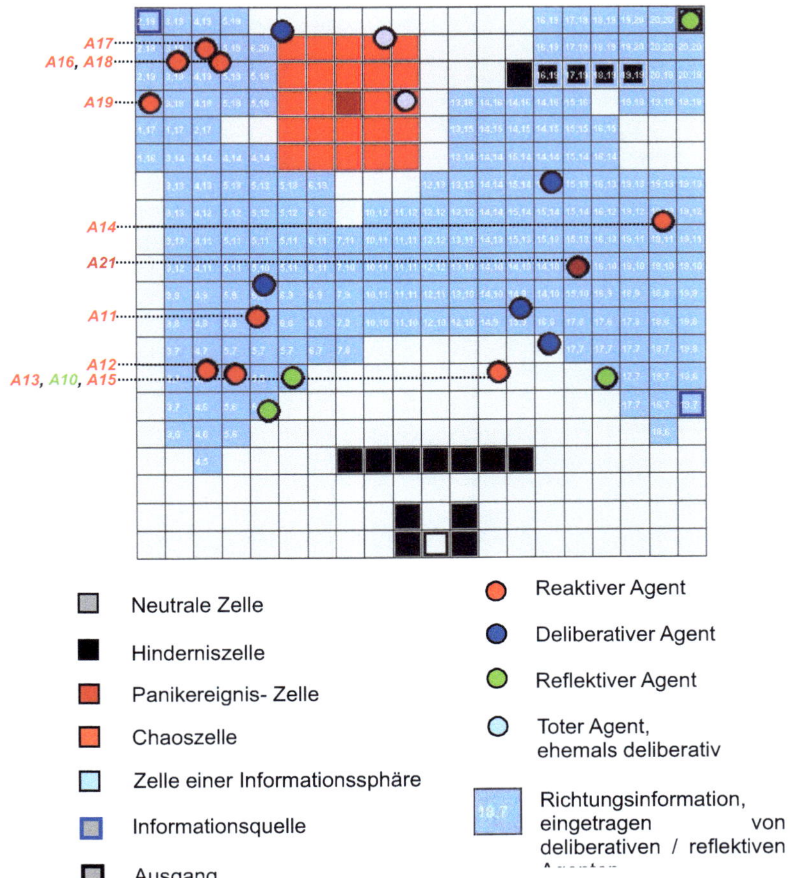

Bild 99: Informationssphären und Massenflucht

Aus Protokollauszug 6 ergibt sich, dass alle nicht handlungsstarren reaktiven Agenten, die sich in der Informationssphäre von deliberativen und reflektiven Agenten befinden, ihrem Herdentrieb folgen („Verhaltenskontrolle = rea(H)", vgl. 12, 16-18, 31, 32, 39, 40).

(A4-ACT2215-T0.000) Agent stirbt im Chaosbereich.	(1)	
...		
(A3-ACT2215-T0.000) Agent stirbt im Chaosbereich.	(2)	
...		
(A2-COG942-T0.000) Verhaltenskontrolle = ref.	(3)	
(A2-COG943-T0.000) Ansteuern des Ausgangs (20,20).	(4)	
...		
(A2-COG1282-T0.000) Wegeplan wird bestimmt.	(5)	
...		
(A15-COG1096-T0.323) Verhaltenskontrolle = rea(Z).	(6)	
(A15-COG1670-T0.323) Zufaelliges Laufen nach (0,0).	(7)	
(A15-COG1670-T0.323) Zufaelliges Laufen nach (16,10).	(8)	
...		
(A9-COG942-T3.000) Verhaltenskontrolle = ref.	(9)	
(A9-COG943-T3.000) Ansteuern des Ausgangs (11,1).	(10)	
(A9-COG1282-T3.000) Wegeplan wird bestimmt.	(11)	
...		
(A11-COG1034-T3.183) Verhaltenskontrolle = rea(H).	(12)	
...		
(A10-COG942-T3.287) Verhaltenskontrolle = ref.	(13)	
(A10-COG943-T3.287) Ansteuern des Ausgangs (11,1).	(14)	
(A10-COG1282-T3.287) Wegeplan wird bestimmt.	(15)	
...		
(A16-COG1034-T3.433) Verhaltenskontrolle = rea(H).	(16)	
...(A12-COG1034-T3.469) Verhaltenskontrolle = rea(H).	(17)	
...		
(A18-COG1034-T3.558) Verhaltenskontrolle = rea(H).	(18)	
...		
(A1-COG960-T3.364) Verhaltenskontrolle = del.	(19)	
(A1-COG1008-T3.364) Befolgung von IV-Anweisungen.	(20)	
(A1-COG1282-T3.364) Wegeplan wird bestimmt.	(21)	
...		

(A7-COG960-T3.401) Verhaltenskontrolle = del.	(22)
(A7-COG1029-T3.401) Ansteuern des Ausgangs (11,1).	(23)
(A7-COG1282-T3.401) Wegeplan wird bestimmt.	(24)
...	
(A20-COG960-T3.527) Verhaltenskontrolle = del.	(25)
(A20-COG1029-T3.527) Ansteuern des Ausgangs (11,1).	(26)
(A20-COG1282-T3.527) Wegeplan wird bestimmt.	(27)
...	
(A6-COG960-T3.600) Verhaltenskontrolle = del.	(28)
(A6-COG1029-T3.600) Ansteuern des Ausgangs (11,1).	(29)
(A6-COG1282-T3.600) Wegeplan wird bestimmt.	(30)
...	
(A14-COG1034-T3.718) Verhaltenskontrolle = rea(H).	(31)
...	
(A19-COG1034-T3.786) Verhaltenskontrolle = rea(H).	(32)
...	
(A8-COG942-T3.811) Verhaltenskontrolle = ref.	(33)
(A8-COG943-T3.811) Ansteuern des Ausgangs (11,1).	(34)
(A8-COG1282-T3.811) Wegeplan wird bestimmt.	(35)
...	
(A5-COG960-T3.842) Verhaltenskontrolle = del.	(36)
(A5-COG1029-T3.842) Ansteuern des Ausgangs (20,20).	(37)
(A5-COG1282-T3.842) Wegeplan wird bestimmt.	(38)
...	
(A17-COG1034-T3.916) Verhaltenskontrolle = rea(H).	(39)
...	
(A13-COG1034-T4.039) Verhaltenskontrolle = rea(H).	(40)
...	

Protokollauszug 6: Verhalten von reaktiven, deliberativen und reflektiven Agenten

Deliberative (vgl. 19-30) und reflektive Agenten (vgl. 3-5, 9-11, 13-15, 33-35) initiieren die Massenflucht. Mit Ausnahme von Agent *A1* (vgl. 17) verwenden diese Agenten ihr eigenes Wissen über vorhandene Ausgänge zur Planung des Fluchtwegs. Da sich Agent *A1* im Einflussbereich einer technischen Informationsquelle befindet, zieht er konzeptgemäß die dort bereitgestellte Information über Fluchtkoordinaten zur Wegeplanung heran.

Der zeitliche Verlauf der Massenflucht zu beiden Ausgängen zwischen den Zeitpunkten T=0.2[s] und T=22.1[s] kommt in Bild 100 zu Darstellung. Dies wird begleitet von der Darstellung der sukzessiven Ausbreitung (vgl. Bilder A-E) und der zeitlich verzögerten Verringerung (Bilder F-H) der Informationssphären.

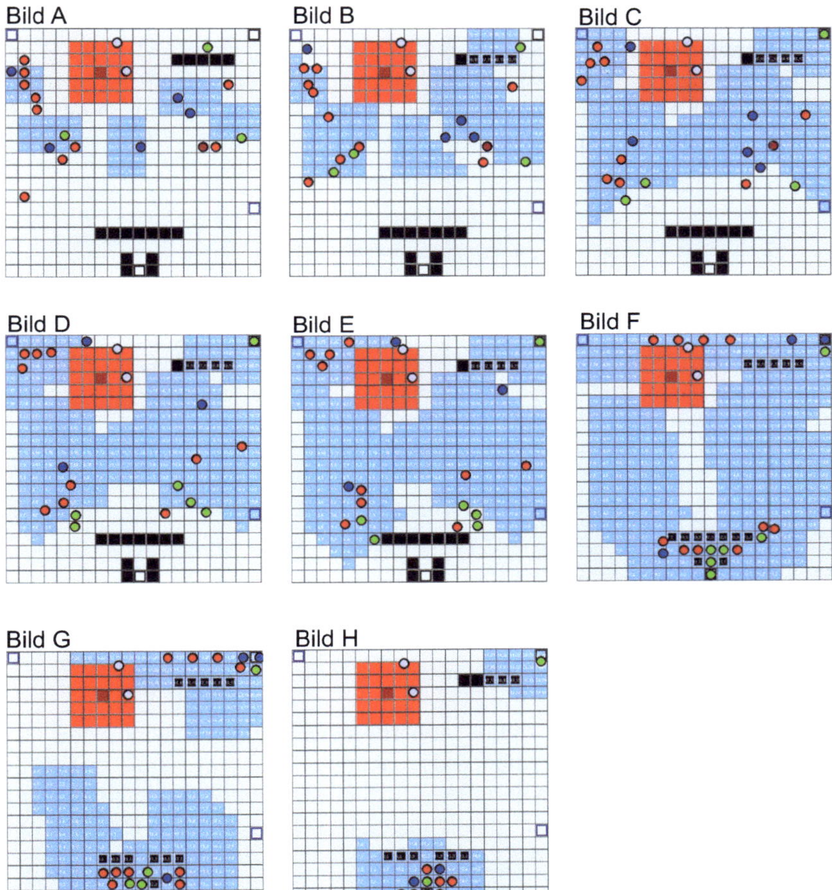

Bild 100: Massenflucht und Ausbreitung von Informationssphären

Insbesondere bei der Repräsentation von Menschen, die sich in einer realen Paniksituation befinden und sich einer Massenflucht anschliessen zeigt sich damit ein durchaus plausibles Modellverhalten.

7.4.12.3 Zielloses Umherirren

In der modifizierten Version des Szenars *PrüfszenarVariante* weist Agent *A15* zwischen den Zeitpunkten T=0.0[s] und T=6.1[s] die nötigen Voraussetzungen auf, um ziellos umher zu irren: Er befindet sich im reaktiven Verhaltensspektrum, die Intensität seines Angst-Motivs liegt unterhalb der Schwelle zum Eintritt in die Handlungsstarre und sein Aufenthaltsort ist wie in Bild 99 gezeigt nicht Teil der Informationssphäre eines deliberativen oder reflektiven Agenten (vgl. Bild 100, Bild A - E). Protokollauszug 7 zeigt die einzelnen Etappen des Agenten *A15* während des Umherirrens.

$$
\begin{array}{ll}
\text{(A15-COG1096-T0.323) Verhaltenskontrolle = rea(Z).} & \text{(1)} \\
\ldots \\
\text{(A15-COG1670-T0.323) Zufaelliges Laufen nach (16,10).} & \text{(2)} \\
\ldots \\
\text{(A15-COG1096-T1.273) Verhaltenskontrolle = rea(Z).} & \text{(3)} \\
\text{(A15-COG1670-T1.273) Zufaelliges Laufen nach (15,9).} & \text{(4)} \\
\ldots \\
\text{(A15-COG1096-T2.223) Verhaltenskontrolle = rea(Z).} & \text{(5)} \\
\text{(A15-COG1670-T2.223) Zufaelliges Laufen nach (14,8).} & \text{(6)} \\
\ldots \\
\text{(A15-COG1096-T3.173) Verhaltenskontrolle = rea(Z).} & \text{(7)} \\
\text{(A15-COG1670-T3.173) Zufaelliges Laufen nach (13,7).} & \text{(8)} \\
\ldots \\
\text{(A15-COG1096-T4.123) Verhaltenskontrolle = rea(Z).} & \text{(9)} \\
\text{(A15-COG1670-T4.123) Zufaelliges Laufen nach (12,6).} & \text{(10)} \\
\text{(A15-COG1670-T4.123) Zufaelliges Laufen nach (13,6).} & \text{(11)} \\
\ldots \\
\text{(A15-COG1096-T4.795) Verhaltenskontrolle = rea(Z).} & \text{(12)} \\
\text{(A15-COG1670-T4.795) Zufaelliges Laufen nach (13,5).} & \text{(13)} \\
\ldots \\
\text{(A15-COG1096-T5.467) Verhaltenskontrolle = rea(Z).} & \text{(14)} \\
\ldots \\
\text{(A15-COG1670-T5.467) Zufaelliges Laufen nach (14,5).} & \text{(15)} \\
\ldots \\
\text{(A15-COG1034-T6.139) Verhaltenskontrolle = rea(H).} & \text{(16)} \\
\ldots
\end{array}
$$

Protokollauszug 7: Zielloses Umherirren eines Agenten

Das beobachtbare Verhalten ziellos umherirrender Agenten scheint plausibel. In der Realität treten viele Variationen des ziellosen Umherirrens als unauffällige Verhaltensform auf, welche von unterschiedlichsten Faktoren wie Umweltgegebenheiten oder auch Kenntnis der Umgebung abhängen. Dies erschwert eine lückenlose Plausibilisierung des zugehörigen Modellverhaltens.

7.4.12.4 Sichtanäherung an einen Ausgang

Sobald reaktive Agenten die Informationssphäre eines Ausgangs betreten, betreiben sie Sichtannäherung an diesen. Aus Protokollauszug 8 gehen sämtliche Agenten hervor, die während des Szenarverlaufs diese Verhaltensweise zeigen. Es wird deutlich, dass konzeptgemäß deliberative und reflektive Agenten welche sich temporär in der Informationssphäre eines Ausgangs befinden, nicht mit einer Meldung über Sichtannäherung im Meldungsprotokoll des Demonstrators enthalten sind.

```
(A12-COG907-T10.583) Verhaltenskontrolle = rea.        (1)
(A12-COG908-T10.583) Sichtannaeherung an Ausgang.      (2)
...
(A16-COG907-T13.839) Verhaltenskontrolle = rea.        (3)
(A16-COG908-T13.839) Sichtannaeherung an Ausgang.      (4)
...
(A17-COG907-T15.284) Verhaltenskontrolle = rea.        (5)
(A17-COG908-T15.284) Sichtannaeherung an Ausgang.      (6)
...
(A19-COG907-T16.592) Verhaltenskontrolle = rea.        (7)
(A19-COG908-T16.592) Sichtannaeherung an Ausgang.      (8)
...
(A13-COG907-T17.301) Verhaltenskontrolle = rea.        (9)
(A13-COG908-T17.301) Sichtannaeherung an Ausgang.      (10)
...
(A14-COG907-T17.760) Verhaltenskontrolle = rea.        (11)
(A14-COG908-T17.760) Sichtannaeherung an Ausgang.      (12)
...
(A18-COG907-T17.900) Verhaltenskontrolle = rea.        (13)
(A18-COG908-T17.900) Sichtannaeherung an Ausgang.      (14)
...
(A21-COG907-T18.112) Verhaltenskontrolle = rea.        (15)
(A21-COG908-T18.112) Sichtannaeherung an Ausgang.      (16)
...
```

Protokollauszug 8: Sichtannäherung an einen Ausgang

7.4.13 /PA8/: Veränderlichkeit des physiologischen Zustands

Die Veränderung des physiologischen Zustands eines Agenten wird besonders dann beobachtbar, wenn sich der Agent im Trümmerbereich eines kritischen Ereignisses bei dessen Eintreten befindet, oder wenn physischer Druck auf den Agenten einwirkt, dem er nicht standhalten kann. In beiden Fällen tritt der Tod des Agenten ein. Zur Überprüfung der Veränderlichkeit des physiologischen Zustands von Agenten wurde die Experimentbeschreibung des Szenars *PrüfszenarVariante* angepasst. Der Zeitpunkt zum Öffnen der Ausgänge wurde auf T=25.0[s] festgesetzt. Zusätzlich wurde die individuelle Druck- und Drängelkraft der Agenten angepasst. Codefragment 6 stellt die Parametrisierungen des Szenars *PrüfszenarVariante* (Fragment A) und der Anpassung (Fragment B) einander gegenüber.

```
Fragment A    <Agent{q1 OF 15..19}/A_Physis/K_Kraft_zum_Draengeln>  := 150;
              ...
              <Agent{q3 OF 15..19}/A_Physis/K_Kraft_zum_Druecken>  := 150;


Fragment B    <Agent{q1 OF 5..20}/A_Physis/K_Kraft_zum_Draengeln>  := 250;
              ...
              <Agent{q3 OF 5..20}/A_Physis/K_Kraft_zum_Druecken>  := 250;
```

Codefragment 6: Anpassung des Szenars *PrüfszenarVariante*

Bild 101 stellt die Ausgangssituation in beiden Szenaren dar.

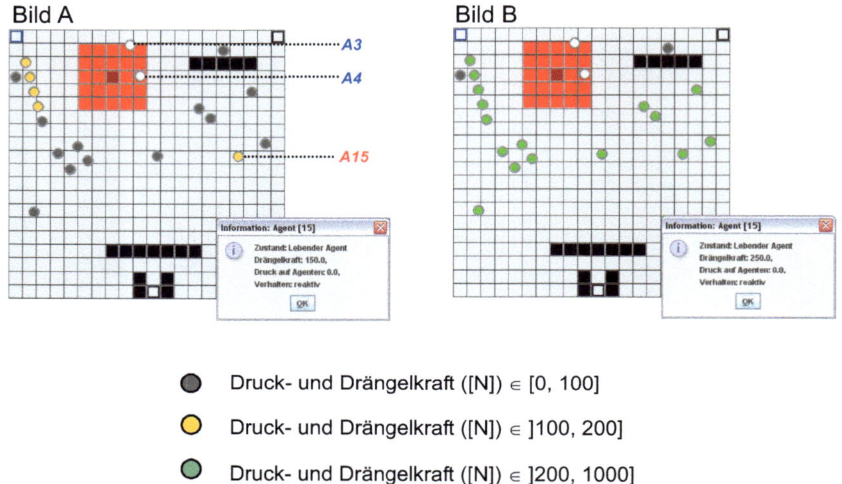

Bild 101: Unterschiedliche Parametrisierung der individuellen Drängelkraft

Die Agenten *A3* und *A4* versterben wie in Bild 101 zu sehen bereits zum Zeitpunkt T=0[s], da sie sich im Einflussbereich des kritischen Ereignisses befinden. Bild 102 zeigt eine Sequenz von Momentaufnahmen des Ausschnittes der Umwelt in Nähe des südlichen Ausgangs. Agent *A8* wird zum Zeitpunkt T=21.2[s] auf dem Ausgangsfeld mit den Koordinaten (11, 1) nieder gerempelt und verstirbt aufgrund einer Drucklast von 920[N], die das für diesen Agenten festgelegt Maximum von 800[N] übersteigt (Bild A). Zum Zeitpunkt T=21.5[s] beginnt Agent *A6* den nun leblosen Agenten *A8* zu überrennen (Bild B). Zum Zeitpunkt T=28.5[s] wird die Zelle mit den Koordinaten (10, 1) zur Verlustzelle durch den Tod des auf ihr befindlichen Agenten *A20* (Bild C). Das beobachtbare Modellverhalten mit Hinblick auf die Veränderung des physiologischen Zustands eines Agenten kann somit als plausibel betrachtet werden.

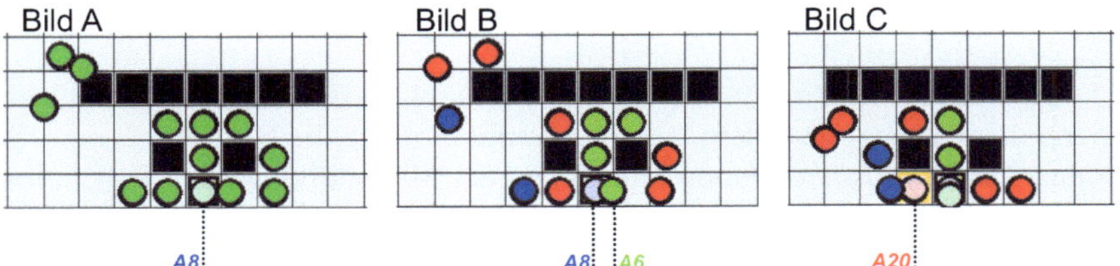

Bild 102: Ausbildung von Verlustzellen in Nähe des Ausgangs

7.4.14 /PA9/: Auswirkungen von Persönlichkeitseigenschaften

Der Einfluss von Persönlichkeitseigenschaften auf den internen Zustand und das Verhalten eines Agenten im Simulationsmodell ist mannigfaltig. Von einer vollständigen Demonstration und Dokumentation der korrekten Umsetzung dieses Einflusses im Simulationsmodell soll daher zugunsten der angeführten Beispiele zu den Prüfaspekten /PA[1..8]/ abgesehen werden.

Der Einfluss von Persönlichkeitseigenschaften auf den internen Zustand eines Agenten zeigt sich beispielsweise deutlich in individuellen Variationen in der Dynamik des Angstzustands wie in /PA5/ anhand der Kenngrößen Crowding, soziale Kraft und emotionale Intelligenz gezeigt. Darauf aufbauend wirken sich Persönlichkeitseigenschaften auf die Berechnung der Motivstärken der Agenten aus, wodurch ein Wechsel des handlungsleitenden Motivs, wie in /PA6/ untersucht, in der Regel zu individuellen Zeitpunkten erfolgt. Individuelle Schwellenwerte zur Definition des Grades an Verhaltenskontrolle lassen Persönlichkeitseigenschaften eines Agenten direkt auf das Verhalten eines Agenten einwirken wie durch das gleichzeitige Auftreten reaktiver, deliberativer und reflektiver Agenten in den vorgestellten Szenarvarianten gezeigt. Durch Persönlichkeitskonstanten können zudem, wie in /PA9/ gezeigt, physische Fähigkeiten eines Agenten bestimmt werden. Durch die Vielzahl an Persönlichkeitskonstanten, welche das Referenzmodell **SimPan** vorsieht, können Agenten mit einem hohen Grad an Individualität ausgestattet werden.

7.4.15 Ergebnis

Als Ergebnis der Funktionalitätstests anhand der Prüfaspekte /PU[1..4]/ und /PA[1..9]/ wird festgestellt, dass sich Entitäten im Demonstratormodell den umgesetzten Modellierungskonzepten des Referenzmodells **SimPan** entsprechend verhalten. Es soll im Folgenden davon ausgegangen werden, dass die Umsetzung dieser Modellierungskonzepte im Demonstrator in korrekter Weise erfolgte. Zudem kann festgehalten werden, dass isoliert betrachtete Aspekte des Modellverhaltens plausibel erscheinen.

7.5 Weitere Plausibilitätsbetrachtungen

Im Folgenden werden Ergebnisse weiterer Plausibilitätsbetrachtungen dargelegt. Basierend auf der vorgestellten Begriffsbestimmung für die Begriffe *Plausibilität* und *Plausibilitätsbetrachtung* im Kontext der Modellbildung und Simulation wird ein Überblick über Herausforderungen bei den Plausibilitätsbetrachtungen gegeben, die Vorgehensweise dazu erörtert deren Ergebnis präsentiert.

7.5.1 Herausforderungen und Begründung der Vorgehensweise

Die Entscheidung für die Wahl der Plausibilitätsbetrachtung als Prüfverfahren wurde maßgeblich durch die Erkenntnis getrieben, dass verfügbare Informationen über menschliches Verhalten während des Verlaufes bestimmter Katastrophensituationen nicht als vollständig, objektiv und eindeutig angenommen werden können. Diese Eigenschaften disqualifizieren sie zumindest als exakte Referenz zum Vergleich mit Modelldaten.

Viele Parameter, die nach den Ergebnissen der Grundlagenarbeiten dieser Forschungsarbeit für menschliches Verhalten in Paniksituationen von großer Relevanz sind, sind nicht greifbar oder nicht direkt messbar[123]. Zu diesen gehören Informationen über Persönlichkeitseigenschaften und die Gefühlswelt der Menschen während kritischer Situationen. Zumeist ist es lediglich möglich, aus dem Verhalten eines Menschen auf seinen internen Zustand zu schließen, wobei stets eine Restunsicherheit verbleibt. Informationen über die Situation durch Befragungen Betroffener im Nachgang sind nur bedingt nutzbar, da deren Aussagen möglicherweise auf verzerrter Wahrnehmung basieren und emotional gefärbt sind.

Die im Rahmen der vorliegenden Arbeit durchgeführten Plausibilitätsbetrachtungen basieren aus diesen Gründen auf der augenscheinlichen Beurteilung des Agentenverhaltens und stützen sich mehrheitlich auf den Vergleich zwischen den Erwartungen an das Verhalten von Menschen in Krisensituationen in einer simulierten Situation und den Modelldaten. Die Erwartungen basieren auf den Ergebnissen der Grundlagenarbeiten zur Analyse des Verlaufs dokumentierter realer Katastrophenereignisse. Für die Plausibilitätsbetrachtungen wird ein ausgewähltes Szenar für das Simulationsmodell umgesetzt. Als Vorlage dient dazu eine reale Katastrophensituation, wie sie in Kapitel 3 dargestellt wurde.

---

[123] Im Gegensatz zu unkontrollierten, also realen, Krisensituationen sind in kontrollierten Experimenten bestimmte elementare Faktoren wie das Stressniveau über die Leitfähigkeit der Haut messbar.

7.5.2 Anmerkungen zu Strategien für Plausibilitätsbetrachtungen

Zur Durchführung exemplarischer Plausibilitätsbetrachtung in strukturierter Weise können Plausibilitätsregeln zum Einsatz kommen. Plausibilitätsregeln werden im Vorfeld von Simulationsexperimenten aufgestellt und reflektieren Erwartungen an das Verhalten des entsprechenden (Simulations-)Modells. Erwartungen können dabei auf den Erfahrungen von Domänenexperten oder auf Vergleichsdaten von bereits plausibilisierten Modellen desselben Anwendungsbereiches basieren. Erwartungen spiegeln sich in den Plausibilitätsregeln maßgeblich in Form von realistischen Intervallen für einzelnen Ausgabeparameter eines Simulationsmodells wider. Erfahrungen fließen weiterhin durch Berücksichtigung bestimmter Vorbedingungen in die Plausibilitätsregeln ein. Vorbedingungen umfassen Parametrisierungen vor Simulationsstart ebenso wie Parametervariationen während des Simulationslaufs und können durch Einsatz logischer Operatoren in einer Regel miteinander kombiniert werden. Ergebniswerte der Simulation gelten als plausibel genau dann, wenn sie die aufgestellten Plausibilitätsregeln erfüllen.

Nicht immer können erfahrungsbasiert konkrete Aussagen über erwartetes Modellverhalten gewonnen werden. In diesen Fällen gilt es, gezielt bestimmte unplausible Ergebniswerte durch adäquate Definition der zulässigen Intervalle für die Modelldaten auszuschließen. Das Ziel dieser Strategie liegt nicht darin, einen maximalen Grad an Realitätstreue des Modellverhaltens für alle denkbaren Szenarausprägungen zu garantieren. Vielmehr soll offensichtlich unplausibles Modellverhalten ausgeschlossen werden.

Im Rahmen der Implementierung wurden Plausibilitätsregeln bereits direkt in den Programmcode eingearbeitet, so dass das Auftreten von unplausiblen Ergebnissen dadurch bereits eingeschränkt wird. Derart werden, wie in Codefragment 7 mit den Minimum- bzw. Maximum -Operatoren gezeigt, Parameterbelegungen vor der Dynamikberechnung von abhängigen Variablen und Zustandsvariablen überprüft und im Bedarfsfall ersetzt, um unplausible Modellausgaben zu verhindern. In gleicher Weise werden benutzerdefinierte Parameterbelegungen vor Simulationsstart überprüft.

```
Angst^ := MIN(K_AngstMax,(Angst + Bedrohungspotenzial*AngstAnstiegBed));
Angst^ := MAX(K_AngstMin, (Angst - AngstRefA * AngstAbstiegTIRef));
Angst^ := MAX(K_AngstMin, (Angst - AngstTI * AngstAbstiegTIRef));
```

Codefragment 7: Plausibilitätsregeln im Programmcode

Eine Möglichkeit, Plausibilitätsregeln in übersichtlicher Form darzustellen, bieten Entscheidungstabellen. Eine Entscheidungstabelle besteht aus einem Bedingungsteil und einem Ergebnisteil. Im Bedingungsteil werden Intervalle für jeden berücksichtigten Modellparameter festgelegt. Der Ergebnisteil definiert plausible Intervalle für alle berücksichtigten Ausgabeparameter. Plausibilitätsregeln werden durch Kombinationen von Belegungen aus dem Bedingungteil und dem Ergebnisteil erzeugt. Tabelle 64 verdeutlich diesen Sachverhalt.

Tabelle 64: Entscheidungstabellen und Plausibilitätsregeln

Plausibilitätsregel	R1	R2	R3
Bedingungteil			
MParamA ∈ [55..MAX]	T	T	T
MParamB ∈ [MIN..5]	F	T	-
MParamC = TRUE	T	-	F
Ergebnisteil			
AParamX ∈ [0..34]	T	T	-
AParamY = FALSE	T	-	T
AParamZ = TRUE	F	T	F

Tabelle 64 definiert folgende Plausibilitätsregeln:

R1: **IF** (MParamA ∈ [55..MAX] **AND** MParamC = TRUE **AND** (**NOT** MParamB ∈ [MIN..5]))
　　THEN (AParamX ∈ [0..34] **AND** AParamY = FALSE **AND** (**NOT** AParamZ = TRUE))
R2: **IF** (MParamA ∈ [55..MAX] **AND** MParamB ∈ [MIN..5])
　　THEN (AParamX ∈ [0..34] **AND** AParamZ = TRUE)
R3: **IF** (MParam A ∈ [55..MAX] **AND** (NOT MParamC = TRUE))
　　THEN (AParamY = FALSE **AND** (NOT AParamZ = TRUE))

Da die Erwartungen an das Modellverhalten auf Basis der verfügbaren Daten aus der Realität nicht derart konkret formuliert werden können, soll im Rahmen der vorliegenden Arbeit auf die Verwendung von Entscheidungstabellen verzichtet werden. Stattdessen erfolgen weitere Plausibilitätsbetrachtungen durch ganzheitliche Bewertung exemplarischer Ausschnitte verschiedener Simulationsverläufe.

7.5.3 Szenar

Als Vorlage für das im Rahmen weiterer Plausibilitätsbetrachtungen exemplarisch herangezogene Szenar dient die Analyse der Katastrophe im *Station Nightclub* in West Warwick, Rhode Island wie in Kapitel 3.2.6 beschrieben. Bild 103 zeigt den Grundriss des Nachtclubs, Bild 104 zeigt dagegen das Ergebnis der Transformation des Grundrisses in eine Modellumwelt.

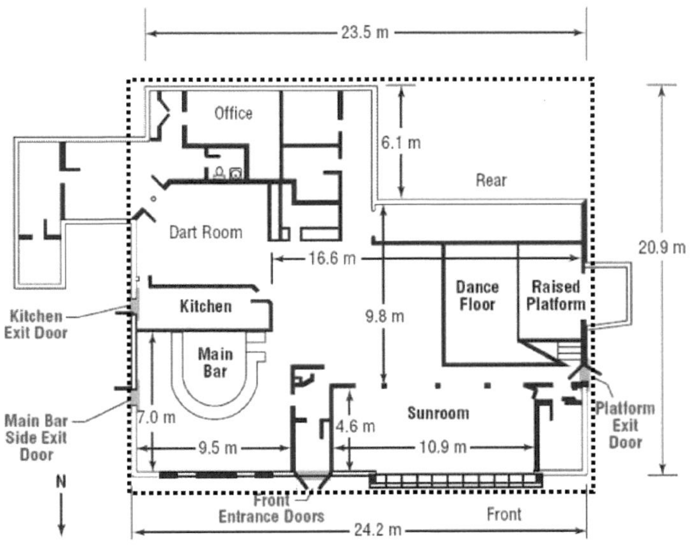

Bild 103: Grundriss der Station Nightclubs, West Warwick, Rhode Island[124]

---

[124] Die Originalversion dieser Abbildung stammt aus der Quelle [Warwick 2004].

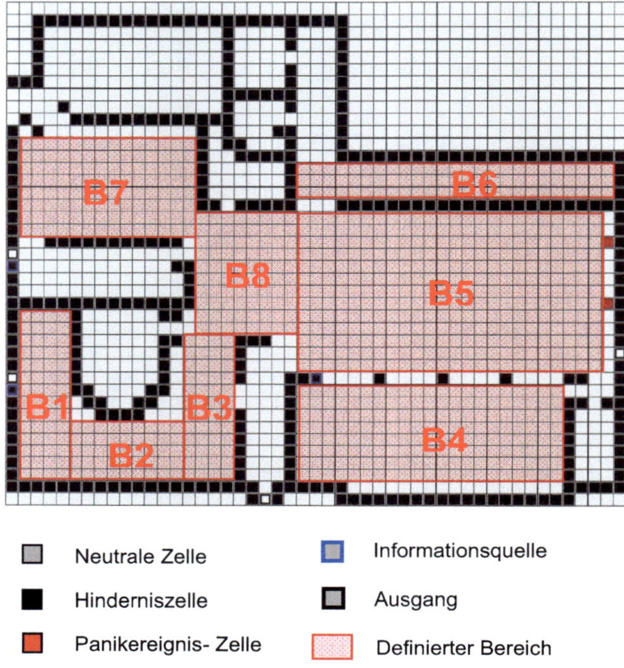

Bild 104: Visualisierung des Szenars

Die Panikereignis-Zellen markieren die Ausgangspunkte des Brandes gemäß der in Kap. 3.2.6 durchgeführten Analyse. Da über die Verteilung der etwa 360 Menschen im Nachtclub zum Zeitpunkt des Brandausbruchs keine Daten vorliegen, wurden Annahmen über die Positionen der Clubbesucher gemacht. In einem ersten Schritt wurden dazu acht disjunkte Bereiche [B1,..,B8] definiert, die über den Grundriss projiziert wurden. Über die Besetzung der Bereiche zum Zeitpunkt des Eintretens des kritischen Ereignisses wurden die in Tabelle 65 festgehaltenen Annahmen getroffen.

Tabelle 65: Belegung der definierten Umweltbereiche

Bereich	Annahme: Anzahl Agenten	Fläche in m²	Anzahl betretbarer Zellen	Besetzungsgrad in %
B1	11	14	56	19.6
B2	5	9	35	14,3
B3	5	11	44	11.4
B4	80	42	168	47.6
B5	200	66	264	75.8
B6	25	19	75	33.3
B7	29	24	96	30.2
B8	5	20	80	6.3

Der Bereich oberhalb von B7 und B8 umfasst Büros und sanitäre Anlagen, die in die Betrachtung nicht einbezogen wurden. Für die Plausibilitätsbetrachtungen wurden die Bereiche B{3,..,5} und B8 abgebildet und mit Agenten versehen[125]. Das resultierende Szenar kommt in Bild 105 zur Darstellung. Aus Gründen der Übersichtlichkeit und Modellperformanz erfolgte eine Herabskalierung hinsichtlich der Agentenanzahl in jedem betrachteten Bereich um 50%. Bild 105 zeigt eine Momentaufnahme der Visualisierung des entwickelten Szenars unmittelbar nach Wahrnehmung des Brandes und der kognitiven Bewertung dieser Wahrnehmung durch die Agenten[126]. Der diskrete Anstieg des Angst- Zustands der Agenten erfolgte bereits. Im Fall der Agenten in den Bereichen B3 und B8 wurde der Angstanstieg aufgrund der größeren Distanz zum Brandherd moderater gehalten als bei der Masse der Agenten in den Bereichen B4 und B5. In Anlehnung an die reale Vorlage, besitzen alle Agenten bei Simulationsstart ausschließlich Kenntnis vom Ausgang bei den Koordinaten (7, 1). Dieser Ausgang ist ab dem Zeitpunkt T=0.0[s] geöffnet.

---

[125] Zur Bestimmung von Koordinaten zur Plazierung von Agenten in der Modellumwelt wurde eine Software entwickelt und eingesetzt.

[126] Das entspricht dem Zeitpunkt T=30[s] auf dem in Bild 11 dargestellten Zeitstrahl zum Hergang der Katastrophe.

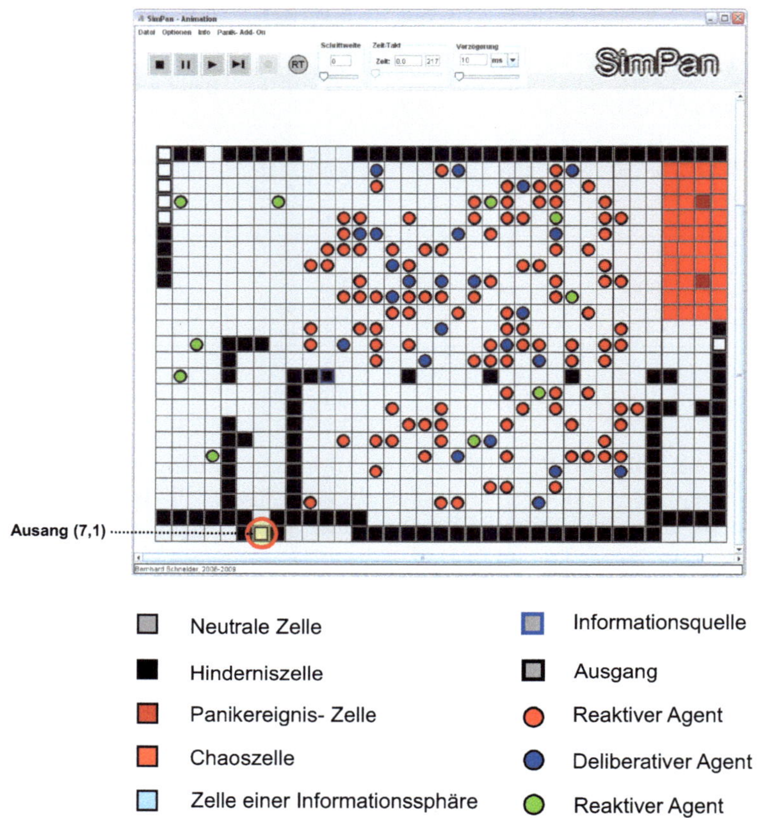

▨ Neutrale Zelle	▨	Informationsquelle
■ Hinderniszelle	▨	Ausgang
▨ Panikereignis- Zelle	●	Reaktiver Agent
▨ Chaoszelle	●	Deliberativer Agent
▨ Zelle einer Informationssphäre	●	Reaktiver Agent

Bild 105: Szenar für erweiterte Plausibilitätsbetrachtungen

Es bleibt anzumerken, dass das verwendete Szenar auch ob der getroffenen Annahmen bedingt durch fehlende Beobachtungsdaten nicht die realen Bedingungen zum Zeitpunkt der Katastrophe widerspiegelt.

7.5.3.1 Bewertung des Modellverhaltens

Die Betrachtung des Simulationsverlaufs soll insbesondere auf die rasche Entwicklung von Engpässen in den ersten Sekunden nach Eintreten des kritischen Ereignisses fokussieren. Die Bilder A-D der Bild 106 zeigen den Verlauf des definierten Szenars. Es konnte erwartungsgemäß festgestellt werden, dass sich initial in den Abschnitten B3 und B8 befindliche reflektive Agenten (Bild A), den Hauptausgang aufgrund der geringen Entfernung und der verfügbaren kognitiven Kapazitäten zur Planung und Optimierung am schnellsten erreichen und passieren. Bereits zum Zeitpunkt T = 0.74[s] (Bild B) findet eine Anhäufung von Agenten am Eingang zum Korridor statt, der zum Hauptausgang führt. Diese wird durch deliberative und reflektive Agenten verursacht, welche individuelle Fluchtwege verfolgen und dabei reaktive Agenten in Sichtweite hinter sich herziehen. Diese Anhäufung entspricht im Allgemeinen aufgrund der baulichen Verengung des Korridoreingangs den Erwartungen.

Die Ansammlung verdichtet sich im weiteren Szenarverlauf (Bild C) und erreicht bereits bei Zeitpunkt T = 1.43[s] (Bild D) ihren Höhepunkt. Angesichts der voreingestellten maximalen Bewegungsgeschwindigkeit von 1.8[m/s] scheint das Zeitintervall vom Beginn der Fluchtbemühungen bis zum Beginn der Ballung plausibel. Wie eingangs erwähnt setzt das Szenar genau zu dem realen Zeitpunkt an, bei dem die beteiligten Menschen in der realen Vorlage mit der Evakuierung begannen, d.h. die Zeitspanne zur kognitiven Erfassung der realen Bedrohung sowie die benötigte Zeit zur Orientierung und Fluchtplanung dürfen nicht mehr berücksichtigt werden.

Agenten, die nicht dem Herdentrieb folgen, verteilen sich in den Bereichen B4 und B5. In der realen Vorlage füllte sich der Nachtclub rasch mit Rauch, sodass die Sicht eingeschränkt war. Es scheint daher plausible, dass Agenten im Szenar aufzufinden sind, welche keinen Anschluss an die Massenbewegung haben. Das Erreichen eines Ausgangs ist diesen Agenten lediglich durch zufällige Annäherung an einen Ausgang, wie in Bild D am östlichen Bühnenausgang zu sehen, möglich.

Nach passieren der Engstelle kann eine zügige, geordnete Bewegung von Agenten im Korridor nahe des Hauptausgangs beobachtet werden. Dies deckt sich mit den Erwartungen da im betrachteten Zeitintervall ausreichend Platz zur Bewegung im Korridor vorhanden ist.

Im Szenarverlauf ist eine Bahnenbildung wie exemplarisch in den Bildern B und C angedeutet mehrfach zu beobachten. Diese entsteht durch gleichzeitige individuelle Bewegung mehrerer deliberativer oder reflektiver Agenten dem gleichen Ziel entgegen, welche wiederum durch reaktive Agenten auf demselben Pfad verfolgt werden.

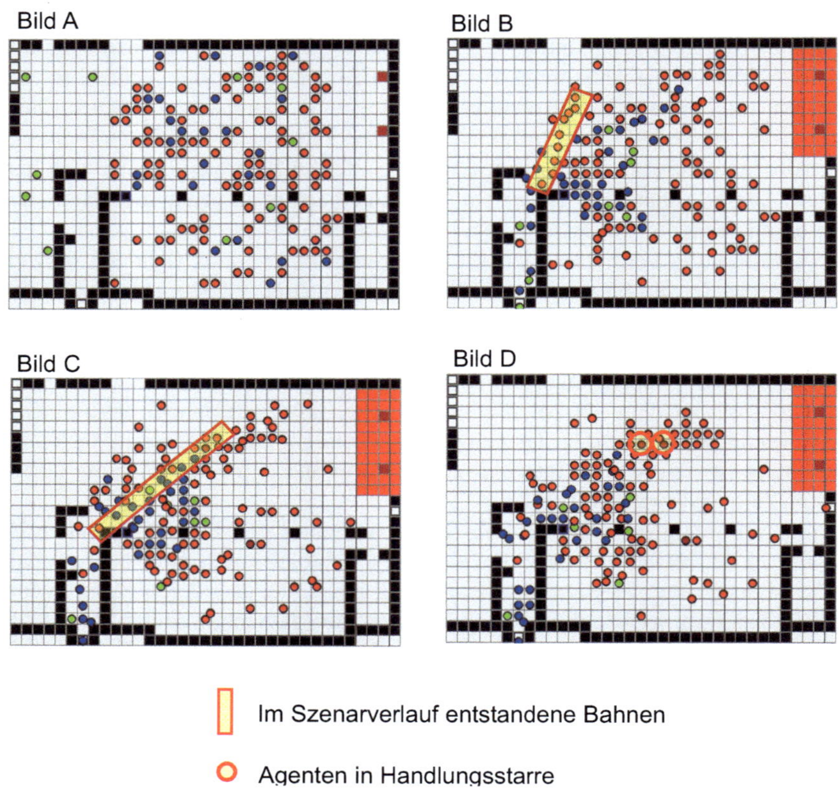

Bild 106: Verlauf des Szenars

Die Betrachtung des Graphen der gemittelten Intensität des Angst-Motivs im Szenar wie in Bild 107 dargestellt lässt den Schluss zu, dass der entsprechende Parameterwert bis zum Eintreten der Ballung von Agenten am Eingang zum Korridor der hohen Anzahl reaktiver Agenten entsprechend sanft abfällt. In der Folge pendelt sich der Wert zunächst auf einem Niveau bei etwa 68.0[MStE] ein und steigt zum Ende des betrachteten Zeitraums gering aber stetig an. Dies kann der Veränderung der Druckverhältnisse zugeschrieben werden, von denen eine im weiteren Verlauf des Szenars stetig wachsenden Anzahl an Agenten durch ihre Anwesenheit in der Ansammlung betroffen ist.

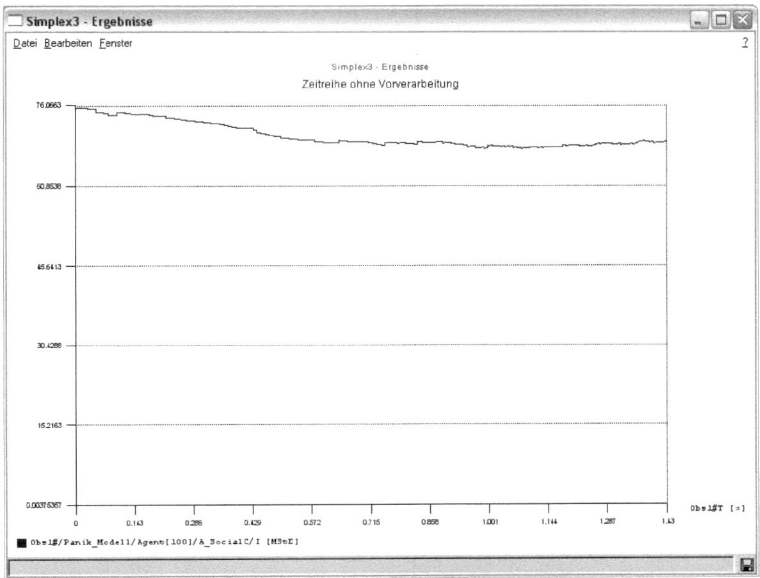

Bild 107: Gemittelte Intensität des Angst-Motivs

Diese Annahme wird durch Analyse des Bildes A der Bild 108 bekräftigt. Im Zeitintervall [0.57, 1.43] befindet sich der exemplarisch betrachtete Agent *A134* inmitten der Agentenansammlung vor dem Korridor und verzeichnet schwankende Veränderungen in seinem individuellen Druckempfinden. Die einzelnen Druckanstiege werden von einem sanften Anstieg der Intensität des Angst-Zustands begleitet.

Bild 108 offenbart zudem mehrere registrierte Beruhigungsversuche mit jeweils immer schwächerer Wirkung. Über die betrachtete Simulationsdauer hinweg folgt die Veränderung des Angst-Motivs des Agenten *A134,* wie detailliert in Bild B der Bild 108 gezeigt und durch den entsprechenden Verlauf bei Agent *A135* kontrastiert, grob den Veränderungen des Verlaufs der gemittelten Intensität des Angst-Motivs.

In Bild D der Bild 106 kommt die Handlungsstarre zweier Agenten zur Darstellung. Diese setzte aufgrund der Druckverhältnisse um die Agenten herum und die gänzliche Absenz beruhigender Stimuli ein und ist daher nachvollziehbar.

Das individuelle Crowding-Gefühl des Agenten *A134* bewegt sich aufgrund der insgesamt geringen Besetzung der Modellumwelt mit Agenten auf einem geringen Niveau. Dies ist der bewussten Abstraktion von der detaillierten Repräsentation der Clusterung von Agenten zuzuschreiben.

Die auf den Agenten *A134* individuell wirkende soziale Kraft weist über den betrachteten Zeitausschnitt einen sanften Abstieg auf. Dieser scheint angesichts des Verlaufs der gemittelten Intensität des Angst-Motivs plausibel.

Bild A

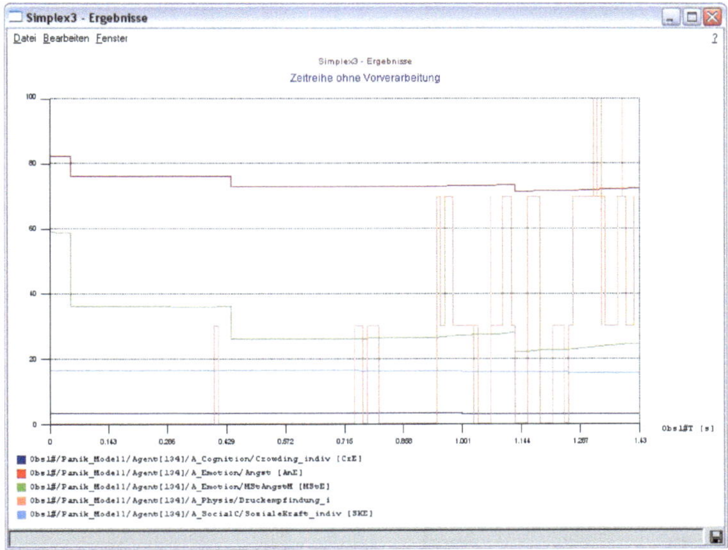

Bild B

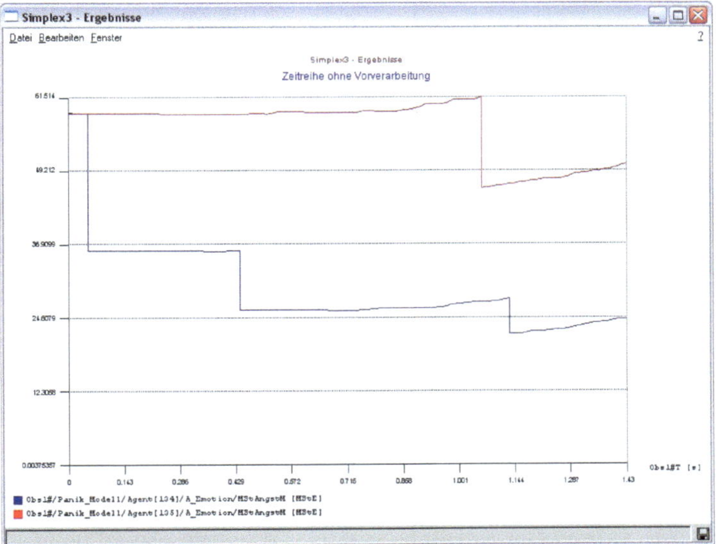

Bild 108: Angst-Zustand, Angst-Motiv, Crowding und soziale Kraft

7.5.3.2 *Bewertung des Modellverhaltens in einem modifizierten Szenar*

In einem modifizierten Szenar wurde die Anzahl an initial deliberativen Agenten stark erhöht. Dem lag die Annahme zugrunde, dass der diskrete Angstanstieg bei Agenten im Bereich B4 aufgrund der nicht direkt sichtbaren Brandentstehung geringer ausfallen kann als bei Agenten im Bereich B5, welche das Ausmaß der Gefahr durch ihre Positionierung in vollem Umfang erkennen können. Die Bilder A-D der Bild 109 zeigen den Verlauf des modifizierten Szenars. Die Bilder zeigen einen chronologischen Ablauf, analog zu dem in Bild 106 gezeigten Ablauf aus dem Ausgangsszenar.

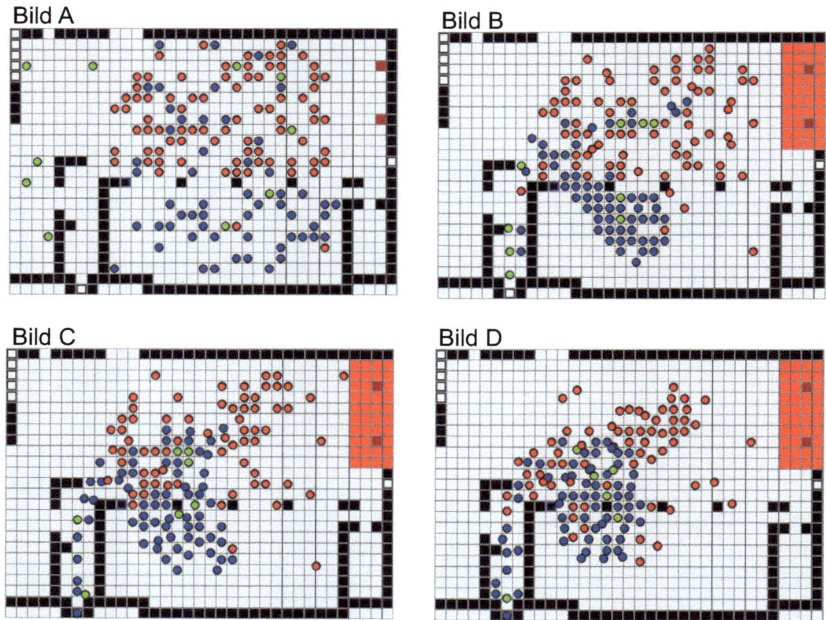

Bild 109: Verlauf des modifizierten Szenars

Bild B verdeutlicht, dass sich im unteren Bereich der Modellumwelt rasch eine geordnete Struktur einstellt in die unmittelbar auch reaktive Agenten eingebunden sind, welche sich im Bereich B4 aufhalten. Dies ist erklärbar durch die zielgerichtete Flucht deliberativer Agenten auf dem kürzesten Weg in Richtung des bekannten Ausgangs, die zwangsläufig in der beobachtbaren Struktur mündet, sowie durch die unbewusste Anleitung reaktiver Agenten. Daher bleibt für die Verhaltensreaktion des ziellosen Umherirrens bei den meisten reaktiven Agenten im Bereich B4 kein Spielraum.

Wie in Bild C zu sehen ist lockert sich die Struktur im Bereich B4 nach einiger Zeit auf, da Agenten Umwege um eine der Säulen in Kauf nehmen um ihrem Ziel näher zu kommen. Dort treffen sie jedoch auf eine Ansammlung aus großteils reaktiven Agenten wodurch der Bewegungsfluss ins Stocken gerät. Die bloße Anwesenheit einer großen Anzahl deliberativer Agenten ist demnach erwartungsgemäß kein Garant für einen erhöhten Durchsatz am Hauptausgang.
Die Analyse des Verlaufs der gemittelten Intensität des Angst- Motivs zeigt Ähnlichkeit zum Ausgangsszenar. Insgesamt ist die Intensität durch die erhöhte Anzahl deliberativer Agenten erwartungsgemäß deutlich geringer.

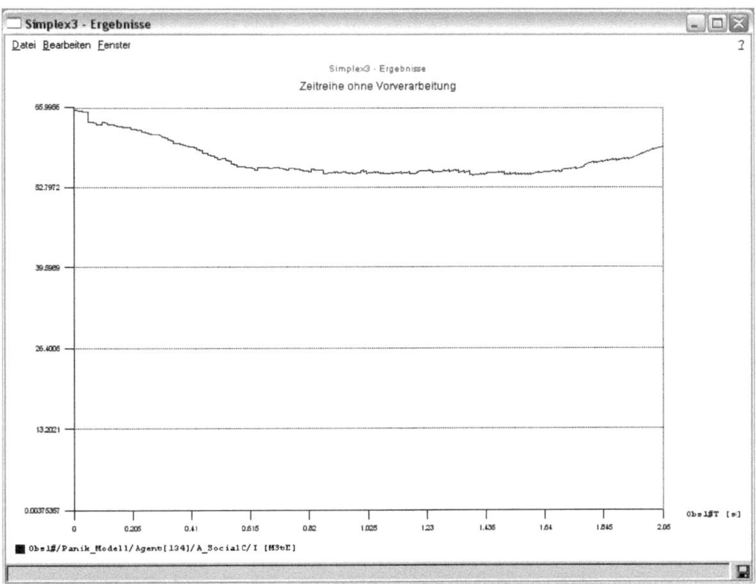

Bild 110: Gemittelte Intensität des Angst- Motivs (modifiziertes Szenar)

Das individuelle Crowding-Gefühl des Agenten *A134* und die individuell auf ihn wirkende soziale Kraft gestalten sich wie in Bild 111 gezeigt analog zu den erfassten Werten aus dem Ausgangsszenar und weisen keine offensichtlich unplausiblen Auffälligkeiten auf.

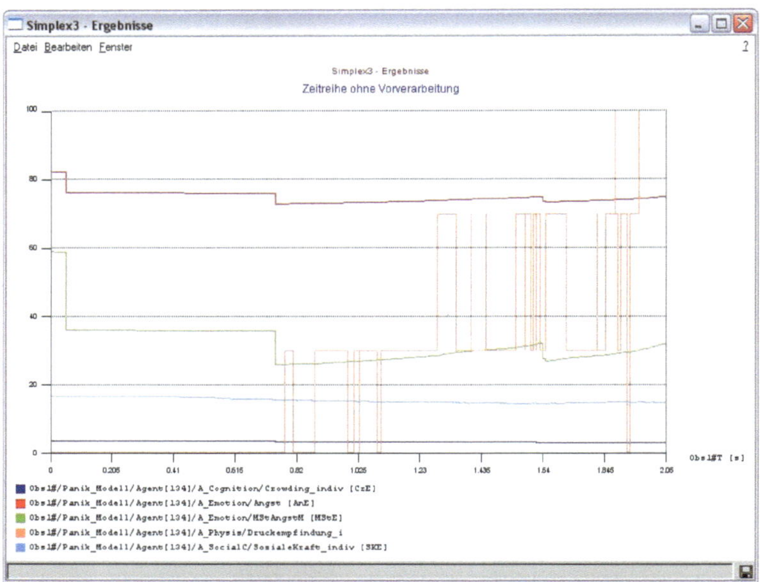

Bild 111: Angst-Zustand, Angst-Motiv, Crowding und soziale Kraft (modifiziertes Szenar)

7.6 Gesamtbewertung

Die durchgeführten Funktionalitätstests anhand der Prüfaspekte /PU[1..4]/ und /PA[1..9]/ zeigten, dass die wesentlichen konzeptuellen Vorgaben des Referenzmodells **SimPan** korrekt im Demonstratormodell umgesetzt wurden. Einzelaspekte des Verhaltens von Agenten konnten bereits während der Funktionalitätstests erklärt und plausibilisiert werden.

Im Rahmen der exemplarisch durchgeführten Plausibilitätsbetrachtungen konnten keine offensichtlich unplausiblen Verhaltensreaktionen der Agenten beobachtet werden. Auf die formale Plausibilisierung mit Hilfe von Entscheidungstabellen wurde dabei aufgrund mangelnder Vergleichsdaten zur Formulierung konkreter Erwartungen zugunsten der retrospektiven Analyse von Simulationsläufen verzichtet.

8 Zusammenfassung und Ausblick

Das folgende Kapitel ist thematisch zweigeteilt und beschließt die vorliegende Arbeit. In seinem ersten Teil erfolgt eine Zusammenfassung, in der zunächst Motivation und Zielsetzung der Arbeit nochmals festgehalten werden. Im Anschluss werden die aus der Zielsetzung abgeleiteten Problemstellungen und dafür erarbeiteten Lösungsansätze zusammengestellt. Dem folgen Anmerkungen zur Praktikabilität des Ansatzes durch Zusammenfassung der Ergebnisse durchgeführter Plausibilitätsbetrachtungen auf Basis einer exemplarischen Umsetzung der Lösungsansätze als Agenten-basiertes Simulationsmodell. Der erste Teil des Kapitels schließt mit der Bewertung des erarbeiteten Ansatzes.
Den zweiten Teil und gleichermaßen Abschluss des Kapitels bildet der Ausblick auf mögliche zukünftige Forschungsperspektiven die durch die vorliegende Arbeit eröffnet werden und konkrete mögliche Anwendungsgebiete für die erzielten Ergebnisse. Zuletzt werden Anregungen zur weiteren Ausgestaltung und Konkretisierung des in der vorliegenden Arbeit vorgeschlagenen Referenzmodells gegeben, begleitet von abschließenden Anmerkungen zur Umsetzung des Referenzmodells.

8.1 Zusammenfassung

8.1.1 Motivation, Zielsetzung und Abgrenzung

Die Simulation menschlichen Verhaltens erfreut sich breiter Anwendung in verschiedensten zivilen wie auch militärischen Anwendungsdomänen und gewinnt kontinuierlich an Bedeutung. Eine erstarkende Strömung innerhalb der Simulation menschlichen Verhaltens generiert ein Anforderungsprofil für die Modellierung, das sich von der idealtypischen Repräsentation von Menschen im Modell, basierend auf optimalen mentalen Prozessen und vollkommener Emotionslosigkeit, entfernt und sich hin zur realistischen Abbildung menschlichen Verhaltens orientiert. Derart fließen Erkenntnisse aus Psychologie und den Sozialwissenschaften über Unzulänglichkeiten im Wahrnehmen, Denken und Handeln eines Menschen abhängig von situativen Faktoren wie der Verfügbarkeit verwertbarer Information zur Problemlösung oder der Anwesenheit störender Faktoren wie starke Emotionen oder andere Verhaltensmoderatoren in den Modellierungsprozess ein. Um diesem neuen Anforderungsprofil gerecht zu werden, ist es nötig, eine ganzheitliche Sichtweise auf den Menschen aufzugreifen, die ihn als autonomes psychosomatisches System mit kognitiven und emotionalen Fähigkeiten versteht, das in einen sozialen Kontext eingebettet ist. Es ergibt sich darüber hinaus die Notwendigkeit, Wissen aus Teildisziplinen von Informatik und Psychologie fachübergreifend zu vereinen.

Das primäre Ziel der vorliegenden Arbeit ist die Unterstützung von Bemühungen zur Panikprävention durch Analyse des Verlaufes von Bedrohungsszenarien, Entscheidungsunterstützung bei der Festlegung von Evakuierungsoperationen und durch Schulung von Sicherheitspersonal im Vorfeld von Massenzusammenkünften jeglicher Art mit Hilfe der Agenten-basierten Simulation. Dieser Arbeit liegt die Annahme zugrunde, dass individuenbasierte Modelle mit sozialpsychologischer Ausrichtung, welche alle relevanten Einflussfaktoren für kognitive und emotionale Prozesse eines Menschen sowie alle relevanten Verhaltensweisen des Menschen in Krisensituationen berücksichtigen, erforderlich ist, um fundierte Vorschläge für effektive Maßnahmen zum Schutz von Menschen in den genannten Anwendungsbereichen abgeben zu können. Diese Arbeit basiert auf der Überzeugung, dass die Bereitstellung eines Referenzmodells zur Abbildung menschlichen Verhaltens in Paniksituationen, welches Lösungsvarianten zur Modellierung eben dieser Einflussfaktoren und Ausprägungen menschlichen Verhaltens berücksichtigt, von großem Nutzen zum Aufbau derartiger Simulationsmodelle sein kann.

Bezogen auf den spezialisierten Anwendungszweck und das gewählte Modellierungsparadigma stellt die vorliegende Arbeit einen Kontrast zu bestehenden Ansätzen in der Massensimulation mit Fokus auf der Abbildung von Personenströmen nach physikalischen Gesetzmäßigkeiten dar und unterstreicht seinen innovativen Charakter.

8.1.2 Anforderungen

Die Entwicklung des Referenzmodells muss sich an einer Reihe von Anforderungen orientieren, die aus der Untersuchung psychologischer Theorien über die Entwicklung von Panik und aus Ergebnissen von Untersuchungen dokumentierter Großschadensereignisse hervorgehen.

Grundsätzlich können Anforderungen an das Referenzmodell klassifiziert werden in umweltbezogene und verhaltensbezogene Anforderungen. Umweltbezogene Anforderungen berühren die Abbildung relevanter Aspekte der Umwelt. Darunter verstehen sich infrastrukturelle Merkmale der Umgebung, das Eintreten kritischer Ereignisse und die Verbreitung von Informationen verschiedener Art zwischen Menschen in der Umgebung. Verhaltensbezogene Anforderungen greifen Variationen des internen Zustands betroffener Menschen auf, die sich in verschiedenen Facetten beobachtbaren menschlichen Verhaltens manifestieren und als Reaktion auf die Umweltdynamik verstanden werden können. Hierzu zählen die Prozesse der Wahrnehmung und kognitiven Verarbeitung von Wahrnehmungen, die Dynamik des internen Zustands eines Menschen, und der Einfluss von Persönlichkeitseigenschaften auf dessen Verhalten in Krisensituationen.

8.1.2.1 Umweltbezogene Anforderungen

Wie in Kapitel 0 beschrieben, lässt sich eine Menge von charakteristischen Umweltmerkmalen definieren, die menschliches Verhalten beeinflussen und ihrer Funktion entsprechend vom Referenzmodell berücksichtigt werden müssen[127]. Durch den Prozess der Abstraktion lassen sich reale Umgebungen zur Abbildung in einem Simulationsmodell auf eine kleine Menge gemeinsamer, elementarer Strukturelemente reduzieren: begehbare Flächenanteile, unpassierbare Flächenanteile und Begrenzungselemente. Frei begehbare Flächen, zu denen Korridore oder auch Treppen zählen, werden durch Begrenzungen wie Wänden oder Absperrungen voneinander separiert. Durch äußere Einflüsse wie Anhäufungen von Schutt oder durch Detonation eines Sprengsatzes kann sich die Gestalt der Umwelt derart verändern, dass begehbare Flächen nur noch mit Mühe beschritten werden können oder gar unpassierbar werden. Ebenso können Begrenzungen ihre Funktion verlieren, wodurch einstmals separierte freie Flächen zu einer Gesamtfläche verschmelzen und die Bewegung einer Menschenmenge darin schwer steuerbar wird.

Weiterhin müssen technische Informationsquellen in einer Umgebung, wie Lautsprecher oder optische Signalgeber, berücksichtigt werden. Sie stellen eine Möglichkeit zum steuernden Eingreifen während einer Massenflucht durch Verbreitung von Informationen über Fluchtmöglichkeiten dar. Ihre Reichweite wird durch Begrenzungselemente und Veränderungen in der Umwelt wie Lärm oder Beeinträchtigung der Sicht durch Rauch reduziert.

Als Auslöser für Panik wurden in den Grundlagenarbeiten kritische Ereignisse in der Umwelt identifiziert, die den Zustand der Umwelt wahrnehmbar in bedrohlicher Weise verändern. Die Menge dieser Ereignisse umfasst naturbedingte Ereignisse wie Wetterphänomene, technische Ereignisse wie Explosionen ebenso wie verhaltensbedingte Ereignisse, beispielsweise die Ausführung aggressiver Handlungen oder das Verbreiten von Gerüchten über eine vermeintliche Gefahr am Ort des Geschehens. Kritische Ereignisse können einen lokal begrenzten Wirkbereich besitzen, innerhalb dessen dramatisch verschlechterte Lebensbedingungen vorzufinden sind, wie dies innerhalb des Detonationsradius eines gezündeten Sprengsatzes der Fall ist, oder einen dynamischen Wirkbereich erzeugen, der sich in Raum und Zeit physikalischen Gesetzmäßigkeiten folgend ausdehnen

---

[127] Die folgenden Ausführungen basieren auf den Modellierungsanforderungen /MU[1..4]/ aus Tabelle 29.

kann. Zuletzt müssen Entstehung und Auswirkungen von physischem Druck in einer Umgebung, der durch die Bewegung einer Masse oder die Drängelaktionen Einzelner entstehen kann, abgebildet werden können.

8.1.2.2 Verhaltensbezogene Anforderungen

Wie in Kapitel 5.2.1 vorgeschlagen, soll der interne Aufbau eines Menschen im Modell die Struktur eines Systems aufweisen. Für die Informationsverarbeitung bedeutet dies, dass eine Menge wohldefinierter Einflussgrößen abhängig vom internen Zustand des Systems zu einer Menge von Ausgabegrößen transformiert werden muss. Dies generiert die Anforderung, dem System die Fähigkeit zur Wahrnehmung, zur Bestimmung des internen Zustands durch kognitive Verarbeitung der Wahrnehmungen und zur Erzeugung von Ausgaben in Form von Verhaltensweisen zu verleihen[128].

Im Bereich der Wahrnehmung muss die Fähigkeit zur Aufnahme von Informationen über das Eintreten kritischer Ereignisse, zur Beobachtung des Verhaltens anderer Menschen in räumlicher Nähe und zur Aufnahme von Informationen über mögliche Fluchtwege Berücksichtigung finden. Basierend auf seinen Wahrnehmungen muss ein Modellmensch zum Aufbau eines individuellen mentalen Weltbildes fähig sein und über kognitive Kapazitäten verfügen, dieses Weltbild zu bewerten und damit kausale Zusammenhänge zu erkennen, mögliche Problemstellungen zu identifizieren und, im besten Fall, pragmatische Lösungen zu generieren.

Aus dem internen Zustand eines Menschen, seinen Bedürfnissen, Wünschen und Persönlichkeitseigenschaften, leitet sich eine Tendenz zur Ausführung von Handlungen ab, um individuelle Ziele zu erreichen. Daher rührt die Anforderung an das Referenzmodell, den menschlichen Verhaltensantrieb durch die Repräsentation von Motiven nachzubilden, die während des Verlaufs von Paniksituationen Relevanz besitzen. Im Fokus muss die Emotion Angst mit ihrer Dynamik als maßgebliche motivationale Kraft stehen. Einflüsse auf die Emotionsdynamik durch aktive Bewertung des mentalen Weltbilds oder auch durch unbewusste Beeinflussung durch Massenphänomene wie sozialer Einfluss und die individuelle Empfindung von Enge in der Umgebung müssen beschrieben werden. Die Beschreibung der Emotionsdynamik muss weiter durch Berücksichtigung der Fähigkeit zur bewussten Kontrolle des emotionalen Zustands mittels Emotionaler Intelligenz vervollständigt werden.

Die Menge der Systemausgaben in Gestalt von Handlungen von Agenten muss, dokumentierten Beobachtungen menschlichen Verhaltens während realen Großschadensereignissen entsprechend, ein breites Verhaltensspektrum abdecken.

---

[128] Grundlage für die folgenden Ausführungen stellen die Aspekte /MA[1..6]/ aus Tabelle 29 dar.

Dieses reicht von instinktgetriebenem, impulsivem und von Emotion geleitetem Verhalten bis hin zu wohldurchdachtem Verhalten, das sozialen Normen gehorcht. Weiterhin gilt es, Modellverhalten, also die Fähigkeit zur Nachahmung der beobachtbaren Verhaltensmuster anderer Individuen, und Interaktion kommunikativer Art zwischen Individuen zu berücksichtigen.

Neben der Berücksichtigung des Zustands der menschlichen Psyche muss auch dem physiologischen Zustand eines Menschen Bedeutung beigemessen werden. Durch lange andauernde Fluchtbemühungen und Ermüdungserscheinungen in der Konsequenz, oder Verschlechterung des Gesundheitszustands eines Menschen durch Einatmen von Rauch etwa, kann seine Fluchtaktivität reduziert werden oder gar zum Erliegen kommen. Ebenso müssen Auswirkungen des subjektiven Empfindens von physischem Druck auf den emotionalen Zustand eines Menschen berücksichtigt werden.

8.1.2.3 Strukturelle Anforderungen

Das im Rahmen dieser Forschungsarbeit zu entwickelnde Referenzmodell muss seinen Anwendungsbereich präzise definieren und seinen Vorlagencharakter in diesem Bereich durch Bereitstellung nachvollziehbarer Lösungsansätze für die definierten Anforderungen beweisen, welche es zu einem strukturierten und modularen Gesamtgefüge zusammenfassen muss. Das Referenzmodell muss allgemeingültig und anpassbar sein, um bei einer Umsetzung in Form eines Agenten-basierten Simulationsmodells gegebenenfalls spezifische, sich aus möglicherweise einzigartigen Merkmalen konkreter Anwendungssituationen heraus ergebende, Aspekte aufnehmen zu können. Dabei muss sich das Referenzmodell strikt auf semantischer Ebene bewegen und soll keine Vorgaben für eine Implementierung enthalten, die über die Anforderung zur Agenten-basierten Umsetzung hinausgehen. Mit Hilfe eines Demonstratormodells und der Durchführung von Plausibilitätsbetrachtungen soll die Tauglichkeit des Referenzmodells für einen Einsatz in der Praxis unter Beweis gestellt werden[129].

8.1.3 Lösungsansatz

Unter Berücksichtigung der gestellten Anforderungen wurde im Rahmen der vorliegenden Arbeit das Referenzmodell **SimPan** entwickelt. Es dient der Agenten-basierten Modellierung menschlichen Verhaltens in Paniksituationen. Panik wird dabei als interner Zustand eines Individuums verstanden, der sein Verhaltensspektrum auf reaktive Verhaltensmuster einschränkt. Dieser interne Zustand ist charakterisiert durch die Anwesenheit des emotionalen Motivs Angst in handlungsleitender Stärke, hervorgerufen durch Wahrnehmung und Interpretation von

---

[129] Die Ausführungen umreißen die Eigenschaften /ER[1..8]/ aus Tabelle 2.

Information über eine reale oder imaginäre, unmittelbare Bedrohung des eigenen Lebens. Das Referenzmodell enthält Lösungsansätze für alle identifizierten Modellierungsanforderungen und integriert diese in einen konzeptuellen Gesamtrahmen. Gleichsam offeriert es Freiräume zur Ausgestaltung, abhängig von spezifischen Erfordernissen konkreter Anwendungssituationen der realen Welt.

8.1.3.1 Umweltmodellierung

Grundlage für die Umweltmodellierung stellt der raum-diskrete und zeitkontinuierliche Ansatz zur Modellierung der Agentenbewegung dar. Die kontinuierliche Umwelt wird dabei diskretisiert als Menge eindeutig identifizierbarer, atomarer Zellen mit einer Menge von Attributen. Entsprechend den Anforderungen zur Modellierung von Umweltgegebenheiten werden verschiedene Typen von Zellen vorgesehen, Zustandsübergänge zwischen den einzelnen Zelltypen sind dabei möglich. Räumlich benachbarte Zellen gleichen Typs können zu zusammenhängenden, funktionalen Einflussbereichen zusammengefasst werden. Derart können Areale der Umwelt definiert werden, die in Reichweite von Lautsprechern liegen und in denen Agenten Informationen über einen Evakuierungsplan erhalten können. Ebenso können um Agenten mit speziellen Fähigkeiten herum Sphären definiert werden, in denen eine beruhigende Wirkung auf andere Agenten vermittelt werden kann.

Kritische Ereignisse werden mittels bedingten Simulationsereignissen abgebildet. Die Auslösebedingungen derartiger Simulationsereignisse können frei durch den Anwender definiert werden. Kritische Ereignisse können Einflussbereiche besitzen, die mittels der Definition statischer und dynamischer Wirkbereiche abgebildet werden. Agenten haben unterschiedliche Möglichkeiten, Kenntnis über das Eintreten eines kritischen Ereignisses zu erlangen: eigene, direkte Wahrnehmung von Ursache oder Wirkung oder zeitverzögerte Überlieferung durch andere Agenten. Dieser Umstand wird durch die Definition von Kenntnisbereichen als spezielle statische oder dynamische Einflussbereiche von kritischen Ereignissen realisiert, in denen Agenten entsprechende Informationen erhalten können.

Zellen berechnen weiterhin den auf sie wirkenden Druck unter Berücksichtigung des Agentenverhaltens auf der Zelle und der Druckverhältnisse auf den Nachbarzellen. Übersteigen die Druckverhältnisse auf einer Zelle die individuelle Widerstandskraft eines auf ihr befindlichen Agenten gegen Druck, so wird dessen physische Konstitution angegriffen. Auch kann sich durch die Druckverhältnisse der Typ einer Zelle ändern, womit das Einreißen von Barrikaden oder sonstigen Begrenzungen abgebildet wird.

8.1.3.2 Agentenmodellierung

SimPan-Agenten sind mit einer Grundfähigkeit zur Wahrnehmung ausgestattet. Die an einem bestimmten Ort verfügbaren und für Agenten im Anwendungskontext relevanten Informationen werden direkt in den am Ort lokalisierten Zellen gehalten und von diesen bereitgestellt. Wahrnehmung entspricht im Modellierungsansatz daher der Entnahme spezifischer Informationen aus den Zellen durch lesenden Zugriff von Agenten auf entsprechende Zellattribute zum Zeitpunkt, an dem die Wahrnehmung erfolgen soll. Derart werden kritische Ereignisse durch einen Agenten wahrgenommen, indem er prüft, ob seine aktuelle Zelle dem Kenntnisbereich eines kritischen Ereignisses angehört. In gleicher Weise erfolgt die Wahrnehmung der Aktionen anderer Agenten in Sichtweite. Dies bezieht sich einerseits auf die Fluchtrichtung dieser Agenten, andererseits auf beruhigende Aktionen, die von diesen möglicherweise ausgehen. Gleiches gilt für Wahrnehmungen von Informationen technischer Informationsquellen über mögliche Zielkoordinaten für Fluchtversuche und den, auf einen Agenten objektiv wirkenden, physischen Druck auf seine aktuelle Zelle.

Zusätzlich werden Informationen über die Beschaffenheit der Umgebung durch Wahrnehmung und Differenzierung der Zelltypen und die Anzahl sich in der Umwelt befindlicher Informationen wahrgenommen. Als Kontextinformationen, die einem Agenten ohne aktives Zutun zur Verfügung stehen, werden die Größe der Umgebung und gegebenenfalls die Position von Ein- und Ausgängen angenommen. Die Wahrnehmungsfähigkeit eines **SimPan**-Agenten kann je nach Fragestellung von einem Anwender um weitere Aspekte ergänzt werden.

Auf Basis individuell wahrgenommener Informationen erweitert und verfeinert ein Agent sein mentales Weltbild. Das mentale Weltbild beschränkt sich auf die grundlegenden Elemente, die für das Verhalten eines Agenten in einer Krisensituation relevant sind. Derart umfasst es eine, den Wahrnehmungen entsprechende, Repräsentation der Umwelt, aus der ein Agent prinzipiell alle relevanten Informationen exzerpieren kann, um Fluchtwege im Katastrophenfall zu erarbeiten. Die Komplexität des mentalen Weltbilds eines Agenten kann den jeweiligen Erfordernissen entsprechend angepasst werden.

Durch fortlaufende Bewertung des sich verändernden mentalen Weltbildes wird der interne Zustand eines Agenten bestimmt. Grundsätzlich werden interne Zustände eines Agenten durch Zustandsvariablen mit definierter Dynamikbeschreibung repräsentiert. Jeder Zustand ist, den Ansatz von Dörner (1999) aufgreifend, mit einem eigenen Motiv verbunden. Motive werden durch abhängige Variablen repräsentiert und treten mit einer bestimmten individuellen und von Persönlichkeitseigenschaften abhängenden Motivintensität auf. Die Abbildung der Konkurrenzsituation zwischen den Motiven wird durch einen Mechanismus zur Motivselektion realisiert. Dieser bestimmt das zu einem Zeitpunkt stärkste unter allen vorhandenen Motiven als handlungsleitendes Motiv. Die Menge der Motive und ihr Widerstreit bilden den Verhaltensantrieb eines **SimPan**-Agenten ab.

Das dominierende Motiv in Paniksituationen stellt das emotionale Motiv Angst dar. Die Dynamik des damit verbundenen Angstzustands eines Agenten wird durch eine Differenzialgleichung mit diskreten und kontinuierlichen Anteilen bestimmt. Ein diskreter Anstieg des Angstzustands erfolgt nach der Theorie des *Cognitive Appraisal for Emotions,* wie von Cañamero (1997) beschrieben, durch die Registrierung eines kritischen Ereignisses mittels Wahrnehmung des Ereignisses, seiner Einbettung in das mentale Weltbild und der darauf durchgeführten Analyse. Die individuelle Einschätzung einer Situation ist dabei abhängig von den Persönlichkeitseigenschaften eines Agenten, der Art der Kenntnisnahme und vom Standort des Agenten relativ zum kritischen Ereignis. Die konkrete Ausprägung dieser Abhängigkeit ist dabei, dem Charakter eines Referenzmodells entsprechend, durch den Anwender bestimmbar. Durch die Wahrnehmung beruhigender Aktionen von reflektiven Agenten wird dagegen eine diskrete Abnahme der Mächtigkeit des individuellen Angstzustands unterstellt. Der kontinuierliche Anteil zur Abbildung der Dynamik der Zustandsvariable Angst bezieht die Faktoren Crowding, soziale Kraft und das individuelle Empfinden des objektiv wirkenden physischen Drucks in der Umgebung ein.

Die abhängige Modellgröße Crowding repräsentiert das subjektive Empfinden von räumlicher Enge. Crowding resultiert maßgeblich aus der Analyse des mentalen Weltbildes hinsichtlich des Verhältnisses zwischen der Anzahl an Agenten und der Größe der Umwelt.

Die Bestimmung des Einflusses sozialer Kräfte auf die zeitliche Entwicklung des individuellen Angstzustands eines Agenten basiert auf dem Konzept der Sozialen Kräfte von Latané (1981). Die soziale Kraft wird im Modellierungsansatz als Grad an emotionaler Aufgeladenheit der sozialen Umgebung verstanden und wird durch eine abhängige Variable repräsentiert. Als Einflussparameter zur Bestimmung ihrer Stärke dienen die Dichte der Besetzung der Umgebung mit Agenten und die gemittelte Stärke des Angstmotivs aller Agenten in der Umwelt.

Die subjektive Erfahrung physischen Drucks, der aus dem Drängen von Individuen in einer Menschenmenge in eine bestimmte Richtung resultiert, basiert auf dem Zusammenspiel zwischen dem objektiv wirkenden Druck und der individuellen Wahrnehmung seines negativen Einflusses auf das eigene Wohlbefinden. Daneben beeinflusst die Anwesenheit von physischem Druck die Bewegungsfreiheit und -Geschwindigkeit eines Agenten in seiner Umgebung. Im Gegensatz zur Empfindung von Druck haben Crowding und die soziale Kraft nicht per se einen verstärkenden Einfluss auf die Angst eines Agenten.

Die Abhängigkeit zwischen dem Angstzustand eines Agenten und seinem Angstmotiv wird durch Einsatz einer verallgemeinerten logarithmischen Wachstumskurve ausgedrückt.

SimPan-Agenten sind durch Emotionale Intelligenz, wie von Mayer und Salovey (1997) beschrieben, zur Kontrolle ihres eigenen emotionalen Zustands fähig. Befindet sich die aktuelle Erregung eines Agenten, die sich als Summe seiner Motivstärken ergibt, unterhalb seiner individuellen Erregungsschwelle, wird angenommen, dass die Bedürfnisse des Agenten zum großen Teil befriedigt sind und der Agent zur Kontrolle seiner Emotionen fähig ist. Als Antagonist für das Angstmotiv agiert das, durch den Emotionalen Intelligenzquotienten (EQ) maßgeblich bestimmte, Motiv Angstkontrolle, welches bei handlungsleitender Funktion eine diskrete Reduzierung der Stärke des Angstmotivs auslösen kann. Der EQ eines Agenten wird während einer Krisensituation vereinfachend als konstant angenommen.

Falls das Angstmotiv eines Agenten dagegen dominiert, hängt sein Verhalten maßgeblich von seiner individuellen Fähigkeit zur Selbstkontrolle ab, die sich aus der Stärke des Angstmotivs ableitet. Die Ausprägung der Fähigkeit zur Selbstkontrolle bestimmt wiederum das verfügbare Spektrum an Verhaltensweisen: reaktiv, deliberativ oder reflektiv. Das reaktive Verhaltensspektrum eines Agenten setzt sich aus Handlungsstarre, ziellosem Umherirren und Teilnahme an einer Massenflucht zusammen. Zusätzlich neigen reaktive Agenten dazu, Drängelaktionen auszuführen. Deliberatives Verhalten ist durch zielgerichtete Flucht mit selbstständiger Wahl des Fluchtziels und eigener Wegeplanung charakterisiert. Deliberative Agenten legen Informationen über ihre Fluchtrichtung in Zellen in ihrem Einflussbereich ab. Auf diese Information können reaktive Agenten zugreifen und haben die Möglichkeit, dem Beispiel der deliberativen Agenten zu folgen, wodurch sich eine gerichtete Massenbewegung durch Modellverhalten entwickeln kann. Reflektives Verhalten ergänzt das deliberative Verhalten um die Fähigkeit zur Kontrolle eigener Emotionen mittels Emotionaler Intelligenz und um die Möglichkeit zur Beruhigung stark verängstigter Agenten im jeweiligen Einflussbereich.

Der physiologische Zustand eines Agenten wird durch die abhängige Variable Energie repräsentiert. Durch Anwesenheit im Einflussbereich eines kritischen Ereignisses bei dessen Eintreten oder die Einwirkung von hohem physischem Druck auf den Agenten strebt der Wert der Energie-Variable mit der Zeit gegen Null, was den Tod eines Agenten bedeutet.

8.1.4 Anmerkungen zur Praktikabilität

Im Rahmen der Funktionalitätstests und Plausibilitätsbetrachtungen konnte ein für die umgesetzten Szenare plausibles Verhalten des Demonstrators festgestellt werden, d.h. es wurden keine offensichtlich falschen Simulationsergebnisse generiert. Dies lässt keine Rückschlüsse auf die Praktikabilität des entwickelten Demonstrators zur Untersuchung von Fragestellungen in den designierten Anwendungsgebieten zu, untermauert jedoch die Anwendbarkeit und Reife der Modellierungskonzepte des Referenzmodells **SimPan**.

Es bleibt anzumerken, dass die Qualität von Simulationsergebnissen nicht alleine von der Praktikabilität des verwendeten Modells oder der unterliegenden Konzeptsammlung abhängt. Vielmehr spielen Qualität und Quantität verfügbarer Realdaten für den jeweiligen Anwendungsfall zur Parametrisierung des Simulationsmodells eine entscheidende Rolle. Anstelle von nicht verfügbaren oder schwer erfassbaren Realdaten müssen Annahmen für entsprechende Belegungen von Parametern im Simulationsmodell getroffen werden. Aus diesem Grund scheinen das Referenzmodell **SimPan** und darauf basierende Simulationsmodelle nicht geeignet für den Anwendungszweck der Entscheidungsunterstützung bei laufenden Massenveranstaltungen. Da im Moment der Anforderung der Entscheidungsunterstützung für eine reale Situation lediglich eine sehr begrenzte Zeitspanne zum Einholen relevanter Eingabedaten und beschränkte Datenquellen zur Auswertung vorliegen, müssten zwangsläufig sehr viele Annahmen für Parameterbelegungen getroffen werden. Daher zählt dieser Anwendungszweck nicht zum definierten Anwendungsgebiet.

8.1.5 Bewertung des Ansatzes

Das vorgeschlagene Referenzmodell erfüllt die inhaltlichen und strukturellen Anforderungen an einen sozialpsychologisch verankerten, Agenten-basierten Ansatz zur Abbildung menschlichen Verhaltens in Paniksituationen. Die Verwendung des Paradigmas der Agenten-basierten Modellierung zur Abbildung des Verhaltens von Individuen in Menschenmengen gibt jedoch Spielraum für Diskussionen. Wie sich im Laufe der Grundlagenarbeiten herausstellte, ist dieser Modellierungsansatz gerade wegen der Möglichkeit, Individualität des Menschen in Gefühlswelt und Verhalten abzubilden, bestens als Modellierungsgrundlage der vorliegenden Arbeit geeignet. Gleichermaßen stellt sich jedoch die Frage, ob der Agenten-basierte Ansatz von Seiten der Effizienz einer entsprechenden softwaretechnischen Umsetzung mächtig genug ist, Großschadensereignisse und damit verbunden Fluchtbemühungen von vielen tausenden von Individuen zur selben Zeit abbilden zu können, wie dies durch Vielteilchensysteme möglich ist. Es ergibt sich ein Widerstreit der Argumente Komplexität und modellierungstechnische Eleganz sowie auf der Gegenseite Einfachheit durch Reduzierung und schlichte Effizienz. Dieser Sachverhalt lässt sich auf eine einfache Formel reduzieren: Die detaillierte Abbildung des Innenlebens eines Menschen im individuenbasierten Ansatz wird erkauft durch geringere Kapazität und Performance hervorgehender Modelle im Vergleich zu Partikelsystemen wie in Kapitel 4 beschrieben.

Bei genauerer Betrachtung von Großschadensereignissen wie in Kapitel 3 beschrieben, wird ersichtlich, dass sich nicht die gesamte Menge anwesender Menschen Fluchtbemühungen hingibt. Vielmehr bleibt Flucht- und Panikverhalten auf einen kleinen Ausschnitt der betrachteten Umgebung, z.B. eines Stadions, beschränkt, so dass nur ein Bruchteil der gesamten Anzahl an Besuchern involviert ist. Genau hier liegt die Annahme begründet, dass sich diese lokale, kritische Situation aus der globalen Situation herausschneiden und isoliert betrachten lässt. Dies reduziert den Umfang einer Simulation enorm und macht sie handhabbar für den Agenten-basierten Ansatz.

Weiterhin muss festgehalten werden, dass menschliches Verhalten in Paniksituationen, wie aus den Kapiteln 2 und 3 hervorgeht, hochgradig individuell ist. Ein Modellierungsansatz mit dem expliziten Anwendungszweck der Abbildung menschlichen Verhaltens in Paniksituationen, der diese Individualität nicht berücksichtigt, ist nicht vollständig. Hierin liegt letztlich die Daseinsberechtigung für den in der vorliegenden Arbeit beschrittenen Ansatz begründet.

Es bleibt anzumerken, dass der erarbeitete Ansatz nicht den Anspruch erhebt, bestehende Ansätze im Bereich der Evakuierungssimulation abzulösen, sondern das Spektrum dieser Ansätze um einen neuen Blickwinkel zu erweitern. Welcher Ansatz in einer bestimmten Situation gewählt wird, sollte stets abhängig sein von der jeweils unterliegenden Fragestellung. So wäre es z.B. auch denkbar, ein großes Szenar im ersten Ansatz partikelbasiert, kritische Ausschnitte davon in zweiter Instanz hoch aufgelöst individuenbasiert zu simulieren.

8.2 Ausblick

Es existiert eine große Bandbreite denkbarer Szenare, bei denen Fragestellungen im Sinne der zivilen Sicherheit von größtem Interesse sind. Zu diesen zählen Massenveranstaltungen religiöser, politischer oder auch sportlicher Art, lebensbedrohliche Ereignisse in geschlossenen Räumen oder Terrorakte an öffentlichen Orten. Den Berührungspunkt derartiger Szenare stellt die Notwendigkeit zur Abwicklung von Evakuierungen von Menschen aus Gefahrenzonen in geordneter und systematischer Weise dar, ohne dabei einen Nährboden für das Aufkommen von Panik zu schaffen. Nicht minder wichtig ist die Notwendigkeit zur Implementierung effektiver Maßnahmen zur Panikprävention bei Großveranstaltungen. Wie in Kapitel 2 der vorliegenden Arbeit dargelegt, vermuten Forscher wie Brickenstein (1993), dass es nicht möglich ist, die Flucht einer Masse panischer Individuen auf ihrem Höhepunkt zu brechen. Optimistische Theorien wie jene von Keating (1982) sehen eine Chance, durch die Eliminierung spezifischer, charakteristischer Vorbedingungen von Massenpaniken, einem möglichen Ausbruch von Panik in einer Menschenmenge entgegen zu wirken. Zu diesem Zweck bietet das, im Rahmen der vorliegenden Forschungsarbeit entwickelte, Referenzmodell **SimPan** eine Reihe neuer Möglichkeiten für die Sicherheitsforschung zum Schutz von Menschen durch Analyse und Verbesserung von Infrastrukturen, die Menschenmengen aufnehmen sollen, sowie durch Test und Optimierung von Evakuierungsprozeduren. Gleichermaßen offenbaren sich konkrete Einsatzmöglichkeiten im Bereich der Entscheidungsunterstützung bei der vorausschauenden Festlegung von Evakuierungsoperationen und der Schulung von Sicherheitskräften im Vorfeld von Großveranstaltungen. Diese Aspekte sollen im Folgenden abschließend erörtert werden.

8.2.1 Bemerkungen zur Sicherheitsforschung mit SimPan

Damit Realexperimente zur Untersuchung von Massenpaniken realitätsgerechte Ergebnisse liefern können, müssten bei Probanden künstlich Angstzustände erzeugt werden, auf deren Grundlage sie erst realistisches Verhalten in einer künstlich erzeugten Krise zeigen könnten. Abgesehen vom organisatorischen Aufwand, den Realexperimente erfordern, ist die Erzeugung derartiger realer Angst- bzw. Panikzustände in kontrollierten Umgebungen schwierig zu realisieren und unter ethischen Gesichtspunkten zumindest als problematisch anzusehen. Der Vorteil der Verwendung von Simulationen zur experimentellen Untersuchung von Massenpaniken ist dagegen offensichtlich: Mensch und Material müssen zur Erlangung von Erkenntnissen nicht in Gefahr gebracht werden. Das Referenzmodell **SimPan** ermöglicht insbesondere Untersuchungen, die über nötige und wertvolle Betrachtungen der Zusammenhänge zwischen der Dichte und Geschwindigkeit von Personenströmen und der Raumgeometrie hinausgehen, indem es die Individualität des Menschen in Verhalten und Gefühlswelt während kritischer Situationen in den Mittelpunkt der Forschung stellt, ohne dass die genannten Problematiken tangiert werden.

8.2.2 Analyse und Optimierung der Umgebung

Dombrowski und Pajonk (2005) sehen eine Anforderung an die Sicherheitsforschung in der Aufdeckung von Entstehungsgründen für eine Panik. Insbesondere muss dies, wie aus der Analysephase der vorliegenden Arbeit hervorgeht, auf Massenphänomene bezogen werden, da sie den internen Zustand eines Menschen beeinflussen und Paniken auslösen können. Unter Beachtung der spezifischen infrastrukturellen und sozialen Aspekte der jeweiligen Massenveranstaltung könnte die Frage untersucht werden, welche der Faktoren Crowding, soziale Beeinflussung oder subjektives Empfinden von physischem Druck in ausreichender Stärke auftreten, um die Transformation eines internen Zustands der emotionalen Neutralität oder Ausgeglichenheit eines Menschen in einen Panikzustand einzuleiten und zu fördern. Dazu könnten bereits im Vorfeld von Massenveranstaltungen kritische Zonen der entsprechenden Umgebung prognostiziert werden, die durch das Auftreten der genannten Faktoren in ausreichender Stärke gekennzeichnet sind.

Ein darauf aufbauendes Gebiet für Forschungsaktivitäten könnte sich mit der Untersuchung der Effektivität möglicher Gegenmaßnahmen in derartigen kritischen Zonen zur Panikprävention im Vorfeld von Veranstaltungen beschäftigen. So könnte die Wirkung der Aufteilung von großen Räumen oder Hallen durch ermittelte kritische Zonen hindurch in kleinere Abschnitte untersucht werden, durch die das Crowding-Empfinden anwesender Menschen und die Möglichkeit zu sozialer Beeinflussung reduziert oder zumindest lokal begrenzt werden soll. Auf dieser Basis wäre die Abgabe von Empfehlungen zur temporären Modifikation bestehender Umgebungen bei Massenveranstaltungen als konkreter Anwendungszweck der Referenzmodells **SimPan** denkbar.

Erkenntnisse aus Simulationen können jedoch nicht nur zum Zweck des Krisenmanagements für bereits bestehende Infrastruktur dienen. Es wäre denkbar, dass Erkenntnisse aus der Simulation menschlichen Verhaltens in Paniksituationen in Architektur und Städtebau einfließen. Bereits in der Planungsphase von Gebäuden oder gar öffentlichen Anlagen könnten Simulationen zum Einsatz kommen, die neben physikalischen Parametern wie der theoretisch nötigen Breite von Fluchtausgängen in Abhängigkeit von der maximalen Kapazität eines Raums auch die Fähigkeit und Willigkeit von Menschen berücksichtigt, diese im Ernstfall wie vorgesehen zu verwenden. Dies könnte zu einer Art von Architektur führen, die von der Sicherheitsforschung inspiriert wird.

8.2.3 Optimierung von Evakuierungsprozeduren

Die Entwicklung von Standards für die Einbeziehung psychologischer Aspekte bei extremen Situationen für die Ausbildung von Einsatzkräften, wie von der Akademie für Notfallplanung und Zivilschutz im Bundesamt für Zivilschutz [AfNZBfZ 2000] vorgeschlagen, ist ein weiteres denkbares Einsatzgebiet für Simulationen, die auf dem Referenzmodell **SimPan** fußen. Durch interaktive Simulation von Großschadensereignissen wäre es denkbar, Ordnungskräfte mit Ausprägungen menschlichen Verhaltens in Krisensituationen vertraut zu machen und für angemessenes Verhalten in kritischen Situationen zu schulen. Ein Ziel der Schulung von Sicherheitskräften könnte es sein, sie in die Lage zu versetzen, Menschen, die kurz vor dem Eintritt in einen internen Panikzustand stehen, frühzeitig an ihrem Verhalten zu erkennen und Gegenmaßnahmen einzuleiten, die ebenfalls wieder mit Hilfe der Simulation erprobt werden können. Dies knüpft an die von Dombrowski und Pajonk (2005) genannte Anforderung zur Erarbeitung von Möglichkeiten zum steuernden Eingreifen bei der Identifikation von Entstehungsgründen für Panik an.

Ebenso wäre es denkbar, die von Dombrowski und Pajonk (2005) aufgeworfene Fragestellung mittels Simulation zu untersuchen, ob und unter welchen Umständen es Möglichkeiten zur Überführung panischen Verhaltens einer Menschenmenge in einen geordneten Prozess gibt. Derart könnten bestimmte Zonen in einer gegebenen Umgebung einer Massenveranstaltung ermittelt werden, an denen im Evakuierungsfall Sicherheitskräfte zur Unterstützung fliehender Menschen verfügbar sein sollten, um durch persönlichen Kontakt zu verunsicherten Individuen im Krisenfall frühzeitig und mit maximaler Effektivität dem Ausbruch von Panikverhalten entgegen zu wirken. In diesem Rahmen könnte die Hypothese von Brickenstein (1993) in bestimmten Umgebungen getestet werden, wonach es ausreicht, einzelne panisch agierende Individuen aus einer fliehenden Menschenmenge zu entfernen, und damit das von ihnen für andere im Sichtbereich befindliche Individuen bereit gestellte Verhaltensmuster sofort zu neutralisieren, um der Verbreitung panischen Verhaltens in einer Menschenmenge Einhalt zu gebieten.

Auch könnte die Frage adressiert werden, welche Art von Information hinsichtlich des Detailgrades, de Aufbereitung und Darbietung - auditiv oder visuell - Fluchtteilnehmern bereitgestellt werden muss und an welchen räumlichen Positionen diese Informationen am effektivsten während einer Flucht und abhängig vom internen Zustand des Individuums wahrgenommen werden. Dabei können insbesondere die Positionen von Lautsprechern und Signalen hinsichtlich ihrer Wirkung auf den internen Zustand fliehender Menschen optimiert werden.

Insgesamt betrachtet wäre damit die Abgabe von Empfehlungen für Entscheidungen im Sinne des *best practice* während Evakuierungssituationen möglich, so z.B. für Positionswechsel von Sicherheitskräften, eine adäquate Darbietung von Informationen über die Situation oder ebenso für den richtigen Zeitpunkt zum Öffnen zusätzlicher Fluchtwege unter Berücksichtigung des individuellen menschlichen Fluchtverhaltens.

8.2.4 Weiterentwicklung des Referenzmodells SimPan

Das Referenzmodell **SimPan** bietet eine Reihe von Möglichkeiten zur Erweiterung der Bandbreite adressierbarer Fragestellungen im Bereich menschlichen Verhaltens in Paniksituationen. So könnte das Referenzmodell um eine physiologische Modellierungsebene erweitert werden, so dass Rückschlüsse hinsichtlich der Auswirkungen biochemischer Prozesse während Extremsituationen im menschlichen Körper auf die Psyche und in der Konsequenz auf das Verhalten eines Menschen gezogen werden können. Damit wäre es möglich, in Anlehnung an Ansätze zur Behandlung pathologischer Panikzustände mit Propranolol nach Heiser und Defrancisco (1976), die Wirksamkeit der Ausbringung von chemischen Agenzien in kritischen Situationen und deren Effekt auf den menschlichen Gemütszustand zu simulieren, ohne dabei in Konflikt mit ethischen Werten zu geraten.

Weiterhin könnte die Wahrnehmungsfähigkeit des Menschen in Krisensituationen in das Zentrum der Betrachtungen gestellt werden. Hierzu wäre es denkbar, den Prozess der Wahrnehmung wie im Referenzmodell **SimPan** spezifiziert zu verfeinern, so dass für die Wahrnehmung Filterprozesse, basierend auf deren Salienz und Relevanz und die Erzeugung kognitiver Verzerrungen, in Betracht gezogen werden könnten. Derart könnten Erkenntnisse über die Effektivität der Informationsaufnahme von Menschen in einer Extremsituation und deren Fähigkeit zur rationalen Verarbeitung von Informationen erlangt werden. Daraus können wiederum Rückschlüsse auf geeignete Quantität, Detailgrad und Darbietung von Fluchtinformationen in Krisensituationen gezogen werden.

Interessante Perspektiven könnte zudem ein Verbund zwischen konzeptuellen Modellen, deren Fokus auf der Abbildung rein physikalischer Aspekte bei der Bewegung von Menschenmengen liegt, mit dem Referenzmodell **SimPan** und seinen Konzepten zum Individualverhalten bieten. Dadurch könnten die Vorteile der Makrosimulation im Bereich der effizienten Abbildung von Massenbewegungen mit den Vorteilen der Mikrosimulation, dem hoch auflösenden Innenleben von Agenten als Repräsentanten für Menschen, verbunden werden. Durch eine derartige Verbindung könnten große Szenare hinsichtlich der Dynamik von Personenströmen simuliert werden und ganz gezielt in bestimmten, relevanten Ausschnitten einer Detailuntersuchung unterzogen werden.

8.2.5 SimPan: Von der Theorie in die Praxis

Um das Referenzmodell **SimPan** von der theoretischen Basis in den Bereich der praktischen Anwendung einziehen zu lassen, ist dessen softwaretechnische Umsetzung in einem leistungsstarken Simulationsframework für eine ausgewählte reale Problemklasse wie in Kapitel 3.4, Bild 19, definiert angezeigt.

In einem nächsten Schritt sollte die Kalibrierung und im Idealfall auch Validierung des Simulationsmodells für die Anwendung im Rahmen der ausgewählten Problemklasse erfolgen. Als Basis hierfür dient die Analyse realer Paniksituationen in der gewählten Problemklasse anhand eines vorgefertigten Analyserasters auf der Basis von Interviews mit Augenzeugen, durch Analyse von Filmen und Einsatzberichten oder Durchführung von Kurzinterviews und retrospektiver Befragung von Personen, die an entsprechenden Situationen beteiligt waren. Die

Kalibrierung eines entsprechenden Simulationsmodells kann durch Anwendung von Verfahren, wie beispielsweise in [Schneider et al. 2009b] vorgestellt, unterstützt werden. Dieses Verfahren kombiniert die Analyse der Simulationsverläufe von komplexen Gesamtszenarien (Makroszenarien) wie auch von isolierten Ausschnitten davon (Mikroszenaren) mit der Optimierung der Belegung relevanter Eingabeparameter mit dem Ziel, von Domänenexperten definierte Vorgaben für *Measures of Effectiveness* (MoE) zu erreichen. Die Simulation der Makro- und Mikroszenarien erfolgt unter Einbezug der *Data Farming* Methodologie. Die zu simulierenden Szenarien werden durch Anwendung von *Designs of Experiment* (DoE) als Verfahren zur intelligenten Szenarauswahl bestimmt.

Zum Test der Modellvalidität wäre die Durchführung verschiedener Validitätstests wie beispielsweise Face Validity, Delphi Validity, Turing Test, Viability Test, Sensitivitätsanalyse, Prozessvergleich, Ereignisvalidierung, Berechnung des Bestimmtheitsmaßes oder die Durchführung statistischer Tests, wie von Whicker und Sigelman (1991), Hirsig (1994), Dörner (1984), Windrum, Fagiolo und Moneta (2007) sowie Harbordt (1974) beschrieben, denkbar. Hierdurch könnten Aussagen über formale, empirische und pragmatische Validität des Simulationsmodells wie in Harbordt (1974) definiert, gewonnen werden. Aufgrund des hohen personellen und finanziellen Aufwands dieser Verfahren im Sinne der benötigten Zeit für die Vorbereitung, Realisierung, Auswertung und Nachbearbeitung wurde im Rahmen der vorliegenden Arbeit von deren Durchführung abgesehen.

Um ein **SimPan**- basiertes Simulationsmodell für potenzielle Anwender entsprechend attraktiv zu gestalten ist der Aufbau einer Softwarelandschaft um das Simulationsmodell herum mit Experimentierumgebung, Analysewerkzeugen und Visualisierung unabdingbar. Im Rahmen eines industriefinanzierten Förderprojektes wurden erste Schritte in diese Richtung eingeleitet. Zudem erfolgten erste, weiterführende konzeptuelle Arbeiten, um die Modellierungsaspekte des Referenzmodells **SimPan** in einen querschnittlich nutzbaren Agentenentwurf einfließen zu lassen und den Themenbereich Paniksimulation zukünftig auch für militärisch genützte Simulationsmodelle handhabbar zu machen.

Literaturverzeichnis

[Abdul-Rub & Al-Noubani 1993]
Abdul-Rub, S., Al-Noubani, G.: Simulating Evacuations Triggered by Earthquakes. Fire 1993, 1993, S. 40-42.

[Abe 1986]
Abe, K.: The Science of Human Panic. Brain Publishing. Co., Tokyo, 1986 (japanisch, Übersetzung: K. Nishinari).

[AEA 2002]
AEA Technology: A Technical Summary of the AEA EGRESS Code. Technical report. AEAT/NOIL/27812001/002(R) Issue 1, 2002.

[AfNZBfZ 2000]
Akademie für Notfallplanung und Zivilschutz im Bundesamt für Zivilschutz: Abschlussbericht Workshop "Psychologische Aspekte der Information der Bevölkerung", Bad Neuenahr-Ahrweiler, 2000. Online verfügbar unter: http://ec.europa.eu/environment/civil/act_prog_rep/ psych_aspects_inf_pub_de.pdf. Stand: 24.04.2009.

[Aronson et al. 2004]
Aronson, E., Wilson, T. D., Akert, R. M.: Sozialpsychologie. 4th edition. Pearson Education, Inc., München: Prentice Hall, 2004.

[Barton 1970]
Barton, A. H.: Communities in Disaster, Garden City, New York: Anchor, Doubleday, 1970.

[Becker 2005]
Becker, C.: Umsetzung der Bewegung von Menschenmengen in einem agentenbasierten Simulationsmodell - Konzeption und Erstellung eines Modells für kontinuierliche feldabhängige Bewegungen unter Berücksichtigung von Drängel- und Druckmechanismen. Diplomarbeit am Lehrstuhl für Operations Research und Systemtheorie; Universität Passau, 2005.

[Becker & Schmidt 2005]
Becker, C., Schmidt, B.: Bewegung von Menschenmengen - Agentenbasiertes Simulationsmodell zur Untersuchung von Drängel- und Druckmechanismen. In: F. Hülsemann, M. Kowarschik, U. Rüde (Eds.), Frontiers in Simulation: 18th Symposium Simulationstechnique ASIM 2005, ASIM, SCS Publishing House, 2005, S. 792-793.

[Benzur & Bresnitz 1981]
Benzur, H., Bresnitz, S. J.: The effect of time pressure on risky choice behaviour. Acta Psychologica, 47, 1981, S. 89-104.

[Berkowitz 1962]
Berkowitz, L.: Aggression. A Psychological Analysis. New York: McGraw-Hill Book Company, 1962.

[Best 1977]
Best, R. L.: Reconstruction of a tragedy: the Beverly Hills Supper Club Fire, Southgate, Kentucky, May 28, 1977, MA: National Fire Protection Association (NFPA), 1977.

[Bischof 1998]
Bischof, N.: Struktur und Bedeutung. Eine Einführung in die Systemtheorie für Psychologen (2. korrigierte Aufl.). Bern, Göttingen, Torronto, Seatle: Verlag Hans Huber, 1998.

[Bouvier & Cohen 1995]
Bouvier, E. & Cohen, E.: Simulation of Human Flow with Particle Systems. Proceeding of Simulators International XII, Phoenix, AZ, 1995.

[Brickenstein 1993]
Brickenstein, R.: Wesen, Prävention und Bekämpfung der Panik. Wehrmedizinische Monatsschrift., Heft 6/1993, S.187-197.

[Britton 1972]
Britton, J. W.: Adequate exits - antidote for panic. Fire Engineering, 115 (5), 1972, S. 386-419.

[Bronner 1982]
Bronner, R.: Decision-making under Time Pressure. Lexington, MA: Lexington Books, 1982.

[Brown 1965]
Brown, R.: Social Psychology. New York: Free Press, 1965.

[Bryan 2003]
Bryan, J. L.: Human Behaviour and Fire. In: A. E. Cote (Ed.), Fire Protection Handbook (2003 Edition), Section 7, 19th Ed., National Fire Protection Association. Quincy, MA., 2003.

[Cañamero 1997]
Cañamero, D.: Modeling Motivations and Emotions as a Basis for Intelligent Behaviour. Proceedings of the First International Symposium on Autonomous Agents (Agents '97), 1997, S. 148-155.

[Cannon 1939]
Cannon, W. B.: The wisdom of the body. 2nd. Ed., New York: W. W. Norton, 1939.

[Cantril 1940]
Cantril, H.: The Invasion From Mars: A Study in the Psychology of Panic. Princeton University Press, Princeton, 1940.

[Cantril 1943]
Cantril, H.: Causes and Control of Riot and Panic. The Public Opinion Quarterly 7 (4), 1943, S. 669-679.

[Child 1924]
Child, C. M.: Psychological Foundations of Behavior. Holt, New York, 1924.

[Chu et al. 2005]
Chu, J.- x., Li, J.- j., Xu, M., Zhao, L.: Simulating Escape Panic Based on the Mechanism of Asymmetric Information Distribution. Complex Systems Summer School Final Project Papers, Santa Fe Institute, Santa Fe, NM, 2005. Online verfügbar unter:
http://www.santafe.edu/education/csss/csss05/papers/chu_et_al._csssbj05.pdf
Stand: 24.04.2009.

[Clarke 2003]
Clarke, L.: Panic: Myth or reality. Contexts, Volume 1, Number 3, University of California Press, 2002, S. 21-26.

[Cofer & Appley 1964]
Cofer, C. N., Appley, M. H.: Motivation: Theory And Research. John Wiley & Sons, New York, London, Sydney, 1964.

[Daamen 2002]
Daamen, W.: SimPed: a Pedestrian Simulation Tool for Large Pedestrian Areas. Conference proceedings EuroSIW, 2002. Online verfügbar unter: http://www.citg.tudelft.nl/live/pagina.jsp?id=ce418bda-1404-47ac-bcb3ddbd7250efb2⟨ = en&binary=/doc/EuroSIW02.pdf. Stand: 24.04.2009.

[Dähnenkamp 1999]
Dähnenkamp, J.: Panik - ein schwer vorhersehbares Phänomen - und ihre Überwindung. In: Arbeitsgruppe Joint and Combined Operations (AG JACOP) und Service Historique de l'Armée de Terre (SHAT): Grundsätze der Truppenführung im Lichte der Operationsgeschichte von vier Jahrhunderten. Eine Sammlung von Beispielen der Kriegs- und Operationsgeschichte vom Dreißigjährigen Krieg bis heute. Hamburg, Paris, 1999, S. 124-127.

[Dombrowski & Pajonk 2005]
Dombrowski, W. R., Pajonk, F. -G.: Panik als Massenphänomen. Der Anaesthesist, 54, 2005, S. 245-253.

[Donald et al. 1990]
Donald, I., Canter, D.: Behavioural aspects of the Kings Cross disaster. In D. Canter, Ed. Fires and Human Behaviour, 2nd Edit. London: David Fulton, 1990, S. 15-30.

[Dörner 1984]
Dörner, D.: Modellbildung und Simulation. Sozialwissenschaftliche Methoden. München: E. Roth, 1984.

[Dörner 1999]
Dörner, D.: Bauplan für eine Seele. Rowohlt Verlag, Reinbek bei Hamburg, 1999.

[Dörner et al. 1996]
Dörner, D., Selg, H.: Psychologie - Eine Einführung in ihre Grundlagen und Anwendungsfelder, 2. Auflage, Kohlhammer Verlag, Stuttgart, Berlin, Köln, 1996.

[Fettke & Loos 2004]
Fettke, P., Loos, P.: Referenzmodellierungsforschung - Langfassung eines Aufsatzes. Working Papers of the Research Group Information Systems & Management, Paper 16, Mainz, 2004.

[Fletcher 1942]
Fletcher, J. M.: Homeostasis as an explanatory principle in psychology. Psychol. Rev. 49, 1942, S. 80-87.

[Folkman & Lazarus 1988]
Folkman, S., Lazarus, R. S.: The Relationship between Coping and Emotion: Implications for Theory and Research. Social Science Med., Vol. 26, No. 3, 1988, S. 309-317.

[Foreman 1953]
Foreman, P. B.: Panic Theory. Sociological and Social Research, 37, 1953, S. 295-304.

[Forney & McGrattan 2004]
Forney, G. P., McGrattan, K. B.: User's Guide for Smokeview Version 4 - A Tool for Visualizing Fire Dynamics Simulation Data. NIST SP 1017, National Institute of Standards and Technology, Gaithersburg, MD, 2004.

[Freedman et al. 1975]
Freedman, J. L., Heshka, S., Levy, A.: Population density and pathology: Is there a relationship? Journal of Experimental and Social Psychology 11, 1975, S. 539-552.

[Frieser 1995]
Frieser, K.- H.: Blitzkrieg-Legende. Der Westfeldzug 1940. Operationen des Zweiten Weltkrieges, Band 2. Hrsg.: Militärgeschichtliches Forschungsamt, München, 1995. S. 216-220.

[Frijda 1986]
Frijda, N. H.: The emotions. Cambridge University Press; Cambridge; 1986.

[Fruin 1993]
Fruin, J.: The causes and prevention of crowd disasters. In: Smith, R. A., Dickie, J. F. (eds.), Engineering for crowd safety. Elsevier, New York, 1993.

[Fuller 1964]
Fuller, J. F. C.: Die entartete Kunst Krieg zu führen 1789-1961. Verlag Wissenschaft und Politik, Köln, 1964.

[Gipps & Marksjö 1985]
Gipps, P. G., Marksjö, M.: A microsimulation model for pedestrian flows, Math. Comp. Simul. 27, 1985, S. 95-105.

[Gross 1999]
Gross, J. J.: Emotion Regulation: Past, Present, Future. Cognition and Emotion, 13 (5), 1999, S. 551-573.

[Guten & Allen 1972]
Guten, S., Allen, L. A.: Likelihood of Escape, Likelihood of Danger and Panic Behaviour, Social Psychology, 87, 1972, S. 29-36.

[Häcker & Stapf 1998]
Häcker, H., Stapf, K.-H.: Dorsch Psychologisches Wörterbuch. Huber, Bern, 1998.

[Harbordt 1974]
Harbordt, S.: Computersimulation in den Sozialwissenschaften. Reinbeck: Rowohlt, 1974.

[Harbst & Madsen 1996]
Harbst J., Madsen, F.: The behaviour of passengers in a critical situation on board a passenger vessel or ferry. Danish Investment Foundation, Kopenhagen 1996.

[Haselow & Meyer 1997]
Haselow, R., Meyer, H.: Massenverhalten und polizeiliches Handeln. Hilden/Rhld.: Deutsche Polizeiliteratur, 1997.

[Heigeas et al. 2003]
Heigeas, L., Luciani, A., Thollot, J., Castagné, N.: A Physically-Based Particle Model of Emergent Crowd Behaviours. Proceedings der Tagung Graphikon '03, 2003.

[Heinz & Schöber 1972]
Heinz, W. R., Schöber, P.: Kollektives Verhalten - Alte Fragen, neue Perspektiven. In: Heinz, W. R. & Schöber, P. (Hrsg.): Theorien kollektiven Verhaltens (Band 1). Darmstadt: Hermann Luchterhand, 1972.

[Heiser & Defranciscio 1975]
Heiser, J. F. & Defrancisco, D.: The treatment of pathological panic states with propranolol. American Journal of Psychiatry, 133, 1975, S. 1389-1394.

[Helbing et al. 2002a]
Helbing, D., Farkas, I., Molnár, P., Vicsek, T.: Simulation von Fußgängermengen in normalen Situationen und im Evakuierungsfall. In: in: W. Freyer und S. Groß (Eds.), Tourismus und Sport-Events , FIT-Verlag, Dresden, 2002, S. 205-248.

[Helbing et al. 2002b]
Helbing, D., Farkas, I., Molnár, P., Vicsek, T.: Simulation of Pedestrian Crowds in Normal and Evacuation Situations. In: M. Schreckenberg und S. D. Sharma (Eds.), Pedestrian and Evacuation Dynamics, Springer, Berlin, 2002, S. 21-58.

[Helbing et al. 2002c]
Helbing, D., Farkas, I., Vicsek, T.: Crowd disasters and simulation of panic situations. In: A. Bunde, J., Kropp, H.- J. Schellnhuber (Eds.), Science of Disaster: Climate Disruptions, Heart Attacks and Market Crashes, Springer, Berlin, 2002, S. 334-354.

[Henderson 1974]
Henderson, L. F.: On the fluid mechanics of human crowd motion. Transportation Research 8, 1974, S. 509-515.

[Henein & White 2004]
Henein, C. M., White, T.: Agent-Based Modelling of Forces in Crowds. In: P. Davidsson, L. Gasser, B. Logan & K. Takadama (Eds.), Multi-Agent and Multi-Agent-Based Simulation, Vol. 3415 of Lecture Notes in Computer Science, Springer, 2004, S. 173-184.

[Hirsig 1994]
Hirsig, R.: Systemtheorie. Universität Zürich, Psychologihes Institut, 1994.

[Idzikowski & Baddeley]
Idzikowski, C., Baddeley, D. A.: Fear and dangerous environments. In G. R.
J. Hockey (Ed.), Stress and Fatigue in Human Performance. New York, NY:
John Wiley & Sons, 1983, S. 123-144.

[Janis 1951]
Janis, L. I.: Air War and Emotional Stress: Psychological Studies of Bombing
and Civil Defense. New York: McGraw-Hill, 1951.

[Janis & Mann 1977]
Janis, L. I., Mann, L.: Decision-making. New York, NY: The Free Press,
1977.

[Johnson 1987a]
Johnson, N.R.: Panic and the Breakdown of Social Order: Popular Myth, Social Theory, Empirical Evidence, Sociological Focus, Vol. 20 No. 3, 1987, S.
171-183.

[Johnson 1987b]
Johnson, N. R.: Panic at "The Who Concert Stampede": An Empirical As-
sessment", Social Problems, Vol. 34, No. 4, 1987, S. 362-373.

[Johnson 1988]
Johnson, N.: Fire in a crowded theater: A descriptive investigation of the
emergence of panic. International Journal of Mass Emergencies and Disasters
6, 1988, S. 7-26.

[Keating 1982]
Keating, J. P.: The Myth of Panic. In: Fire Journal, Vol. 96, No 3, 1982, S.
57-61.

[Kelley et al. 1965]
Kelley, H. H., Condry Jr., J. C., Dahlke, A. E., Hill, A. H.: Collective behaviour in a simulated panic situation. Journal of Experimental Social Psychology 1, 1965, S. 20-24.

[Keßel et al. 2002]
Keßel, A., Klüpfel, H., Wahle, J., Schreckenberg, M.: Microscopic simulation
of pedestrian crowd motion. In: M. Schreckenberg, S. Sharma (Eds.), Pedestrian and Ecavuation Dynamics, Springer, S. 193-200.

[Kirchner & Schadschneider 2002]
Kirchner, A., Schadschneider, A.: Simulation of evacuation processes using a bionicsinspired cellular automaton model for pedestrian dynamics. Physica A 312, 2002, S. 260-276.

[Klinger 1999]
Klinger, A.: Referenzmodelle für die Abbildung von Personalsteuerung in der Simulation. SCS-European Publishing House, Delft, Erlangen, Ghent, San Diego, 1999.

[Klüpfel et al. 2000]
Klüpfel, H., Meyer-König, T., Wahle, J., Schreckenberg, M.: Microscopic Simulation of Evacuation Processes on Passenger Ships. Proceedings of the Fourth International Conference on Cellular Automata for Research and Industry: Theoretical and Practical Issues on Cellular Automata, 2000, S. 63-71.

[Klüpfel 2003]
Klüpfel, H.: A Cellular Automaton Model for Crowd Movement and Egress Simulation. Dissertation, Universität Duisburg-Essen, 2003.

[Kruse 1995]
Kruse, C.: Referenzmodellgestütztes Geschäftsprozessmanagement, Wiesbaden, 1995.

[Kruse 1986]
Kruse, L.: Conceptions of Crowds and Crowding. In Graumann, C. F. & Moscovici, S. (Eds.). Changing Conceptions of Crowd Mind and Behavior. New York: Springer, 1986, S. 117-142.

[Langer et al. 1977]
Langer, E. J., Saegert, S.: Crowding and Cognitive Control. Journal of Personality and Social Psychology, Vol 35, No.3, 1977, S. 175-182.

[Lanham 1943]
Lanham, C.T.: Panic. In: J. I. Greene: The Infantery Journal Reader, Garden City: Doubleday, Doran and Company, Inc., 1943.

[LaPiere 1938]
LaPiere, R. T.: Collective Behavior. New York: McGraw-Hill Book Company, Inc., 1938.

[Latané 1981]
Latané, B.: The Psychology of Social Impact. In: American Psychologist 36, 1981, S. 343-356.

[Lazarus 1993]
Lazarus, R. S.: From Psychological Stress to The emotions: A History of Changing Outlooks. Annual Review Psychology, 44, S. 1-22, 1993.

[LeBon 1973]
LeBon, G.: Die Psychologie der Massen. Stuttgart: Kröner.

[Madsen 1974]
Madsen, K. B.: Modern Theories of Motivation. Kopenhagen, Munksgaard, 1974.

[Mann 1999]
Mann, L.: Sozialpsychologie. Beltz Taschenbuch 42, Beltz Verlag, Weinheim und Basel, 1999.

[Mann et al. 1976]
Mann, L., Nagel, T., N., Dowling, P.: A study of economic panic: The 'run' on the Hindmarsh Building Society. Sociometry 39, 1976, S. 223-235.

[Maslow 1981]
Maslow, A.: Motivation und Persönlichkeit. Rowohlt Verlag, Hamburg, 1981.

[Maes 1995]
Maes, P.: Artificial Life Meets Entertainment: Life like autonomous agents. In: Communications of the ACM 38, 11, 1995, S. 108-114.

[Mark 2001]
Mark, R.: Das Fluchtverhalten von Menschen in Extremsituationen, Brandverhütung 1/2001, 2001, S. 7-10.

[Mayer & Gaschke 1988]
Mayer, J. D., Gaschke, Y. N.: The experience and meta-experience of mood. Journal of Personality and Social Psychology, 55, 1988, S. 102-111.

[Mayer & Salovey 1995]
Mayer, J. D., Salovey, P.: Emotional Intelligence and the construction and regulation of feelings. In: Applied & Preventive Psychology 4, Cambridge University Press, 1995, S. 197-208.

[McDougall 1920]
McDougall, W.: The Group Mind. Cambridge: University Press, 1920.

[McGrattan & Forney 2004]
McGrattan, K., Forney, G.: Fire Dynamics Simulator (Version 4) - User's Guide. National Institute of Standards and Technology, Gaithersburg, MD, NIST SP 1019, September 2004.

[Meyer et al. 1999]
Meyer, W.-U., Schützwohl, A., Reisenzein, R.: Einführung in die Emotions-psychologie, Bd. 2. Evolutionspsychologische Emotionstheorien, 2. korri-gierte Aufl., Bern, Göttingen, Toronto, Seattle, Huber, 1999.

[Mintz 1951]
Mintz, A.: Non-adaptive group behaviour. Journal of Abnormal and Social Psychology 46, 1951, S. 150-159.

[Moffat et al. 1995]
Moffat, D., Frijda, N. H.: Where there's a Will there's an Agent, in: Wooldridge, M.J., Jennings, N.R. (Eds.) Intelligent Agents, Lecture Notes in Artificial Intelligence 890, 1995, S. 245-260.

[Mosler & Brucks 2001]
Mosler, H.-J., Brucks, W.: Social influence among agents. The simulation of social psychological theories. In: N. J. Saam and B. Schmidt (Eds.), Coopera-tive agents. Applications in the social sciences, Amsterdam: Kluwer, 2001, S. 125-147.

[Mummendy & Otten 2002]
Mummendy, A., Otten, S.: Aggressives Verhalten. In: Stroebe, W., Jonas, K. & Hewstone, M. (Hrsg.), Sozialpsychologie. Eine Einführung. Berlin: Springer, 2002.

[Muramatsu et al. 1999]
Muramatsu, M., Irie, T., Nagatani, T.: Jamming transition in pedestrian counter flow. Physica A 267, 1999, S. 487-498.

[Musse & Thalmann 2001]
Raupp Musse, S., Thalmann, D.: A hierarchical model for real time simulation of virtual human crowds. IEEE, Transactions on Visualization and Computer Graphics, V. 7, N.2, 2001, S. 152-164.

[Neisser 1974]
Neisser, U.: Kognitive Psychologie . Stuttgart, Klett, 1974.

[NFPA 1977]
National Fire Protection Association (NFPA): Reconstruction of a Tragedy. The Beverly Hills Supper Club Fire. Boston: NFPA, LS-2, 1977.

[Oatley & Johnson-Laird 1987]
Oatley, K., Johnson-Laird, P. N. (1987). Towards a cognitive theory of emotions. Cognition and Emotion, 1, S. 29-50.

[Ortony et al. 1988]
Ortony, A., Clore, G. L., Collins, A.: The Cognitive Structure of Emotions. Cambridge, UK: Cambridge University Press, 1988.

[Owen et. al. 1998]
Owen, M., Galea, E. R., Lawrence, P., Filippidis, L.: The numerical simulation of aircraft evacuation and its application to aircraft design and certification. The Aeronautical Journal of the Royal Aeronautical Society, 102(1016), 1998, S. 301-312.

[Ozel 2001]
Ozel, F.: Time pressure and stress as a factor during emergency egress. Safety Science 38, 2001, S. 95-107.

[Ploog & Clausen 1997]
Ploog, D., Clausen, L.: Katastrophenmedizin. Leitfaden für die ärztliche Versorgung im Katastrophenfall. Bundesamt für Zivilschutz (Hrsg.), 4. überarbeitete Auflage, Bonn, 1997.

[Pohl 2005]
Pohl, S.: Ein auf unscharfer Wertbaumanalyse basierendes Konzept zur Unterstützung der Verifikation, Validierung und Akkreditierung von Modellen und Simulationen", Dissertation, Universität der Bundeswehr München, 2005.

[Prentice-Dunn & Rogers 1989]
Prentice-Dunn, S., Rogers, R. W.: Deindividuation and the Self-Regulation of Behavior. In P. B. Paulus (Ed.), Psychology of Group Influence, Hillsdale: Lawrence Erlbaum Associates, Publishers, 1989, S. 87-109.

[Proulx 1993]
Proulx, G.: A stress model for people facing a fire. Journal of Environmental Psychology 13 (2), 1993, S. 137-147

[Quarantelli 1954]
Quarantelli, E. L.: The Nature and Conditions of Panic, The American Journal of Sociology, Vol. 60, No. 3, Nov. 1954, S. 267-275.

[Quarantelli 1957]
Quarantelli, E. L.: The Behaviour of Panic Participants. Sociology and Social Research 41, 1957, S. 187-194.

[Quarantelli 1960]
Quarantelli, E. L.: Images of Withdrawal Behaviour in Disasters: Some Basic Misconceptions. Social Problems, Vol. 8, No. 1, 1960, S. 68-79.

[Quarantelli 1991]
Quarantelli, E. L.: Findings on Mass Communication System Behavior in the Pre, Trans, and Postimpact Periods, Disaster Research Center. Delaware 1991.

[Quarantelli 2001]
Quarantelli, E. L.: The Sociology of Panic. In: N. J. Smelser, P. B. Baltes (Eds.): International Encyclopedia of the Social & Behavioral Siences, Oxford, UK: Pergamon Press, 2001, S. 11020-11030.

[Reicher 2001]
Reicher, S.: The Psychology of Crowd Dynamics. In: Hogg, M. A. & Tindale, S. R. (Eds.): Blackwell Handbook of Social Psychology. Group Processes. Oxford: Blackwell, 2001, S. 182-208.

[Reineke 2002]
Reineke, M.: Die Modellierung Emotionaler Intelligenz - Das emotional intelligente Verhalten eines autonomen Agenten, Diplomarbeit am Lehrstuhl für Operations Research und Systemtheorie; Universität Passau; 2002

[Reynolds 1987]
Reynolds, C. W.: Flocks, Herds and Schools: A Distributed Behavioral Model. Proceedings SIGGRAPH '87, Computer Graphics, Vol. 21, No. 4, July 1987, Symbolics Graphics Division, MIT, 1987.

[Reynolds 1999]
Reynolds, C. W.: Steering Behaviours for Autonomous Characters, Proceedings Game Developers Conference, 1999.

[Rosengren 1978]
Rosengren, K., Arvidsson, P., Sturesson, D.: The Barseback "Panic": A Case of Media Deviance. In: Winick C. (ed): Deviance and Mass Media Sage, Beverly Hills, 1987.

[Ruhland 2006]
Ruhland, N.: Panik in Menschenmengen - Aufbau eines Simulationsmodells zur Abbildung menschlicher Verhaltensreaktionen in Paniksituationen, auf Basis autonomer Agenten mit emotionalen Fähigkeiten. Diplomarbeit am Lehrstuhl für Operations Research und Systemtheorie, Universität Passau, 2006.

[Saloma et al. 2003]
Saloma C., Perez, G. J., Tapang, G., Lim, M., Palmes-Saloma, C.:
Self-organized queuing and scale-free behavior in real escape panic. 2003.
Online verfügbar unter http://www.pnas.org/content/100/21/11947.full.pdf.
Stand: 24.04.2009.

[Santayana 1922]
Santayana, G.: Soliloquies in England and Later Soliloquies. New York:
Charles Scribner's Sons, 1922.

[Sieber 1986]
Sieber, G. M.: Panik. Vfdb-Zeitschrift Forschung und Technik im Brand-
schutz 2, 1986, S. 39-1.

[Sime 1980]
Sime, J. D.: The concept of panic. In: Canter, D. (Ed.), Fires and Human Behaviour, Cichester: John Wiley& Sons, 1980, S. 63-81.

[Sime 1995]
Sime, J. D.: Crowd psychology and engineering. Safety Science 21, 1995, S.
1-14.

[Skinner 1953]
Skinner, B. F.: Science and human behaviour. New York, 1953.

[Sloman 1996]
Sloman, A.: What sort of architecture is required for a human like agent? In-
vited talk at Cognitive Modeling Workshop, AAAI96, Portland, Oregon,
1996.

[Schachter 1962]
Schachter, S., Singer, J. E.: Cognitive, social, and physiological determinants
of emotional state. Psychological Review 69, 1962, S. 379-399.

[Schmidt 1996]
Schmidt, B.: Referenzmodelle. In: Simulation in Passau, Heft 2, 1996, S. 5-7.

[Schmidt 2000]
Schmidt, B.: The Modelling of Human Behaviour. Ghent: SCS-Europe
BVBA, 2000.

[Schmidt 2001]
Schmidt, B.: The Art of Modelling and Simulation - Introduction to the Simulation System Simplex3. Ghent: SCS-Europe BVBA, 2001.

[Schmidt 2002]
Schmidt, B.: How to give Agents a Personality. In: Urban, C. (Hrsg.): 3rd Workshop on Agent-based Simulation. SCS Europe BVBA, 2002.
Online verfügbar unter
http://staff.fim.uni-passau.de/~schmidtb/or/modelle/HowtogiveAgents.pdf.
Stand: 24.04.2009.

[Schmidt 2005]
Schmidt, B.: Human Factors in Complex Systems - The Modelling of Human Behaviour. Proceedings 19th European Conference on Modelling and Simulation, Yuri Merkuryev, Richard Zobel, Eugene Kerckhoffs (Eds.), ECMS 2005.
Online verfügbar unter:
http://www.comp.glam.ac.uk/ASMTA2005/Proc/pdf/plen-02.pdf.
Stand: 24.04.2009.

[Schmidt & Schneider 2004a]
Schmidt, B., Schneider, B.: The Reflective Control of Cognition and Emotion. In: Proceedings of the 2004 Operational Research Society Simulation Workshop, Sally Brailsford, Les Oakshott, Steward Robinson, Simon Taylor (Eds.), 2004, S. 145-154.

[Schmidt & Schneider 2004b]
Schmidt, B., Schneider, B.: Agent-based Modelling of Human Acting, Deciding and Behaviour - The Reference Model PECS. In: Network Simulations and Simulated Networks, Proceedings zur Tagung "18th European Simulation Multiconference 2004", Graham Horton (Ed.), 2004, S. 378-387.

[Schneider 2004]
Schneider, B.: Visualisierung von Prozessdaten - Die Animation diskreter, kontinuierlicher und komponenten-basierter Prozesse im Animationsframework Anina3. In: Simulation und Visualisierung 2004, Proceedings der Tagung "Simulation und Visualisierung 2004", Thomas Schulze, Stefan Schlechtweg, Volkmar Hinz (Hrsg.), 2004, S. 153-164.

[Schneider 2005]

Schneider, B.: Menschliche Faktoren in Simulationsmodellen - Die Mcdellie-
rung von Angst und Panik in Menschenmengen auf Basis des PECS-
Referenzmodells". In: Frank Hülsemann, Markus Kowarschik, Ulrich Rüde
(Eds.): Frontiers in Simulation, 18th Symposium Simulationstechnique, Proceedings der Tagung "18. Symposium Simulationstechnik, ASIM 2005",
2005, S. 228-233.

[Schneider 2006a]

Schneider, B.: Human Behaviour Modelling - Development of a Reference
Model for Agent -based Simulation of Human Panic Behaviour. In: EuroSPP - Book of Abstracts, Proceedings der Tagung "EuroSPP 2006', Bel-
fast, 2006, S. 39.

[Schneider 2006b]

Schneider, B.: SimPan - Ein Referenzmodell zur Agenten-basierten Simulation von Panik auf Basis der Architektur PECS. In: Frontiers in Simulation,
Simulationstechnique 19th Symposium in Hannover, Proceedings der Tagung
"19. Symposium Simulationstechnik, ASIM 2006", Matthias Becker, Helena
Szczerbicka (Eds.), 2006, S. 75-81.

[Schneider 2008]

Schneider, B.: The Reference Model SimPan - Agent-based Modelling of
Human Behaviour in Panic Situations. uksim, Tenth International Conference
on Computer Modeling and Simulation (uksim 2008), 2008, S. 599-604.

[Schneider et al. 2009a]

Schneider, B., Schwarz, G., Kunde, D.: The Architecture HuFaNCO – Modeling Imperfect Human Information Processing with Special Reference to
Network Centric Operations. In: Proceedings of the 18th Conference on Behavior Representation in Modeling and Simulation (BRIMS 2009), Sun-
dance, UT, 2009, S. 23-30.

[Schneider et al. 2009b]

Schneider, B., Lampe, T., Schwarz, G., Seichter S.: Calibration as Prerequi-
site for the Validation of the German Agent-based Model PAX. In: Meeting
Proceedings RTO-MP-SAS-071, Paper 33, Neuilly-sur-seine, France, NATO
RTO, 2009.

[Schneider 2010]
Schneider, B.: Efforts in Agent-based Simulation of Human Panic Behaviour: Reference Model, Potential, Prospects. In: Modelling, Simulation and Optimization Gregorio Romero Rey and Luisa Martinez Muneta (Eds.), ISBN: 978-953-307-048-3, 2010, S. 657-683.

[Schneider & Würzebesser 2006]
Schneider, B., Würzebesser, C.: Die Agenten-basierte Modellierung kognitiver Prozesse von menschlichen Experten in komplexen dynamischen Aufgabenumgebungen. In: Frontiers in Simulation, Simulationstechnique 19th Symposium in Hannover, Proceedings der Tagung "19. Symposium Simulationstechnik, ASIM 2006", Matthias Becker, Helena Szczerbicka (Eds.), 2006, S. 67-73.

[Schulz 1964]
Schulz, D. Panic Behavior. Discussion and Readings. New York: Random House, 1964.

[Schwarz 2001]
Schwarz, G.: Der autonome Agent Adam - Modellierung unterschiedlicher Kontrollmechanismen menschlichen Verhaltens. Diplomarbeit am Lehrstuhl für Operations Research und Systemtheorie, Universität Passau, 2001.

[Selye 1979]
Selye, H.: The stress concept and some of its implications. In: V. Hamilton & D.M. Wartburton (Eds.), Human Stress and Cognition. London: John Wiley & Sons, S. 11-80, 1979.

[Smith & Dickie 1993]
Smith, R. A., Dickie, J.F. (1993): Engineering for Crowd Safety. Elsevier, Amsterdam, 1993.

[Smelser 1963]
Smelser, N. J.: Theory of Collective Behavior. New York: The Free Press, 1963.

[Schütte 1998]
Schütte, R.: Grundsätze ordnungsmäßiger Referenzmodellierung - Konstruktion konfigurations- und anpassungsorientierter Modelle. Dissertation, Gabler, Wiesbaden, 1998.

[Still 1993]
Still, K.: New computer system can predict human behavioural response to building fires. Fire 84, 1993, S. 40-41

[Still 2000]
Still, G. K.: Crowd Dynamics. PhD Thesis, Mathematics department, Warwick University, 2000.
In Anteilen online verfügbar unter http://www.crowddynamics.com/.
Stand: 24.04.2009.

[Stokols 1972]
Stokols, D.: A Social-Psychological Model of Human Crowding Phenomena. Journal of the American Institute of Planners, 38, 1972, S.72-83.

[Stokols 1976]
Stokols, D.: The Experience of Crowding in Primary and Secondary Environments. Environment and Behaviour 8 (1), 1976, S. 49-86.

[Stokols et al. 1973]
Stokols, D., Rall, M., Pinner, B., Schopler, J.: Physical, social and personal determinants of the perception of crowding. Environment and Behaviour, 5, 1973, S. 87-115.

[Strube 1996]
Strube, G., Becker, B., Freska, C., Hahn, U., Opwis, K., Palm, G.: Wörterbuch der Kognitionswissenschaften, Stuttgart: Klett-Cotta, 1996.

[Sundermayer 1993]
Sundermayer, K.: Modellierung von Agentensystemen. In: Müller, J. (Hrsg.): Verteilte künstliche Intelligenz. BI Wissenschaftsverlag, Mannheim Leipzig Wien Zürich, 1993.

[Turner & Killian 1957]
Turner, R. H. & Killian, L. M.: Collective Behavior. Englewood Cliffs, N.J.: Prentice-Hall, 1957.

[Uhrmacher 2000]
Uhrmacher, A.: Agentenorientierte Simulation. In: Szczerbicka, H., Uthmann, T. (Hrsg.): Modellierung, Simulation und künstliche Intelligenz. SCS, SCS Publishing House, Erlangen, 2000.

[Ungerer & Morgenroth 2001]
Ungerer, D., Morgenroth, U.: Analyse des menschlichen Fehlverhaltens in Gefahrensituationen: Empfehlung für die Ausbildung. Zivilschutzforschung, Bd. 43, Bundesverwaltungsamt, Zentralstelle für Zivilschutz: Bonn, 2001.

[Urban 2007]
Urban,C.: Der Mensch im Simulationsmodell. Saarbrücken, VDM Verlag Dr. Müller, 2007.

[Vassalos et al. 2002]
Vassalos, D., Kim, H., Christiansen, G., Majumder, J.: A Mesoscopic Model for Passenger Evacuation in a Virtual Ship- Sea Environment and Performance-Based Evaluation. In: Schreckenberg, M. and S. Sharma (Eds.): Pedestrian and Evacuation Dynamics. Springer, Berlin, 2002, S. 369-392.

[VDI 2000]
VDI-Gesellschaft Fördertechnik Materialfluss Logistik: Richtlinie 3633: Simulation von Logistik, Materialfluß- und Produktionssystemen-Grundlagen. Blatt 1, Entwurf, VDI-Handbuch Materialfluß und Fördertechnik, Band 8, Beuth, Berlin, 2000.

[Wang & Lehmann 2007]
Wang, Z., Lehmann, A.: Verification and Validation of Simulation Models and Applications: A Methodological Approach. In: N. Ince and A. Bragg (Eds.): Recent Advances in Modeling and Simulation Tools for Communication Networks and Services, Springer, New York 2007.

[Wenzel 2000]
Wenzel, S.: Referenzmodelle für die Simulation in Produktion und Logistik. SCS Europe BVBA Ghent, Belgium 2000.

[Whicker & Sigelmann 1991]
Whicker, M. I., Sigelman, L.: Computer simulation applications. An introduction. London: Sage, 1991.

[Wilgoren 2003a]
Wilgoren, J.: "21 die in Stampede of 1,500 at Chicago Nightclub". New York Times, February 18, 2003.

[Wilgoren 2003b]
Wilgoren, J.: "Jesse Jackson, a Club Owner and Lasting Ties". New York Times, February 20, 2003.

[Windrum et al. 2007]
Windrum, P., Fagiolo, G., Moneta, A.: Empirical Validation of Agent-Based Models. Alternatives and Prospects. Journal of Artificial Societies and Social simulation, Vol. 10, No. 2, 2007.

[Wishaw 1999]
Whishaw, I. Q., Haun, F., Kolb, B.: Modern Techniques in Neuroscience. Windhorst, U. & Johansson, H. (Hrsg.), Springer, Berlin, 1999, S. 1243-1275.

[Wooldridge & Jennings 1995]
Wooldridge, M. J., Jennings, N. R.: Agent Theories, Architectures, and Languages: A Survey. In: Wooldridge. M. J., Jennings, N. R. (Eds.). Intelligent Agents. Lecture Notes in Artificial Intelligence 890, Springer-Verlag, Berlin, 1995, S. 1-39.

[Zajonc 1966]
Zajonc, R. B.: Social Psychology: An Experimental Approach. Belmont, CA: Wadsworth Publishing Co. Inc., 1966.

[Zimbardo 1969]
Zimbardo, P. G.: The Human Choice: Individuation, reason, and order versus deindividuation, impulse, and chaos. In: Arnold, W. J. & Levine, D. (Eds.) Nebraska symposium on motivation. Lincoln, NE: University of Nebraska Press, 1969.

[Zimbardo & Gerring 2002]
Zimbardo, P. G., Gerring, R. J.: Psychology and life, Pearson Education, San Francisco, 2002.

Verzeichnis Neuer Medien

[Bagdad 2005a]
Abdul-Zahra, Q.: Massenpanik in Bagdad - Regierung: Bis zu 1000 Tote.
31.08.2005.
URL: http://www.sueddeutsche.de/politik/539/351372/text/.   Stand:
24.04.2009.

[Bagdad 2005b]
o.V.: Bei religiösem Fest in Bagdad - Hunderte Pilger sterben bei Massenpanik. 01.09.2005.
URL:http://www.tagesschau.de/aktuell/meldungen/0,1185,OID4692634_NA
V_REF1,00.html. Stand: 22.08.2008.

[Bagdad 2005c]
o.V.: Menschentrauben stürzten in die Tiefe. 01.09.2005.
URL: http://www.abendblatt.de/daten/2005/09/01/477160.html.
Stand: 24.04.2009.

[Bagdad 2005d]
Hamer, W.: Massenpanik in Bagdad. o.T.o.M.2005.
URL:
ttp://origin.wdr.de/radio/wdr2/moma/294405.phtml?druck=1&id=294405.
Stand: 07.07.2007.

[Bagdad 2005e]
Carroll, R.: 'They were crying to be rescued. But there was no way to help
them. It was survival'. 01.09.2005.
URL: http://www.guardian.co.uk/Iraq/Story/0,2763,1560227,00.html.
Stand 24.04.2009.

[Bagdad 2005f]
o.V.: Trauer um Opfer der Massenpanik im Irak | tagesschau.de (Beileidsbe-
kundungen aus aller Welt - Irak trauert um Opfer der Massenpanik).
02.09.2005.
URL: http://www.tagesschau.de/aktuell/meldungen/0,1185,OID4689384_TY
P6_THE_NAV_REF3_BAB,00.html. Stand: 07.07.2007.

[Bagdad 2005g]
o.V.: heute.de Nachrichten - Massenpanik: Behörden befürchten 1000 Tote (Massenpanik: Behörden befürchten 1000 Tote).31.08.2005. URL: http://www.heute.de/ZDFheute/inhalt/6/0,3672,2369574,00.html. Stand: 24.04.2009.

[Bagdad 2005h]
o.V.: Fast 1000 Tote nach Massenpanik im Irak. 01.09.2005. URL:http://www.faz.net/s/RubA24ECD630CAE40E483841DB7D16F4211/ Doc~E4AED7A05091549C1BEFE2DA0A3E9FF58~ATpl~Ecommon~Scon tent.html. Stand: 30.04.2009.

[Brittanica 2006]
Encyclopedia Britannica 2006 Ultimate Reference Suite DVD, 2006. [DVD-ROM]

[Brüssel 1985]
o.V.: 1985: Fans die in Heysel rioting. 29.05.1985. URL: http://news.bbc.co.uk/onthisday/hi/dates/stories/may/29/newsid_27330 00/2733979.stm. Stand: 24.04.2009.

[Brüssel 2005]
o.V.: Heysel-Tragödie: Europas schwarze Fußballnacht. 05.04.2005. URL: http://www.spiegel.de/sport/fussball/0,1518,349774,00.html. Stand: 24.04.2009.

[Brüssel 2007a]
o.V.: Katastrophe von Heysel. 01.07.2007. URL: http://de.wikipedia.org/wiki/Heysel-Katastrophe. Stand: 24.04.2009.

[Brüssel 2007b]
o.V.: König-Baudouin-Stadion. 15.06.2007. URL: http://de.wikipedia.org/wiki/Heysel-Stadion. Stand: 24.04.2009.

[Brüssel 2007c]
o.V.: Katastrophe von Heysel. 01.07.2007. URL: http://de.wikipedia.org/wiki/Katastrophe_von_Heysel. Stand: 24.04.2009.

[Brüssel 2007d]
o.V.: Tragedia de Heysel. 01.07.2007.
URL: http://es.wikipedia.org/wiki/Tragedia_de_Heysel. Stand: 24.04.2009.

[Brüssel 2007e]
o.V.: Heysel Stadium disaster. 01.07.2007.
URL: http://en.wikipedia.org/wiki/Heysel_Stadium_disaster.
Stand: 24.04.2009.

[Brüssel 2007f]
Muras, U.: Ein bißchen Frieden nach der Tragödie von Heysel 23.01.2007.
URL: http://www.welt.de/print-
welt/article563540/Ein_bisschen_Frieden_nach_der _Tragoedie_von_
Heysel.html. Stand: 24.04.2009.

[Bulson 2006]
o.V.: Westfeldzug 1940. 04.11.2006.
URL: http://de.wikipedia.org/wiki/Westfeldzug_1940. Stand: 24.04.2009.

[Chennai 2005a]
o.V.: Madras relief stampede kills 42. 18.12.2005.
URL: http://news.bbc.co.uk/2/hi/south_asia/4539192.stm. Stand: 24.04.2009.

[Chennai 2005b]
Prasad, R.: Starving flood victims die in stampede for food vouchers.
19.12.2005.
URL: http://www.timesonline.co.uk/tol/news/world/asia/article767578.ece.
Stand: 24.04.2009.

[Chennai 2005c]
o.V.: Mindestens 43 Inder getötet - Panik in Nothilfezentrum. 18.12.2005.
URL: http://www.n-tv.de/614257.html. Stand: 24.04.2008.

[Chennai 2005d]
Schulz, S., Zimmermann, R., Mitterhumer, S., Eder, M.: Indien: 43 Tote bei
Massenpanik. 18.12.2005.
URL: http://www.nachrichten.at/weltspiegel/408615?PHPSESSID=44231a9
4de8430f9657a487995abbd2d. Stand: 09.07.2007.

[Chennai 2005e]
o.V.: Indien: Viele Tote bei Ansturm auf Nothilfezentrum. 18.12.2005.
URL: http://www.heute.de/ZDFheute/inhalt/4/0,3672,3226436,00.html.
Stand: 24.04.2009.

[Chennai 2005f]
o.V.: Über 40 Tote bei Massenansturm auf indisches Nothilfezentrum.
19.12.2005.
URL: http://www.welt.de/data/2005/12/19/820008.html. Stand: 24.04.2009.

[Chicago 2003a]
o.V.: Epitome Night Club Was Operating In Violation Of Court Order.
18.02.2003.
URL: http://www.nbc5.com/news/1981489/detail.html. Stand: 09.07.2007.

[Chicago 2003b]
Glass, S.: Live Performance: Disaster in Rhode Island & Chicago.
25.02.2003.
URL: http://www.indie-music.com/modules.php?name=News&file=
article&sid=1928. Stand: 24.04.2009.

[Chicago 2003c]
Flock, J.: Chicago overwhelmed by nightclub deaths. 25.02.2003.
URL: http://www.cnn.com/2003/US/Midwest/02/18/btsc.flock/.
Stand: 24.04.2009.

[Chicago 2003d]
o.V.: Unit 5: Exclusive Information About E2 Security. 27.02.2003.
URL: http://www.nbc5.com/news/2009735/detail.html. Stand: 09.07.2007.

[Chicago 2003e]
o.V.: Source: Location Of Most Stampede Deaths Is. 19.02.2003.
URL: http://www.nbc5.com/news/1987424/detail.html. Stand: 09.07.2007.

[Chicago 2003f]
o.V.: Judge blocks charges against E2 owners. 19.02.2003.
URL: http://www.cnn.com/2003/US/Midwest/02/18/chicago.nightclub/index.
html. Stand: 24.04.2009.

[Chicago 2003g]
  o.V.: Survivor: Standing on people's heads. 17.02.2003.
  URL: http://www.cnn.com/2003/US/Midwest/02/17/club.death.scene.ap/.
  Stand: 09.07.2007.

[Halcrow 2007]
  Halcrow Group Ltd. Pedroute: Pedestrian simulation modelling -
  PEDROUTE / PAXPORT o.T.o.M.2007.
  URL: http://www.halcrow.com/html/our_projects/projects/pedroute_paxport.
  htm. Stand: 24.04.2009.

[Kraft 2004]
  Kraft, M.: Empfehlungen zur Entwicklung von Evakuierungsstrategien für
  große Menschenmengen. Präsentation VDS-Fachtagung 2004. 08.07.2004
  URL: http://www.kraftwelt.de/Panikpraevention.pdf . Stand: 24.04.2009.

[Mekka 2006]
  o.V.: Hundreds killed in Hajj stampede. 12.01.2006.
  URL: http://news.bbc.co.uk/1/hi/world/middle_east/4606002.stm.
  Stand: 24.04.2009.

[Mekka 2007]
  Rauner, M.: Nur keine Panik. Die Zeit Online 06/2007. o.T.06.2007.
  URL: http://www.zeit.de/zeit-wissen/2007/06/Katastrophe-Mekka.
  Stand: 24.04.2009

[Meyers 2007]
  o.V.: Nervosität - Wissen - Meyers Lexikon online. o.T.o.M.2007.
  URL: http://lexikon.meyers.de/meyers/Nervosit%C3%A4t.
  Stand: 10.07.2008.

[Sadovi 2007]
  Sadovi, C.: Bouncer describes E2 crowd. 23.01.2007.
  URL: http://www.chicagotribune.com/news/local/chi-
  0701230008jan23,1,7496108.story ?coll=chi-newslocal-hed&ctrack=1&cset
  =true. Stand: 24.04.2009.

[Southgate 2007]
o.V.: Beverly Hills Supper Club fire. 07.06.2007.
URL: http://en.wikipedia.org/wiki/Beverly_Hills_Supper_Club.
Stand: 24.04.2009.

[TraffGoa]
TraffGo HT GmbH: PedGo Grundlagen. o.T.o.M.o.Jg.
URL: http://www.traffgo-ht.com/de/pedestrians/products/pedgo/index.html.
Stand: 24.04.2009.

[TraffGob]
TraffGo HT GmbH: AENEAS. o.T.o.M.o.Jg.
URL: http://www.traffgo-ht.com/de/pedestrians/products/aeneas/index.html.
Stand: 24.04.2009.

[Warwick 2003]
o.N.: CNN Breaking News - Nightclub Fire Kills 39 People. 21.02.2003.
URL: http://transcripts.cnn.com/TRANSCRIPTS/0302/21/bn.09.html.
Stand: 24.04.2009.

[Warwick 2004]
Daniel Madrzykowski, D., Bryner, N., Kerber, S. I.: The NIST Station Night-
club Fire Investigation: Physical Simulation of the Fire. o.T.o.M.2004.
URL: http://www.fpemag.com/archives/article.asp?issue_id=37&i=245.
Stand: 24.04.2009.

[Warwick 2005]
Newman, M. E.: Final NIST Rhode Island Nightclub Fire Report Urges Strict
Adherence to and Strengthening of Current Model Safety Codes. 29.06.2005.
URL: http://www.nist.gov/public_affairs/releases/RI_finalreport_june2905.ht
m. Stand: 24.04.2008.

[Wikipedia 2007a]
o.V.: Plausibilitätskontrolle. 10.05.2007.
URL: http://de.wikipedia.org/wiki/Plausibilit%C3%A4tskontrolle.
Stand: 24.04.2009.

Verzeichnis der Abkürzungen und Akronyme

In dieser Arbeit werden folgende Abkürzungen und Akronyme verwendet:

delA	Agent im deliberativen Verhaltensspektrum
dIF	diskreter Informationsluss
kA	kausale Abhängigkeit
o. Jg.	ohne Jahrgang
o. M.	ohne Monatsangabe
o. O.	ohne Ortsangabe
o. T.	ohne Tagesangabe
o. V.	ohne Verfasser
reaA	Agent im reaktiven Verhaltensspektrum
refA	Agent im reflektiven Verhaltensspektrum
RMS	Royal Mail Ship
VV&A	Verifikation, Validierung und Akkreditierung

Symbolverzeichnis

In der vorliegenden Arbeit gelten folgende Bezeichnungen für Einheiten:

[AnE]	Angst-Einheiten
[CrE]	Crowding-Einheiten
[EQE]	EQ-Einheiten
[h]	Stunden
[m]	Meter
[MStE]	Motivstärke-Einheiten
[N]	Newton
[s]	Sekunde
[SKE]	Soziale-Kraft-Einheiten
$\emptyset$	ohne Einheit

Zahlenmengen werden in der vorliegenden Arbeit wie folgt definiert:

N	Menge der natürlichen Zahlen N mit 0
$N_{>a}$	$\{x \mid x > a \wedge x \in N\}$
$N_{[a..b]}$	$\{x \mid x \in [a..b] \wedge x \in N\}$
R	Menge der reellen Zahlen R
R^+	$\{x \mid x \geq 0 \wedge x \in R\}$
$R_{>a}$	$\{x \mid x > a \wedge x \in R\}$
$R_{[a..b]}$	$\{x \mid x \in [a..b] \wedge x \in R\}$
Z	Menge der ganzen Zahlen Z
$Z_{>a}$	$\{x \mid x > a \wedge x \in Z\}$

Stichwortverzeichnis